抗日战争专题研究

张宪文 | 主
朱庆葆 | 编

第七辑
战时教育
文化

抗战时期的
金陵大学

陈声玥　著

江苏人民出版社

图书在版编目(CIP)数据

抗战时期的金陵大学/陈声玥著. —南京:江苏
人民出版社,2021.11

(抗日战争专题研究 / 张宪文,朱庆葆主编)
ISBN 978 - 7 - 214 - 26149 - 6

Ⅰ.①抗⋯ Ⅱ.①陈⋯ Ⅲ.①金陵大学-校史-
1931 - 1945 Ⅳ.①G649.285.31

中国版本图书馆 CIP 数据核字(2021)第 083009 号

书　　　名	抗战时期的金陵大学	
著　　　者	陈声玥	
责 任 编 辑	王　旭　陈　茜	
装 帧 设 计	刘葶葶	
责 任 监 制	王　娟	
出 版 发 行	江苏人民出版社	
地　　　址	南京市湖南路 1 号 A 楼,邮编:210009	
照　　　排	江苏凤凰制版有限公司	
印　　　刷	苏州市越洋印刷有限公司	
开　　　本	652 毫米×960 毫米　1/16	
印　　　张	28.5　插页 4	
字　　　数	330 千字	
版　　　次	2021 年 11 月第 1 版	
印　　　次	2021 年 11 月第 1 次印刷	
标 准 书 号	ISBN 978 - 7 - 214 - 26149 - 6	
定　　　价	108.00 元	

(江苏人民出版社图书凡印装错误可向承印厂调换)

教育部哲学社会科学研究重大委托项目
2021年度国家出版基金资助项目
南京大学"双一流"建设卓越计划项目

编纂委员会

总　序

张宪文　朱庆葆

　　日本侵华与中国抗日战争是近代中国最重大的历史事件。中国人民经过 14 年艰苦卓绝的英勇奋战,付出惨重的生命和财产的代价,终于取得伟大的胜利。

　　自 1945 年抗日战争结束至 2015 年,度过了漫长的 70 年。对这一影响中国和世界历史进程的重大事件,国内外历史学界已经做过大量的学术研究,出版了许多论著。2015 年 7 月 30 日,在抗日战争胜利 70 周年前夕,中共中央政治局就中国人民抗日战争的回顾和思考进行集体学习,习近平总书记发表重要讲话,指示学术界应该广为搜集整理历史资料,大力加强对抗日战争历史的研究。半个月后,中共中央宣传部迅速制定抗日战争研究的专项规划。8 月下旬,时任中共中央宣传部部长刘奇葆召开中央各有关部委、国家科研机构和部分高校代表出席的专题会议,动员全面贯彻习总书记的讲话精神,武汉大学和南京大学的代表出席该会。

　　在这一形势下,教育部部领导和社会科学司决定推动全国高校积极投入抗战历史研究,积极支持南京大学联合有关高校建立抗战研究协同创新中心,并于南京中央饭店召开了由数十所高校的百余位教授、学者参加的抗战历史研讨会。台湾中国近代史学会也派出十多位学者,在吕芳上、陈立文教授率领下出席会议,共同协商在新时代深入开展抗战历史研究的具体方案。台湾著名资深教授蒋永敬在会议上发表了热情洋溢的讲话。经过几个月的酝酿和准备,南京大学决定牵头联合我国在抗战历史研究方面有深厚学术基础的北京大学、南开大学、武汉大学、复旦大学、浙江大学、山东大学及台湾中国近代史学会,组织两岸历史学者共同组建编纂委员会,深入开展抗日战争专题研究。中央档案馆和中国第二历史档案馆也积极支持。在南京中央饭店学术会议基础上,编纂委员会初步筛选出130个备选课题。

南京大学多次举行党政联席会议和校学术委员会会议,专门研究支持这一重大学术工程。学校两届领导班子均提出具体措施支持本项工作,还派出时任校党委副书记朱庆葆教授直接领导,校社科处也做了大量工作。南京大学将本项目纳入学校"双一流"建设卓越计划,并陆续提供大量经费支持。

江苏省委、省政府以及江苏省委宣传部,均曾批示支持抗战历史研究项目。国家教育部社科司将本项研究列为哲学社会科学研究重大委托项目,并要求项目完成和出版后,努力成为高等学校代表性、标志性的优秀成果。

本项目编纂委员会考察了抗战历史研究的学术史和已有的成果状况,坚持把学术创新放在第一位,坚持填补以往学术研究的空白,不做重复性、整体性的发展史研究,以此推动抗战历史研究在已有基础上不断向前发展。

本项目坚持学术创新,扩大研究方向和范围。从以往十分关注的九一八事变向前延伸至日本国内,研究日本为什么发动侵华战争,日本在早期做了哪些战争准备,其中包括思想、政治、物质、军事、人力等方面的准备。而在战争进入中国南方之后,日本开始实施一号作战,将战争引出中国国境,即引向亚太地区,对东南亚各国及东南亚地区的西方盟国势力发动残酷战争。特别是日军偷袭美军重要海军基地珍珠港,不仅给美军造成严重的军事损失,也引发了日本法西斯逐步走向灭亡的太平洋战争。由此,美国转变为支援中国抗战的主要盟国。拓展研究范围,研究日本战争准备和研究亚太地区的抗日战争,有利于进一步揭露日本妄图占领中国、侵占亚洲、独霸世界的阴谋。

本项目以民族战争、全民抗战、敌后和正面战场相互支持相互依靠的抗战整体,来分析和认识中国抗日战争全局。课题以国共两党合作为基础,运用大量史实,明确两党在抗日战争中的地位和作用,正确认识各民族、各阶级对抗日战争的贡献。本项目内容涉及中日双方战争准备、战时军事斗争、战时政治外交、战时经济文化、战时社会变迁、中共抗战、敌后根据地建设以及日本在华统治和暴行等方面,从不同视角和不同层面,深入阐明抗日战争的曲折艰难历程,以深刻说明中国抗日战争的重大意义,进一步促进中华民族的伟大复兴。

对于学界已经研究得甚为完善的课题,本项目进一步开拓新的研究角度和深化研究内容。如对山西抗战的研究更加侧重于国共合作抗战;对武汉会战的研究将进一步厘清抗战中期中国政治、经济、社会的变迁及国共之间新的友好关系。抗战前期国民党军队丢失大片国土,而中国共产党在十分艰难的状况下,在敌后逐步收复失地,建立抗日根据地。本项目要求各根据地相关研究课题,应在以往学界成果基础上,着力考察根据地在社会改造、经济、政治、人才培养等方面,如何探索和积累经验,为1949年后的新中国建设提供有益的借鉴。抗战时期文学艺术界以其特有的文化功能,在揭露日军罪行、动员广大民众投入抗战方面,发挥了重要作用。我们尝试与艺术界合作,动员南京艺术学院的教授撰写了与抗日战争相关的电影、美术、音乐等方面的著作。

　　本项目编纂委员会坚持鼓励各位作者努力挖掘、搜集第一手历史资料,为建立创新性的学术观点打下坚实基础。编纂委员会要求全体作者坚决贯彻严谨的治学作风,坚持严肃的学术道德,恪守学术规范,不得出现任何抄袭行为。对此,编纂委员会对全部书稿进行了两次"查重",以争取各个研究课题达到较高的学术水平,减少学术差错。同时,还聘请了数十位资深专家,对每部书稿从不同角度进行了五轮审稿。

　　本项目自2015年酝酿、启动,至2021年开始编辑出版,是一项巨大的学术工程,它是教育部重点研究基地南京大学中华民国史研究中心一直坚持的重大学术方向。百余位学者、教授,六年时间里付出了艰辛的劳动,对抗战历史研究做出了重要贡献!编纂委员会向全体作者,向教育部、江苏省委省政府以及各学术合作院校,向江苏凤凰出版传媒集团暨江苏人民出版社,向全体编辑人员,表示最崇高的敬意和诚挚的感谢!

目　录

图表目录

导　论

一、选题缘起与研究意义

20 世纪上半叶是中国从传统走向现代国家的重要转型时期，也是中国近代高等教育体系的关键构建时期。政治和社会环境是大学赖以生存与发展的基础，大学则为国家建设和社会发展提供急需的智力养分。

西方差会在中国创办的教会大学是特定历史时期的特殊产物，在中国走向近代化的过程中客观上起到了一定的积极作用，不仅为中国带来了急需的近代科学文化知识，为国家的近代化发展培养了大量新式人才，也将西方的教育理念、办学模式、管理方式传到了中国。正如有学者所指出的："在纯粹由中国人举办的学校还很缺乏时，这些学校对教育的贡献远胜于它们的外来性。"①胡适亦曾称赞道："基督教大学把新的生活观念、新的道德标准、新的生

---

① [美]芳卫廉著，刘家峰译：《基督教高等教育在变革中的中国（1880—1950）》，珠海：珠海出版社，2005 年，第 106 页。

活方式带给了中国的家庭、学校和社会,他们是现代中国的开拓者。"① 然而,由于教会大学是在 19 世纪末伴随着外国的坚船利炮而来,并有着传播宗教的使命,五四运动之后,国内民族主义情绪不断高涨,"凭借不平等条约而在中国传播的基督教,便自然而然地被国人视为帝国主义侵略工具,并且成为民族抗争情绪宣泄的主要对象之一","反基督教运动遂成为反帝斗争洪流的组成部分"。② 甚至即使是"那些赞赏教会教育的人","对学校的宗教目的与外国性质的不满情绪也是处在一触即发的状态之中"。③ 直至抗日战争爆发,民族主义矛头直指日本,基督教人士在抗战期间做出的救助难民、人才培养、服务社会等方面的努力与贡献赢得了社会各界的褒扬,并有部分基督教人士直接参与到了民族主义的运动之中,基督教的发展在战时获得了空前宽松的社会氛围。中国抗日战争是世界反法西斯战争的重要组成部分,中国教会大学亦在国家抗战、建设中发挥了重要作用,不仅借助与西方国家的天然联系有力增强了国际社会对中国抗战的支持,而且为中国的抗战事业和民族振兴培养造就了大量栋梁之才,为国家抗战、科学研究、西部开发、边疆服务等方面做出了突出贡献。与此同时,在共同抗敌的过程中,教会大学与政府部门及社会各界的联系更加紧密,客观上进一步推进了中国教会大学的"本土化"发展进程。

---

① Hu Shih to E. C. Lobenstine, May 31, 1939, UBCHEA Archives, Microfilm, Reel 11. Box 12. Folder 287.转引自刘家峰:《论抗战时期基督教大学与国民政府之关系》,《史林》2004 年第 3 期。

② 章开沅:《世局变迁与宗教发展——以教会大学史研究为视角》,《传播与根植:基督教与中西文化交流论集》,广州:广东人民出版社,2005 年,第 14 页。

③ [美]杰西·格·卢茨著,曾钜生译:《中国教会大学(1850—1950)》,杭州:浙江教育出版社,1987 年,第 85 页。

　　金陵大学是西方差会在南京开设的一所教会大学,由汇文书院和宏育书院于1910年合并而成。在1927年3月24日"南京事件"中,金陵大学遭遇沉重打击,副校长文怀恩遇难身亡,在宁外籍教师普遍蒙受严重的财产损失、人身伤害和心理冲击。1927年国内政治形势风起云涌,4月12日蒋介石发动清党行动,4月18日南京国民政府成立。而此时金大校园内驻扎着国民党军队,外籍教员全部撤离南京,教学活动完全停止,金大由过探先、陈裕光等中国教员组成的临时管理委员会,暂时代为管理学校各项事务。此时,社会各界议论纷纷,《申报》刊文指出:"美国完全抛弃南京之金陵大学已成既定事实。"①面对南京日益严峻的生存环境,金陵大学数次召开理事会讨论发展策略。在1927年11月的理事会上,陈裕光被推举为首任华人校长。② 继而金陵大学向国民政府申请立案,成为中国第一所向国民政府教育部申请注册立案并获得批准的教会大学,从制度上正式成为中国高等教育体系的组成部分。抗日战争爆发后,金陵大学在陈裕光校长的带领下举校西迁,并主动将办学活动与国家抗战需求联系起来,其科学严谨的治学传统、经世致用的办学转向、注重实践的教育理念,在支持抗日战争、服务国家建设、促进西部发展等方面发挥了重要作用,尤其是在国家急需的战略发展重点领域贡献卓著,因此屡次受到政府嘉奖,并得到民众及社会各界的广泛认可。与此同时,留在南京校园的贝德士、史迈士、威尔逊等人亦在维护和平、救助难民、发展教育、争取国际支持等方面做出了突出贡献,极大地改善了国民政府对基督教人士

---

① 《华北警备问题》,《申报》1927年4月7日,第7版。

② Twenty-sixth meeting of the Board of Managers of the University of Nanking, November 9–11, 1927,中国第二历史档案馆藏,私立金陵大学档案,全宗号649,案卷号2320。

的观感,赢得了国际国内各界的广泛赞誉。1945 年,抗战胜利,金大师生欢欣鼓舞,各院系分别拟定了战后发展计划,明确提出要充分发挥自身的教育科研优势,积极为国家战后复兴贡献力量。

金陵大学在中国教会大学中颇具代表性,教学科研实力雄厚,社会认可度高,且因地处民国时期首都南京,其自身发展深受国家政治局势的影响。抗日战争时期,为适应时局发展,金陵大学在机构设置和治校方略上做出了相应的转变与调适,配合国民政府加强了军事课程与三民主义教育,与国民政府的关系从早期的相对疏远走向密切,对国家抗战、社会建设与西部发展贡献良多。然而,金陵大学作为教会大学有着特殊的双重管理的特点,国家与政党对其办学活动的影响有局限性。在美国教会的支持下,金大始终保持着相对稳定、优质的师资队伍,这在抗战大后方尤为难得,使金陵大学在抗战期间一直保持着较高水准的教育科研质量。正如章开沅先生所说:"内迁大学比较著名的集结地有三处,即中央大学所在的重庆沙坪坝,教会大学聚集的成都华西坝,与西南联大的战时校址昆明。相较之下,就思想活跃程度排序,应该是昆明→华西坝→沙坪坝。"①战时的华西坝齐聚金陵大学、华西协合大学、金陵女子文理学院、齐鲁大学、燕京大学等高校,时人称之为"五大学时期",这五所教会大学通过课程互通、学分互认、教育资源共享、联合举办活动等方式紧密地团结在一起,有力克服了抗战西迁造成的教育资源匮乏和师资力量减少等问题。通过对金陵大学办学历程的深入研究,可以在较大程度上反映 20 世纪上半叶中国教会大学的曲折发展进程。

---

① 许小青:《政局与学府:从东南大学到中央大学(1919—1937)》,北京:中国社会科学出版社,2009 年,序言第 5 页。

　　基于研究兴趣,笔者深入阅读相关论著、广泛查阅档案资料,在前人研究的基础上,对国内外相关档案、回忆录、民国报刊、金大校刊等资料进行谨慎细致的系统梳理与分析。本书以抗日战争时期为研究时段,对金陵大学自身发展及与国家社会间的互动关系进行深入的探索与研究,进一步厘清作为教会大学的金陵大学在战事逼近时所做出的抉择与安排,如何在抗战时局中实现自我调适与发展,在国家抗战、建设中发挥了怎样的贡献和作用,宗教教育在战时呈现何种发展趋势与特点,学生生活在抗战时期呈现的新面貌,以及抗战期间与国民政府、西方差会之间的互动关系等。同时,对金陵大学的"宗教性"特点和"本土化"发展历程加以探究,以期对金陵大学在中国近代史上的历史角色有进一步的认知,进而为追寻中国教会大学的发展脉络提供多元参考。

二、学术史回顾

(一)近代中国教会大学史研究

1. 国外相关研究

　　西方学界对中国教会大学史的研究起步较早,自 20 世纪 50 年代起,即开展了较为系统的研究,取得了丰硕的学术成果。较有代表性的有:

　　自 1954 年起,中国基督教大学联合董事会(United Board For Christian Colleges in China)主持编写了中国教会大学史系列丛书,包括对福建协和大学、金陵女子大学、之江大学、圣约翰大学、齐鲁大学、华南女子文理学院、东吴大学、燕京大学、华中大学、华西协合大学等教会大学的研究专著。章开沅、马敏主编的"中国教会大学史研究丛书",将这一系列图书在国内翻译出版。

　　杰西·格·卢茨（Jessie Gregory Lutz）所著《中国教会大学史（1850—1950）》①是目前国外教会大学史研究领域最有深度的通史性著作。该书1971年在美国出版，后于1987年在中国翻译出版，也是目前中国教会大学研究者最常引用的一本著作。该著利用国外丰富的教会大学档案资料，对近代中国教会大学的办学动因、经过、变迁、发展进行了系统的考察，探讨了传教与教育之间的关系，并对教会大学的教学、科研、社会服务、学生运动等方面作了细致的考察。杰西·格·卢茨教授在中国教会大学史研究领域另有多篇学术论文，如《中国民族主义与非基督教运动》②、《中国学生运动研究（1945—1949）》③、《一二·九运动：民族主义的学生和中国基督教大学》④等，对中国教会大学不同历史阶段进行了深入的探讨与研究。

　　加拿大学者许美德（Ruth Hayhoe）的《中国大学：一个文化冲突的世纪（1895—1995）》⑤，从文化冲突的视角研究百年来中国大学的变迁，重点分析了中西文化冲突在近代中国大学模式演变中的重要作用，指出民国时期的中国高等教育发展历史实质上就是"中国'现代化'的艰难发展历程"，而近代中国大学建立与发展过程中最大的难题就是如何真正实现中国传统文化与西方大学制度

① Jessie G. Lutz, *China and the Christian Colleges*, 1850-1950. *Ithaca*, Cornell University Press，1971.
② Jessie G. Lutz, Chinese Nationalism and the Anti-Christian Campaigns of the 1920s, *Modern Asian Studies*，Vol. 10，No. 3，1976，pp. 395-416.
③ Jessie G. Lutz, The Chinese Student Movement of 1945-1949, *The Journal of Asian Studies*，Vol. 31，No. 1，1971，pp. 89-110.
④ Jessie G. Lutz, December 9, 1935：Student Nationalism and the China Christian Colleges, *The Journal of Asian Studies*，Vol. 26，No. 4，1967，pp. 627-648.
⑤ ［加］许美德著，许洁英译：《中国大学：一个文化冲突的世纪（1895—1995）》，北京：教育科学出版社，2000年。

的融合。

原金陵大学教授芳卫廉（William Purviance Fenn）著有《基督教高等教育在变革中的中国（1880—1950）》，该书主要论述了教会大学在中国社会发展中的重要作用，强调"基督教大学提供了几乎是中国最早的现代高等教育"，"在纯粹由中国人举办的学校还很缺乏时，这些学校对教育的贡献远胜于它们的外来性"。①

美籍华裔学者叶文心的《民国时期大学校园文化：1919—1937》②，该书在研究中重视对政治与文化之间互动关系的考察，对圣约翰大学、上海大学、复旦大学等上海、北京等地的高校校园文化展开研究，从圣约翰大学与上海资产阶级文化、上海大学和革命理想等角度对中国近代大学校园文化进行了深入考察，并进而阐述了民国时期大学发展与当地社会经济及国家政治之间的关系。

此外，还有《中国新教教会学校中的体育教育（1880—1930）》③《燕京大学的制度经济学（1917—1941）》④《燕京大学与中美关系（1919—1952）》⑤等英文论文，从不同角度对近代中国教会大学史

---

① ［美］芳卫廉著，刘家峰译：《基督教高等教育在变革中的中国（1880—1950）》，珠海：珠海出版社，2005 年，第 106、243 页。

② ［美］叶文心著，冯夏根、胡少诚、田嵩燕等译：《民国时期大学校园文化：1919—1937》，北京：中国人民大学出版社，2012 年。

③ Gael Graham, Exercising Control: Sports and Physical Education in American Protestant Mission Schools in China, 1880-1930, *Signs*, Vol. 20, No. 1 (Autumn, 1994), pp. 23 -48.

④ Paul B. Trescott, Institutional Economics in China: Yenching University, 1917-1941, *Journal of Economic Issues*, Vol. 26, No. 4 (Dec. , 1992), pp. 1221-1255.

⑤ Arthur Lewis Rosenbaum, Yenching University and Sino-American Interactions, 1919-1952, *The Journal of American-East Asian Relations*, Vol. 14, Special Volume, Yenching University and Sino-American Interactions, 1919-1952 (2007), pp. 11 -60.

展开细致深入的研究。

2. 国内相关研究

国内学界自 20 世纪 80 年代初开始兴起中国教会大学史方面的研究,代表性成果有:

(1) 专著方面:章开沅《传播与植根:基督教与中西文化交流论集》①对教会大学与近代中国政治、文化的关系进行了探讨,论述了基督教在中西文化交流中的角色和重要作用。陶飞亚、吴梓明《基督教大学与国学研究》从基督教大学的国学研究情况入手,对燕京大学、金陵大学、齐鲁大学等教会大学的国学研究情况的特点和变化进行了研究,指出教会大学的政策"既包含了西方人的设想,也体现了中国社会的需要,并且随着中国社会的觉醒和进步,中国因素在基督教大学中的影响愈益增强。至于具体到各所大学的演进速度,很大程度上受到学校的外部环境和内部基础的制约。在这些教会大学中,近代国学教育和研究的兴起、发展和终结正是这种互动关系的体现"。② 杨天宏《基督教与近代中国》③《基督教与民国知识分子:1922 年—1927 年中国非基督教运动》④等论著,对 20 世纪 20 年代非基督教运动的来龙去脉进行了深入探讨,指出:"这场持续六年的思想政治运动产生了多方面的积极影响:广泛宣传了科学民主思想,扩大了社会主义的思想影响。尤其应当指出的

① 章开沅:《传播与植根:基督教与中西文化交流论集》,广州:广东人民出版社,2005 年。

② 陶飞亚、吴梓明:《基督教大学与国学研究》,福州:福建教育出版社,1988 年,第 334—335 页。

③ 杨天宏:《基督教与近代中国》,成都:四川人民出版社,1994 年。

④ 杨天宏:《基督教与民国知识分子:1922 年—1927 年中国非基督教运动》,北京:人民出版社,2005 年。

是，它促成了中国的'教会革命'，使酝酿已久的教会'本色化'运动进入了实际进行阶段。"①其所著《救赎与自救——中华基督教会边疆服务研究》②，对中华基督教会开展的边疆服务运动进行了实证性研究，并分析了中华基督教会与政府之间互动关系。高时良主编的《中国教会学校史》对近代中国教会学校的发展进行了总体的叙述和梳理。③ 金以林《近代中国大学研究(1895—1949)》一书强调"中国的大学教育是整个社会走向近代化的产物"，从史学角度对近代大学发展构建了一个清晰的框架脉络，为了解近代中国大学发展史提供了一个全局性的视角。④ 徐以骅《教育与宗教：作为传教媒介的圣约翰大学》对圣约翰大学的宗教教育发展历程进行了考察，指出"像在华其他教会教育机构一样，至少在20世纪20年代中期前，圣约翰大学不仅可被视为西方教育体制的延伸，它也是美国圣公会海外宣教事业的一个组成部分"，然而，20世纪20年代之后"绝大多数教会大学成了向中国政府立案的私立学校，它们的主要使命也从宣教转向教育"，可见，"教育有其自身发展的规律，它并不是在任何情况下都可以成为有效的传教工具的。近代基督教在中国的传播史表明，教会学校教育功能的强化往往是以其宣教功能的弱化为代价的"。⑤ 刘家峰、刘天路《抗日战争时期的基督教大学》对抗战时期基督教大学发展脉络及战后基督教高等教育

①　杨天宏：《中国非基督教运动(1922—1927)》，《历史研究》1993年第6期。
②　杨天宏：《救赎与自救：中华基督教会边疆服务研究》，北京：生活·读书·新知三联书店，2010年。
③　高时良主编：《中国教会学校史》，长沙：湖南教育出版社，1994年。
④　金以林：《近代中国大学研究(1895—1949)》，北京：中央文献出版社，2000年，第160页。
⑤　徐以骅：《教育与宗教：作为传教媒介的圣约翰大学》，珠海：珠海出版社，1999年，第88、296、303页。

的调整情况进行了梳理，指出"抗日战争时期，基督教大学与中华民族共赴国难，不仅推动了自身中国化进程的深化发展，而且对抗战的胜利也做出了不可磨灭的贡献"。① 宋秋蓉《近代中国私立大学发展史》②全面梳理了 19 世纪末至 20 世纪上半叶教会大学产生、发展、消亡的过程。孙崇文《学生生活图景：世俗内外的教育冲突》③考察了 1937 年以前教会大学学生的宗教、学习、政治等方面的校园生活，认为教会大学作为基督教文教事业的重要组成部分，在传播作为一种"普世主义"的基督教的同时，也传递了现代民族意识和自由、平等的启蒙思想，是中国现代民族思潮形成的重要推介物，其结果最终导致了教会大学的学生们对其国民身份的认同和中国社会政治的参与。王立诚《美国文化渗透与近代中国教育：沪江大学的历史》④以后现代殖民理论开展中国教会大学史研究，分析了沪江大学的办学与美国对华文化渗透以及中国吸纳外来文化之间的关系。虞宁宁《中国近代教会大学招生考试研究》⑤对教会大学招生考试历史演变进行了长时段的梳理，探索了立案前后、抗战前后等历史时期的不同特点。

（2）学位论文方面：王玮《中国教会大学科学教育研究（1901—1936）》⑥通过对中国教会大学1901—1936 年科学教育的系统研究，指出教会大学科学教育的社会服务特点，并着重论述了最能体

① 刘家峰、刘天路：《抗日战争时期的基督教大学》，福州：福建教育出版社，2003 年，第13 页。
② 宋秋蓉《近代中国私立大学发展史》，西安：陕西人民教育出版社，2006 年。
③ 孙崇文《学生生活图景：世俗内外的教育冲突》，北京：教育科学出版社，2008 年。
④ 王立诚《美国文化渗透与近代中国教育：沪江大学的历史》，上海：复旦大学出版社，2001 年。
⑤ 虞宁宁：《中国近代教会大学招生考试研究》，武汉：华中师范大学出版社，2016 年。
⑥ 王玮：《中国教会大学科学教育研究（1901—1936）》，博士学位论文，上海交通大学，2008 年。

现其服务社会思想的医学教育和农业教育。谢竹艳《中国近代基
督教大学外籍校长办学活动研究(1892—1947)》①对金陵大学等
13所中国基督教新教大学的外籍校长进行了研究,指出教会大学
外籍校长要在中国办学,就必须要本土化,并且,在处理与上级差
会组织关系方面,必须使大学保持相对的教育独立,才能更好地发
挥校长的办学独立性和积极性。章博《近代中国社会变迁与基督
教大学的发展——以华中大学为中心的研究》②、杜敦科《齐鲁大学
教育转型与发展研究》③、徐保安《"非民族情境"与民族主义诉
求——以齐鲁大学为个案(1864—1937)》④对教会大学的在华历程
进行了个案分析,探索了社会政治环境对中国教会大学发展的影
响。崔恒秀《民国教育部与大学关系研究(1912—1937)》⑤从教育
学角度对1912—1937年间中央教育行政管理机关与国立大学、私
立大学、教会大学之间的关系进行了系统探究。

　　(3)期刊论文方面:① 立案注册和华人掌校是中国教会大学发
展史上的重要转折点,相关研究较多,如杜敦科《南京国民政府时期
基督教大学立案探析》⑥、刘保兄《华人掌校与基督教大学办学性质

① 谢竹艳:《中国近代基督教大学外籍校长办学活动研究(1892—1947)》,博士学位论
　　文,苏州大学,2013年。
② 章博:《近代中国社会变迁与基督教大学的发展——以华中大学为中心的研究》,博士
　　学位论文,华中师范大学,2006年。
③ 杜敦科:《齐鲁大学教育转型与发展研究》,博士学位论文,西北大学,2013年。
④ 徐保安:《"非民族情境"与民族主义诉求——以齐鲁大学为个案(1864—1937)》,博士
　　学位论文,南京大学,2011年。
⑤ 崔恒秀:《民国教育部与大学关系研究(1912—1937)》,博士学位论文,苏州大学,
　　2008年。
⑥ 杜敦科:《南京国民政府时期基督教大学立案探析》,《历史教学》(下半月刊)2011年
　　第8期。

的嬗变》《基督教大学华人校长办学思想及实践之比较》①和黄启兵《院校设置中的教育主权：晚清教会大学立案考略》②等；② 教会大学的“中国化”是其发展脉络中最显著的特征，学界对此研究较多，如刘天路《抗日战争与基督教大学的中国化进程》③、章潇、孙秀玲《社会服务：近代中国基督教大学的本土化探索》④、张丽萍《中国基督教大学从外国式到“中国化”的转折及其启示——华西协合大学从异质到本土身份的递进》⑤、张振国《基督教大学中国化的早期尝试》⑥、章博《生存与信仰之间：教会大学的两难处境（1922—1951）——以华中大学为中心》《基督化的努力：以华中大学为个案的考察》⑦等；③ 在抗战时期教会大学研究方面，马敏《抗战期间教会大学的西迁——以华中大学和湘雅医学院为例》⑧对华中地区的基督教高等教育情况及华中大学和湘雅医学院的西迁情况进行了深入探讨，刘家峰《论

① 刘保兄：《华人掌校与基督教大学办学性质的嬗变》，《教育评论》2010 年第 2 期；刘保兄：《基督教大学华人校长办学思想及实践之比较》，《山西大同大学学报（社会科学版）》2011 年第 4 期。

② 黄启兵：《院校设置中的教育主权：晚清教会大学立案考略》，《高等教育研究》2012 年第 2 期。

③ 刘天路：《抗日战争与基督教大学的中国化进程》，《山东社会科学》2004 年第 2 期。

④ 章潇、孙秀玲：《社会服务：近代中国基督教大学的本土化探索》，《河北师范大学学报（教育科学版）》2011 年第 7 期。

⑤ 张丽萍：《中国基督教大学从外国式到“中国化”的转折及其启示——华西协合大学从异质到本土身份的递进》，《世界宗教研究》2013 年第 6 期。

⑥ 张振国：《基督教大学中国化的早期尝试》，《山东大学学报（哲学社会科学版）》2008 年第 1 期。

⑦ 章博：《生存与信仰之间：教会大学的两难处境（1922—1951）——以华中大学为中心》，《江汉论坛》2013 年第 9 期；章博：《基督化的努力：以华中大学为个案的考察》，《华中师范大学学报（人文社会科学版）》2011 年第 5 期。

⑧ 马敏：《抗战期间教会大学的西迁——以华中大学和湘雅医学院为例》，《华中师范大学学报（哲学社会科学版）》1996 年第 2 期。

抗战时期基督教大学与国民政府之关系》①则对抗战时期教会大学
与国家关系进行了研究；④ 郭明璋《非基运动前后的国家主义与教
会大学1919—1927》②，夏泉、曾金莲《教会大学学生民族意识的觉
醒——以五四运动中的上海圣约翰大学学生运动为个案的考
察》③，徐保安《故土中的"他乡"：民族主义与教会大学学生的爱国
情感表达》④等从民族主义的角度对教会大学进行了研究；⑤ 吴翎
君《燕京大学——高等教育现代化的一个考察》⑤、查时杰《私立基
督教燕京大学历史系所初探(1919—1952)》⑥从教会大学世俗化等
角度对燕京大学进行了个案分析；⑥ 田正平《教会大学与中国教育
现代化》⑦、孙秀玲《国际化视域下中国大学模式的建构——教会大
学移植美国大学模式的历史考察与当代启示》⑧等从高等教育史角
度对教会大学进行了研究；⑦ 中华人民共和国成立后，教会大学面
临新的社会环境，对这一时期教会大学生存状态的研究主要有叶
张瑜《建国初期教会大学的历史考察》⑨、刘方仪《教会大学的终

---

① 刘家峰：《论抗战时期基督教大学与国民政府之关系》，《史林》2004 年第 3 期。
② 郭明璋：《非基运动前后的国家主义与教会大学1919—1927》，《基督书院学报》(台
　北)，1995 年第 2 期。
③ 夏泉、曾金莲：《教会大学学生民族意识的觉醒——以五四运动中的上海圣约翰大学
　学生运动为个案的考察》，《民国档案》2009 年第 3 期。
④ 徐保安：《故土中的"他乡"：民族主义与教会大学学生的爱国情感表达》，《学海》2013
　年第 3 期。
⑤ 吴翎君：《燕京大学——高等教育现代化的一个考察》，《"国史馆"馆刊》(台北)，1993
　年 6 月。
⑥ 查时杰：《私立基督教燕京大学历史系所初探(1919—1952)》，《台大历史学报》，1996
　年 11 月。
⑦ 田正平：《教会大学与中国教育现代化》，《文史哲》2007 年第 3 期。
⑧ 孙秀玲：《国际化视域下中国大学模式的建构——教会大学移植美国大学模式的历史
　考察与当代启示》，《山东社会科学》2014 年第 9 期。
⑨ 叶张瑜：《建国初期教会大学的历史考察》，《当代中国史研究》2001 年第 3 期。

结——从建国初期基督教政策谈起并以金陵大学为个案研究》①
等;⑧ 董黎《中国教会大学建筑研究——中西建筑文化的交汇与建
筑形态的构成》《中国近代教会大学建筑史研究》和《西方教会与金
陵大学的创建过程及建筑艺术》等研究从建筑史角度对金陵大学
等教会大学创建时的社会文化背景、创建过程进行了探讨,评析了
金陵大学建筑的艺术特征,并对西方传教士在金陵大学建筑形态
构成中的作用及角色进行了探讨,进而指出这一案例在中西文化
交汇中的积极作用和重要的社会文化影响。②

（二）金陵大学相关研究

1. 校长陈裕光研究

在金陵大学的发展历程中,自 1927 年至 1951 年担任校长的陈
裕光起到了非常重要的领导作用,在其任期内金陵大学向国民政
府注册立案、举校随政府西迁、在抗战大后方为国家抗战、建设贡
献力量,极大地加强了金陵大学与政府社会之间的联系,有力推进
了金陵大学的"本土化"进程。学界相关研究主要有:

王运来《诚真勤仁　光裕金陵——金陵大学校长陈裕光》③一
书按照"奉献一生""民主治校""开放办学""以德服人"四个板块对
陈裕光校长的治校情况进行了细致深入的研究。冒荣、王运来主

① 刘方仪:《教会大学的终结——从建国初期基督教政策谈起并以金陵大学为个案研
　究》,许志伟主编:《基督教思想评论》(第 3 辑),上海:人民出版社,2006 年,第 366—
　377 页。
② 董黎:《中国教会大学建筑研究——中西建筑文化的交汇与建筑形态的构成》,珠海:
　珠海出版社,1998 年;董黎:《中国近代教会大学建筑史研究》,北京:科学出版社,
　2010 年;董黎:《西方教会与金陵大学的创建过程及建筑艺术》,《广州大学学报(社会
　科学版)》2009 年第 11 期。
③ 王运来:《诚真勤仁光裕金陵——金陵大学校长陈裕光》,济南:山东教育出版社,
　2004 年。

编的《南京大学办学理念与治校方略》①对金陵大学的办学特色和陈裕光校长的治校方略加以系统研究。高伟强、余启咏、何卓恩编著的《民国著名大学校长（1912—1949）》②对梅贻琦、马君武、陈裕光等民国时期著名大学校长进行了专题性研究。张宪文主编的《民国南京学术人物传》③对金陵大学陈裕光、魏学仁等民国时期南京著名学者进行了专题研究。程斯辉《中国近代大学校长研究》④对陈裕光等近代著名大学校长的办学思想和治校方略进行了个案研究。平欲晓、张生《一个教会大学校长的生存状态——陈裕光治理金陵大学评述》⑤考察了陈裕光在教会、师生、社会、政府等诸多因素作用下的生活状态。李瑛《陈裕光的服务社会办学理念及其实践探析》⑥分析了陈裕光服务社会的办学理念及其实践活动对中国农业发展的积极影响；《民国时期大学农业推广研究》⑦分析了陈裕光的社会服务办学理念和金陵大学的农业推广服务。陈才俊《华人掌校与教会大学的"中国化"——以陈裕光执治金陵大学为例》⑧探讨了陈裕光对教会大学中国化的各项积极举措和开拓性贡献等。

---

① 冒荣、王运来主编：《南京大学办学理念与治校方略》，南京：南京大学出版社，2002 年。

② 高伟强、余启咏、何卓恩编著：《民国著名大学校长（1912—1949）》，武汉：湖北人民出版社，2007 年。

③ 张宪文主编：《民国南京学术人物传》，南京：南京大学出版社，2005 年。

④ 程斯辉：《中国近代大学校长研究》，北京：人民教育出版社，2010 年。

⑤ 平欲晓、张生：《一个教会大学校长的生存状态——陈裕光治理金陵大学评述》，《江西社会科学》2006 年第 10 期。

⑥ 李瑛：《陈裕光的服务社会办学理念及其实践探析》，《高教探索》2012 年第 1 期。

⑦ 李瑛：《民国时期大学农业推广研究》，合肥：合肥工业大学出版社，2012 年。

⑧ 陈才俊：《华人掌校与教会大学的"中国化"——以陈裕光执治金陵大学为例》，《高等教育研究》2008 年第 7 期。

2. 农学相关研究

金陵大学于 1914 年创办了农科,翌年增设林科,是中国最早的高等农业教育机构之一。由于采用的是美国农业教育科研、教学和推广三位一体的办学体制,金陵大学农学院一直非常重视开展农业推广合作活动,对中国农业近代化起到了重要的推动作用。在金陵大学的农业教育、农业科技推广及相关人物研究方面,学界已有较为广泛深入的研究:

刘家峰《中国基督教乡村建设运动研究(1907—1950)》①考察了中国基督教农业高等教育的兴起,农业传教士与基督教在华早期乡村工作,基督教乡村建设理念的形成、发展与实践等。时赟《中国高等农业教育近代化研究(1897—1937)》②对中国近代高等农业教育的发展历程进行了考察,其中对金陵大学农学院在中国近代农业教育中的突出贡献进行了翔实的分析。沈志忠《近代中美农业科技交流与合作初探——以金陵大学农学院和中央大学农学院为中心》③对金陵大学与美国康奈尔大学之间的中国作物改良方面的合作情况进行了考察,指出这一合作对中国农业产生的重要影响:训练了一批中国作物育种家,推动了全国作物改良事业,并因而大幅提高了农产品的产量。刘家峰《基督教与近代农业科技传播——以金陵大学农林科为中心的研究》④探讨了教会与金陵

---

① 刘家峰:《中国基督教乡村建设运动研究(1907—1950)》,博士学位论文,华中师范大学,2001 年。
② 时赟:《中国高等农业教育近代化研究(1897—1937)》,博士学位论文,河北大学,2007 年。
③ 沈志忠:《近代中美农业科技交流与合作初探——以金陵大学农学院和中央大学农学院为中心》,《中国农史》2002 年第 4 期。
④ 刘家峰:《基督教与近代农业科技传播——以金陵大学农林科为中心的研究》,《近代史研究》2000 年第 2 期。

大学农林科为实现教会乡村化而进行农业教育和科技推广的过程,指出农业科技成为传播基督教的媒介,基督教则充当了传播农业科技的主体。张剑《金陵大学农学院与中国农业近代化》①分析了金陵大学农学院对中国农业近代化发展的促进作用和重要贡献。张静《太平洋国际学会与1929—1937年间的中国农村问题研究——以金陵大学中国土地利用调查为中心》②一文中详细考察了1929—1937年间金陵大学农业经济系在卜凯(John Lossing Buck)主持下进行的中国土地利用调查的缘起、过程和重要影响。盛邦跃《卜凯视野中的中国近代农业》③对金陵大学农学院农业经济学教授卜凯进行了深入的个案研究。杨学新、阴冬胜《论卜凯在安徽宿州的农业改良与推广》④对卜凯1915—1920年在安徽宿州的农业改良和推广工作进行了研究。杨学新、任会来《卜凯问题研究述评》⑤和《卜凯文献挖掘整理的现状与思考》⑥对卜凯生平及其学术研究成果、卜凯问题研究的历史和现状进行了回顾和思考。赵飞飞、朱庆葆《再论中央研究院第一届院士选举——以金陵大学农学院为中心的考察》⑦以金陵大学农学院为考察重点,对民国时期中央研究院第一届院士选举的相关情况进行了细致的梳理与分析。

―――――――――――――――――

① 张剑:《金陵大学农学院与中国农业近代化》,《史林》1998年第3期。
② 张静:《太平洋国际学会与1929—1937年间的中国农村问题研究——以金陵大学中国土地利用调查为中心》,《中国社会科学院近代史研究所青年学术论坛(2006年卷)》,第359—381页。
③ 盛邦跃:《卜凯视野中的中国近代农业》,北京:社会科学文献出版社,2010年。
④ 杨学新、阴冬胜:《论卜凯在安徽宿州的农业改良与推广》,《河北师范大学学报(哲学社会科学版)》2010年第2期。
⑤ 杨学新、任会来:《卜凯问题研究述评》,《中国农史》2009年第2期。
⑥ 杨学新、任会来:《卜凯文献挖掘整理的现状与思考》,《中国农史》2013年第2期。
⑦ 赵飞飞、朱庆葆:《再论中央研究院第一届院士选举——以金陵大学农学院为中心的考察》,《历史教学》2015年第18期。

3. 电化教育研究

金陵大学是中国早期电化教育的开拓者,开创了电化教育专业,创办了全国第一个电影教育的学术期刊《电影与播音》,奠定了中国电化教育的基础。目前学界的相关研究主要有:

曹小晶、赵立诺《回望金陵大学对中国科教电影之传播与贡献——以〈电影与播音〉杂志等为实证研究》[1]和《论1942—1945年中美电影交流的特殊性与普遍性——以金陵大学〈影音〉杂志为实证研究》[2]对金陵大学影音部创办的全国第一个高校学院版电影及电影教育学术月刊《电影与播音》杂志等进行研究,阐述了金陵大学在中国早期科教电影方面的重要贡献。朱敬、辛显铭、桑新民《解读孙明经教授——中国电化教育的开拓者与奠基人》[3]对中国早期电化教育的开拓者和奠基人金陵大学孙明经教授进行了专题研究。高维进《中国新闻纪录电影史》[4]对金陵大学电化教育缘起与发展进行了探讨。肖朗、李斌《近代中国大学与电化教育学的发展——以大夏大学、金陵大学和国立社会教育学院为考察中心》[5]对大夏大学、金陵大学和国立社会教育学院三所大学的电化教育进行了比较研究,指出大夏大学侧重于理论研究,金陵大学创办了颇具规模的教育机构和专业期刊,国立社会教育学院则形成了注

---

① 曹小晶、赵立诺:《回望金陵大学对中国科教电影之传播与贡献——以〈电影与播音〉杂志等为实证研究》,《西北大学学报(哲学社会科学版)》2010年第6期。
② 曹小晶、赵立诺:《论1942—1945年中美电影交流的特殊性与普遍性——以金陵大学〈影音〉杂志为实证研究》,《人文杂志》2014年第3期。
③ 朱敬、辛显铭、桑新民:《解读孙明经教授——中国电化教育的开拓者与奠基人》,《电化教育研究》2006年第11期。
④ 高维进:《中国新闻纪录电影史》,北京:世界图书北京出版公司,2013年。
⑤ 肖朗、李斌:《近代中国大学与电化教育学的发展——以大夏大学、金陵大学和国立社会教育学院为考察中心》,《高等教育研究》2014年第5期。

重实践的人才培养模式。这三所大学共同为民国时期电化教育学学科的建设和发展做出了重要贡献。桑新民《开创影音教育中国之路的先行者——纪念中国电化教育创始人孙明经先生诞辰 100 周年》①以大量丰富的史料和案例，生动展现了以金陵大学电化教育专业及其创始人孙明经教授为代表的我国早期"电教人"在探索和开创中国影音教育之路过程中的艰难历程和杰出贡献。黄小英《中国早期电化教育专业课程创建的实践探索——以金陵大学电化教育专修科为例》②对金陵大学电化教育专修科的课程实践进行了较为全面的梳理和分析。张炳林《民国时期电影教育的起源与发展——兼论我国早期电化教育历史阶段划分》③以"血花剧社"电影部(最早的官营教育电影机构)、中国教育电影协会、全国教育电影推广处、大夏大学、金陵大学及江苏省立教育学院等为代表，梳理了它们在发展中的重要事件，呈现了民国时期电化教育发展的基本脉络。梁尔铭《中国早期电化教育师资训练工作的历史回顾》④通过对相关历史文献的梳理，考察了中国早期电化教育师资训练工作的发展历程。

4. 宗教教育、治理结构等研究

近年来，随着大量新史料的涌现，金陵大学的研究有了一些新的视角和内容。作为教会大学，金陵大学最显著特征就是宗教性，

① 桑新民:《开创影音教育中国之路的先行者——纪念中国电化教育创始人孙明经先生诞辰 100 周年》,《电化教育研究》2011 年第 10 期。
② 黄小英:《中国早期电化教育专业课程创建的实践探索——以金陵大学电化教育专修科为例》,《电化教育研究》2012 年第 1 期。
③ 张炳林:《民国时期电影教育的起源与发展——兼论我国早期电化教育历史阶段划分》,《电化教育研究》2012 年第 11 期。
④ 梁尔铭:《中国早期电化教育师资训练工作的历史回顾》,《电化教育研究》2015 年第 1 期。

近来学界对此多有关注,赵飞飞《金陵大学宗教教育研究(1888—
1952)》①以长时段、国际化视野对金陵大学办学历程中的宗教教育
发展脉络进行了梳理和研究,指出金大的宗教教育并非以灌输教
义为主,而是重视人格塑造和宗教关怀,并且办学逐步转向侧重学
术研究的特点。刘波儿《金陵大学宗教教育述略》②考察了金陵大
学的宗教课程设置、活动开展等情况,指出"宗教教育从来没有成
为金大教学活动的主线,在传教还是教育的选择中,金大自始至终
以高等学府而不是传教工具自居"。蒋宝麟《金陵大学大学治理结
构述论》③《从"内外"到"中西":金陵大学顶层治理结构的转变》④
《20 世纪 20 年代金陵大学的立案与改组》⑤《金陵大学的经费来源
与运作研究(1910—1949)》⑥等相关论著,对金陵大学的立案改
组、经费来源与运作、治理结构等方面进行了严谨深入的研究,进
一步推进了金陵大学史研究的深度和广度。王勇忠《南京大屠杀
时期的金陵大学难民收容所》⑦对金陵大学难民收容所的建立过
程、金陵大学留守职员、收容难民人数、难民年龄分布情况、难民
技能统计表等进行了研究。杨雅丽《南京大屠杀期间金陵大学附
属中学难民收容所研究》⑧考察了金陵大学附属中学难民收容所

① 赵飞飞:《金陵大学宗教教育研究(1888—1952)》,博士学位论文,南京大学,2016 年。
② 刘波儿:《金陵大学宗教教育述略》,《南京晓庄学院学报》2010 年第 1 期。
③ 蒋宝麟:《金陵大学大学治理结构述论》,博士后出站报告,南京大学,2016 年。
④ 蒋宝麟:《从"内外"到"中西":金陵大学顶层治理结构的转变》,《史学集刊》2020 年第
　 3 期。
⑤ 蒋宝麟:《20 世纪 20 年代金陵大学的立案与改组》,《近代史研究》2016 年第 4 期。
⑥ 蒋宝麟:《金陵大学的经费来源与运作研究(1910—1949)》,《中国经济史研究》2018
　 年第 4 期。
⑦ 王勇忠:《南京大屠杀时期的金陵大学难民收容所》,《抗日战争研究》2008 年第 4 期。
⑧ 杨雅丽:《南京大屠杀期间金陵大学附属中学难民收容所研究》,《日本侵华南京大
　 屠杀研究》2020 年第 1 期。

的筹备与设立、对难民的救助保护等。郑锦怀、顾烨青《金陵大学图书馆学专修科创办历程与成绩考察(1940—1946)》①与《金陵大学图书馆学系(组)创办历程与成绩考察(1927—1941 年)》②对1927—1946 年金陵大学图书馆学系(组)及专修科的创办历程与成绩进行了考证,并系统研究了其学生团体图书馆学会的相关活动。赵飞飞《全面抗战初期金陵大学内迁决策研究》③与郭爽、梁晨《留守还是西迁:抗战时期金陵大学的迁移抉择》④研究了金陵大学抗战西迁决策的形成过程及其与国民政府、西方教会之间的关系等。

5. 校史研究及档案资料汇编

国内自 20 世纪 80 年代开始兴起大学校史研究的热潮,几乎所有知名大学都组织人员进行了校史和校史资料的编撰。与金陵大学相关的有:南京大学校庆办公室校史资料编辑组、南京大学学报编辑部编辑《南京大学校史资料选辑》、南京大学高教研究所编《南京大学大事记》《南大百年实录》编辑组编《南大百年实录》、张宪文主编《金陵大学史》、朱庆葆主编《我的大学》、方延明主编《与世纪同行——南京大学百年老新闻(1902—2001)》、王德滋主编《南京大学史(1902—1992)》、南京大学高教研究所校史编写组编《金陵大学史料集》、顾树新等主编《南京大学校友英华》、谢泳与智晓民

① 郑锦怀、顾烨青:《金陵大学图书馆学专修科创办历程与成绩考察(1940—1946)》,《图书馆理论与实践》2019 年第 5 期。

② 郑锦怀、顾烨青:《金陵大学图书馆学系(组)创办历程与成绩考察(1927—1941 年)》,《大学图书馆学报》2020 年第 1 期。

③ 赵飞飞:《全面抗战初期金陵大学内迁决策研究》,《史学月刊》2021 年第 2 期。

④ 郭爽、梁晨:《留守还是西迁:抗战时期金陵大学的迁移抉择》,《民国研究》2019 年春季号。

等著《逝去的大学》、龚放等编著《南大逸事》、金陵大学南京校友会编撰的《金陵大学建校一百周年纪念册》和《金陵大学建校一百廿周年纪念文集》等。① 另外,台北市金陵大学校友会编撰了《金陵大学》《金陵校友通讯》《金陵大学建校一百周年纪念特刊》等。② 另有一些随笔、回忆录、文集等,如:高澎主编的《永恒的魅力:校友回忆文集》③、陈平原《中国大学十讲》④、王觉非的回忆录《逝者如斯》⑤等。华彬清、钱树柏《南京大学共产党人:1922 年 9 月—1949 年 4月》⑥对了解金陵大学的党团活动情况有很大帮助。这些校史资料

① 南京大学校庆办公室校史资料编辑组、南京大学学报编辑部编辑:《南京大学校史资料选辑》,1982 年;南京大学高教研究所编:《南京大学大事记》,南京:南京大学出版社,1989 年;《南大百年实录》编辑组编:《南大百年实录》,南京:南京大学出版社,2002 年;张宪文主编:《金陵大学史》,南京:南京大学出版社,2002 年;朱庆葆主编:《我的大学》,南京:南京大学出版社,2012 年;方延明主编:《与世纪同行——南京大学百年老新闻(1902—2001)》,南京:南京大学出版社,2002 年;王德滋主编:《南京大学史(1902—1992)》,南京:南京大学出版社,2002 年;南京大学高教研究所校史编写组编:《金陵大学史料集》,南京:南京大学出版社,1989 年;顾树新、张士朗主编:《南京大学校友英华》,南京:南京大学出版社,1992 年;谢泳、智晓民等著:《逝去的大学》,北京:同心出版社,2005 年;龚放、王运来、袁李来编著:《南大逸事》,沈阳:辽海出版社,2000 年;金陵大学南京校友会编:《金陵大学建校一百周年纪念册》,南京:南京大学出版社,1988 年;金陵大学南京校友会编:《金陵大学建校一百廿周年纪念文集》,南京:南京大学出版社,2008 年。
② 台北市金陵大学校友会编:《金陵大学》,1982 年;台北市金陵大学校友会编:《金陵校友通讯》,1991 年;台北市金陵大学校友会编:《金陵大学建校一百周年纪念特刊》,1988 年。
③ 高澎主编:《永恒的魅力:校友回忆文集》,南京:南京大学出版社,2002 年。
④ 陈平原:《中国大学十讲》,上海:复旦大学出版社,2002 年。
⑤ 王觉非:《逝者如斯》,北京:中国青年出版社,2001 年。
⑥ 华彬清、钱树柏:《南京大学共产党人:1922 年 9 月—1949 年 4 月》,南京:南京大学出版社,2002 年。

及文献汇编对金陵大学相关史料文献进行了梳理和编订,有助于读者迅速掌握金陵大学的历史脉络,对金陵大学研究有重要的参考价值。

三、研究的基本思路与框架

本书以抗战时期金陵大学的迁变与调适为研究主题。选择金陵大学作为研究对象,是因为金陵大学在民国高校中声名远播,在中国教会大学中颇具代表性。教会大学在近代中国教育史上是极为特殊的,伴随着不平等条约而创办,成长于中国近代高等教育体系形成的重要时期;在1920年代深受非基督教运动的打击,却在抗日战争时期成为国家抗战、建设的重要支持者之一;它的萌生与发展伴随着近代中国民族国家的建立,见证着旧时代的灭亡和新时代的崛起;它带着传播宗教的目的而创建,却更多地以近代科学教育的现代性特征服务着中国近代国家与社会建设。而金陵大学因地处民国时期首都南京,受时局、政局的影响尤为突出,办学规模较大,科研教育实力雄厚,在中国教会大学中具有举足轻重的地位。对金陵大学展开系统性考察,有助于进一步理解近代中国教会大学的发展历程,及其在变革时代的国家发展过程中发挥的重要作用。选择抗日战争时期作为研究时段,是因为这一时期金陵大学的办学发展有着显著的变化,战时适时的迁变与调整使金陵大学与国民政府的关系从疏离走向紧密,真正地融入中国高等教育体系和近代社会发展历程之中。金陵大学实力卓著的教育科研优势在战时得到极大的凸显,形成鲜明的经世致用、服务国家的办学特点,在国家抗战、社会建设、西部发展中发挥了重要贡献。并且,随着反法西斯同盟的成立,爱国主义、民族主义进一步充满整个校园,国家的前途与命运是所有学生最关心的问题,基督教在校园内的影响力进一步弱化，"本土化"趋势进一步增强。本书期望能在抗战时期金陵大学研究方面做出有益的探索，进而为追寻近代中国教会大学史的发展脉络提供多元参考。

全书共分为三个部分：

第一部分是金陵大学早期调适与发展，以及局部抗战爆发后金陵大学师生及校方对时局变化所做出的反应与应对，对应正文的第一章，介绍了金陵大学的初创历程与并校时期的发展情况、办学理念及教育传统的初步形成，并就20世纪20年代民族主义冲击对金陵大学的影响进行了分析，以及九一八事变发生后金陵大学校方及其师生的反应与应对情况。重点突出金陵大学在战前及局部抗战时期的发展特点与历史脉络，为全面抗战时期的分析研究奠定基础。

第二部分共五章，包含第二、三、四、五、六章，分别从抗战西迁与南京守护、组织管理与办学环境的迁变、科研教育与社会服务的发展、宗教教育与活动开展情况、学生校园生活与校风学风等五个角度对金陵大学在全面抗战时期的发展历程及办学特点进行分析和研究。第二章考察了抗战全面爆发后金大的西迁决策过程、迁移过程及安置方案，以及部分外籍教师留守南京的决策过程及难民救助、校产维系等相关情况。第三章阐述了战时金陵大学行政机构与治校方略的调整变化，对行政机构的战时调整、治学方略的战时变化及办学环境的战时迁变进行了探索。第四章对金陵大学文学院、理学院、农学院的科研教育发展与社会服务情况进行了分析研究，这些办学活动是战时金陵大学服务国家抗战、建设的重要支撑，也是实现战时学校自身发展的重要保障。第五章对金陵大学的宗教教育情况进行了分析，通过对比战前金陵大学宗教教育情况来体现战时的发展与变化，并主要从宗教课程、宗教活动、师生宗教信仰、宗教团体等方面考察了战时金陵大学的宗教教育与活动的发展变迁。在研究金陵大学"宗教性"发展情况的同时,注重与"本土化"发展历程相结合,分析其中蕴含的互动关系。第六章对抗战时期金大学生的校风学风考风、课外实践活动、衣食住行等校园生活情况进行了研究,并考察了战时金大学生参与政治社团的情况。

第三部分是金陵大学与国家社会之间关系变化的探索考察,对应正文的第七章,着重分析了战时金陵大学与国民政府的互动关系变化。抗战时期金陵大学主动迎合国家的发展需求,通过为政府提供政策参考、帮助政府进行抗战动员、以教育合作促进抗战、建设等方面的努力,对国家战时发展做出了极大的支持与贡献。国民政府及社会各界对科研教学实力卓著的金陵大学亦有较多支持和期待,不仅加大了补助与经费等方面的支持,并通过指定用途的款项,引导金陵大学的科教工作进一步往国家急需的领域发展,更好地支持国家抗战、建设需要。在此过程中,金陵大学与国民政府及社会各界的关系日趋紧密,"本土化"趋势进一步增强。

本书在研究方法上力求创新。正如美国学者欧文·V. 约翰宁迈耶所说:"教育史家必须细心把握航向,力图克服一种倾向,即只注重学校,而忽视学校所处的社会,因为学校依附社会,是社会的代表。"①本书注重将文献学、历史学、教育学等学科的研究方法相结合,将战时金陵大学研究还原于历史场景之中,注重分析大学与国家、社会之间的互动关系,同时亦关注金陵大学自身发展脉络以及国际关系的变化和影响,避免视野的局限性、片面性。

---

① [美]欧文·V. 约翰宁迈耶主编,方晓东等译:《当代教育史研究与教学的主要趋势》,北京:教育科学出版社,2001年,第43页。

　　在学习借鉴前人研究成果的基础上,本书在以下方面做出了努力:

　　(一)深入探究教会大学与抗战、建设之间关系

　　受政治因素影响,中国教会大学研究在中国近代高等教育研究中一直处于相对边缘的区域。近年来,学界越来越多地认识到教会大学对中国近代高等教育体系、近代国家社会发展的重要作用,涌现出了许多教会大学方面的研究论著。然而,正如陶飞亚在《中国基督教史研究的新趋向》一文中所指出的,目前中国基督教史的研究呈现碎片化的特点,还有很多空白需要填补。[①] 其中,金陵大学的研究主要集中于金陵大学农学教育、电化教育、校长陈裕光研究等方面,从时局与教育发展、大学与国家关系等角度进行的研究相对较少,尚未有抗战时期金陵大学的专门研究,还有很大的学术探索空间。本书对抗日战争时期金陵大学发展历程进行梳理和分析,探究抗战时期金陵大学的迁变与调适,注重考查金陵大学与国民政府之间的互动关系变化,以及"宗教性"特点及"本土化"的发展历程,以期能在该领域做出有益的探索,进一步展现近代中国教会大学发展历程,丰富中国近代史研究的多面相、多维度。

　　(二)大量运用金陵大学原始档案资料

　　近年来,金陵大学相关档案整理开放程度越来越高,新档案新史料不断涌现。本书的主要参考资料包括:耶鲁大学神学院图书馆馆藏"亚洲基督高等教育联合董事会档案"(Archives of the United Board for Christian Higher Education in Asia)之"中国教会大学资料"(Series IV China College Files)中的 51 盒 206 卷金陵

[①] 陶飞亚:《中国基督教史研究的新趋向》,《史林》2013 年第 2 期,第 107 页。

大学档案,中国第二历史档案馆馆藏私立金陵大学档案,国民政府及教育部档案,重庆档案馆馆藏私立金陵大学档案,南京大学图书馆馆藏金陵大学刊物①,相关档案资料汇编以及民国时期报纸杂志等,在充分发掘史料的基础上,深入探究抗战时期金陵大学的发展脉络及其与国家社会之间的互动关系。

　　本书积极致力于对抗战时期金陵大学的发展特点进行深入挖掘,着重体现其作为教会大学在抗战时局下发挥的特殊贡献,弥补教会大学史中对金陵大学研究个案的不足。在中国高等教育史上,金陵大学作为当时享誉全国的知名学府,在教育理念、办学特点、管理方式等方面对当前办学仍有重要参考价值,本书亦在此方面做了一些探究。

---

① 金陵大学校内刊物非常多,除《金陵大学校刊》《金陵学报》《金陵光》等校级刊物之外,各专业和社团也办有各类期刊,如:金陵大学农学院及农学方面的协会创办的《金陵大学农学院通讯》《金陵大学农业经济学会通讯》《推广通讯》《金大农专》《西北农学社刊》《农林新报》《农村汇刊》《农学院丛刊》等;金陵大学文学院创办的《斯文》《金陵大学文学院通讯》《金陵大学文学院季刊》《史学论丛》等;金陵大学理学院创办的《金陵大学理学院通讯》《科学教育》等;金陵大学学生会创办的《金大校报》《金大周刊》《金陵周刊》《金陵月刊》等;金陵大学中国文学研究会创办的《金声》《金陵大学中国文学研究会会刊》等;以及金陵大学政治学会创办的《政治学刊》、金陵大学美艺社创办的《美艺》金陵大学晨曦社创办的《晨曦》、金陵大学新闻学会创办的《新闻旬刊》、金陵大学青年会创办的《鼓楼钟声:金大青年会通讯》、金陵大学图书馆创办的《金陵大学图书馆丛刊》、金陵大学砥柱文艺社创办的《金陵大学砥柱文艺社社刊》、金陵大学中国文学会创办的《金陵大学中国文学会季刊》、金陵大学青年会青年月刊社创办的《金大青年》、金陵大学学生自治会创办的《金大学生》、金陵大学学校生活周刊社创办的《学校生活》、金陵大学演辩会纵横周刊社创办的《纵横》等。

第一章　早期金陵大学的调适与发展

　　19世纪末20世纪初,西方列强的武力入侵唤醒了沉睡的"东方巨龙",不甘屈辱的中国人奋发图强,开始有意识地学习西方先进文化,尤其是近代科学知识。正是在这一背景下,各类教会学校如雨后春笋般在全国各地建立起来。1919年巴黎和会中国外交的失败充分诠释了"弱国无外交""强权即公理"的霸权主义逻辑,五四运动进一步掀起国内反对帝国主义侵略、捍卫国家主权的民族主义浪潮,与西方联系紧密的教会学校被视为帝国主义的"文化侵略阵营",在长达数年的非基督教运动(the Anti-christian Movement)中,教会大学的办学活动受到沉重打击。如何在新形势下实现自身的调适转变成为当时中国教会大学亟须探索的首要议题。然而,这一时期教会大学并未真正做出实质性的让步,办学调适之路事实上仅仅停留在探讨研究阶段。1927年3月"南京事件"爆发,在宁外国人受到严重的心理冲击和人身伤害。事件发生后,金陵大学外籍教员纷纷撤离南京,学校交由中国教员代为管理,这种暂时的权力真空状态为学校管理权的转移提供了可能。在新成立的国民政府的进一步施压下,金陵大学美籍校长包文主动请辞,华人陈裕光继任校长。在陈裕光校长的积极协调下,金陵大学成为第一所向国民政府教育部申请注册立案并获批准的教会大学，正式被纳入中国高等教育管理体系。1931年爆发震惊中外的九一八事变，拉开了中日战争的序幕，首都教育界群情激愤，金陵大学等校纷纷组织抗日救国会，研究日本问题，发表抗日爱国言论，开展游行示威；各级学校联合起来，共商救国办法，向国民政府请愿，努力扩大国际影响，共同表达抗战爱国的热情和决心。此时，金陵大学的教育发展已具相当规模，在尚未受到战火波及的南京，充分发挥其教育科研优势，将基督教传播与教育实践结合起来，不断推进基督教社会福利事业，客观上为国家抗战和社会进步发挥了一定的积极作用。

第一节　金陵大学的"本土化"发端①

一、初创与并校

（一）创办汇文书院，办学理念初步形成

1888年，美国基督教会美以美会（Methodist Episcopal Mission）传教士傅罗（C. H. Fowler），在南京北门桥干河沿创办了金陵大学的前身汇文书院（Nanking University）。清末民初，正是中国社会从传统走向近代的重要转型时期，汇文书院的创办在南京首开近代科学教育之风，其西式的教育理念、教学方式、教授内容和办学实践令人耳目一新。这一时期，也是西方教会在中国探索教育传教方式的重要阶段。汇文书院正是西方教会在南京高

---

① 本节部分内容曾发表于朱庆葆主编：《太平天国及晚清社会研究》（2019年第1辑），北京：社会科学文献出版社，2019年，第139—155页。

等教育领域的一次成功探索,前后三位外籍院长既是信仰虔诚的基督徒,同时也是热心教育事业的管理者和传道授业的专业教师。

　　汇文书院的第一任院长是福开森(John Calvin Ferguson),1866年3月1日出生于加拿大安大略省,1886年在美国波士顿大学获文学学士学位,1902年获哲学博士学位。福开森于1886年来华,先在镇江学习中文,次年到南京。1888年美国基督教会美以美会的传教士博罗在南京创办汇文书院,请福开森担任院长。

　　福开森兴趣广泛,所涉事业较多,时人对其十分钦佩,"有尊之为教育家者,有尊之为政府官员者,有尊之为新闻家者,有尊之为外交家者,有尊之为著作家与中国美术收藏家者"。[①] 福开森热爱中国文化,爱好收藏中国文物,1934年本着"得之于华,公之于华"[②]的想法,将其在华四十余年收藏的名贵文物悉数捐赠给金陵大学。福开森在中国文物研究方面颇有造诣,在晚清和民国旅华外籍人士中,是中国文物收藏第一人,也是故宫博物院文物鉴定委员会的唯一外国专家,同时还是最早研究中国艺术的西方学者之一,其撰写的中英文论著,如《中国历代著录画目》(金陵大学中国文化研究所出版,1934年3月)、《中国历代著录吉金目》(商务印书馆出版,1939年1月)、《陶斋旧藏古酒器考》(《学衡》1926年第51期)、《中国艺术大纲》(又译为"中国美术大纲",Outlines of Chinese Art,1919,美国芝加哥大学出版社)等,至今仍是中国古物鉴赏研究的重要参考资料。[③]

---

①《福开森博士之金婚(北平)》,《兴华周刊》1937年第34卷第30期,第22页。
②《福开森捐赠金大古物(北平)》,《兴华周刊》1935年第32卷第2期,第25页。
③ 福开森:《陶斋旧藏古酒器考》,《学衡》1926年第51期,第119—128页;王逊:《评中国艺术综览》,《图书季刊》1940年第1期,第50页;《国内学术界消息》,《燕京学报》1939年第25期,第256—259页。

在院长福开森的领导下，汇文书院从创办之初就不断自我调适，积极适应清末复杂多变的社会环境，并努力将基督教传播与近代大学精神相结合，在学校创建的过程中逐步形成了独具风格的办学特点。

福开森强调汇文书院的创办是"在基督教的影响下建立一所好学校，而不是传教机构"。[①] 这一理念奠定了汇文书院乃至后来金陵大学的基本发展思路，使汇文书院未局限于基督教传播的初衷，不仅以大学为传教载体，更是怀有建设一流大学的愿景。在福开森看来，基督教传播和科学教育是互促互进的，"学校需要教会，教会也需要学校"，"不仅教育对传教工作颇有益处，宗教教育对科学教育也有很大助益"，对耶稣基督和其教会最好的服务就是"忠实地做好我们所做的事"，"忠实地完成学校的工作"，侍奉上帝最好的方式就是"在教育事业上毫不懈怠、精神勤勉"。[②] 因此，对于福开森来说，汇文书院的办学定位并不是一个专门的传教教育机构，而是要创办一所真正近代意义上的大学，帮助汇文书院发展教育事业就是他对教会最好的回报。在福开森的领导下，汇文书院逐步发展成为南京近代科学人才、科研成果的培育基地和民众教育的重要力量。同时，汇文书院也成为沟通中西文化交流的桥梁，学生们在这里学习到近代科学文化知识，外籍教员们则通过这里了解中国的国情与发展需求。

汇文书院早期开设有预科、神科（又称圣道馆）和文理科。在福开森看来，汇文书院是南京建立的"第一所综合性学校"，他强

① Graduation Address，1909，UBCHEA Archives，Microfilm，Reel 62. Box 198. Folder 3405.
② Graduation Address，1909，UBCHEA Archives，Microfilm，Reel 62. Box 198. Folder 3405.

调"各个学科都应该对学生开放",应当在所有人中"建立一个广泛的学校理想",即"在这里,学生能够被训练,学者可以被聚集起来授课和研究",他认为"在文理科应当教授实用科学,但除此之外,还规定学生要接受医学方面的训练,而其他人则被选为神职人员,以获得神学学科的良好训练"。并且,福开森强调务真求实、学以致用,认为"实用科学的教学是必要的",但同时"必须有实际的实验工作"。① 这种人才培养方式与近代中国社会对实用型人才的需求不谋而合,使得汇文书院的毕业生广受社会各界的欢迎。

福开森认为开办教会学校对中国教育发展意义重大,因为中国的科学教育正是从教会学校开始的。他回忆称:"当 1888 年我开办时,全城除兵工厂有一所小小的方言学校之外,没有一个现代的学校。把这些科目,如地理、通史和初步科学去唤起民众的兴趣,是不容易的"②;"这个学校在那时候大家不但是不赞成的,而且是反对的。这是因为那时候是所谓真正八股文流行的时代,人人并不知道科学这东西,也不知道应该要学的";"这个学校的创办,可说是先在南京教科学的,这时候,连科学的名词也没有,一般人还不知道科学是些什么东西。我们所讲的科学,一般的人,因为未曾听见过,都觉得难懂"。③ 然而,正如福开森所说:"在那时,中国近代教育正在未知的海洋里前行。幸运的是,我们清楚地认识到

----

① Graduation Address,1909,UBCHEA Archives,Microfilm,Reel 62. Box 198. Folder 3405.

② 福开森著,汉如译:《教育部取缔教会学校之非是》,《兴华周刊》1930 年第 27 卷第 38 期,第 9 页。

③ 福开森:《教育历史之一页——三月十九日在中央广播电台讲》,《月报》1937 年第 1 卷第 4 期,第 807 页。

我们从哪里开始航行,也知道我们的目的地。"①在清末时期,尽管八股文仍然盛行,科学教育尚未普及,但近代化之风已经悄然兴起,以星火燎原之势迅速传播。在这样的历史发展趋势之下,汇文书院的西式教育特性,事实上与中国近代化、国际化的发展需求不谋而合,成为南京近代化发展的重要推动力量。福开森曾自豪地说:"科学研究室,如化学室,动物室,植物室等,也都是先由汇文书院在南京创办的";"南京第一个化学实验室,第一班植物和动物课,第一次教授宇宙间的物理,却是在我办过的这个学校","各课都是我自己教授",尽管"所教授的程度,没有如我意想中那么高",但"这确是现在专门研究的预备工作"。②

　　福开森坚信教育才是真正解决中国困境的良方,中国应当从培养领袖人才入手,继而教育民众。他说:"盖记者素反对外力之干预中国,以中国之事,应由中国自理之也。然而中国如何而后能自治乎。曰是在教育,必先教育领袖人才,由领袖人才,转而教育民众,此实最善而最速之法也","处今日形势之下,当使知识阶级与民众联络而提携之,使其知识增高,而后中国可治"。并且,对于时人"近年中国纷乱,多有归罪于教育者,以为使今日一班青年,未受新式教育,则中国今日之乱将无由起"的错误观念,他极力反驳,认为新式教育不是导致时局混乱的因素,反而教育覆盖的范围还不够大,他说:"以记者之见,教育实为中国今日之急务;记者对此四十年来之教育,无论其为官办或私办者,皆无所非议,惟尚嫌其

---

① Graduation Address,1909,UBCHEA Archives,Microfilm,Reel 62. Box 198. Folder 3405.

② 福开森:《教育历史之一页——三月十九日在中央广播电台讲》,《月报》1937年第1卷第4期,第808页;福开森著,汉如译:《教育部取缔教会学校之非是》,《兴华周刊》1930年第27卷第38期,第9页。

范围过小耳。"①

福开森认为科学与宗教、中国经典与宗教都是相互促进的,可以同时存在与发展。一方面,"科学不怕宗教,宗教也不怕科学","科学不过是对于人类及自然力量的世界的知识和研究。宗教是对我们在神佑之下生活、行动和存在的知识和研究","科学研究与宗教研究是相互促进的"。另一方面"中国经典不需要惧怕圣经,圣经也不需要惧怕中国经典","与希腊语、拉丁语的经典在我们故乡的好学校里一样,中国经典文化被同等地放置在课程中。随着对中国的认识,学校推出了一套新的中文教学体系,并成为第一个摒弃千篇一律的文体、提倡现代文体的学校"。②

福开森坚信基督教教育有利于学生的培养和发展。他说:"在我们学校受了教育的人,在中国外交、商界、银行、教育界、医界和律师、牧师,以及其他各种行业得了好位置。我调查他们的事业,敢说没有一个因为受了基督教的教训吃了亏,那时他们在学校,宗教是必修科,同时我又看出,越照基督教教训做的人,越在社会上有能力。那时学校以宗教为必修科,就如同英美的大学一般。"③

福开森强调教育应当符合中国社会的发展需求。他认为,在中国办教育,就应当因地制宜、因材施教,而不应完全模仿英美等国,也不应全国统一教材。一方面,"学堂所用教科书,必须合于用

---

① 福开森:《福开森博士履华四十年之纪念文》,《东方杂志》1927 年第 24 卷第 19 期,第 36—38 页。

② Graduation Address, 1909, UBCHEA Archives, Microfilm, Reel 62. Box 198. Folder 3405.

③ 福开森著,汉如译:《教育部取缔教会学校之非是》,《兴华周刊》1930 年第 27 卷第 38 期,第 9 页。

书之人,不当以一种读本作通国之用"。① 另一方面,教育的目的是为了培养适合于国家现阶段发展的栋梁之才,因此,无论是在中国何地办学,均应考虑是否适用于当地的社会发展需求。他强调"为中国子弟所开学堂,不当使其为英国式、美国式,而当为中国式","养成中国子弟,须为中国做人着想,其教育之道,必须使其能与中国他处学堂出身之人,一般立身为人","其所办学堂,既为中国子弟而设,不应异于中国他处之学堂,而当设法使之成为中国最好之学堂"。②

清末时期,中国社会正处于除旧革新的时代,不仅国人对于传统文化展开审视,福开森等关心中国的外籍人士也有相应的思考。

福开森反对八股文,认为八股文"只是些虚文",坚信教育一定要从实用出发。"平常读的书,都是要实用,要实用就要使它普通,才可以能够普遍的,只要学习几次,人人都是可以学会的"。③ 福开森务实的教育理念得到了当时知识分子的广泛认同,有时论称:"在这一般人提倡读经的潮流里,我们要体认'学贵致用'的要义。我们抗议回复八股式的读经,我们更反对一切开倒车的文化政策。"④

福开森认为中国古代知识分子低调内敛、秘而不宣的做法不利于中国社会的进步,强调受教育者应当有志于服务国家和社会。他指出:"华人有学问者,恒秘不以示人,此于社会国家有何利益,今之学生宜痛改之陋习,必将所欲者,用国文发表之,审求学非为一已求快乐也,安可不公之于众。"他勉励青年学生们:"努力求学,为国家社会谋福利,中国非欲多添徒穿西服之青年也,余谓凡在校

---

① 而已:《福开森之教育论》,《福尔摩斯》1933 年 4 月 5 日,第 2 版。
②《福开森博士演讲租界教育问题》,《新闻报》1933 年 1 月 20 日,第 10 版。
③ 福开森:《教育历史之一页——三月十九日在中央广播电台讲》,《月报》1937 年第 1 卷第 4 期,第 807—808 页。
④《听了福开森先生演讲以后》,《汗血周刊》1937 年第 8 卷第 14 期,第 258 页。

怠惰畏考试而闹风潮者,学校应不待其生变,早已开除之,愿诸君多自励,各贡其所学于社会。"①

福开森批评中国"学而优则仕"的传统教育观念。他说:"中国教育之缺点,在无教育人才,一班之教育家之脑中,尚不能去'为学即所以求官'之印象,致多参入政治,并教育之主要目的而失之。其甚者,竟谓教育之唯一目的,为灌输政治思想,此论误谬,记者深非之。"在福开森看来,"夫教育之真义,在启发人之智力,培养人之道德","无论其主办者为谁何,或为有宗教关系者,或为有政治关系者,皆不得忽此。不然者,则其学校之所以为学校也亦仅矣"。②

福开森热爱中国古典文化,强调教育中应注重中国传统文化的传承。在他看来,尽管有些传统观念需要有所改变、与时俱进,但传统文化中的精髓应当在教育实践中传承下去,即使是外国人创办的学校,也应使学生们注意对传统文化的继承与发扬。福开森指出:"中国现在虽然有许多的新学问传出来了,也必不能把中国的一切老学问丢掉。"③并且,他认为学习传统文化与学习近代科学知识同样重要,主张"温故而知新""建新存故"。④ 福开森曾感慨道:"昔日学生英文程度皆佳,有能任意用英文作文谈话者,然若令其改用中文,则转病不能,是失其为中华民国之国民而不自觉其耻孰甚。望今日之学生毋陷此辙。"并且,他认为白话文比起古文相差甚远,"每多怪僻

---

① 《福开森向学生作讲演》,《南大百年实录》编辑组编:《南大百年实录》(中卷),南京大学出版社,2002 年,第 58 页。

② 福开森:《福开森博士履华四十年之纪念文》,《东方杂志》1927 年第 24 卷第 19 期,第 38 页。

③ 福开森:《教育历史之一页——三月十九日在中央广播电台讲》,《月报》1937 年第 1 卷第 4 期,第 808 页。

④ 《陈裕光校长在金大举行 60 周年庆祝大会上的讲话(节录)》,《南大百年实录》编辑组编:《南大百年实录》(中卷),南京大学出版社,2002 年,第 85 页。

语调"①,"其难于使人明白,尤较文字通顺之旧文为甚"②,劝青年学生多学文言文,"欲作佳丽之白话文,须先多读文言文以为根底"。③福开森对传统文化的热爱和推崇得到时人的赞叹,有时论称:"这位老朋友对于中国文化的爱护,实在使得我们感佩!"④尽管汇文书院的课程以西学为主,但福开森这一办学理念使汇文书院的教育自初创时起就避免了与中国社会文化产生根本性的隔阂和断裂。

汇文书院初创时期正处于中国社会从传统迈向现代的转折阶段,传统教育模式已无法满足中国社会在转型期对新式人才的渴求,汇文书院求真务实的科学教育模式为南京培养了大量优秀新式人才,推进了南京地区的社会发展和教育革新。

（二）汇文书院的发展与演变

在1896年福开森受聘担任南洋公学(即上海交通大学前身)监院之后,汇文书院迎来了第二任院长师图尔(George A. Stuart)。师图尔1859年12月31日出生于美国马里兰州,在美国辛普森学院获得文科硕士学位,并在爱荷华大学进修了内科和外科,1895年在哈佛大学以"优等成绩"获得医学博士学位。⑤师图尔于1886年来到中国,1888年前往芜湖,创办了弋矶山医院。1896年,汇文书院设立医

①《福开森向学生作讲演》,《南大百年实录》编辑组编:《南大百年实录》(中卷),南京大学出版社,2002年,第58页。

② 而已:《福开森之教育论》,《福尔摩斯》1933年4月5日,第2版。

③《福开森向学生作讲演》,《南大百年实录》编辑组编:《南大百年实录》(中卷),南京大学出版社,2002年,第58页。

④《听了福开森先生演讲以后》,《汗血周刊》1937年第8卷第14期,第258页。

⑤ W. F. Wilson: A Biographical Sketch of George A. Stuart, University of Nanking Magazine (Memorial Number), November, 1911, UBCHEA Archives, Microfilm, Reel 94. Box 235. Folder 3913;《师图尔传略》,《南大百年实录》编辑组编:《南大百年实录》(中卷),南京大学出版社,2002年,第9—10页。

科,师图尔担任医科总教习,而后不久,福开森因受邀担任南洋公学的监院而辞去汇文书院院长职务,师图尔接任院长。

师图尔是汇文书院发展时期的重要人物,不同于开拓时期的披荆斩棘、乘风破浪,这一时期更需要稳健发展、全面谋划。师图尔长院期间,在其认真、高效的管理下,学校教育水平稳步提高,办学规模和质量不断发展壮大。"改良功课,添置仪器,增聘教习,扩充校址,广建校舍,创筑青年会堂",校园被扩大到原来的两倍,基督教青年会的楼几乎全是由师图尔特别资助建成的。据统计,汇文书院创设之初,"学生仅数十人"。① 而时至1906年,汇文书院加上中小学共有学生约200人。② 在师图尔及其同仁的积极努力下,汇文书院"匪特冠绝东南,实侨居中国人士所组织教育事业而首屈一指者也"。③ 而在这一时期,汇文书院的办学思想也得到了进一步的发展,师图尔结合医学专业实践,从"医疗布道"开始,逐步将教育、医疗和传教相结合,使基督教传播与大学教育进一步融合。

1888年,师图尔在芜湖创办了弋矶山医院。在此期间,师图尔尝试开展了"医疗布道"实践。"在芜湖时,除了在患者中的常规福音工作之外,他每周有三个晚上都和助手们在圣经特别班。这项工作不仅在课堂上以讲课的方式开展,而且常常是个性化的沟通,特别是对那些似乎正在误入歧途的人。"④1896年师图尔到汇文书

---

① 《五十五年来之金陵大学》,《金陵大学校刊》第321期,1943年5月1日,第2页。

② 曹习:《汇文书院》,《金陵大学建校一百周年纪念册》,南京大学出版社,1988年,第133—134页。

③ 《师图尔传略》,《南大百年实录》编辑组编:《南大百年实录》(中卷),南京大学出版社,2002年,第10页。

④ W. F. Wilson: A Biographical Sketch of George A. Stuart, University of Nanking Magazine (Memorial Number), November, 1911, UBCHEA Archives, Microfilm, Reel 94. Box 235. Folder 3913.

院之后,进一步将医疗、教学和传教工作相结合。"他曾经是芜湖区的长老,后来又是南京地区的长老",几乎每个星期日都在布道。对他来说,"这项工作使他几乎和在学校授课一样愉快,因为这是另一种授课的机会"。①

在师图尔看来,身体的健康与心灵的治愈同样重要。因此,他以精湛的医疗技术治疗病人的身体疾病,以科学教育充实人的心灵,再以宗教的精神抚慰帮助治愈受创的心灵,将医疗救助、培养人才与传教布道相结合,努力实现其生平的三大志愿——"救灵"、"浚智"和"医病"。正如同事威尔逊所说:"师图尔是一位虔诚的传教士,他将医疗工作的开展和传播基督福音结合在一起,他从不认为医疗工作本身就是目的,在他看来,随着身体的复原,人的思想、心灵和灵魂也应逐步康复。"②在虔诚的信仰之下,"他的所有服务都有基督精神的标志","即使当他肩负沉重的责任,他的活动也丝毫不限于教育工作","许多学生被他的宗教热情改变了"。③

对于在华基督教学校的发展,师图尔曾于1909年在中国教育协会发表了题为《中国基督教学校与种族、民族运动关系》的演说,指出:"在道德和社会的限度内,个人自由是人类的最高特权","我

---

① Frederick G. Henke : The Literary Activity of George A. Stuart, A. J. Bowen: George A. Stuart as an Educator, Chao Shi-Fan : George A. Stuart as a Physician, University of Nanking Magazine (Memorial Number), November, 1911, UBCHEA Archives, Microfilm, Reel 94. Box 235. Folder 3913.

② W. F. Wilson: A Biographical Sketch of George A. Stuart, University of Nanking Magazine (Memorial Number), November, 1911, UBCHEA Archives, Microfilm, Reel 94. Box 235. Folder 3913.

③ Frederick G. Henke : The Literary Activity of George A. Stuart, A. J. Bowen: George A. Stuart as an Educator, Chao Shi-Fan : George A. Stuart as a Physician, University of Nanking Magazine (Memorial Number), November, 1911, UBCHEA Archives, Microfilm, Reel 94. Box 235. Folder 3913.

们应该充分相信中华文明的勃勃生机和优秀之处,学习怎样更好地将中华文明注入基督教理想","基督教学校的工作就是发现和灌输真理";为"使教会学校在中国保持自己的地位","应当有更好的设备,更大的力量,更优化的课程,最重要的是更好地适应中国的条件和发展目标"。① 在师图尔看来,在中国传播基督教,就一定要适应和吸纳中华文明,在发展目标和定位上要与中国社会的需求相一致,这也正是汇文书院得以发展壮大的关键。

师图尔热爱教育事业,汇文书院给予他施展才华、实现"浚智"志愿的机会,他也将毕生精力倾注于汇文书院。师图尔长校期间,"以超出常人的努力","提高了办学声望,调整了课程体系,提升了教育水平,使汇文书院在南京教育机构中占据领先地位"。② 其中,最突出的贡献就是有力推动了汇文书院的医学教育。

南京最早的西医出现于 1893 年马林创建的基督医院,而后1894 年比必(Robert Case Beebe)创办了金陵医院。1896 年师图尔进入汇文书院,担任医科总教习,将基督医院和金陵医院"集二君门子于一炉而铸之",创建了医道馆,"直辖于美以美会董事部",对汇文书院的医学发展起到了极大的推动作用。③

1908 年师图尔辞去院长职务,在上海继续翻译和研究医学著作,不仅花费大量时间为医学协会翻译、修改书籍和资料,并承担

① Frederick G. Henke：The Literary Activity of George A. Stuart，University of Nanking Magazine（Memorial Number），November，1911，UBCHEA Archives，Microfilm，Reel 94. Box 235. Folder 3913.

② Liu King Shu：Reminiscences of George A. Stuart，University of Nanking Magazine（Memorial Number），November，1911，UBCHEA Archives，Microfilm，Reel 94. Box 235. Folder 3913.

③《金陵大学医科之过去与将来(节录)》,《南大百年实录》编辑组编:《南大百年实录》(中卷),南京大学出版社,2002 年,第 11 页。

了美以美会教堂的图书和总编辑工作。[①] 在其译著中，"最著者如柏雷克利之《圣经研究》《美以美会教会例文》《贫血病与组织学形态学及血液化学之特别关系》《解剖学名词表》《医科学生之习练法》，皆风行一时。尤以译《本草纲目》为英文，为世之所珍"。[②]

（三）合并组建金陵大学

1908 年，因并校观点分歧，师图尔辞去院长职务，由包文（Arthur John Bowen）继任院长。包文于 1873 年 1 月 12 日出生于美国伊利诺伊州，后在诺克斯学院（Knox Academy）文学系就读，1897 年毕业于美国西北大学（Northwestern University），获法学博士学位。1897 年 8 月来华，在南京从事教会教育工作。1908 年接任汇文书院院长职务。[③]

包文是一位虔诚的基督徒，也是一名出色的教育家和管理者，他将基督教理念进一步融入办学实践之中，在办学规模扩张、大学精神彰显的同时，基督教传播也得到了实质性的发展。

时至 20 世纪初期，随着中国教会大学的发展，以及中国本土新式学校雨后春笋般的发展势头，教会大学并校的呼声越来越高。部分教会教育人士认为分散办学不利于教会学校在华发展，应当改变分散局面，将办学资源集中起来，着力提升中国教会教育的办学质量和核心竞争力。卜舫济（Francis Lister Hawks Pott）、美在

---

① A. J. Bowen：George A. Stuart as an Educator，University of Nanking Magazine（Memorial Number），November，1911，UBCHEA Archives，Microfilm，Reel 94. Box 235. Folder 3913.

②《师图尔传略》，《南大百年实录》编辑组编：《南大百年实录》（中卷），南京大学出版社，2002 年，第 10 页。

③ Edward James：Memorial of Arthur John Bowen，UBCHEA Archives，Microfilm，Reel 62. Box 198. Folder 3399；《教育部对全国专科以上学校调查一览表》，《南大百年实录》编辑组编：《南大百年实录》（中卷），南京大学出版社，2002 年，第 31 页。

中（Frank. E. Meigs）等人为支持派，狄考文（Calvin Wilson Mateer）、师图尔等人为反对派。

基督书院院长美在中倡导基督、益智和汇文三书院合并办学，认为"孤往则精力分而收效浅，共作则菁华聚而成功多，且祖国教会酿金委办教育事业，当化畛域而屈群策，以最少经费谋最大功效"。在其积极努力之下，1906年，基督书院和益智书院合并成立了宏育书院（The Union Christian College）。而后，美在中进一步致力于宏育和汇文两书院的合并事宜，"屡言于美以美会诸要人，得其同意"。然而师图尔坚决反对，认为并校思想不够成熟，不适合当前中国社会的发展需求。因此，合并之事一拖再拖，对于合并办法"彼此初甚龃龉"。①

1908年，师图尔辞职前往上海，由包文继任院长。包文是并校观点的支持派，认为并校政策既有利于基督教学校的生存和发展，也符合教育的发展规律和南京当地的社会需求。他说："中国之困亟矣，非以教育新民智不足以自振救，而教育之宗旨宜纯正，规模宜远大，组织设备宜健全完美，然后始可以言得人才为社会用，今南京一隅设三校，其政不相谋，课程多重复，且为经费限不得备其设施，势必至于因循苟且，徒劳而无功，吾不知其何益于中国，其亦大背吾人办学之旨矣。"②

在包文、美在中等人的积极努力下，1910年宏育书院并入汇文书院，成立了金陵大学堂（后于1915年更名为金陵大学校），包文为校长，文怀恩（J. E. Williams，原益智书院院长）为副校长，美在

---

① 徐则陵：《美在中先生与基督书院》，《南大百年实录》编辑组编：《南大百年实录》（中卷），南京大学出版社，2002年，第11页。

② 《包文先生传》，《金陵大学校刊》第348期，1945年5月16日，第6—7页。

中为大学圣经部主任兼附设中学校长。大学部设在原汇文书院校址,中学部设在原宏育书院校址,小学部设在原益智书院校址。并于鼓楼西坡,建筑大规模校舍。1916 年秋季落成一部分,即将大学迁入,干河沿旧址为附属中学校舍。1921 年"大学校舍,始告竣工,计基地面积2 340亩,高楼峥嵘,气象洪阔,与鼓楼巍然并峙城中,为南京最大之建筑"。① 时人赞曰:"当时总有人谈论在中国联合办学的设想,而包文则在他人谈论的时候已经将之付诸实践。"②

并校给金大带来了新的发展机遇,也带来了挑战与困境。合并成立的金陵大学,起初面临的是一个经济窘困、人员匮乏的局面,"课室宿舍仪器图书简陋缺乏不可用,制度规章皆无有,教授少不能备课程,而经济窘困,人或以为忧"。幸而包文校长对金陵大学的发展有着清晰完备的规划,做出以下几项重要举措:

首先,注重学校基础建设。考虑学校的长远发展,包文大力兴建校舍、充实课程、购置图书仪器,提倡"研究之风气"。③ 校方的悉心规划和倾力建设使金大的发展极为迅速,巨资建设的化学、物理、生物等试验室及完善的科学设备"就是较之国内各大学,与普通之美国大学,有过之无不及"。④

第二,募集充足的办学资金。包文曾亲自回国募捐 3 次,派员募捐 5 次。在其任期内,金大资产总额大幅增长。1912 年金大全部产业"计有银币二十五万元",时至 1922 年"已足增至一百二十

---

① 《成长时期概况》,《南大百年实录》编辑组编:《南大百年实录》(中卷),南京大学出版社,2002 年,第 14 页。

② Edward James: Memorial of Arthur John Bowen, UBCHEA Archives, Microfilm, Reel 62. Box 198. Folder 3399.

③ 《包文先生传》,《金陵大学校刊》1945 年 5 月 16 日,第 6—7 页。

④ 包文:《金陵大学近十年来的发达》,《兴华》1922 年第 19 卷第 18 期,第 6 页。

万元",除此之外"还有特别允诺捐助的和另有两部所供给的十四万美金",校产"几乎每年增加十余万"。①

第三,重视师资力量建设。包文校长上任后,针对"教会派遣教授,其学术程度高下至不齐"的问题,"请于托事部,组织聘任委员会,以审查教授之资历,由是文理农医专家之来者日多,学生之程度亦益进"。② 并且,包文将马林医院发展成为大学医院(即鼓楼医院),便于医学的学生实习,培养了茅拔、杜毓峰、张维新等多名知名医师,进一步充实了南京的西医力量。鼓楼医院的建筑及设备都是"当时最新式而颇完善的",所聘教授均是著名医学人士,如:寄生虫学专家 Dr. H. S. Houghton、心脏病专家 Dr. Brown、腹部外科专家 Dr. Hiltner、眼科专家 Dr. Butehert、黑热病专家 Dr. S. Cochran、外科专家 Dr. P. S. Evans、儿科专家 Dr. Beebe、药理学专家 Dr. W. E. Macklin 等,"一时人才之盛,国内任何医学校都比拟不上,程度之高,也超乎当时一切的医学校"。③ 高水平的师资力量为金大的教育发展和科研进步奠定了重要基础。

第四,办学水平获得国际认可。金大成立时,"中国教育行政机关尚未有大学授予学位的规定,而私立大学之立案尤无明文可遵"。④ "为求毕业生留学方便,需要国际通行之证书起见",在包文校长的努力下,"毕业生留学成绩极佳"的金大得到了美国纽约州立大学的认可,"颁赠毕业学位之永久认可(Absolute chartct)公文一件,此后无需介绍手续,即可由本校直接授予国际认可之证书或学位,按美邦哥伦比亚及康乃尔两大学,亦曾取得该大学院区此项

---

① 包文:《金陵大学近十年来的发达》,《兴华》1922 年第 19 卷第 18 期,第 4 页。
②《包文先生传》,《金陵大学校刊》1945 年 5 月 16 日,第 6—7 页。
③ 侯宝璋:《我所知道的包文先生【续完】》,《金陵大学校刊》1945 年 5 月 16 日,第 7 页。
④ 包文:《金陵大学之情况》,《教育季刊》第 1 卷第 4 期,第 167 页。

永久认可公文"。① 此举使金陵大学进一步提升了国际办学声誉。

包文校长"终身以服务教育为职志"②,性格"稳健、诚笃和优容","笃实纯粹持重有毅力","勇于任事,尤其卓识远见,凡事先立大计于胸中,规定其步骤,计虑周详,巨细无所遗,及计划定,即施行,无犹豫顾忌,虽遇挫阻不沮丧,终奋勉尽力以底于成功而后已"。③ 在包文校长及其同仁的共同努力之下,通过募集资金、发展学科、增聘师资、提升国际声誉、购买图书仪器等,金陵大学很快成为当时在全国首屈一指的近代化基督教大学,"文理农林诸科系,次第设立,校产设备,随时建置,毕业校友,服务社会或游学欧美,皆能斐然有成"。④ 据统计,1912 年至 1922 年,金大在校学生数从56 人发展为 300 人,华人教员从 20 人发展为 64 人,美籍教员从 17人发展为 30 人,校园占地从 15 亩增至 140 亩,房产亦大幅增加,藏书从 2 000 本增至 17 430 本(另有小册 13 450 册),财产总额增数为380％,年度支出从 37 300 元银币涨至 378 390 元银币,学科从原来只有文科,演变成为文理农林医并进的综合性大学,并设有预科、官话学堂、医院等,"其设备之完善,实为中国有数的"。⑤

包文校长是一位能干、务实的领导者,也是一名虔诚的基督

①《美国纽约州立大学院向本校颁赠毕业学位》,《南大百年实录》编辑组编:《南大百年实录》(中卷),南京:南京大学出版社,2002 年,第 61 页。

②《司徒雷登在本校纪念福、包二氏礼拜会上的讲话》,《南大百年实录》编辑组编:《南大百年实录》(中卷),南京:南京大学出版社,2002 年,第 86 页。

③ 杭立武:《关于文学院的人和事》,台北金陵大学校友会编印:《金陵大学创立七十周年纪念特刊》,1958 年,第 5 页;《包文先生传》,《金陵大学校刊》1945 年 5 月 16 日,第6—7 页。

④《成长时期概况》,《南大百年实录》编辑组编:《南大百年实录》(中卷),南京:南京大学出版社,2002 年,第 14—15、255 页;《包文先生传》,《金陵大学校刊》1945 年 5 月 16日,第 6—7 页。

⑤ 包文:《金陵大学近十年来的发达》,《兴华》1922 年第 19 卷第 18 期,第 4—6 页。

徒。在其任期内，包文将基督教理念进一步落到实处，将基督教服务与奉献的精神融入学校教育和社会实践之中。通过开展社会服务的方式，不仅在学生和社会民众中广泛传播了基督教思想，同时也扩大了金陵大学的社会影响力。

在包文看来，教会大学的创办目的就是"对中国年轻人的教育和启迪"，使学生们"知道什么是真正的研究"，并且"以后有可能探索到更深层次、更好的东西"，同时学会感恩、服务与奉献。[1] 他指出，学生在走入社会之前，"一直在接受、接纳"，"一直受到保护、庇护和帮助"，"一直为自己而活"，而毕业进入社会之后，就应当"保护、庇护和帮助他人"，"要开始为他人而活"，而这才是"真实生活的开始"，这就是学生多年学习的目的以及"为之准备的一切"。[2]包文强调："工作重点是要把我们自己更进一步地同大众的生活联系在一起，例如我们所见到的农林科实验活动的大规模发展，如果我们能遵照我们工作的座右铭去做，我们对社会的贡献将是无穷的。如果我们能向社会和全体民众提供真诚的服务，我们的未来是光明的。我们关心的问题永远是：我们怎样以积极的服务方式去接触民众的生活。作为教员个人，在这个问题上，应当奉献，而非索取；作为教义的原则，我们生存着应当给予，而非得到；在个人的生活工作及大学的合作中，我们越是将这种精神贯彻到我们的

① A. J. Bowen: Response for the University, University of Nanking Magazine, June, 1915, UBCHEA Archives, Microfilm, Reel 95. Box 235A. Folder 3915; A. J. Bowen: Extracts from a Sermon Delivered to the Graduating Classes, University of Nanking Magazine, March, 1911, UBCHEA Archives, Microfilm, Reel 94. Box 235. Folder 3913.

② A. J. Bowen: Extracts from a Sermon Delivered to the Graduating Classes, University of Nanking Magazine, March, 1911, UBCHEA Archives, Microfilm, Reel 94. Box 235. Folder 3913.

实践之中,我们也就越彻底地为这个时代服务着,也就愈加深入地在人们中间宣扬了天国。"①

　　与福开森、师图尔一样,包文也十分推崇中国传统文化,重视学生的传统文化教育。汇文书院及后来金陵大学的毕业生"服务于全国,皆得令誉,政府长史缙绅先生莫不交口称道",尤其"著于英文"。包文认为英语只是工具,金大的毕业生不能只擅长英文,国学同样要加以研习,因此特设立国文必修课,鼓励学生们阅读国学文献。他说:"金陵之所造就者专门人才也,英语不过其工具耳,后数稔当知之,然不可不一新国人耳目,使知非偏重英文也,乃筹设国文系,继又成立国文专修科,益增国文必修课,大购国学典籍。"②他曾在1916届金陵大学毕业典礼上,对学生们强调称:"时下,中国的年轻人倾向于轻视对中国历史、文学的学习,而更加过分强调对英语和西方科学的学习。我们重视这个礼物(毕业生赠送给学校的一套二十四史),不仅是因为书籍的本身价值,更是要强调学习中国文化的重要性。"③

　　包文一直认为"中国是中国人的",其志向在于"为中国兴教育"。自金陵大学成立之初,包文就开始聘任中国学者任教职。正是在包文校长这一办学理念的推动下,时至1925年,金陵大学文理科与农林科的科长均为中国人,中国籍校董数量居其半,其余教

① 《包文博士在1919年9月1日会议上的讲话》,《南大百年实录》编辑组编:《南大百年实录》(中卷),南京大学出版社,2002年,第25页。

② 《包文先生传》,《金陵大学校刊》1945年5月16日,第7页。

③ A. J. Bowen: President's Response to Presentation Oration, Class Day, University of Nanking Magazine, June, 1916, UBCHEA Archives, Microfilm, Reel 95. Box 235A. Folder 3915.

职员工亦过半。① 1927 年 3 月 24 日"南京事件"发生后,外籍教员纷纷撤离南京,校长包文指定了一个由过探先、陈裕光、刘国钧、刘靖夫等中国籍教员组成的临时管理委员会,帮助金陵大学度过了一段艰难时期。而后,1927 年 8 月 24 日,包文校长正式向金陵大学议事部提交了辞职报告,进一步推进了金陵大学华人长校的历史进程。包文在辞职报告中指出:"目前不仅是中国政府规定私立学校的校长必须为中国人,而是基督教和非基督教的民众中普遍有一种要求更换为中国人领导的情绪。其实我、文怀恩副校长以及其他学校管理人士一直期望能够将大学的管理权交到中国人手中,如今正是移交的时机。"②最终,在 1927 年 11 月 9 日至 11 日的金陵大学第 26 届理事会议上,决议由出身金大、曾担任文理科科长的陈裕光接任金陵大学校长之职。推举陈裕光的提名得到了原校长包文在内的金陵大学全体中外籍教职员工、校友、教会等一致的支持。③ 正如司徒雷登所说,包文"一再竭力主张中国教育应由中国人办,宁案发生,夙愿得偿"。④

19 世纪末 20 世纪初,中国社会处于急剧变革时期,"在社会风俗、政治结构、文化价值、教育体制以及经济组织等方面都发生了

---

① Edward James: Memorial of Arthur John Bowen, UBCHEA Archives, Microfilm, Reel 62. Box 198. Folder 3399.

② Minutes of the Meeting of the Trustees of the University of Nanking,1927 年 9 月 14 日,中国第二历史档案馆藏私立金陵大学档案,全宗号 649,案卷号 2317。

③ Twenty-sixth meeting of the Board of Managers of the University of Nanking,1927 年 11 月 9 日—11 日,中国第二历史档案馆藏私立金陵大学档案,全宗号 649,案卷号 2320。

④《司徒雷登在本校纪念福、包二氏礼拜会上的讲话》,《南大百年实录》编辑组编:《南大百年实录》(中卷),南京大学出版社,2002 年,第 86 页。

深刻的变化"。① 其中,金陵大学的前身汇文书院等中国教会大学也参与并推动了这一历史进程,在打破传统、社会转型等方面起到了一定的作用。与此同时,各教会大学也经历了自身本土化的调适过程,其近代化的教育内容既迎合了中国社会转型期对新式大学教育的渴求,也在教育发展过程中,逐步形成了基督教传播与近代大学精神相融合的办学理念。

在汇文书院初创时期,福开森秉持"建设一所基督教影响下的好大学,而不是宗教机构"的思想,为汇文书院的发展奠定了基础。继任院长师图尔则结合自身丰富的医学知识和教学实践,探索出了"医疗布道"的方式,逐步将传教、教育、救病结合起来,以实现其"救灵""浚智""医病"三大志愿。第三任院长包文则通过合并成立金陵大学,使学校的教育规模与质量达到了新的高度,在凸显大学精神的同时,将基督教理念与大学教育实践相结合,使基督教理念进一步融入大学教育之中,形成了金陵大学独特的办学传统和校园文化氛围。

然而,西方教会的财政支持是与组织管理权相对应的,金陵大学及其前身汇文书院与其他教会大学一样,在大学精神的独立性方面具有一定的局限性。但值得注意的是,尽管西方基督教与中国传统文化是两种完全异质的文化,但汇文书院的三任外籍院长均表现出对中国传统文化的欣赏和推崇。福开森耗费大量资金和精力收藏中国文物,进行深入研究并著书立作;师图尔热衷于翻译《本草纲目》等中国医学书籍,有力推进了中西医学文化交流;包文不仅推崇中国传统文化,更主张华人治校,为管理权向华人转移做

①〔美〕杰西·格·卢茨著,曾钜生译:《中国教会大学史(1850—1950)》,浙江教育出版社,1987年,第75页。

好了准备。蔡元培先生曾说："思想自由之通则,而大学之所以为大也。"①汇文书院这种对中国传统文化的包容、不排斥的态度,正是其基督教传播工作能够在中国大地上得以发展并与大学教育相融合的重要前提条件,也在一定程度上体现了汇文书院校园内包容并蓄、自由开放的大学精神,为金陵大学进一步发展壮大奠定了基础。

二、向北京政府注册立案

19 世纪末 20 世纪初,伴随着坚船利炮和不平等条约,西方传教群体陆续进入中国,凭借外国特权身份,在中国创办各类教会学校。这一时期,中国政府尚未有对外国人所办学校进行管理的规划,教会大学亦普遍没有向中国政府报备的自觉。有些西方人士甚至认为:"要牺牲任何我们所拥有的自由则是愚蠢的。我们可以让政府对这些学校施以积极控制的时代还远未到来。"②金陵大学在办学之初仅在美国纽约州立案,校长及学校主要管理人员均为外国人,办学活动不受中国政府的管辖。

对于外国人在华办学,起初清政府持既不鼓励也不反对的模糊态度。1906 年清政府学部称:"一国有一国之国民,即一国有一国之教育;匪惟民情国俗各有不同,即教育宗旨亦实有不能强同之处。……至外国人在内地设立学堂,奏定章程并无允许之文;除已设各学堂暂听设立,无庸立案外,嗣后如有外国人呈请在内地开设学堂者,亦均无庸立案,所有学生,概不给予奖励。"清末时期,随着

---

① 蔡元培:《中国伦理学史》,吉林出版社集团股份有限公司,2017 年,第 186 页。

② F. L. Howks Pott, The Present Status of Missionary Schools, *Education Review*, 2:5, May 1909. 转引自王立诚:《教育与社会:论近代美国对中韩两国的基督教高等教育》,《韩国研究论丛》1998 年第 4 期,第 196 页。

国门被打开，西学东渐之风渐入，中国逐步认识到"教育为富强之基"，应"振兴学务，各省地方筹建学堂"，于是各地开始陆续兴办学堂。① 此时，清政府尚未有对教会学校进行管理的举措。

北京政府时期，国家对私立大学逐步开展了规范性管理。1912 年 10 月 24 日，教育部颁布《大学令》，其中第 21 条规定"私人或私法人亦得设立大学"，正式认可了创办私立大学的合法性。②1913 年 1 月 16 日，教育部颁布《私立大学规程》，指出私人或私法人设立大学应将办学目的、名称、位置、学则、学生定额、地基房舍之所有者及其平面图、经费及维持之方法、开校年月等"呈请教育总长认可"，对私立大学的内部管理结构、学科设置等均未作特别要求。③ 1913 年 1 月 23 日，教育部颁布《私立大学立案办法》，指出："大学令、大学规程、私立大学规程业经公布施行，所有私立大学前经呈请到部准予暂行立案者，亟应遵照新颁部令规程，切实办理，自布告之日起，限三个月以内遵照私立大学规程，另行报部备查，俟呈报到部届满一年，由部派员视察，如果成绩良好，准予正式立案，以昭慎重。"④尽管出台了一系列管理规定，但此时政府对私立大学的实际管制和约束力仍然很弱。并且，严格说来，教会大学也不能算是"私立大学"，当时在各类教育统计中，教会大学往往属

---

① 朱有瓛、高时良主编：《中国近代学制史料》（第 4 辑），上海：华东师范大学出版社，1993 年，第 26 页。

②《教育部公布大学令》(1912 年 10 月 24 日)，中国第二历史档案馆编：《中华民国史档案资料汇编》（第 3 辑），南京：江苏古籍出版社，1991 年，第 110 页。

③《教育部公布私立大学规程》(1913 年 1 月 16 日)，潘懋元、刘海峰编：《中国近代教育史资料汇编・高等教育》，上海：上海教育出版社，2007 年，第 377 页。

④ 朱有瓛主编：《中国近代学制史料》（第 3 辑下册），上海：华东师范大学出版社，1992年，第 18 页。

于单列的"外人设立学校"类别。①

　　1917年5月12日,教育部第8号布告首次对外国人创办学校予以认可,指出:对于"京师及各省区中外人士创设私立各种学校往往有学科程度较中学为高,而学校之名称及科目与大学校令第三条或专门学校令第二条未能尽符,然其实力经营亦有未便湮没者","此项学校办理确有成绩者,经本部派员视察后得认为大学同等学校或专门学校同等学校",且"经本部认定后,该校毕业生得视其成绩,予以相当之待遇"。②

　　但教会学校的宗教属性终究不可回避,对宗教的不同认识很快成为政府与教会学校之间难以调和的矛盾。1919年3月26日教育部布告指出:"查外国人在内地所设立之专门以上学校,虽学科编制不无歧异,本部为广育人才起见,深翼其毕业学生得与公私立各校毕业生受同等之待遇,兹特订定办法。凡外国人在内地所设之专门以上学校,不以传布宗教为目的,且不列宗教科目者,准其援照私立专门学校规程或私立大学规程及专门以上同等学校待遇法,呈请本部查核办理。"③然而,作为传教事业的重要载体,教会学校无法"不以传布宗教为目的"。此项政策颁布后,教会学校被纳入中国教育管理体系的步伐再次停滞。

　　随着北京政府对社会管控力的逐步增强,对外国人所办学校进行管理之事再次被推上日程。1920年11月16日,教育部第11

---

① 如:《外国人在江苏省设立学校调查总表》(1916年),中国第二历史档案馆编:《中华民国史档案资料汇编》(第3辑),南京:江苏古籍出版社,1991年,第906页。

② 朱有瓛、高时良主编:《中国近代学制史料》(第4辑),上海:华东师范大学出版社,1993年,第782页。

③ 朱有瓛主编:《中国近代学制史料》(第3辑上册),上海:华东师范大学出版社,1990年,第599页。

号布告指出:"查近年以来,外国人士在各地设立专门以上之学校者,所在多有,其热心教育,殊堪嘉许。惟是等学校,大半未经报部认可,程度既形参差,编制时复歧异,以致毕业学生,不得与各公立私立专门学校毕业学生受同等之待遇,滋足惜焉。兹为整理教育,奖励人才起见,特定外国人之在国内设立高等以上学校者,许其援照大学令、专门学校令,以及大学专门学校各项规程办法,呈请本部查核办理,以泯畛域,而期一致。"①

而此时,教会方面处于一种矛盾的状态,既希望将教会教育融入中国教育体制之中,"使其毕业生享有完全之国民权利,从而顺利地进入仕途,扩大教会的影响",但又坚持必须发展宗教教育、维持学校的宗教特性,"不愿轻易放弃不平等条约所赋予的特权",因而很多传教士虽然在理论上支持教会学校向政府立案注册,但在实际操作层面却顾虑重重、止步不前,甚至"相当部分差会是消极等待或反对注册"。②

对于金陵大学而言,并校之后经历了十年稳定的发展期,已然成为一所颇具规模的近代化大学。此时,若想获得更多的发展资源和支持力量,就必须寻求政府与社会更广泛的认同。因此,在该布告颁布之后,金陵大学即向教育部申请注册立案。

1921年2月,教育部派员视察金陵大学,认为农科"成绩既有可观,办法亦属得宜,应许暂准备案",而文科和林科"内容既未充实,办法亦欠妥善,应由该校添聘硕学为各科教员,于组织、功课两方面皆力加整顿,至科目完备,符合大学程度时,再行呈部核办",

① 朱有瓛、高时良主编:《中国近代学制史料》(第4辑),上海:华东师范大学出版社,1993年,第782—783页。
② 胡卫清:《普遍主义的挑战:近代中国基督教教育研究(1877—1927)》,上海:上海人民出版社,2000年,第365页。

并且"预科本科有必修之宗教科目，亦应改为选科，以符部议"。① 1921 年 8 月，金大农科正式得到教育部核准立案。② 对于此次申请立案的结果，金大方面不甚满意，10 月 13 日，校长包文在理事会上通报此事，并表示当初申请立案时并不知晓宗教科目须改为选修，既然教育部提出此等要求，金大今后将不再考虑注册立案。③ 于是，此后很长一段时间里金大都处于这种"部分立案"的特殊状态，教育部对金大也未有实质性的管辖。可以说，此次立案对金大办学发展并未有实质上的影响。但这一事件反映了金陵大学对其基督教办学特性的坚持，体现了该时期宗教教育发展与中国社会认同之间难以调和的矛盾，在此后的发展历程中，宗教性质的问题始终深刻影响着金陵大学的办学之路。

第二节　民族主义冲击下的金陵大学"本土化"

一、非基督教运动及其影响

时至 20 世纪 20 年代，教会学校在中国境内取得了长足的发展。据统计，1921 年中国接受初等教育、中等教育和高等教育的学生中，外国在华所办学校的学生数分别为本国所办学校的 4％、

---

① Registration by the Ministry of Education, UBCHEA Archives, Microfilm, Reel 60. Box 196. Folder 3379；《教育部视察金陵大学报告》，《南大百年实录》编辑组编：《南大百年实录》（中卷），南京：南京大学出版社，2002 年，第 27 页。

②《教育部对全国专科以上学校调查一览表金陵大学部分》(1926 年 5 月 13 日)，《南大百年实录》编辑组编：《南大百年实录》（中卷），南京：南京大学出版社，2002 年，第31 页。

③ The Eighteenth Meeting of the Board of Managers of the University of Nanking, October 13, 1921, UBCHEA Archives, Microfilm, Reel 58. Box 192. Folder 3335.

11％和80％,其中,高等教育方面,中国所办高校学生约为1.5万人,外国在华所办高校学生约为1.2万人。"传教团体多至 168 种,教会出版书籍,多至4 400余种","全国教徒人数近 40 万,正式教堂达6 000余所,差会总堂尚以千计"。[①] 与此同时,巴黎和会中国外交交涉失败,国内民族主义情绪不断高涨。五四新文化运动则促使国人进一步解放思想、打破桎梏。此时,西方也正在开展反宗教批判,美国学者杜威和英国学者罗素都对宗教持否定态度,这一时期他们在中国巡回演讲并在中国知识分子中产生了重要影响。于是,西方宗教逐渐成为国人批判的对象,并且在民族主义的发酵之下,这种批判日渐脱离了学术的范畴,开始往政治运动的方向发展,教会教育被视为"文化侵略阵营"。[②] "凭借不平等条约而在中国传播的基督教,便自然而然地被国人视为帝国主义侵略工具,并且成为民族抗争情绪宣泄的主要对象之一","反基督教运动遂成为反帝斗争洪流的组成部分之一"。[③]

　　世界基督教学生同盟第 11 届大会计划于 1922 年 4 月在清华大学召开。此消息一经传出,就引起中国知识界强烈的愤怒和反对。1922 年 3 月 9 日上海各校的爱国学生发起组织成立了"非基督教学生同盟",公开发表《非基督教学生同盟宣言》,指出世界基督教学生同盟"为现代基督教及基督教会的产物","彼为污辱我国青年,欺骗我国人民,掠夺我国经济的强盗会议,故愤然组织这个

① 陈侲达译:《欧美人在中国之教育的设施》,舒新城编:《中国近代教育史资料》(下),1981 年,第1077—1078页;《非宗教大同盟之应声》,《晨报》1922 年 3 月 24 日。

② 章开沅、马敏主编:《贝德士中国基督教史著述选译》,上海:上海社会科学院出版社,2017 年,第 105 页。

③ 章开沅:《世局变迁与宗教发展——以教会大学史研究为视角》,《传播与根植:基督教与中西文化交流论集》,广州:广东人民出版社,2005 年,第 14 页。

同盟,决然与彼宣战",并发表通电称:"北京不乏耶教会场,清华为国校,非教会所立,又焉能供一教之用"。[1] 3 月 21 日李石曾等 79 人撰写并发表了《非宗教大同盟宣言》,控诉宗教的罪恶和毒害,宣称"凡不迷信宗教或欲扫除宗教之毒害者,即为非宗教大同盟之同志"。[2] 世界基督教学生同盟第 11 届大会的召开使中国人"酝酿已久的反教情绪终于有了一个宣泄的机会"[3],对列强帝国主义行径的愤怒,以对"帝国主义的化身"基督教的敌对情绪高涨,中国由此开始了一场长达数年的非基督教运动。

　　1924 年 4 月,广州圣三一学校开除学生领袖一事将非基督教运动推向高潮,湖南、湖北、河南、四川、广东等地相继成立了"非基督教同盟"组织,提出"收回教育权"的口号,广州、长沙、南京、青岛等地发起了反对基督教的大规模示威游行。[4] 从这时起,非基督教运动进入了新的发展阶段,形成了明确的斗争目标:反对教会教育、收回教会教育权。1924 年 7 月,中华教育改进会南京年会通过了"收回教育权案"。10 月,全国教育联合会通过了"取缔外人在国内办理教育事业案"及"学校内不得传播宗教案",使"收回教育权成为全国一致的舆论"。[5] 与此同时,教会学校风潮迭起。据统计,1924 年 5 月至五卅运动前,教会学校风潮共 12 起,遍及广东、江

---

① 《上海非基督教学生同盟宣言及通电》,唐晓峰、王帅编:《民国时期非基督教运动重要文献选编》,北京:社会科学文献出版社,2015 年,第 534 页。

② 《非宗教大同盟宣言》,唐晓峰、王帅编:《民国时期非基督教运动重要文献选编》,北京:社会科学文献出版社,2015 年,第 535—536 页。

③ 杨天宏:《中国非基督教运动(1922—1927)》,《历史研究》,1993 年第 6 期。

④ 李景田主编:《中国共产党历史大辞典(1921—2011)》,北京:中共中央党校出版社,2011 年,第 137 页。

⑤ 张钦士:《国内近十年来之宗教思潮》,北京:燕京华文学校,1927 年,第 342 页。

苏、福建、河南、四川、湖南各省。[1]

　　1925 年五卅惨案发生后，反帝爱国情绪在民族主义的影响下进一步高涨，从 6 月到 9 月，五卅惨案直接引发的教会学校风潮多达 44 起。[2] 广州岭南大学副校长英国人白士德因反对学生参加示威游行，"校园中出现了要求中国人接办岭南大学，驱逐一切帝国主义份子，以及清除基督教的传单"，最终白士德被迫离校。[3] 得知五卅惨案的消息，金大学生们立即发表通电："闻报惊悉英捕惨杀工人学生，痛正义之无存，伤同胞之惨死，凡属人伦，孰不发指，祈沪人士，一致抗争，学生等誓联合南京各界为后盾，不达目的不止，南天在望，悲愤填膺，临电泪流。"6 月 3 日，金大学生会组织成立沪案后援委员会，"即日大会议决罢课，校中顿呈严重忙迫之象"。6 月 4 日至 5 日，"全体同学加入南京市民示威运动游行。沿途散发传单，露天演讲；虽天气酷热，精神不因之少懈。委员会鉴于群众运动之猛烈，不可无持重之主张，乃有'攻击目标限于沪案之负责者，以不直接行动为根本原则。努力于实际上援助沪工，唤醒民众。不作其他无益之事。'之议决案"。[4] 与其他教会大学不同的是，在学生运动期间，金大的美国教员对学生们予以深切的同情，中国教员还组织后援会配合学生们。[5] 并且，为支持学生参加示威游行，金大重新调整了课程安排，在 6 月 3 日到 6 月 23 日期间停课，允许学生参加各种游行、集会等。包文校长说："幸运的是，一

[1] 舒新城：《收回教育权运动》，中华书局 1927 年版，第 81—82 页。

[2] 舒新城：《收回教育权运动》，中华书局，1927 年，第 82—86 页。

[3] [美]杰西·格·卢茨著，曾钜生译：《中国教会大学史(1850—1950)》，杭州：浙江教育出版社，1987 年，第 231 页。

[4]《本校沪案后援运动记事》，《金陵光》第 15 卷第 1 期，1926 年 1 月，第 83 页。

[5]《本校沪案后援运动记事》，《金陵光》第 15 卷第 1 期，1926 年 1 月，第 84 页。

群睿智的中国教师能够与高年级的、起领导作用的学生合作，并与其他公立、教会学校的中国教师和学生们一起，共同促使南京的运动保持在理性范围内。通过这次合作，金大及学生们的声望和名誉得到很大的提升。因此应当对我们的中国教职员进行嘉奖。"①此外，为抗议"上海圣约翰大学校长卜舫济侮辱国旗、解散学生团体，以压迫其爱国运动"，南洋大学提议取消圣约翰大学为华东八大学体育联合会会员的资格，金大首先同意，全校同学一致投票赞成。②

正如杰西·格·卢茨所说，"1925 年，多数教会大学的学生似乎踊跃响应爱国主义的号召，但他们并不准备在民族主义运动中起带头作用。要使他们从同情的支持者转变成积极的组织者还需要有某种额外的因素。"③金陵大学的学生尽管积极参与各种爱国运动，但大部分学生并不十分激进，他们在理性范围内表达着自己的爱国情绪。

在反基督教风潮影响下，1925 年下半年，金大有 28 名学生转学至东南大学。1926 年初，有传言称，金大约 100 余名学生要转学去东南大学，实际最终 1926 年上半年仅 30 名学生转学到东大。金大校方对学生运动持支持和包容态度，包文校长不认为学生转学与非基督教运动之间存在任何必然的因果联系，他说："比起以往，也许有更多高年级学生离开了，但这很可能是因为资金的缺乏以及我们没有足够多的高级选修课程。我们感到幸运的是去年秋季

① Report of the President for the Year 1924—1925，UBCHEA Archives，Microfilm，Reel 60. Box 195. Folder 3372.

②《本校新闻》，《金陵光》第 15 卷第 1 期，1926 年 1 月，第 86 页。

③〔美〕杰西·格·卢茨著，曾钜生译：《中国教会大学史（1850—1950）》，杭州：浙江教育出版社，1987 年，第 231—232 页。

的那三四个激进学生领袖本学期都不在了。"①这一时期,对基督教教育的敌对情绪与反帝国主义侵略的诉求逐渐融为一体,非基督教运动的目标更为具体:要求教会学校向教育部注册立案并遵守中国的各项规定。

非基督教运动具有非常重要的历史意义。日本学者山本条太郎指出:20世纪上半叶,"中国发生过两次大规模的反基督教运动:1900年义和团运动和1922—1927年非基督教运动。两次运动都引发了东西方冲突以及中国人民对外来文化的强烈反对"。② 杨天宏教授进一步指出:"非基督教运动所达到的广度深度以及所产生的影响,都远远超过了义和团运动。义和团运动只是一次对外国列强侵略的郁愤情绪的爆发,多少带有盲目排外的色彩;而非基督教运动则是一次中国人对外来文化的理性思维和批判,它对中国近代政治思想、学术文化、宗教信仰、教育科技乃至中外关系都产生了不容忽视的影响。"③

非基督教运动促使政府进一步加强了对基督教学校的管辖与治理。1925年11月,教育部布告第十六号明确指出:"外人捐资设立"的学校"不得以传布宗教为宗旨","不得以宗教科目列入必修科","私立学校不得以外国人为校长"。④ 1926年10月,大学院公布《私立学校规程》和《私立学校校董会设立规程》,指出:"私立学

---

① Twenty-second Meeting of the Board of Managers of the University of Nanking, March 18, 1926, UBCHEA Archives, Microfilm, Reel 58. Box 192. Folder 3338.

② Tatsuro Yamamoto and SumikoYamamoto, The Anti-christian Movement in China, 1922—1927, *The Far Eastern Quarterly*, Vol. 12, No. 2, Feb. 1953, p. 133.

③ 杨天宏:《中国非基督教运动(1922—1927)》,《历史研究》,1993年第6期。

④《1925年11月16日教育部布告第十六号》,《政府公报》第3459号,1925年11月20日;朱有瓛、高时良主编:《中国近代学制史料》(第4辑),上海:华东师范大学出版社,1993年,第784页。

校一律不得以宗教科目为必修科,亦不得在课内作宗教宣传","如有宗教仪式,不得强迫学生参加","如校长原系外国人者,必须以中国人充任副校长,即为请求认可时之代表人","中国人应占董事名额之过半数","外国人不得为董事长或董事会主席"等。① 尽管这些文件尚未能对中国教会大学产生实质性的约束力,它们的出台亦是非基督教运动的重要成果,推进了中国教育管理体系不断完善。

非基督教运动有效推进了中国基督教学校的"本土化"进程。在非基督教运动的打击下,中国基督教人士意识到基督教育要想得到国人的认可,其在华发展方式必须做出改变,提出基督教教育"本土化"的主张。1925 年程湘帆主办的《中华基督教教育季刊》在其创刊号上发表宣言,指出要"贯彻基督教教育之本土化,发挥基督化教育之真精神"。② 1926 年中国教会大学校长会议上,沪江大学校长魏馥兰提出:"基督教若欲在中国得以永远滋长,基督教教会必须完全变为中国的有机体;否则,万难得到华人的助力,而在中国土地上滋荣发达","基督教学校当完全为华人管理,照华人的策略进行,愈速愈妙"。③

非基督教运动亦切实推动了金陵大学的"本土化"进程。金陵大学校长包文一直认为应将学校管理权交给中国人,然而其主张并未得到管理层的一致认同。随着非基督教运动愈演愈烈,关于中国教

① 《1926 年 10 月大学院公布〈私立学校规程〉有关规定》《1926 年 10 月大学院公布〈私立学校校董会设立规程〉有关规定》,《大学院公报》第 1 期,1928 年 1 月,朱有瓛、高时良主编:《中国近代学制史料》(第 4 辑),上海:华东师范大学出版社,1993 年,第785 页。
② 程湘帆:《本刊宣言》,《中华基督教教育季刊》1925 年第 1 卷第 1 期。
③ 魏馥兰:《怎样贯彻基督教大学之中国化》,《中华基督教教育季刊》1926 年第 2 卷第 2 期。

会大学管理权的讨论愈加深入。1926 年 3 月 18 日,在金陵大学理事会上,包文校长再次提出这一问题,他说:目前学校经济问题很严重,但更严重的是"中国人领导权的问题","我们应当少插手一些,多与中国人合作,将管理权更多的交给中国人"。包文还在会上公布了 3 月 17 日他与副校长文怀恩(J. E. Williams)、文理科科长夏伟师(Guy W. Sarvis)、农林科科长芮思娄(J. H. Reisner)、图书馆馆长克乃文(Harry Clemons)、鼓楼医院院长赫济生(A. C. Hutcheson)共同署名写给理事会执行与经济委员会的辞职报告。报告中称:"我们相信让更多中国人担任金大行政管理工作的时代已经到来,希望理事会认真考虑这一问题",包文等人表示"希望辞去行政管理职务,按照理事会的需要去从事其他方面的工作"。① 最终,理事会通过了三项决议:第一,"本校当局既自愿退让为华人办理本董事会,应致最深谢忱";第二,"本董事会对于此后学校行政,当物色有充分能力华人补充之";第三,"任命五人为委员,研究此事进行之步骤,至必要时,能召集本会讨论之"。会上成立了立案委员会(Committee on Registration),专门研究大学立案问题。大会任命中国教员过探先与芮思娄共同担任农林科科长,并从 1926 年下学期开始,聘任陈裕光为文理科科长、过探先为农林科科长、胡小石和陈钟凡为国文系主任、张信孚为体育系主任。② 在非基督教运动的影响下,在包文校长的努力推进下,金陵大学院长层级的管理权逐渐让渡给了华人,此举为"南京事件"后金大的平稳过渡奠定了基础。

　　非基督教运动是一场关于如何应对在华基督教事业的思想讨

---

① Twenty-second Meeting of the Board of Managers of the University of Nanking, March 18, 1926, UBCHEA Archives, Microfilm, Reel 58. Box 192. Folder 3338.

②《金陵大学当局总辞职》,《申报》1926 年 7 月 5 日,第 11 版。

论和政治运动,也是国内民族主义情绪的一次酝酿和宣泄。可以说,"基督教传入中国的时候,最大的不幸,就是与不平等条约发生了关系,因此,引起一般人的误会。要消除这种误会,非使基督教脱离不平等条约的关系不可!"①非基督教运动使反帝排外思想在民众中进一步传播,为"南京事件"排外情绪的爆发埋下了不安的种子。直至南京国民政府成立,改变了内外政策,逐步掌控了国内政局,才正式终止了这场持续了六年之久的非基督教运动。

二、"南京事件"的冲击与金陵大学"本土化"转型

1927 年 3 月 24 日,随着北伐军进入南京城,南京城内出现多起外国人及其住所遭遇抢劫的事件,"外侨 6 人死亡(英国 2 人、美国、法国、意大利和日本各 1 人)、5 人受伤(英国和日本各 2 人、美国 1 人);受到抢劫的外国公私机构和外侨住宅共计 151 处:其中外国领事署 3 处、外国公司 45 处、私人住宅 103 处。外侨因财产物品遭受抢劫,财产损失比较严重";而后英国军舰炮击南京城,造成城内多处人员伤亡、建筑毁坏,"中国军民有 37 人死亡(其中,军人 24 名、居民 13 人)、26 人受伤(其中军人 7 名、军民 19 人);37 间房屋被轰毁",且"有 5 处外侨住宅系被英美炮舰轰毁"。② 此为"南京事件"(The Nanking Incident),亦称"宁案"。

"南京事件"是"北伐开始以来中国第一次大规模的排外事件,也是义和团之后最严重的排外事件"③,给在宁外籍人士造成了严

① 王治心:《中国基督教史纲》,上海:上海古籍出版社,2004 年,第 238 页。

② 陈谦平:《民国对外关系史论(1927—1949)》,北京:生活・读书・新知三联书店,2013 年,第 57 页。

③ 陈谦平:《民国对外关系史论(1927—1949)》,北京:生活・读书・新知三联书店,2013 年,第 3—4 页。

重的财产损失、人身伤害和心理冲击。包文校长称之为"发生在南京的前所未有、毫无预料的大灾难"。① 金大化学系主任唐美森（J. G. Thomson）的女儿在时隔半个多世纪之后说道："我透过阳台门上唯一的窗户，看到大约 10 名士兵组成的一条灰色的队伍，正在从大学运动场往我家的方向走来。现在我已经 90 多岁了，我仍然记得当时那种浑身冰冷和极度恐惧的感觉"，革命军把汤美森和另一位金大教授梅赞文（Sam Mills）当成了英国人（比起美国人，革命军更厌恶英国人），就在唐美森、梅赞文和毕敬士（Claude Pickens）被士兵排成一排准备枪毙的时候，"幸好这时一位陆军中尉赶到，用一条大鞭子控制住士兵，他冲着士兵们大吼，将我们赶下楼，救了我们一命"。②

除金陵女子大学之外，南京所有教会学校无一幸免于难。金陵大学在"南京事件"中受创尤重，副校长文怀恩遇难身亡，校园建筑受到不同程度的损毁，部分实验设备、植物标本等遭到破坏，宿舍和医院里的物品遭到抢劫，语言学校和纪念图书馆被洗劫一空，外籍教员家中及随身携带的财物几乎全被抢劫一空，更不用说那些未支付和无法收回的学费，外籍教师撤离过程中产生的费用等。③

"南京事件"发生后，金陵大学外籍教员全部撤离，校长包文指

---

① Letter from A. J. Bowen to Robert E. Speer，March 28，1927，UBCHEA Archives，Microfilm，Reel 71. Box 208. Folder 3527.

② Nancy Thomson Waller，*My Nanking Home*（1918-1937），Willow Hill Publications，Boston，Massachusetts，2010，pp. 75-76.

③《H. G. 罗伯逊先生向美托事部报告金陵大学在"南京事件"中的遭遇》，《南大百年实录》编辑组编：《南大百年实录》（中卷），南京：南京大学出版社，2002 年，第 39 页；Letter from John H. Reisner，May 11，1927，《金陵大学收集一九二七年中国教会的资料》，中国第二历史档案馆藏，私立金陵大学档案，全宗号 649，案卷号2613。

派农林科科长过探先、文理科科长陈裕光、图书馆馆长刘国钧和附中校长刘靖夫4人组成临时管理委员会,随后根据需要又补充了5位成员,形成一个9人管理委员会,暂时代为管理金大的各项事务。1927年4月,金大理事会正式选举过探先、陈裕光、刘国钧等7人组成校务委员会,由过探先、陈裕光分别担任正副主席,暂时代为管理金陵大学各项日常工作。①

　　然而,金大此时又面临一个新问题,如何防止更多的校舍被士兵占领,以及如何收回已经驻扎士兵的校内建筑。因为学校教室、小礼拜堂、体育馆、外籍员工的住宅等地均驻扎着士兵,学校医院变成了专门接收伤兵的部队医院,"所有外国人的房屋都被士兵占领了,房屋外到处都是马匹"。②

　　此时,突然传来南京市政府向金陵大学提出要接管金大校产和建筑的消息,引起金陵大学教职员工的深切恐慌,他们明白"接管"的意思就是"没收充公"。幸而,不久接到江苏省政府的消息,称金陵大学可以在七人管理委员会的有效管理下继续开办。③ 然而,这一时期仍不断传出"大学可能会被国民党占领,或者至少会有几名国民党员进入学校管理委员会","金陵大学将要被关闭","金陵大学将要被接管","市党部以金陵大学现有教职员工均为反革命分子为由申请接管金陵大学校产,李将军接受了他们的请愿,

---

① Twenty-third meeting of the Board of Managers of the University of Nanking, April 19—20, 1927,中国第二历史档案馆藏,私立金陵大学档案,全宗号649,案卷号2320。

② Letter from John H. Reisner, May 11, 1927,《金陵大学收集一九二七年中国教会的资料》,中国第二历史档案馆藏,私立金陵大学档案,全宗号649,案卷号2613。

③ Twenty-third meeting of the Board of Managers of the University of Nanking, April 19—20, 1927,中国第二历史档案馆藏,私立金陵大学档案,全宗号649,案卷号2320。

但未签字同意"等令人不安的揣测和流言。[①] 金大是否能够继续开办下去，一时间局势尚不明朗。

很快，南京国民政府宣告成立，国际关系日趋平稳，国内政局逐步走向正轨。随着政府对社会管控力不断增强，将中国教会大学纳入中国教育管理体系成为可能。而经历了非基督教运动和"南京事件"的冲击，中国教会大学也意识到必须有所改变，获得在华办学的合法性，获取政府和民众的支持，是其在华生存与发展的必要条件，"注册立案"成为中国教会大学必须考虑的首要问题。对于位于旋涡中心的金陵大学而言，对这一问题的推进似乎更为紧迫。

1927 年 6 月 16 日，在金陵大学理事会上，学校管理委员会主席过探先指出："国民政府即将施行新的教育制度体系，在每个省设立一所统管全局的大学，综理一切学术及教育行政事务。这无疑会影响到教会学校的地位，导致教会学校被国立大学所掌控。并且，南京的一位官员已经声明，如果基督教大学不在 1927 年 9 月 1 日前完成注册，将不允许继续在中国开办。面对这些紧急情况，当前最明智的做法就是尽快向国民政府注册，再拖下去只会更麻烦。"[②]

[①] Minutes of the Meeting of the Trustees of the University of Nanking, April 29, 1927, 中国第二历史档案馆藏，私立金陵大学档案，全宗号 649，案卷号 2322；Letter from John H. Reisner, May 11, 1927, 中国第二历史档案馆藏，私立金陵大学档案，全宗号 649，案卷号 2613；Meeting of Committee on Reorganization and Registration, June 29, 1927；Meeting of the Executive-Finance of the Board of Managers of the University of Nanking, September 13, 1927, 中国第二历史档案馆藏，私立金陵大学档案，全宗号 649，案卷号 2320。

[②] Twenty-fourth Meeting of the Board of Managers of the University of Nanking, June 16, 1927, 中国第二历史档案馆藏，私立金陵大学档案，全宗号 649，案卷号 2320。

鉴于这一紧急情况,1927 年 6 月 29 日金陵大学专门召开会议讨论新校长人选和注册立案事宜。会上有人指出:在政府机关、军队和党组织的影响下,中国基督教徒们目前压力很大。胡汉民已经要求宣传部门制作标语来瓦解金陵大学。低级官员、学生、宣传人员目前遇到了很多困难,而注册则可以解决所有这些问题。陈裕光也认为金大应尽快注册立案,因为已有相当多的中国人认为政府应当接管金陵大学。①

时至 1927 年 7 月,距离"南京事件"发生已经近 4 个月,金陵大学的办学环境并未得到好转,注册立案的压力反而越来越大。教育当局认为基督教机构在故意拖延注册时间,期望获得更好的条件;甚至部分信仰基督的学校员工都觉得必须要离开学校,因为他们觉得作为一名忠诚的中国公民和基督徒,无法继续在一个未注册的机构里工作。② 并且,南京城内民族主义情绪仍然非常强烈,收回教育权的呼声不断。

1927 年 7 月 12 日,中华基督教教育会就收回教育权问题向国民政府教育行政委员会致函咨询。7 月 23 日,蔡元培、张乃燕等回复称:"本会对于收回教育权无没收财产之意,至于接收私立学校亦须经教育行政机关体察情形核定认可,非团体或个人可以任便,接收方法程序亦当根据政府所颁规程办理。最近本会对于此事业经规定凡私立学校并其中之教会及外人设立学校准予照章立案继

---

① Meeting of Committee on Reorganization and Registration,June 29, 1927,中国第二历史档案馆藏,私立金陵大学档案,全宗号 649,案卷号2320。

② Twenty-fifth meeting of the Board of Managers of the University of Nanking,July 12, 1927,中国第二历史档案馆藏,私立金陵大学档案,全宗号 649,案卷号2320。

续维持,各界人士及私立学校学生不得藉口收回教育权任意破坏。"①

　　然而,事实上,"南京事件"之后,南京城内的反帝情绪并未逐渐烟消云散,民族主义情绪仍在蔓延扩张,甚至变得更加强烈。正如 1927 年 8 月 20 日一位南京友人在给农林科科长芮思娄的信中所描述的:"南京城对外国人的敌意越来越严重,似乎成为了反对外国人的中心。"②这样的社会氛围使金陵大学的外国教职员工更加无法返校,动荡不安的政治局势令有家室的外国教员难以抉择,有些外籍教员甚至已经找了其他的工作。③ 面对这一前所未有的困境,金陵大学在办学策略上势必要尽快做出调整和应对。

　　"南京事件"后外籍教师的全体撤离,为管理权的转移提供了便利。校长包文一直"主张学校终当由中国人主持之",他曾表示:"此汝等之学校,我辈权为管理,汝能自立,即以之付汝矣。"④"南京事件"后的局面正是移交管理权的最佳时机。1927 年 8 月 24 日,包文正式向托事部提交了辞职报告,他指出:"目前不仅是中国政府规定私立学校的校长必须为中国人,而是基督教和非基督教的民众中普遍有一种要求更换为中国人领导的情绪。其实我、文怀恩副校长以及其他学校管理人士一直期望能够将大学的管理权交

---

① China Christian Educational Association, Regaining Educational Rights, July 23, 1927,中国第二历史档案馆藏,私立金陵大学档案,全宗号 649,案卷号2591。

②《金陵大学包文、芮思娄等与基督教有关人士的往来文书》,中国第二历史档案馆藏,私立金陵大学档案,全宗号 649,案卷号2595。

③ Meeting of the Executive-Finance of the Board of Managers of the University of Nanking, September 13, 1927; Second Meeting of the Board of Directors of the University of Nanking,March 30—31, 1928,中国第二历史档案馆藏,私立金陵大学档案,全宗号 649,案卷号2320。

④《包文先生传》,《金陵大学校刊》1945 年 5 月 16 日,第 7 页。

到中国人手中,如今正是移交的时机。"①继而,在 1927 年 9 月 13 日的理事会上,金陵大学管理委员会也表示希望尽快确定一位华人校长,因为在校长领导下的管理比委员会管理的方式更为有效,而且向教育部注册的前提也是要更换为华人校长。会议指出理事会已将注册事宜相关材料呈交给国立第四中山大学,但是目前还未得到回复。委员会认为注册事宜务必要尽快推进完成。②

最终,1927 年 11 月 9—11 日的金陵大学第 26 届理事会议上,大会主席宣布,经过认真考虑,理事会决定由出身金大、曾担任文理科科长的陈裕光接任金陵大学校长之职。推举陈裕光的提名得到了原校长包文在内的金陵大学全体中外教职员工、校友等一致的支持,大家认为陈裕光在"南京事件"发生后的几个月里充分体现出了优秀的行政能力,可以说,他是一个能够立即上任、能够得到校内外所有群体支持、能解决注册等亟须解决的各项事宜的最佳人选,并且"陈裕光出任校长一事将会让中国教育当局看到我们正在为注册事宜积极做准备"。③ 于是,在众望所归之下,陈裕光成功当选为金陵大学新任校长。1927 年 11 月 18 日,金陵大学召开"沪宁各报新闻记者谈话会",宣布:"金大原为教会学校,一切教育行政,皆操外人之手,经同仁努力奋斗,已将本校教育权收回,华人

---

① Minutes of the Meeting of the Trustees of the University of Nanking,September 14,1927 年,中国第二历史档案馆藏,私立金陵大学档案,全宗号 649,案卷号2317。

② Meeting of the Executive-Finance of the Board of Managers of the University of Nanking,September 13,1927,中国第二历史档案馆藏,私立金陵大学档案,全宗号 649,案卷号2320。

③ Twenty-sixth Meeting of the Board of Managers of the University of Nanking,November 9—11,1927,中国第二历史档案馆藏,私立金陵大学档案,全宗号 649,案卷号2320。

任校长,为本校创举。"①

相对于华人校长一事,随后的注册立案过程显得颇为顺利。在1928年3月30—31日的董事会第二次会议上,校长陈裕光宣布正式的注册申请已经递交。② 1928年6月金陵大学董事会就向教育部注册事宜再次进行了讨论,会议决定成立一个委员会,专门负责注册及其相关的章程修订事宜,以便能够尽早完成在教育部注册的相关程序。③ 9月20日,国民政府大学院发布第668号训令,批准金陵大学立案,金陵大学成为第一个向南京国民政府申请立案并获批准的教会大学。而后沪江大学、燕京大学、东吴大学、岭南大学、金陵女子文理学院等教会大学亦相继更换为华人校长并向国民政府立案。

立案之后,根据国民政府规定,校长陈裕光将"理事会改为校董会,增加了中国籍校董的比例,使中国人占总数的三分之二,美国人占三分之一,又将各院院长、系主任及各级领导逐步改由中国人担任",使华人在学校管理中开始拥有一定的话语权。④

金陵大学率先开启中国教会大学华人掌校、注册立案之风,既是中国时局的推动,也是金陵大学领导层为金大发展考量后做出的历史选择。这些举措看似只是从制度上将金陵大学纳入中国教

---

① 《金陵大学举行欢迎陈裕光校长大会》,《南大百年实录》编辑组编:《南大百年实录》(中卷),南京:南京大学出版社,2002年,第49页。

② Second Meeting of the Board of Directors of the University of Nanking,March 30—31,1928,中国第二历史档案馆藏,私立金陵大学档案,全宗号649,案卷号2320。

③ Minutes of the Third Meeting of the Board of Directors of the University of Nanking,June 28—29,1928,中国第二历史档案馆藏,私立金陵大学档案,全宗号649,案卷号2322。

④ 陈裕光:《动乱中接任校长》,《南大百年实录》编辑组编:《南大百年实录》(中卷),南京:南京大学出版社,2002年,第46页。

育体系之中,实际却有更为深远的意义。

首先,由西人长校更换为华人长校,反映了西方基督教会的让步和中国国家实力的增强,从心理上给爱国知识分子巨大鼓舞。陈裕光出任校长后,金陵大学的学生们认为这是收回中国教育主权的重要一步,是中国国际地位提升的重要标志和国民革命成功的征兆。学生会撰文曰:"今日所庆祝之事实,固不仅由外人操纵之教育权,改归华人。本校外国事业转移到中国事业之本身,与产生华人为校长之纪元,同时亦即庆祝教育权运动收回之先声,外人表同情于国民革命之表现,与贵族式迁移至平民式教育之开端,亦即本校采取外人科学精神,以革命精神为基础,教授同学开始在学术上社会事业上奋斗之经程,为全国教育界发扬之基点,国民革命成功之征兆。"[1]

第二,华人校长有利于金陵大学在民族主义情绪高涨的环境下生存与发展。正如包文所评价的,陈裕光是"一个各方面都非常杰出的人,考虑问题极为周到","难以找到比他更能胜任这一职位的人了"。[2] 陈裕光对时局看得很清楚,明白金大在中国发展的难点和重点,他曾明确指出:"尽管金陵大学仍将是基督教大学,但需要注意的是金陵大学地处南京——国民政府的首都,由于与政府和一些国民党组织之间的联系而处在令人瞩目的位置,因此,要处理许多由于这个地理位置造成的特殊问题和经济问题。"[3]在陈裕光的领导下,金陵大学不断发展壮大,与国家社会关系越来越紧

---

[1]《金陵大学学生会庆祝收回教育权宣言》,《南大百年实录》编辑组编:《南大百年实录》(中卷),南京:南京大学出版社,2002 年,第 50—51 页。

[2] Letter from Bowen to Wheeler,December 23,1930,中国第二历史档案馆藏,私立金陵大学档案,全宗号 649,案卷号2595。

[3] Minutes of the First Meeting of the Board of Directors of the University of Nanking,November 29,1927,中国第二历史档案馆藏,私立金陵大学档案,全宗号 649,案卷号2322。

密,逐渐成为中国教育体系不可或缺的重要组成部分。

　　第三,这是中国教会大学"本土化"转变过程中的重要一步,从形式转变逐步推进质的转变。正如华中大学校长韦卓民所说:"立案酝酿几年之后,基督教大学大都逐渐地变成中国人办理的学校,形式和内容都渐渐与我国国情结合。"①司徒雷登亦明确指出:"向政府注册立案和其他一些微妙的力量使基督教大学结束了原先那种自我管控、相对平静且隔离于中国社会波动之外的传教状态,真正被卷入了中国社会生活之中。"②通过立案,在华教会大学被正式纳入了中国教育体系。尽管决策权和财政权仍在西方差会手中,中国教会大学至少在形式上已被纳入了中国教育体系之内,也体现了中国政府对教会大学教育的认可。正如有学者研究指出的:"注册对国民政府来说是要建立一个统一的在政府控制下的教育体系。对教会大学来说,则是要在制度上从教会教育机构转变为国家教育体系的一个组成部分。无论如何,它们从此结束了清末以来的独立地位,至少在理论上必须接受国民政府指定的教育计划。尽管实际上许多方面双方做得怎样大可商榷。"③

　　20世纪20年代的中国正处于民族主义觉醒并不断高涨的时代,"民族主义的核心是反对帝国主义,基督教作为西方殖民主义和帝国主义的同位语,不可避免地受到民族爱国运动的强烈冲

---

① 韦卓民:《四十年来我国基督教的高等教育》,《金陵神学志》第26卷第1、2期合刊,1950年11月,第53页。

② Philip West, *Yenching University and Sino-Western Relations*, 1916—1952, Harvard University Press, 1976, p. 96.

③ 陶飞亚、吴梓明:《基督教大学与国学研究》,福州:福建教育出版社,1988年,第94—95页。

击"。① 在"南京事件"的直接影响下,迫于生存压力,金陵大学迅速转变了办学思路,通过更换为华人校长、向国民政府立案等方式,成功化解了这场危机,客观上亦加速了自身的"本土化"进程。

第三节　局部抗战与金陵大学的"本土化"

一、九一八事变后金陵大学师生声援抗日

1931 年九一八事变发生后,社会各界群情愤慨,金大师生也积极参与到抗日爱国运动之中。

9 月 21 日,金大学生自治会召开临时紧急会议,议决通电全国,以唤起民众做好政府外交的后盾。通电内容为:"各报馆转全国同胞公鉴:日帝国主义者,蓄心谋我久矣,五九五三诸役,早置国际正义公法于度外,不复视我为独立之邦,近年以还,鉴于国民政府之革命外交,每惴惴自恐睹我国内讧之频仍,则又沾沾自喜,本岁空前水灾,日帝国主义者所认为千载一时之良机也,以故万宝山案,朝鲜屠杀华侨案,设法挑衅,无所不用其极,近更架造证件,借口中村事件,于九月十九日占我沈阳,并及长春安东营口等地,希完成其并吞满蒙之好梦,消息传来,令人发指,九月十七日,重光公使所发中日问题声明书,所谓日政府对中村事件之实际手段,所谓正谋友谊之解决者,今已暴露吾国民之前矣,阴贼险狠,一至于此,是而可忍,国亡无日,自救之道,惟有:(一)请政府电粤立时息争,以革命手段一致对外。(二)全国同胞,本敌忾同仇之精神,在政府

---

① 刘家峰:《齐鲁大学经费来源与学校发展(1904—1952)》,章开沅主编:《社会转型与教会大学》,武汉:湖北教育出版社,1998 年,第 126 页。

指挥下奋发图存。(三)全国同胞,今后应啮臂铭心,卧薪尝胆,倭寇不去,誓日俱亡。民族存亡,国家安危在此一举,电布腹心,愿共戮力!"①

9月22日,首都南京中等以上各校的学生代表共同开会讨论,决议组织"首都中等以上学校反日救国团",中央大学、金陵大学等校代表被投票选举为干事,会议呼吁"请求中央对日作战,全国民众一致武装起来"。② 当日,金陵大学召开全校师生大会,商讨应对办法,③并发布《关于参加首都市民反日救国大会的布告》,称:明日将举行反日救国大会,"本大学自应一体参加,以励民气,相与同雠,除通知教职员全数参加外,合亟布告本校学生周知,仰一体于明晨八时齐集大礼堂,整队前往参加"。④

9月23日上午9时,包含金陵大学师生在内的约20余万南京市民在公共体育场举行了"首都市民反日救国大会"。⑤ 当日,金陵大学学生自治会呈文教育部转国民政府,请求:"一、请中央集中全国军事政治人才,以备一致对外。二、请中央从速准备对日作战,与其生而辱,不如战死疆场。三、请中央令张副司令,以中央名义,誓死对日交涉。四、请中央尽量供给国际宣传真确材料,慎选对外

①《日寇东省群情愤慨首都教育界呼请立息内争一致对外》,《中央日报》1931年9月22日,第1版。

②《京市学生一致抗日》,《中央日报》1931年9月23日,第1版。

③《日寇东省群情愤慨首都教育界呼请立息内争一致对外》,《中央日报》1931年9月22日,第1版。

④《金陵大学校长室总务处通知布告的底稿》(1931年2月起),中国第二历史档案馆藏,私立金陵大学档案,全宗号649,案卷号16。

⑤胡畏、陆庆良、何开庸、孔庆耕:《金大师生的爱国民主传统》,《南大百年实录》编辑组编:《南大百年实录》(中卷),南京:南京大学出版社,2002年,第414页。

宣传人才,以取得签字非战公约各国及国际之同情。"①

9月25日下午,金陵大学等南京各级学校代表136人于南京女子中学大礼堂召开代表大会,会议决定成立"首都各校抗日救国会"。与此同时,金陵大学学生"努力于促醒市民之觉悟,特组织化装宣传队,化装日人虐待,国人惨状,沿途游行,其方法每队执两幅方旗,用彩色标语,有四人化装,两人装作日人模样,两人扮作头破血流,周身绳捆,由两日人挟之而行,载行载呼国家要亡了大家起来救中国,对日经济绝交,用不买日货等口号,力竭声嘶,备极凄惨! 路人开之,多为之泣下沾襟! 该队由金陵大学出发,赴夫子庙等地宣传,观众极为拥挤,收效甚大"。②

自9月26日,为便于师生"从事抗日运动",金大停课三天,"教职员学生工友共同组织金陵大学反日救国会,学生籍工友组织抗日救国军,男生每日自晨七时半起至十二时,全体集合大礼堂听局势学术演讲,下午二时全体出发宣传,及检查日货,晚八时日本研究会请著名学者演讲日本问题"。③

9月27日,《中央日报》登载了金陵大学教职员以英语、法语、德语同时向世界各国发表的宣言:

> 日本处心积虑,谋吞满蒙,垂三十年,近年以还,遇事寻衅,无端逞凶,五三济南之惨案初已,万宝山之屠杀又生,其侵略阴谋,益为显著,本月十八日夜,竟借口中村事件,唆使其浪人,突然炸毁南满铁道,复伪称我方所为,乘机出兵,袭击我守

---

① 《首都教界热烈反日》,《中央日报》1931年9月24日,第1版。
② 《首都各级学校员生积极反抗暴日组织首都各校抗日救国会》,《中央日报》1931年9月26日,第1版。
③ 《首都各校抗日救国会一致团结共纾国难》,《中央日报》1931年9月27日,第1版。

军,占领沈阳长春安东营口及其他辽省要地,摧残文化机关,
击毙无辜人民,尤复虚构事实,大肆宣传,其蓄意破坏东亚和
平之阴谋,于斯可见。夫两国不幸,而至以兵戎相见,亦须采
取正常之步骤;今日本一方明令其公使,宣言采用外交方法,
解决悬案,一方阴遣军队,袭击无防御无抵抗之守军,并拘捕
军政长官,擅委地方官吏,其蔑视我国主权,弁髦国际公法,至
此已极!况我国正值天灾流行,灾民遍地,救死不遑,乃日人
竟豺狼成性,乘人之危,攻我无备,更属罔顾人道,泯没天良,
同人为维护世界和平计,特此郑重宣言,俾我友邦人士,咸知
日本此次暴行,甘为全世界之公敌,若不予以惩戒,促其觉悟,
将使凶口益张、公理灭绝,而使人类返于任性争夺之境界,此
不能不望我全世界拥护和平,表彰公理,主持正义之学术团
体,督促各国政府,严厉制裁日本此项非法暴行。并望我友邦
人士,均能研究事变真相,毋为日本诡诈卑污之饰词,虚构妄
捏之事实所蒙蔽,是为至幸!①

金大反日救国会成立后,学生们迅速行动起来,"竟有日夜不
暇之势",从各会9月27日工作情形可见其爱国热情:

（一）军事训练委员会反日救国军全营于上午八时鸣号在
大操场聚集训练后,即往大礼堂听何浩若君讲演《对日宣战与
义勇军》。并闻该校救国军将向陆军工兵学校聘请下级干部
教练,并购置军用品与枪械,又特聘请何浩若先生为救国军参
谋部部长云。同时并公布该军之惩罚条例与该校学生自治会
干事会共同处理云。

①《首都各校抗日救国会一致团结共纾国难》,《中央日报》1931年9月27日,第1版。

（二）宣传委员会，该会分五股：

1. 总务股，主管各股一切事宜。2. 出版股，组有反日救国特刊（周刊）。3. 国际股，将暴日一周间强占东北之经过，寄发世界各国，扩大国际宣传，并寄发告各国青年及各国大学，并用广播电台播音云。4. 演讲股。5. 标语股。分队至城乡演讲及分贴反日标语。

（三）检查日货委员会，该委员会成立来，曾分队检查日货，昨日又协同本京反日救国护卫会前往检查日货，并发表中日贸易状况图表云。

（四）日本研究委员会，逐日发布警报及研究资料，并请著名学者于每晚八时莅校演讲，昨日该会提出关于日本重要问题多项，由会员作分别之研究以刊行专册；又该会将与该校教职员新组织之日本研究会合作，俾收专一之效云。昨晚八时又请张其昀先生演讲《正大光明之国际关系》云。

（五）成立反日救国军，学生工友，概在编制之列，于一点钟内即编制完毕，正式成军，共编为一营，分四连，每连三排，每排四班，另组电讯队及女生救护队，金大原有军事教官兼营长，营副及以下军官，由同学中有军事经验者担任云。①

9月28日，"首都各校抗日救国会"召开第二次干事会议，讨论决议事项：

一、全市各校应一律停课，以便进行救国运动案，建议者金大，附议者中央。决议：

（一）全市各校，定期举行联合请愿，全体停课一天。

---

① 《首都各学校对日激昂纷纷组织义勇军准备对倭仇宣战》，《中央日报》1931年9月28日，第1版。

（二）定期举行扩大总宣传一日，各校全体停课一天，分区工作。

二、全市各校联合请愿，应如何办理案。决议：

（一）定于十月一日（星期四）上午八时，在钟南中学集合，齐赴国府请愿。

（二）本会干事 22 人，代表全体发言。

（三）旗帜式样，由本会规定，分请各校照办。

三、扩大总宣传，应如何举办案。决议：

（一）定于本星期六举行；

（二）小学不参加；

（三）其他详细办法，交由常务会拟具施行。

四、各校抗日救国会，改为首都各校抗日救国会某校分会，各分会图记，由本会颁发案。决议通过。

五、军事训练应如何进行案。决议：规定军事训练，以年龄为标准。

（一）各校分别组织某校义勇军；

（二）规定至十八岁以上者受军人训练，十八岁以下者受童子军训练，并建议中央容纳此项意见，修改原定标准。

六、曾经上次大会决议，本日全体干事赴国府请愿，现已决定各校联合请愿，应撤销原案案，决议通过。①

9 月 30 日，"首都各校抗日救国会"召开紧急会议，金陵大学等 19 校代表及国民党南京市党部代表出席了会议，决议：

本会要求各点，政府在上海及中大金大学校请愿中，已有

①《首都各校将联合赴国府请愿》，《中央日报》1931 年 9 月 29 日，第 1 版。

答复,请愿之原案,请暂缓执行案,决议通过。……本会宣言及国际宣言,请修正通过案。决议通过。兹录其宣言于后:

燕省事起,全国锥心,日人之暴戾险毒,连日各报所披露,早已深入同胞之心目更无俟此时之综述,惟是我中华同胞,目观此广漠肥美之关东领土,不旋踵间遽入倭人之手且犹继续加兵于东齐之边,进窥中原,狼子野心,有加靡已;民族沉沦,危在旦夕,吾人深知今日之世,已无复有公理人道,促仇人之觉悟,求国联之制裁,徒托空言,无补实际,物腐虫生,自求在我,凡我同胞,谁无血性,尝当此千钧一发之际欲图雪耻救国者:

(一)全国军政领袖,亟应摈弃旧嫌,团结精神,一致对外,中国革命数载,非不励精图治,而外患之来,于今尤烈,阋墙之祸,厥为一大原因,和平统一能实现,即中华民族有一线之生机。

(二)学生义勇军教育纲领,业经中央颁发,此为雪耻救国之一根本办法,全国各级学校,固应刻日奉行,我首都各校,尤宜首先举办,为全国倡。

(三)抵制日货,已为今日之老生常谈,然中华人民,欲制倭奴死命,求有速效,且易为力者,舍此末由,全国各界,亟宜继续努力,毋稍弛懈。

举上三点,敬以贡献于党政当局及全国同胞之前,务望一致起来,同赴国难,望吾四万万同胞,亟起图之。[1]

10月13日,金大校方告知同学们关于军事训练一事,将"咨请

---

[1]《首都各校联合请愿暂不举行》,《中央日报》1931年10月1日,第1版。

训练总监部颁发枪支并设法增加教练钟点"。①

　　10月19日，金大发布通知，称"首都各校抗日救国会来函，略称，兹定于本月二十日上午八时举行抗日游行大会，在钟南中学操场集合，务希全体参加等由，准此，本大学自应一致参加"。②

　　10月20日，在"首都各校抗日救国会"的组织下，金陵大学等校学生约两万余人举行游行示威，称："自东北事件发生后，举国上下，莫不悲愤填膺，团结全国民众力量，必欲灭此朝食而后快，尤以我首都学生，对暴日之横行，尤为愤怒，特于今日举行全体学生大会，并游行示威，借以唤起民众，同在抗日救国会旗帜之下，共同努力抗日救国工作，集中全国民众力量，以为政府外交之后盾"，"日本破坏国际条约，摧残人类信义。杀戮我国同胞，侵占我东省者，已一月于兹。我全市四万学生青年，当兹惨痛情状之下，含垢忍辱，一方持镇静任远之精神，磨炼士气，一方谋自卫抗敌之准备，积极组织，作政府后盾，待公理之声张"。而后，游行队伍前往国民政府请愿，孔祥熙接见了学生们，表示："政府同人，对诸位此举，良深钦慰，诸位此种爱国精神之表现，愈使政府同人增加勇气，格外负责任去应付这个局面，希望诸位能保持这种奋斗的精神，一致领导全国人民，做政府的后盾。"③

　　11月17日，金大校方再次发布通知，称："明日上午八时，首都各校齐赴四全大会请愿，本校学生须一律参加所有功课准予停止一日。"④

---

①《金陵大学校长室总务处通知布告的底稿》（1931年2月起），中国第二历史档案馆藏，私立金陵大学档案，全宗号649，案卷号16。

②《金陵大学校长室总务处通知布告的底稿》（1931年2月起），中国第二历史档案馆藏，私立金陵大学档案，全宗号649，案卷号16。

③《首都全市学生抗日示威大游行》，《中央日报》1931年10月21日，第1版。

④《金陵大学校长室总务处通知布告的底稿》（1931年2月起），中国第二历史档案馆藏，私立金陵大学档案，全宗号649，案卷号16。

　　1932年1月，学生请求取消期末考试。因"关系于学校及学生学业前途"①，金大校方并未让步，称："兹者学期将终，校课告一段落，乃诸生中忽有请求免除大考之举，事出意外，殊堪惊异。查学期考试载在部章，不经考试不给学分，斯为定律。迭经本校校务会议一再讨论，均认诸生所请，形格势禁，碍难照准，用特布告周知，仰诸生仍照原定时间举行考试为要"，并勉励同学们："当此邦家多难之秋，正青年淬励心身之日，应如何发扬韬属艰苦不磨，焉可随波逐流，自甘颓废，读书救国本不相妨，救国原需真才修养，必自今日空言救国而怠荒学业，则在个人为无谓牺牲，在国家蒙重大损失，且本校为最高学府，诸生为大学学生，一举一动不加审慎，将何以表率，群伦号召士气，务希诸生深体斯旨，善自爱护本法治之精神，为最后之努力，勉成学业，蔚为栋梁，有厚望焉"。②

　　1月10日，金大学生大会议决："于十一日下午九时，出发沪奉港等处请愿"。③ 金大校方对学生此举不予反对，认为"此举系促国内统一，事属爱国，未可厚非"，但仍谆谆教导"告以救国读书两不相妨之旨"。④

　　1月11日，金大发布公告称："查本校对于爱国运动，素所赞助，而学期试验关系，学校及全体学生之前途至为重要，为今诸生出发请愿在促成国内统一，用意至善，惟此举与大考并不相妨，一

①《金陵大学校长室总务处通知布告的底稿》(1931年4月—1931年8月)，中国第二历史档案馆藏，私立金陵大学档案，全宗号649，案卷号17。

②《金陵大学校长室总务处通知布告的底稿》(1931年2月起)，中国第二历史档案馆藏，私立金陵大学档案，全宗号649，案卷号16。

③《金陵大学校长室总务处通知布告的底稿》(1931年2月起)，中国第二历史档案馆藏，私立金陵大学档案，全宗号649，案卷号16。

④《金陵大学校长室总务处通知布告的底稿》(1931年4月—1931年8月)，中国第二历史档案馆藏，私立金陵大学档案，全宗号649，案卷号17。

俟请愿返校后仍须定期举行考试。至于本校原定考试期间因谋诸生之便利,故仍按规定期间举行。其有特别事故,下学期不能回校者,务须届时到场应试,是为至要,惟念国内纠纷非一时所能解决,长途跋涉非一日所能准备,若能先行应试再行出发,尤所期望。"[1]并期望学生能够在请愿后"从速返校,定期补课,举行考试"。而后,学校再次发布公告,决定"于二月一日开学,以两星期补上季未了功课,并举行考试,然后定于二月二十二日为春季学期开始。凡本校学生须按时到校上课,不得迟延,至少数已赴港不及赶归之学生,业令筹补救办法,对于既定之开学时间,决不变更"。[2]

　　由此可以看出,抗日战争爆发后,金大校方对师生参与抗日爱国活动持支持和赞同态度。不仅发布通知要求全体师生参与"首都市民反日救国大会""抗日游行大会"等爱国运动,甚至主动调整课程,以便师生组织和参与相关重要活动。与此同时,校方亦努力帮助学生维持学业,尽可能地将爱国运动控制在一定范围内,使学生不致荒废学业。正如金大校方所说:"本校成立四十余年,每次爱国运动,均本师生合作之精神为具体有力之表示,精诚团结,步骤整饬,社会同情,声誉素具","慨自东北变起,举国同心,诸同学奔走呼号,热心救国,教职员同仁亦蒿目时艰,齐图御侮,本校一方对于学生运动尽量辅助,一方对于学生课业勉力维持"[3],"期于救

①《金陵大学校长室总务处通知布告的底稿》(1931 年 2 月起),中国第二历史档案馆藏,私立金陵大学档案,全宗号 649,案卷号 16。

②《金陵大学校长室总务处通知布告的底稿》(1931 年 4 月—1931 年 8 月),中国第二历史档案馆藏,私立金陵大学档案,全宗号 649,案卷号 17。

③《金陵大学校长室总务处通知布告的底稿》(1931 年 2 月起),中国第二历史档案馆藏,私立金陵大学档案,全宗号 649,案卷号 16。

国读书可以两全。不处万不得已时,必不令弦诵之声,致形中辍"。①

与此同时,党派力量不断渗入金大校园,在爱国活动中组织和发展了许多追随者。对此,金大校董会指出:"学生们参与了各种形式的爱国运动,他们中的许多人对国家的热爱和保卫国家的决心真的让人很感动。然而,南京是首都,在每次爱国运动中很多学生或学生组织都在中日敌对关系影响下受到政策组织的影响。"②这种党派力量的渗入和学生对政治活动的参与,亦无形中推进了金陵大学另一个层面上的"本土化"进程。

值得注意的是,九一八事变后,国民政府对基督教的态度有着明显的转变。1932 年,时任教育部部长朱家骅表示:"社会上既有宗教,而宗教之感化力,又甚普遍深切,即成为于教育极有关系之问题,教育上自不能对此问题毫无政策。过去采取干涉政策近于破坏,自非办法。但现在又因个人有信教自由,其宗教之涉及教育者亦使流于放任,尤非良策。故在教育范围中,对于宗教应依据教育宗旨,取改革态度,使宗教无妨于民族复兴而为民族复兴之用。"③这表明国民政府教育部已经开始反思并着手调整对教会学校的管理方式。1934 年 6 月,蒋介石及夫人宋美龄受邀出席金陵女子文理学院的毕业典礼。蒋介石向毕业班的学生们发表了非正式讲话,"强调了宗教生活的重要性,鼓励高年级的学生在基督教

---

① 《金陵大学校长室总务处通知布告的底稿》(1931 年 4 月—1931 年 8 月),中国第二历史档案馆藏,私立金陵大学档案,全宗号 649,案卷号 17。

② Eleventh Meeting of the Board of Directors of the University of Nanking, May 20, 1932,中国第二历史档案馆藏,私立金陵大学档案,全宗号 649,案卷号2306。

③ 朱家骅:《九个月来教育整理全国教育之说明(1932 年 11 月 25 日)》,王聿均、孙斌:《朱家骅先生言论集》,台北:"中央研究院"近代史研究所,1977 年,第 153 页。

大学毕业之后,本着耶稣基督的精神,为社会服务"。[1] 这进一步反映了国民政府对基督教群体的态度转变,教会大学迎来了新的发展机遇。

二、金陵大学早期教育发展及社会贡献

(一)打造高水平农林科

金陵大学的农科教育发端于裴义理(Joseph Bailie)教授 1911年发起的饥荒救济工作。在承办中国北方以工代赈工作期间,裴义理有感于中国"农民生活之困苦,农林事业之急需提倡与改良"[2],于是"联合江苏、安徽士绅,发起组织了义农会,极力向各方呼吁,集资救济灾民,并得到孙中山、黄兴、张謇、唐绍仪、伍廷芳、熊希龄、宋教仁、蔡元培、施肇基等人的赞助,请准政府拨给紫金山官荒4 000亩,为垦荒造林之用,专门召集贫民垦荒地、筑路、烧窑、辟苗圃,营造垦民住宅,以工代赈,并创设灾民子弟学校。裴义理先生亲自督垦,指导种植,备积劳苦。辛劳了三年,又在安徽来安成立义赈分会,帮助灾民 300 多户"[3]。在这些工作中,裴义理发现"大量需要农业指导人员,无处聘请,于是考虑设立学校招生训练,培养人材",因而"根据国家农业教育之需要"和"以教会服务乡村之枢纽",于 1914 年创设农科,翌年增设林科。[4] 此为当时中国大

---

[1] [美]德本康夫人、蔡路得著,杨天宏译:《金陵女子大学》,珠海:珠海出版社,1999 年,第 95 页。

[2]《私立金陵大学农学院概况》,中国第二历史档案馆藏,私立金陵大学档案,全宗号649,案卷号1771。

[3] 墨妮:《农学院创办人裴义理先生》,金陵大学南京校友会编:《金陵大学建校一百周年纪念册》,南京:南京大学出版社,1988 年,第 57—58 页。

[4] 过探先:《金陵大学农林科之发展与贡献》,《中华基督教教育季刊》1927 年第 3 卷第1 期。

学中唯一的农科,也是中国水平最高的农科。

　　金陵大学林科专业同样是在国家急需林业人才的情况下建立起来的。1915年春,金陵大学增设林科之后,恰逢北京农商部设立的林业学校解散。经协商,由农商部提供补助经费3 000元,将该校学生全部转学到金大。与此同时,受欧战影响而辍学的青岛大学林科专业学生,也由上海林务筹款委员会资助送到金大就读。并且,山东、安徽、云南、山西也分别送官费生来金大学习农林专业。①金大林科专业的设立,对国家林业人才培养提供了沃土。

　　由于中国教会大学未曾有过开办农林科的先例,金大农林科开设之后,遭到部分传教人士的反对。1916年,金大校董会的美方董事明确提出要取消农林科,专办文科,但遭到强烈反对,最后在"中国以农立国,农林科最为中国需要"的呼声下,金陵大学得以继续开办并扩充了农林科。②

　　1921年金陵大学农科在北京教育部注册立案,此后金大农学的发展进一步获得了北京和各省政府农业经济部门的支持。③ 先后聘请了邹树文、邹秉文、应尚德、吴伟士(美籍)、祁家治(美籍)、史德蔚(美籍)、郭仁风(美籍)、罗德民(美籍)、韩谷(加拿大籍)、卜凯(美籍)、凌道扬等著名中外农学专家来校任教,师资力量逐步充实,堪称中国大学农科之最。1930年金陵大学将农林科改为农学院,谢家声任院长。此时,农学院共设有农艺学、森林学、农业经济

①《私立金陵大学农学院概况》,中国第二历史档案馆藏,私立金陵大学档案,全宗号
　　649,案卷号1771。
②《农林科创办之经过》,《南大百年实录》编辑组编:《南大百年实录》(中卷),南京:南京
　　大学出版社,2002年,第23页。
③ The First Meeting of the Board of Directors of the University of Nanking, November
　　29,1927,中国第二历史档案馆藏,私立金陵大学档案,全宗号649,案卷号2322。

学、园艺学、植物学、蚕桑学、乡村教育7个系及农业专修科。1936年秋，"为造就高级农业人才"，成立农业经济部，由孙文郁先生主持工作。[1]

除了农学和林学之外，金陵大学对中国蚕桑业的发展也颇有贡献。中国丝绸业一直较为发达，但蚕业技术的发展却十分缓慢，拥有专门技术的人才更是少之又少。鉴于社会发展对蚕业人才的迫切需求，1919年金陵大学设立蚕桑系，专门聘请美国加利福尼亚大学昆虫系主任吴伟夫博士前来指导工作。后为推广蚕桑教育，增设桑蚕速成科，学习期限为三个月，1922年更名为蚕业特科，学期期限改为一年。在国家社会的迫切需求和各界的广泛资助下，金陵大学蚕桑发展迅速：1923年受到美国丝业公会的资助，建筑蚕业院，设备条件为国内一流；1925年应社会之需，停办蚕业特科，专门制造无毒蚕种；1926年再次得到美国丝业公会的资助，进一步扩充桑园；在1927年的江浙皖蚕茧展览会上，金大农学院桑蚕系陈列品均被列为优等，得到业界的一致好评；1930年秋，得到无锡模范缫丝厂的资助，再添蚕种冷藏库一座。[2]

金陵大学农学院在教学和科研上注重以现实问题为导向，强调对农业实际问题的调查研究。例如，农业经济系开展了农场管理、农业经济和乡村社会等各种农业调查，"对于乡村组织、乡村借贷、农场管理、农民娱乐、农场贸易、物产价格、家庭费用之分配等等，皆有极详细之调查及研究，而谋对于乡村生活之各种问题，有彻底之了解，及解决之方法"。具体开展了芜湖附近102户农家

---

[1] 《农学院概况》，《南大百年实录》编辑组编：《南大百年实录》（中卷），南京：南京大学出版社，2002年，第256页。

[2] 《私立金陵大学农学院概况》，中国第二历史档案馆藏，私立金陵大学档案，全宗号649，案卷号1771。

的社会经济调查、山东潍县与临邑县及安徽宿县农作经营类别研
究、中国各县度量衡制研究、安徽宿县农产贸易调查研究、中国花
生生产费及买卖交易费调查分析、各种合作社的提倡、指导及组
织等。① 以期通过调查研究,发现并解决农业发展中的实际问题。
这些对农业相关情况的调查构成了金陵大学农业研究的基础,调查
中反映出的农业问题则成了金大农林专业重点攻克的科研对象。

　　金陵大学农学院十分重视科研,其研究经费"约占经常支出的
一半","所有专任教师和高年级学生都要参加研究工作"。② 农作
物品种改良是金陵大学农学院影响最大的农业贡献,"培育的改良品
种有 40 多种,包括小麦、棉花、柑桔、水稻、大豆、大麦、高粱、粟、玉米
等作物和蔬菜的优良品种"。③ 1921 年,金陵大学与上海纱厂联合会
合作,延聘美国植棉专家郭仁风(John B. Griffing),主持棉作物改良
工作,继而棉业家先后资助了 2 万元,极大地推进了棉作物改良事
业。④ 1924 年,在国际饥荒救济委员会的鼎力资助下,金陵大学在
南京设立了一个主要农作物改进所,并在安徽、河南、北平、西安分
别设立分所、8 个合作社和几个种子分配中心。⑤ 此外,金陵大学农
学院在农业历史研究、农家经济调查、中国土地利用(调查了 22 省

①《私立金陵大学农学院概况》,中国第二历史档案馆藏,私立金陵大学档案,全宗号
　　649,案卷号1771。
② 戴龙荪:《罗德民先生的贡献》,金陵大学南京校友会编:《金陵大学建校一百周年纪念
　　册》,南京:南京大学出版社,1988 年,第 61 页。
③ 车济炎:《我对母校的认识》,金陵大学南京校友会编:《金陵大学建校一百周年纪念
　　册》,南京:南京大学出版社,1988 年,第 323 页。
④《私立金陵大学农学院概况》,中国第二历史档案馆藏,私立金陵大学档案,全宗号
　　649,案卷号1771。
⑤ A plan for the Post-War Rehabilitation and work of the College of Agriculture and
　　Forestry of the University of Nanking,June 20, 1944,中国第二历史档案馆藏,私立
　　金陵大学档案,全宗号 649,案卷号2467。

169 个地区）、鄂豫皖赣四省农村经济调查（包括农村金融、农产运销、土地分类、租佃制度、信用合作、农业特产、农村组织等方面）、四川土地分类调查、乡村人口问题研究、全国森林概况调查（包括 11 省）、中国树木分类、日本茶叶贸易史等方面亦有较多的贡献。[1]

金陵大学农学院十分重视科学实验和调查研究。截至 1937 年，农艺系建有总农场 1 所，分场 4 所，合作场 8 所，区域合作试验场 5 所，种子中心区 4 所，南京总场面积达 1 700 亩；森林系有苗圃 38 亩，合作林场 2 000 亩。蚕桑系有桑园 236 亩；园艺系有园艺试验场 250 亩；植病系试验场有 8 亩多。农学院收集的各类标本品种繁多：蜡叶植物标本有 30 余万份；经济树木标本五千余种，共计 4 万份；昆虫标本三千余种，共计 12 万份；真菌标本 4 700 份等。[2]

金陵大学农学院享誉全国，一方面是因为有"美国对华赈款之补助"，教育部和农林部的支持，以及社会各界的资助，资金充足，另一方面则是由于农学院秉持合作进步的观点，利用其教会大学对外沟通的天然优势，重视与国内外农业机构的合作，坚信"凡事必须共同合作，乃能事半功倍，改良农业，尤有共同合作之必要，盖农业之范围极广，应行改良之点亦极多，决非一学校一机关之人力财力所能济事也。"[3]早在 1921 年，金陵大学与国内外农业机构的合作单位已有十几个。国外方面，康奈尔大学附设的纽约省立农科大学作物育种学系，受洛氏世界教育局资助，每年派一名专家来

---

[1] 车济炎：《我对母校的认识》，金陵大学南京校友会编：《金陵大学建校一百周年纪念册》，南京：南京大学出版社，1988 年，第 323 页。

[2] 车济炎：《我对母校的认识》，金陵大学南京校友会编：《金陵大学建校一百周年纪念册》，南京：南京大学出版社，1988 年，第 322 页。

[3]《私立金陵大学农学院概况》，中国第二历史档案馆藏，私立金陵大学档案，全宗号 649，案卷号 1771。

金陵大学,进行农作物改良研究。同时,与美国国家博物院进行植物标本互换合作,扩充农学院原有植物标本种类。国内方面,与北平华洋义赈救灾总会合作在南京丰润门办理信用合作社,与上海万国合众蚕桑改良会合作改良中国蚕桑种,与上海林务委员会合作在金大设立森林系贷款学额,与上海华洋义赈会合作研究淮河流域冲刷及淤塞问题,与中国东方基督教教育联合会合作开办暑期学校,与无锡模范缫丝厂订约按期提供优质蚕种,与江苏农矿厅合作开展果树母本调查研究,与中央农业推广委员会合办乌江农业推广实验区,并在康奈尔大学育种专家指导下,与华中师范农科、含光中学农事部、文华中学农林部、实业中学农事部、河南济汴中学农场、安徽建设厅、江苏省立麦作试验场、上海中学乡村师范部、燕京大学农科、潞河中学农科等单位合作改良粮食作物等。①可以说,合作一直是金大农学院发展过程中非常重要的环节。金陵大学农学院在1929年以前主要是与传教机构、学校和其他组织在农业知识、改良物种方面进行合作,以对农业科技的宣传提倡为主,逐步成为中国作物改良合作事业的中心。1930年之后主要是创办农业推广中心,与地方合作开展农业推广工作。例如:与中央农业推广委员会合办的乌江农业推广实验区,将作物改良事业从科学研究扩展到了示范推广阶段。② 1931年中国遭遇特大水灾,

①《私立金陵大学农学院概况》,中国第二历史档案馆藏,私立金陵大学档案,全宗号649,案卷号1771。

② A plan for the Establishment of a College Farm in Sien-chen, Anhwei Province, for More Effective Research, Instruction, and Demonstration, August 25, 1945, 中国第二历史档案馆藏,私立金陵大学档案,全宗号 649, 案卷号2467;《农学院概况》《胡适谈金大农学院的贡献》,《南大百年实录》编辑组编:《南大百年实录》(中卷),南京:南京大学出版社,2002 年,第 257、280 页。

国家洪灾救济委员会支出1万美元,请金陵大学农业经济部及社会学系等各专业成员,帮助从饥荒区获取统计数据。同时,金大农林科同时主动帮助解决赈济农作物种子的问题,并为此主动联系地方当局,开展救济措施方面的合作。①

　　金陵大学农学院是近代中国的农学人才培养机构中的主力军,可谓"历史最久,规模较大,培养人才最多,贡献最大"。② 1928年,时任中央研究院院长的蔡元培曾赞道:"金陵大学农林科自创办以来,迄于今凡十有五年,培养专门人才,研究改良作物,推广乡村农业教育,其成绩在中国农民间已直接受其影响。既佩曩者裴义理君创史之勤,而芮思娄君自始佐助经营,竭虑尽智以谋扩充,其毅力更有足令人起敬者。"③由于农科创设起因于社会发展对农业人才的急迫需求,金陵大学农科专业从初设之时就尤为重视学生的实践性,采取了"半工半读"的教育模式,"如开垦土地、栽树、播种、耘草、收获等工作,都由学生亲自操作",为国家培养了大量学成后可立即投身于农业实践的专门人才。④ 1922年,为培养更多农业人才,金陵大学设立农业专修科,起初为三学期制,后改为两学年制(即一年工读、一年实习),截止到1921年,共有两百多名毕业生。农业专修科更加重视实践能力的培养,在教学中"素以工

① Tenth Meeting of the Board of Directors of the University of Nanking, November 6, 1931,中国第二历史档案馆藏,私立金陵大学档案,全宗号649,案卷号2324。

② 墨妮:《农学院创办人裴义理先生》,金陵大学南京校友会编:《金陵大学建校一百周年纪念册》,南京:南京大学出版社,1988年,第56页。

③ 蔡元培:《芮思娄君回美赠言》,1928年7月9日,中国第二历史档案馆藏,私立金陵大学档案,全宗号649,案卷号1806。

④ 墨妮:《农学院创办人裴义理先生》,金陵大学南京校友会编:《金陵大学建校一百周年纪念册》,南京:南京大学出版社,1988年,第57—58页。

读并重,以期学理证诸实验,实验应证学理"。① 除此之外,金陵大学农学院还与中央农产促进委员会合办了高级推广人员训练班,招收"大学农科毕业生曾在农界服务二年以上者",进行为期 4 个月的培训。②

　　截至 1937 年,金陵大学农学院共培养毕业生 1 200 余人,占全国高校同类毕业生的三分之一。毕业生大多从事农业教育及农业改良工作,"没有一个学生毕业后失业,且供不应求"。③ 且在抗日战争全面爆发前,全国 36 个重要农作物品种中,有 27 个经过金大改良的新作物改良品种已分发到各地。④ 这批改良后的小麦品种产量约可提高 20%。据统计,金陵大学在 20 世纪 30 年代约发放了 2 000 吨新麦种和 1 500 吨新棉种,很大程度上缓解了中国社会在动乱时期对农作物需求的压力。金陵大学农学院教授卜凯经过调查完成的《中国农民经济》(Chinese Farm Economy,1930)和《中国的土地利用》(Land Utilization in China,1937)两本书,亦成为中

---

① 《私立金陵大学农学院概况》,中国第二历史档案馆藏,私立金陵大学档案,全宗号649,案卷号1771;《农学院概况》,《南大百年实录》编辑组编:《南大百年实录》(中卷),南京:南京大学出版社,2002 年,第 256 页。

② 《金陵大学农学院迁蓉后推广事业一览》,《南大百年实录》编辑组编:《南大百年实录》(中卷),南京:南京大学出版社,2002 年,第 283 页。

③ Annual Report of the College of Agriculture and Forestry,July,1941 to April,1942,中国第二历史档案馆藏,私立金陵大学档案,全宗号 649,案卷号2311;A plan for the Post-War Rehabilitation and work of the College of Agriculture and Forestry of the University of Nanking,1944 年 6 月 20 日,中国第二历史档案馆藏,私立金陵大学档案,全宗号 649,案卷号2467;墨妮:《农学院创办人裴义理先生》,金陵大学南京校友会编:《金陵大学建校一百周年纪念册》,南京:南京大学出版社,1988 年,第 57—58页。

④ A plan for the Post-War Rehabilitation and work of the College of Agriculture and Forestry of the University of Nanking,June 20,1944,中国第二历史档案馆藏,私立金陵大学档案,全宗号 649,案卷号2467。

国农业研究的里程碑式的著作,为研究中国农业和农村问题提供了重要参考。①

(二)首倡电化教育

1895 年,随着电影技术的发展,法国人路易·卢米埃尔在爱迪生"电影视镜"技术的基础上发明了"活动电影机",并在巴黎公开放映了第一部近代意义上的电影。② 1915 年,金陵大学在理科大楼南侧率先设立了中国大学中第一个"校园电影放映场地"。③ 1920 年美国农学家郭仁风受邀来华,以金陵大学为基地,用播放教育影片的方式,推广良棉种植。1922 年,郭仁风用幻灯机、电影放映机等设备四处宣传推广优良棉种。1923 年,在郭仁风的指导下,金陵大学三位高年级学生拍摄了中国第一部教农民科学种植良棉的电影。④ 金大农学院的这些创新举措起到了很好的教育传播效果,此为中国高校发展科教电影的开端。

20 世纪初正是美国电影事业从萌芽走向蓬勃发展的时期,1928 年美国柯达公司创办教学电影部,开始系统拍摄教育影片,上海柯达公司从中引进了大量教育影片。⑤ 同年,金大化学系主任唐美森教授从上海柯达公司借了几本教育电影在课堂中试用,效果

---

① [美]芳卫廉著,刘家峰译:《基督教高等教育在变革中的中国(1880—1950)》,珠海:珠海出版社,2005 年,第 152—153 页。

② [法]乔治·萨杜尔著,徐昭、胡承伟译:《世界电影史》,北京:中国电影出版社,1982 年,第 8 页。

③ 黄立志、孟昭宽主编:《创新与借鉴:中国教育技术路径研究》,北京:中国物资出版社,2012 年,第 245 页。

④ 张炳林:《民国时期电影教育的起源与发展——兼论我国早期电化教育历史阶段划分》《电化教育研究》,2012 年第 11 期。

⑤ 刘小磊:《中国早期沪外地区电影业的形成:1896—1949》,北京:中国电影出版社,2009 年,第 90 页。

很好,遂向魏学仁推荐。[1]

1930 年金陵大学理学院成立后,在院长魏学仁的提议下,理学院购买了柯达 A 型无声放映机一架并从国外引进了一批科教影片,这是中国大学中的第一套放映设备;[2]并"与院内各系教师合作陆续引进多种教学影片,用于各课程教学,并动员教师分头翻译,制作汉语本";[3]同时,联合院内教授们组成了电影教育委员会。在该委员会推动下,理学院各系的课程广泛采用科教电影作为课堂教育的辅助,有效地提高了教育质量和效率,并使科教电影得以在全国进一步推广。随后,电化教育工作进一步发展,开始在金陵大学附近的中学讲解放映,取得了很好的反响。教育影片逐渐从校内教学发展成为了推广社会教育的有力工具,推广科学教育电影也成了理学院的重要工作内容之一。

1934 年 2 月开始,为了配合国内各方面教学需要,金陵大学理学院开始进行有计划的拍摄工作,分赴各地,以国内的社会生活、工农业生产、自然景观等为题材进行摄制,所拍摄的影片供应全国各有关单位购买和流通放映。[4] 1935 年 3 月,理学院拟定了一个宏伟的影片摄制计划,计划拍摄工业、应用科学、农业和地理名胜 4

---

[1] 张炳林:《民国时期电影教育的起源与发展——兼论我国早期电化教育历史阶段划分》,《电化教育研究》2012 年第 11 期。

[2] 张炳林:《民国时期电影教育的起源与发展——兼论我国早期电化教育历史阶段划分》,《电化教育研究》2012 年第 11 期。

[3] 孙明经:《前辈、老校友魏学仁博士》,金陵大学南京校友会编:《金陵大学建校一百周年纪念册》,南京:南京大学出版社,1988 年,第 179 页。

[4] 姜赠璜:《金陵大学与中国的教育电影事业》,金陵大学南京校友会编:《金陵大学建校一百周年纪念册》,南京:南京大学出版社,1988 年,第 112—113 页。

大类的 35 种科教影片。① 在中国教育电影协会的合作下,1936 年,已完成 10 部影片。② 1936 年,为把有关教育电影和电化教育的工作更加推前一步,金大与教育部合办了"教育部电化教育人员训练班",前后共培养了 322 位学员,成为全国最早在大学校园里接受国家级培训的电教专业人员。③ 同年,理学院成立了"教育电影部"(后改称为"影音部"),全盘协调和负责电化教育工作。

至 1937 年初,理学院教育电影部"除了选购外国影片编译中文字幕外,另自行摄制成功各类影片 28 部"。④ 中外影片均用于社会教育推广,供各中小学和社会各机关单位选择放映。恰逢 1937 年教育部大规模推行电影教育,金陵大学理学院亦成为其委托的国内教育单位之一。经过数年的积累,到 20 世纪 30 年代中后期,金陵大学理学院不仅在校内放映科教影片,辅助各科教学,传播电化教育理念,培养影音人才,同时也对社会民众以电化教育技术为媒介大力推广普及科学文化知识。

除了电化教育方面的突出成绩,金大在自然科学和应用科学领域亦发挥了重要贡献。在中国基督教高等教育 1933 年至 1938 年的项目规划中,金陵大学主要负责发展农学和自然科学。在教会的支持下,金大理学院发展迅速,学生数量从 1927 年的 67 人增长到 1935

---

① 《理学院科学教育电影拟定全部摄制计划》,《金陵大学校刊》1935 年 3 月 25 日,第 1 页。

② 张宪文主编:《金陵大学史》,南京:南京大学出版社,2002 年,第 276 页。

③ 孙建三:《中国电影,你不知道的那些事儿》,北京:北京世界图书出版公司,2010 年,第 12 页;桑新民:《开创影音教育中国之路的先行者——纪念中国电化教育创始人孙明经先生诞辰 100 周年》,《电化教育研究》2011 年第 10 期。

④ 张宪文主编:《金陵大学史》,南京:南京大学出版社,2002 年,第 277 页。

年的 212 人[①]，并对农学院、文学院的学生开展自然科学方面的指导工作，为国内其他公共或私立机构提供技术指导和帮助。

同时，为促进科学服务工作，理学院于 1933 年 12 月专门成立了科学服务部，主要负责化验、化学工业设计、解决工业化学上各种问题、修理各种电机、修理并制造各种无线电机等。[②]

金大理学院认为："教学是理学院的首要任务。基础课程由我院最好的老师进行教授"，"我们感到自然科学的教学是中国的一块处女地，也是重要的基础领域，它将不仅会促进中国的科学发展，还会直接影响到超过 30 万中学生和 80 万小学生的生活"，并且"工程课程应该在中国基督教育计划中具有重要地位，希望金大可以在化学、电气工程、机械工程教育方面起到重要作用"。[③] 在这种指导思想之下，金大培养了大量社会急需的研究型和应用型人才，在国家工业发展和科技研发等方面发挥了重要作用。

截至 1935 年 11 月底，金大所藏科学书籍"不下万余种"，理学院所有仪器、标本、图表、模型等"若以市价估之，算学系计值国币804 元，物理系及电工科计值82 072元，化学系工化科及化学研究部计值81 912元，动物系计值29 242元，工厂计值10 609元，煤气厂2.6万元，总计共值国币236 589元。所有向国外购置备件，均以美金元折合国币 2 元计算"。[④]

---

① 《理学院概况》(1935 年)，《南大百年实录》编辑组编：《南大百年实录》(中卷)，南京：南京大学出版社，2002 年，第 234 页。

② 《理学院院务会议议决：设立科学服务部》，《金陵大学校刊》1933 年 12 月 18 日，第2 页。

③ Report of the College of Science, October, 1933 & March, 1934,中国第二历史档案馆藏，私立金陵大学档案，全宗号 649，案卷号2324。

④ 《理学院概况》(1935 年)，《南大百年实录》编辑组编：《南大百年实录》(中卷)，南京：南京大学出版社，2002 年，第 236—237 页。

（三）关注国计民生

金陵大学文学院社会学系利用其专业优势，进行了大量社会调查，研究社会问题和改良方案。截至 1937 年，调查工作主要有南京市缎业调查，南京市大王府贫民区人口及社会经济调查，乌江镇人口调查，南京市贫民寄养者之调查，孝陵卫手工业调查等。[①]例如，1929 年，鉴于经济动荡、缎业衰落，金陵大学社会学系在城南一带进行相关社会调查，发现大量失业的缎业工人，"虽有继续从事缎织者，其出品之销售，亦感困难，而同时舶来毛织品，复充斥市面"。于是，拟筹资创办毛织工业，改善缎业衰落、工人失业的困境。[②]

调查是为了更好地研究和解决问题。开展有效的社会调查之后，金大社会学系往往采取社会试验的方法，从小规模社会试验入手，待试验成功之后，再将优秀经验推而广之。例如，20 世纪 30 年代初，南京市人力车数量激增，据金大文学院社会学系调查统计，"日常恃此为生活者，约在五万人以上，将占全市人口十分之一"，"而其生活之困苦，有非一般人士所能知者"，因而"有倡导人力车合作社之需要"。于是，该系史迈士教授于 1933 年冬组织成立了人力车合作社，开展小规模试办，旨在"免去所谓行主侵蚀，改善车夫经济状况"，试办"结果甚佳"，而后逐渐扩大规模。[③] 再如：时至20 世纪 30 年代，由于"毛织品及人造丝充斥国内市场"，南京本地

---

① 《私立金陵大学文学院概况》（第 3 号），中国第二历史档案馆藏，私立金陵大学档案，全宗号 649，案卷号 1624。

② 《南京市政府金陵大学合办毛织训练所》，中国第二历史档案馆藏，私立金陵大学档案，全宗号 649，案卷号 1634。

③ 《私立金陵大学文学院概况》（第 3 号），中国第二历史档案馆藏，私立金陵大学档案，全宗号 649，案卷号 1624。

的丝织业遭受巨大打击。据金大文学院调查研究,"机数由二万余架降至一二千架,机户由万余户降至数百余户,其恃此为生者,一时皆成为社会之流民"。因此,金大文学院认为"京市缎业,有亟待改良与救济之必要,而救济之方法,莫善于就其原有本机,加以改良,另制其他织品,以代替不合时尚之京缎"。于是,1933年秋,金大文学院社会学系与金大农业专修科募集资金数百元,合作创设了毛织实验所,场址设在金大农业专修科。金大林查理教授"用其机械学识改良本机之构造,俾适合纺织呢绒之利用"。1934年,由于南京市市长对金大此项试验"深为关怀,力予提倡",南京市政府加入合作,陆续共资助7 700元,"为协助建筑工厂及纺织机等之设备,与实验及训练学生之用"。① 于是,"建工厂房屋一大幢,添置各种织呢木机铁机及其他染织设备"。截止1937年,该厂"现有木机2架,铁机5架,梳毛机1架,染蒸汽染缸1座,工人12名,市政府资送练习生15名,所织之哔叽呢及其他毛织品多种,花色共约120余种,大多数系用纯羊毛织成,极其耐用美观",南京市政府资送的第一批练习生15名以优异成绩毕业,第二批练习生正在训练中。对此,金大文学院计划一方面"继续招收学生,尤注重于农工学徒,逐渐推广,俾生产教育得以推行于农村",另一方面"扩大该项合作社,以利生产与运销,而助此种事业之滋长。于国家救济农村,恢复国民经济前途庶有裨益"。② 同时,为推广毛纺织生产、提倡合作,1935年12月,金陵大学仿照英国"劳工与消费者合伙生产合作社"的方式,另行组织成立了"有限责任南京纺织服装生产合作

①《南京市政府金陵大学合办毛织训练所》,中国第二历史档案馆藏,私立金陵大学档案,全宗号649,案卷号1634。
②《私立金陵大学文学院概况》(第4号),中国第二历史档案馆藏,私立金陵大学档案,全宗号649,案卷号1624。

社","使劳工与消费者均为社员"。① 金陵大学文学院社会学系通过这些举措,向社会推广了合作社这一新型经济运作方式,对促进社会行业改革、改善工人经济状况起到了一定的推动作用。

南京国民政府成立后,将社会教育列为重点工作之一。1931年国民党中央民众训练部颁布《各级党部办理社会教育计划大纲》和《三民主义民众教育具备的目标》,明确指出"平民识字运动是教育的一部分……民众教育的中心工作,断不能仅仅是识字,还要注重公民和生计教育。"②

金陵大学响应政府号召,积极推广社会教育,主要是培训中学教师和开展平民教育。金陵大学在中学教师培训方面成绩斐然。金陵大学理学院于1932年11月组织成立了科学教育委员会,以加强提倡科学、推广科学教育工作。该委员会成立后的两年间已完成了编著教科书及实验教程、举办暑期研讨会及讲习班、制订中学理科设备标准、编制中学理科标准测验等工作,对理学院的社会教育工作起到了极大的推动作用。③ 1933 年 7 月 5 日至 20 日,鉴于"我国科学式微,亟须提倡,而提倡科学之基本工作,实系于中等学校理科内容之充实,与其教学方法之革新",金陵大学理学院与金陵女子文理学院联合举办了第一届中学理科教育暑期研讨会。该研讨会主要讨论数学、物理学、化学及生物学 4 个科目,研讨主题为:(1) 改进中学理科教学法;(2) 探讨科学界最近之发展;(3) 研

---

① 《南京市政府金陵大学合办毛织训练所》,中国第二历史档案馆藏,私立金陵大学档案,全宗号 649,案卷号 1634。

② 《国民党中央秘书处转送〈各级党部办理社会教育计划大纲〉函》《国民党中央训练部拟订的〈三民主义民众教育具备的目标〉》,中国第二历史档案馆编:《中华民国史档案资料汇编》(第 5 辑),南京:江苏古籍出版社,1994 年,第 698—705 页。

③ 《理学院科学教育事业发展概况》,《金陵大学校刊》1934 年 10 月 8 日,第 1 页。

究并实验新教学法及教材之适用。① 1934 年,在中学任教的金大毕业生们向母校表达想要进修学习的强烈愿望,金大文学院决定开设一些两年制的专门针对中学教师的中文、历史培训课程,以使中学文科老师能够得到进修提升的机会。②

伴随着 20 世纪 20 年代末华人长校、注册立案等一系列改革举措,金陵大学从制度上被正式纳入中国高等教育管理体系。金陵大学将基督教精神与近代科学教育相结合,并努力迎合中国社会的需求,以求得共同发展与进步。1933 年 4 月,金大校董会曾明确指出:学校课程教育的目标是"为教会和中国提供实际服务"。③ 这既与金陵大学务实求真的办学风气相关,亦体现了中国社会在这一阶段对教育资源的渴求,以及金陵大学受双重管理的特性。抗日战争爆发,促使民族主义矛头集中转向日本,很大程度上缓解了教会大学的办学压力,而金大师生对抗日战争的积极声援和对国家建设的大力支持,则进一步提升了国民政府和社会各界对金陵大学的心理认同,抗日战争时期金陵大学迎来了新的挑战和发展机遇。

---

① 《私立金陵大学理学院概况·第 3 号》,中国第二历史档案馆藏,私立金陵大学档案,全宗号 649,案卷号 74。

② Report of the college of arts,1934 年 3 月 24 日,中国第二历史档案馆藏,私立金陵大学档案,全宗号 649,案卷号2323。

③ Thirteenth Meeting of the Board of Directors of the University of Nanking,April 21, 1933,中国第二历史档案馆藏,私立金陵大学档案,全宗号 649,案卷号2306。

第二章　全面抗战与金陵大学西迁

　　1937年7月7日,卢沟桥事变发生,中日战事愈加严峻。然而,此时正如美国学者杰西·格·卢茨所说:"许多中国人起初并不认为7月7日就是不可避免的中日战争的开始。"①公立大学与私立大学都在观望,猜测战事将如何发展。直至8月中旬,华北展开大规模作战以及上海战事的爆发,才使各方确认这场战事将不可能在短期内结束。起初,由于创始人会、董事会关于是否西迁一事始终未有决策,国民政府教育部对教会大学的去留也没有明确指示,金陵大学在炮火中勉力维持南京的办学工作。直至11月中旬,上海、苏州相继沦陷,南京危急,在来不及与创始人会、董事会其他成员商议的情况下,陈裕光校长紧急召开学校行政委员会会议,决议于11月25日举校西迁。而此时,国立中央大学已基本西迁完毕。金陵大学师生员工"在万般艰辛中,经三阅月之旅途生活,幸赖全校师生之精诚靡间,政府机关与社会方面之匡扶协助,卒于二十七年二月底,安然到达成都,三月一日,于西中国的芙蓉

---

① [美]杰西·格·卢茨著,曾钜生译:《中国教会大学史(1850—1950)》,杭州:浙江教育出版社,1987年,第342页。

城中,借华大校园开学"。① 与此同时,金陵大学教师贝德士(Miner Searle Bates)、史迈士(Lewis S. C. Smythe)、林查理(Charles H. Riggs)、威尔逊(Robert O. Wilson)、陈嵘、齐兆昌等人选择留在南京管理校产。南京大屠杀期间他们发起组织国际委员会,联合各方热心人士,收容保护了数以万计的难民,突破日军的层层封锁,设法将南京城的状况在国内外公之于众,并积极组织开展难民教育,为国家抗战及战后重建积蓄力量,为维护人类和平事业做出了不朽的历史功绩,得到国内外各界的高度称赞。抗战西迁是金陵大学发展史上的重要转折点,从踏上西迁之途开始,金陵大学的发展即与中华民族的生死存亡紧密结合在一起,充满爱国主义情感和抗战救国信念的金大师生在抗战大后方奋力拼搏,客观上进一步加速了金陵大学的"本土化"发展历程。

第一节　抗战全面爆发与金陵大学西迁决策

一、进退两难:留守还是西迁

1937 年 7 月 7 日,抗日战争全面爆发,局势日益紧张,前途尚不明了。8 月 11 日,国民政府行政院颁布了《总动员时督导教育工作办法纲领》:

　　一、战争发生时,全国各地各级学校暨其他文化机关,务必镇静,以就地维持课务为原则。

　　二、比较安全区域内之学校,尽可能范围内,设法扩充容量,收容战区学生。

---

① 《抗战以来的金陵大学》,《金陵大学校刊》1941 年 3 月 10 日,第 6 页。

三、各级学校之训练,应力求切合国防需要。但课程之变更,仍须遵照部定范围。

四、各级学校之教职员暨中等以上学校之学生,得就其本地成立战时后方服务团体,但需严格遵照部定办法,不得以任何名义妨害学校之秩序。

五、为安定全国教育工作起见,中央及各省市教育经费在战时仍应照常发给。倘至极万不得已有量予紧缩之必要时,在中央应由财教两部协商,呈准行政院核定后办理;在地方应由主管财教厅局会商,呈准省市政府核定后办理。

六、中央及各地方主管教育行政机关,对非战区内学校之经费得为财政紧急处分,酌量变更其用途,必要时并得对于其全部主管教育经费为权宜之处置,以适应实际需要。①

此时,国民政府对学校的考虑主要"以就地维持课务为原则",尚未有安排学校大规模内迁的计划。然而,自8月15日起,东部战事愈加激烈,南京亦深受影响,多次被日本飞机轰炸,至9月初约200名南京市民遇难身亡。② 8月19日,教育部颁布《战区内学校处置办法》的密令:

一、对外发生战争时,左列之区域,概视为战区。

甲、战争已发生之地区;

乙、国内一切最易受敌人攻击之地区。

---

① 《行政院核发〈总动员时督导教育工作办法纲领〉的指令》,中国第二历史档案馆编:《中华民国史档案资料汇编》第5辑第2编教育(1),南京:江苏古籍出版社,1997年,第1—2页。

② Y. G. Chen to the members of the Board of Directors, September 8, 1937,《金陵大学校董会一九三六年至一九三七年会议记录》,中国第二历史档案馆藏,私立金陵大学档案,全宗号649,案卷号2309。

由本部于会商军事机关后以密令通告者。

二、各省市教育厅局如其主管区域辖有战区,应斟酌情形分别为左列之措置:

1. 于其辖境内或辖境外比较安全之地区,择定若干原有学校,即速尽量扩充或布置简单临时校舍,以为必要时收容战区学生授课之用,不得延误。

2. 受外敌轻微袭击时仍应力持镇定,维持课务,必要时得为短期休课。

3. 于战事发生或迫近时,量予迁移。其方式得以各校为单位,或混合各校各年级学生统筹支配暂时归并,或暂时附设于他校。

4. 暂时停闭。

三、国立各校由本部依照前条之规定,查酌情形径行处理。

四、战区内学校,于战事发生或逼近时,应酌量将学生成绩照片、重要账簿、册籍、学校贵而易于移动之设备,预为移藏。

五、暂时停闭之学校,应发给学生借读证书,注明学生姓名、性别、年龄、籍贯、科别、年级等项,以便学生自由择校借读。

战区内之初中及小学,虽未停闭,得依学生家属之请求,发给借读证书。

六、主管教育行政机关,对于战区各学校之教职员,应酌量迁调服务或予以救济。

前项迁调及救济事宜,如时机许可,并应于事前详密规划之。

七、主管教育行政机关,为执行本办法,对于战区各学校之经费,得为财政紧急处分,变更其通途,惟仍应于事后呈报上级机关。

八、战区教育行政机关,因事实障碍,不得执行职务时,得借用或委托邻近教育行政机关办理。

九、战区学校对于学生除主管教育行政机关另有规定调遣服务者外,务应劝告其迁地入学,以备异日为国效用,并设法与其家属取得联络。其体力强健,素有训练而志愿参加各项后方勤务工作者,得有学校代向军事机关接洽。

十、军事结束后,战区学校之迁移、归并、附设或暂行停闭者,应由主管教育行政机关,尽可能范围,妥筹恢复。

十一、本办法自呈经行政院核准之日施行。

机密

左列地区拟于现时即通告视为战区:

一、上海、南京、北平、天津、青岛。

二、江苏沿京沪、津浦两线各地,沿海地带。

三、山东沿津浦、胶济两线各地,沿海地带。

四、河北沿平汉、平浦两线各地。

五、福建沿海地带。

六、广东汕头附近。

七、绥远、察哈尔。

八、浙江沪杭铁路及沿海地带。①

从该密令"受外敌轻微袭击时仍应力持镇定,维持课务""于战

---

① 《教育部检发〈战区内学校处置办法〉的密令》,中国第二历史档案馆编:《中华民国史档案资料汇编》第5辑第2编教育(1),南京:江苏古籍出版社,1997年,第2—4页。

事发生或迫近时,量予迁移"等指示中可以看出,国民政府对学校并未有明确的指令,各校只能根据具体情况自行判断应对。此时,金陵大学校董会已无法按期召开,金大在炮火中勉力维持办学。

8月30日,金大接到教育部通知,要求所有学校将开学日期无限期推迟,并要求学生们尽快从校园撤离,对于无法离开不得不留在校园里的部分学生,要求学校尽可能地把他们分散在各处。金大校方立即通知师生员工,并请学生们尽快撤离。截至9月2日,金大已将中学的150名学生全部送走了,大学校园里仍有一些学生尚未能离开;同时,所有教职员工的家人几乎都已离开南京,行政人员和一些教职员工仍留在南京。[①]

鉴于日益紧张的局势,金陵大学开始着手"制定一些将部分研究工作转移到其他地方的初步计划","希望可以证明有可能继续进行大部分项目",并考虑"如果情况仍然不妙,可以试着与华西协合大学合作,以便下学期能维持核心工作"。[②] 金陵大学尝试联系华西协合大学,希望能将部分办学工作和研究工作转移到成都,得到了华西协合大学非常热诚的回应。尽管如此,校长陈裕光仍未能下定决心将金大迁往成都,最主要原因就是西迁所涉及的花费及南京校产的安置问题。9月8日,陈裕光在给校董会的信中称:

> 许多学生想回到南京继续学习,但我们不想让学生承受日军轰炸的风险,因此正在非常谨慎地为接下来的几天、几周及几个月而谋划。我们面临着两难问题:如果继续留在南京,

① Y. G. Chen to B. A. Garside, September 2, 1937, UBCHEA Archives, Microfilm, Reel 11. Box 210. Folder 3570.

② Y. G. Chen to B. A. Garside, September 2, 1937, UBCHEA Archives, Microfilm, Reel 11. Box 210. Folder 3570.

可能能够更好地保护建筑物和设备；但也可能会吸引敌人的火力，导致学校的建筑物遭到毁坏，正如其他城市一些教育机构的惨痛遭遇。这是一个进退两难的问题，我们不知道该选哪条路。在给你们写信时，我们没有任何具体的建议，只希望你们了解这里的真实情况。为了应对最恶劣的环境，我们联系了华西协合大学，看是否有可能把我们的部分办学工作和研究工作转移到成都。他们给予非常热诚的回应。如果我们决定暂时把部分工作转移到西部，西迁和在成都的建设工作所需费用将是一笔非常沉重的负担。我们进行了调查，发现即使是将目前为数不多的学生迁往西部，单程西迁要花费3万元左右，来回要花费6万元左右。鉴于目前的财政状况和各方面削减开支的必要性，我们对这笔费用支出犹豫不决。我们正在制定紧急预算，目前我们认为只能给员工支付40％的工资。这将为我们的财产提供有限的维持和保护，并使我们能够暂时保持员工团结。我们将尽一切努力防止学校陷入严重赤字。我们欢迎你们提供任何建议和信息。目前，所有行政人员都留在南京，正在为将来制定计划。我们将尽可能地及时向你们通报相关考虑和计划。①

同日，金陵大学在《申报》刊登推迟开学的通告："本校原定9月20日开学，兹以事实上困难有展期之必要，现仍筹备开学，俟有确定日期再行登报(中央，申报)周知，特此通告。"②

9月14日，陈裕光致信创始人会秘书葛思德(B. A. Garside)，

① Y. G. Chen to the members of the Board of Directors, September 8, 1937,中国第二历史档案馆藏，私立金陵大学档案，全宗号649，案卷号2309。
②《金陵大学通告》，《申报》1937年9月8日，第4版。

表示：

　　我们希望金陵大学 10 月 4 日在南京开学。我们尚未正式宣布此事，但预计校董会 17 日开会后将正式宣布。教育部不会反对我们开学，他们不管开学日期及具体事宜。我们犹豫了一段时间，因为现在正接近月光充足的季节，每个人都担心会出现空袭。上个月最严重的袭击是在月光明亮的夜晚。大规模空袭会使城市遭受严重破坏，我们认为每隔几周就让学生暴露在袭击的危险之中是不明智的。在这个时候不可能说任何关于入学的事情。我们预计会有大约 200 名学生愿意冒南京被空袭的危险来继续学习。中学将于 9 月 20 日开学，只招收走读生，预计会有两三百名学生。农村干部培训学校也将于 20 日在离南京不远的乌江实验区开学，招生人数控制在80 人。

　　我们在大学和中学校园都准备了掩体和战壕，在突袭时将把每个学生安排到指定地点。鉴于其他地区教育机构已受到战事的严重影响，我们很担心开学会招引炸弹，对开学之事一直有些犹豫，不想等校园里发生大悲剧再后悔。然而，学生们正在催促我们开学，行政团体也认为我们应该尝试开学。万一在接下来两周内出现大规模的敌机空袭行动，那种条件下在南京继续办学似乎有些不切实际，我们将设法带着高年级学生加入华西协合大学。我们已经作了初步安排，并对华大的诚挚邀请深表感谢。华西协合大学提供了各种设施，我们可以在今年晚些时候使用。现在，我们很难放弃南京校产。即使我们把一些员工留在这里，也很难保护。……这个城市的许多人觉得我们处于有利地位，前来寻求庇护。我们不确定他们的想法是否正确。搬迁的另一个严重障碍是资金，往返将花费6到7万元，我们没有这笔钱。我们认为最明智的做法是探听消息，设法判定南京是否会被严重摧毁。①

此时，鉴于南京校产需要保护以及西迁可能产生的巨额开销，陈裕光校长更倾向于先维持南京办学，根据形势发展情况再进行下一步的判断。但考虑到西迁的可能性，金陵大学仍认真着手相关筹备工作，并通知师生："本校于不得已时，将迁校成都，赴川办法：(1)拟随校包船前往者，速填表交秘书处，其费用由学校统筹办理；(2)拟自行前往者，路费自南京至成都每人约需七十至一百元左右。"②

9月17日，金陵大学校董会决定10月4日在南京开学，此学期计划共开展17周的工作。教育部对金大的决定表示同意。③ 9月19日，日本飞机进入南京上空，空袭造成大规模的破坏。当夜，在宁各国使馆接到警告"南京即将被摧毁，必须在9月21日中午前撤离南京"。④ 9月22日，在此紧张局势下，金陵大学仍按原计划登报通告"于10月4日在京开学"。⑤

与此同时，关于西迁的调研接洽工作仍在继续。9月22日，金大农业经济系主任乔启明在写给陈裕光的信中报告称：

---

① Y. G. Chen to B. A. Garside, September 14, 1937, UBCHEA Archives, Microfilm, Reel 11. Box 210. Folder 3570.

② 李佛续:《母校西迁记》,台北市金陵大学校友会:《金陵大学建校百周年纪念特刊》,1988年,第374页。

③ Y. G. Chen to the Member of the Board of Directors, October 23, 1937, UBCHEA Archives, Microfilm, Reel 11. Box 210. Folder 3570.

④ Y. G. Chen to the Member of the Board of Directors, October 23, 1937, UBCHEA Archives, Microfilm, Reel 11. Box 210. Folder 3570.

⑤《金陵大学通告》,《申报》1937年9月22日,第3版。

　　明于十二日离京十九日安然抵汉，近日正忙布置一切，以便能早日办公，汉市较为平静，商务为常，最短期内或不至有多少变化也。明近日阅报南京不时有敌机来袭，我校开学计划或不免将受影响，以后就如何办理，至为念，我校为有何事拟托明去汉料理……此间新租办公室地址为"汉口特三区湖南街德林楼十三号"二楼，该楼大小共有四间，办公尚可足用，助理员等均去外自租房屋居住。①

　　此后南京连续遭遇严重空袭。陈裕光回忆称："9月25日那天的恐怖我们至今仍记忆犹新，一整天里约有100架飞机对南京发动了袭击。中央医院、卫生署、下关电灯厂和中央广播电台都被炸毁了。数以百计的平民被杀或受伤，许多住宅被摧毁。"②

　　在愈发严峻的战争形势下，9月29日教育部发布《战事发生前后各级学校之措置总说明》，"责令比较安全地域各校预定收容战区学生计划"，并责令"危险地域各校预为安全之措置"："（一）速择比较安全之地区，预为简单临时校舍之布置，以便于战事发生或逼迫时量为迁移，或暂行归并，或暂行附设于他校。（二）于战事发生或逼近时，将各校学生成绩照片、重要账簿、册簿、学校贵重而易于移动之设备，预为移藏。"③此时，教育部对教会大学是否西迁未有

① 《乔启明给陈裕光的信》(1937年9月22日)，中国第二历史档案馆藏，私立金陵大学档案，全宗号649，案卷号69。

② Y. G. Chen to the Member of the Board of Directors, October 23, 1937, UBCHEA Archives, Microfilm, Reel 11. Box 210. Folder 3570.

③ 《战事发生前后教育部对各级学校之措置总说明》，中国第二历史档案馆编：《中华民国史档案资料汇编》第五辑第二编教育（一），南京：江苏古籍出版社，1997年，第5页；《教育部关于战事发生前后各级学校之措置总说明及有关文书》，中国第二历史档案馆藏，国民政府教育部档案，全宗号5(2)，案卷号54。

明确指示。陈裕光回忆称,教育部表示"公立大学都迁了,你们教会大学不迁也无所谓,还说目前需要几个大中学校撑场面"。[1]

　　10月4日,金陵大学正式开学,学生大批返校。为尽可能地避免空袭伤亡,在此期间金大仅招收走读生,并在校园里建造了防空洞,将设备和书籍分散在各建筑物,以实现最大限度的保护。[2] 学生注册情况分别为农学院116人、理学院56人、文学院47人,以江浙两省的居多,"分别住在戊、己、庚、辛、壬五幢宿舍楼的地下层房间里(甲、乙、丙、丁四幢因是两层砖木结构房屋,没有开放)。教室也安排在各院楼的地下层内,气窗外堆着沙袋,白天开着电灯上课,作为空袭时掩护之需"。[3] 此时,仍坚守岗位的外籍教职员工有:贝德士(Miner Searle Bates),史迈士(Lewis S. C. Smythe),林查理(Charles H. Riggs),Caldwell,唐美森(J. C. Thomson),白资德(R. F. Brady),威尔逊(Robert O. Wilson),特里默(Clifford S. Trimmer),汉英司(Iva Hynds),鲍育(Grace Bauer),毕律斯特(Elsie M. Priest)等。[4] 有学生回忆称:

　　　　金大为了维持在首都中一般青年的教育,它仍然在炸弹声中开着学,人数虽然比较少,可是上课的精神仍然保持着。

---

[1] 陈裕光:《西迁与复校》,《南大百年实录》编辑组编:《南大百年实录》(中卷),南京:南京大学出版社,2002年,第64页。

[2] Y. G. Chen to the Member of the Board of Directors, October 23, 1937, UBCHEA Archives, Microfilm, Reel 11. Box 210. Folder 3570.

[3] Y. G. Chen to B. A. Garside, October 13, 1937; Y. G. Chen to the Member of the Board of Directors, October 23, 1937, UBCHEA Archives, Microfilm, Reel 11. Box 210. Folder 3570;徐国桢:《由南京到成都》,金陵大学南京校友会编:《金陵大学建校一百周年纪念册》,南京:南京大学出版社,1988年,第365页。

[4] Y. G. Chen to B. A. Garside, October 13, 1937, UBCHEA Archives, Microfilm, Reel 11. Box 210. Folder 3570.

警报是每天必有,有了也就必来,可是教授同学们,非到听到敌机飞机声是不避入防空洞中,而在防空洞中,也还是讨论着中断的问题,好像空袭对他们毫无关系似的。①

　　每天中午后,在紧急警报的汽笛声中,日本轰炸机飞临南京上空,这时学校南面斗鸡闸何应钦公馆内频频发射高射炮,但由于射程达不到飞机的高度而无济于事。就这样,在硝烟弥漫中上了一个多月的课。②

1937年10月,陈裕光校长在给惠勒(W. Reginald Wheeler)、葛思德(B. A. Garside)等人的信中描述了这一时期的办学情况:"自从10月4日开学以来,我们几乎一直遭遇空袭,通常每天四五次。敌机不分白天昼夜的随时出现,轰炸时间从三十分钟到四小时不等。我们的应对方案是继续上课,直到接到'危险'警告,这时教师和学生们分散到不同的防空洞和地下室,直到空袭结束";③"10月12日阳光明媚,所以飞机来了三次,10月13日早上已经来了两次。当我们必须每隔几个小时停下来,在休息室待一到四个小时,而等待突袭结束的时候就会知道,要进行建设性的工作是很困难的"。④ 此时,"金陵大学所有教员家属都离开了南京,许多教员住在一起,或者搬进了宿舍"。⑤ 除了招收20余名学生的南京

① 筱麖:《抗战中的金陵大学》,《民意》第153期,1940年11月16日,第10—13页。
② 徐国桢:《由南京到成都》,金陵大学南京校友会编:《金陵大学建校一百周年纪念册》,南京:南京大学出版社,1988年,第365页。
③ Y. G. Chen and Elsie M. Priest to Wheeler, October 22, 1937, UBCHEA Archives, Microfilm, Reel 11. Box 210. Folder 3570.
④ Y. G. Chen to B. A. Garside, October 13, 1937, UBCHEA Archives, Microfilm, Reel 11. Box 210. Folder 3570.
⑤ Y. G. Chen and Elsie M. Priest to Wheeler, October 22, 1937, UBCHEA Archives, Microfilm, Reel 11. Box 210. Folder 3570.

神学院外,金陵大学是南京唯一继续教育工作的机构,"学生和教职员工的精神和士气都很好,努力在校园里维持正常的办学活动"。① 10 月 22 日,陈裕光在给惠勒的信中说:"我们计划尽可能地在南京继续办学,但如果情况越来越糟,我们将把师生转移到其他地方,也许会去牯岭,因为我们没有足够的钱迁往西部。……我们希望能够保持清晰的未来发展计划,不要让这场战争干扰我们的发展进程。几天前,我们的新图书馆大楼已经建成并正式交付,为此感到非常自豪,希望能够尽快正式启用。只要情况发生改变,新生宿舍将是一个迫切的需要。希望你们能根据我们的需要稳步地进行这项计划。目前中国局势看起来很悲观,但我们相信,这场可怕的破坏性战争终究不久就会结束。"②

鉴于无法预料的战争局势,金陵大学在坚持办学的同时,派人前往牯岭和成都进行初步调查。金大农业经济部将部分员工迁到汉口,在汉口继续从事研究项目,负责教学的工作人员则返回南京继续开展教学工作。陈裕光校长表示:"现在我们打算留在南京,站在'第一道防线'上,但是如果有必要退却,我们也作好了初步准备。"③

11 月 5 日,陈裕光在给蒋介石的报告中写道:

际此非常时期,敝校为安定首都社会人心,及协助国防研究起见,当不避艰阻,决定在京维持战时高等教育,除业已于

① Y. G. Chen to the Member of the Board of Directors, October 23, 1937, UBCHEA Archives, Microfilm, Reel 11. Box 210. Folder 3570.
② Y. G. Chen and Elsie M. Priest to Wheeler, October 22, 1937, UBCHEA Archives, Microfilm, Reel 11. Box 210. Folder 3570.
③ Y. G. Chen to the Member of the Board of Directors, October 23, 1937, UBCHEA Archives, Microfilm, Reel 11. Box 210. Folder 3570.

上月六日开学外,并将各重要研究部分,移往较静僻之地带,继续工作,同时辟一部分校舍,作为拓充鼓楼医院之用。开课之初,虽以适应战时生活,略感棘手,但逐渐均上轨道,秩序尚佳,堪以告慰。对于后方抗敌工作,颇能踊跃参加,讲解国际之宣传,军用无线电班之添设,粮食问题之研究,合作事业之指导,防空防毒影片之摄制,以及伤兵难民之救济等,不分师生,不分昼夜,共同担任,而西籍教职员,对于上述各项工作,亦颇能热心赞助,并在美国东西各大省会分设宣传机关,由本校留美教职员及同学担任宣传工作。推届此全面抗敌时期,高校负维持高等教育之使命,责任綦重,思虑恐有未周。①

此报告表现出金陵大学正在努力遵从教育部"目前需要几个大中学校撑场面"的指示,积极适应战时办学环境,颇有将在南京坚持长期办学的意味。

11 月 9 日,陈裕光校长致函华西协合大学校长张凌高,表示短期内暂无西迁计划:

> 敝校迁蓉计划因经费及其他关系致未能实现……本季时日无多,而敝校在京开课,业逾一月,短期间内恐难以移动。前奉林瑟先生函嘱,向川省府声请协予以便利,敝校亦曾专函前商,但最近贵校校舍既有多方商借,而又系文化机关,敝校当不欲有所阻梗,惟一切敬希吾兄酌办。②

---

① 《陈裕光致蒋委员长函》(1937 年 11 月 5 日),中国第二历史档案馆藏,私立金陵大学档案,全宗号 649,案卷号 357。

② 《拟复张凌高先生函》(1937 年 11 月 9 日),中国第二历史档案馆藏,私立金陵大学档案,全宗号 649,案卷号 365。

二、仓促决定，举校西迁

上海战事的发展远远超出所有人的预想。1937 年 11 月 12
日，上海城区沦陷。11 月 14 日，中国军队从上海撤退，南京处于严
重危险之中。

11 月 15 日，教育部明确指示，上课持续到 19 日，而后开始安
排把师生送到汉口。[1] 此时，鉴于严峻的战争局势，"来不及与董事
会成员商量"，校长陈裕光等人必须立即做出决定，是否迁移以及
迁往何处。11 月 18 日，金大行政委员会决议："立即做好西迁准备
并迅速采取行动。"[2]此时，各中央政府机构已纷纷打包物资，安排
西迁或疏散。

金陵大学于 11 月 19 日结束办学工作，计划安排全体教职工和
学生西迁，以便继续完成本学期工作。[3] 陈裕光校长在给董事会的
报告中指出：

> 金大有一群愿意为大学奉献终身的员工，有些已经在金
> 大工作了很多年。考虑到今后的工作，我们有必要尽可能地
> 保持金大的教师队伍。而且，为保持金大在南京办学的连续
> 性，我们犹豫是否要打断师生员工的校园生活，是否真正接受
> 这一挫败。部分教职员工不愿意去中国西部，学校发放给他

---

[1] Y. G. Chen to the Members of the Board of Directors，December 28，1937，《金陵大
学校董会一九三六年至一九三七年会议记录》，中国第二历史档案馆藏，私立金陵大
学档案，全宗号 649，案卷号2309。

[2] Y. G. Chen to the Members of the Board of Directors，December 28，1937，中国第二
历史档案馆藏，私立金陵大学档案，全宗号 649，案卷号2309。

[3] Y. G. Chen to B. A. Garside，December 4，1937，UBCHEA Archives，Microfilm，
Reel 11. Box 210. Folder 3570.

们两个月的工资,并同意他们返回家乡。然而,面对巨大的危险,大多数的师生员工都很难返回家乡,我们尽量给予他们最大的保护。并且,一旦教职员工被遣散,再很难重新建立这样一支强大的教师队伍。①

由于金大西迁决定得过于仓促,遇到了很多困难,首要问题就是没有可供金大使用的船只。校长陈裕光在给校董会的报告中说:"显然,金大并不是唯一试图离开南京地区的机构或团体。中央政府决定所有政府部门和办公室全部西迁,这段时间征用了河面上所有具备运输能力的船只。因而金大无法找到可供使用的船只。金大曾多次尝试包租船只,但屡次失败后只能放弃。"②

11月19日,陈裕光向教育部长发函求助:

> 钧部饬暂停授课,业已遵办。并决即迁至成都继续上课,惟政府机关纷纷西移,交通工具一时不敷支配,致本校员生三百余人及全部设备均停滞校中。钧部对于本校素极爱护,拟恳设法商拨船舶,俾能及早成行而免危及员生安全等。钧部未能设法,则恳转呈军事委员会或迳电。钧部发给放行护照二纸,俾本校自行觅得船舶时,沿途航驶不致发生困难,实为公便。③

同日,陈裕光致信乔映东,希望他在汉口尽快帮忙做好安

① Y. G. Chen to the Members of the Board of Directors, December 28, 1937,中国第二历史档案馆藏,私立金陵大学档案,全宗号649,案卷号2309。
② Y. G. Chen to the Members of the Board of Directors, December 28, 1937,中国第二历史档案馆藏,私立金陵大学档案,全宗号649,案卷号2309。
③《金大拟呈教育部文》(1937年11月19日),中国第二历史档案馆藏,私立金陵大学档案,全宗号649,案卷号69。

排,称:

> 学校决即西迁,惟以船只难觅关系,拟将员生,分批运送
> 九江同文中学小住,而后再转轮到汉。校中杂事拥挤,难即派
> 人先来筹划,请先生就农经系同事中指定一人暂代接洽校务,
> 为有员生分途到汉情形不明了者,至希费神指导,为托为荷。①

11 月 20 日,国民政府正式宣布迁都,南京所有机构全部随政
府西迁,一时间运输压力达到了顶峰,教育部始终未对金陵大学的
交通请求予以任何回应。对于这一时期交通紧张造成的混乱情
形,贝德士描述道:"国民政府必须西迁,加上成千上万受伤的士兵
和倒霉的平民从东向西涌来,给交通带来巨大压力。人们为了上
船要排上两周的队,乡村道路上挤满了脚痛的人们。"②最终,在一
家英国公司的帮助下,金陵大学全体师生及教员的家人于 11 月 25
日、11 月 29 日、12 月 3 日,分三批西迁前往汉口。③

三、创始人会、校董会及外籍教员的态度

1937 年 9 月 14 日,陈裕光在给葛思德的信中,初步估算西迁
往返可能要花费 6 至 7 万元。④ 囿于经济压力,在 11 月上海沦陷
之前,陈裕光一直倾向于在南京继续办学,并未决定西迁。

---

① 《金陵大学陈裕光请乔映东帮忙安顿汉口校务的函》(1937 年 11 月 19 日),中国第二
历史档案馆藏,私立金陵大学档案,全宗号 649,案卷号 69。
② M. S. Bates to Friends Abroad, November 24, 1937, UBCHEA Archives,
Microfilm, Reel 11. Box 204. Folder 3485.
③ 《私立金陵大学要览及概况报告简表摘录》,张宪文、吕晶编:《南京大屠杀真相》(上),
南京:江苏人民出版社,2007 年,第 84—85 页。
④ Y. G. Chen to B. A. Garside, September 14, 1937, UBCHEA Archives,
Microfilm, Reel 11. Box 210. Folder 3570.

  11 月 15 日创始人会的助理秘书埃文斯(C. A. Evans)回信指出,陈裕光对西迁费用的估算可能"远远低于实际所需费用",并表示"如果可能的话,希望你能重新提交一份修订后的关于大学需求的预算。大家想知道你是如何对目前状况进行估算的。金女大的搬迁也许能够帮助进一步给出相对准确的估算方案。当然,在通常情况下,无法完全准确的预测活动情况"。[1] 同日,惠勒(W. Reginald Wheeler)亦致信陈裕光,指出:"近期的报道称,中国军队已经从上海附近撤军,这可能意味着南京将不会遭遇攻击。我认为西迁问题仍然存在。是否有可能在不花费过多的情况下前往武昌? 这仅是个人建议,因为创始人会并没有采取任何行动,他们相信在南京的行政人员对此事的判断。"[2]显然,此时创始人会对西迁一事并未有明确指令或倾向性。

  然而,11 月 14 日中国军队从上海撤离,南京局势岌岌可危。11 月 18 日,在来不及征求创始人会、校董会意见的情况下,金陵大学行政委员会决议:"立即做好西迁准备并迅速采取行动。"[3]

  由于信息不畅通,创始人会尚不知晓南京局势以及金大西迁的决定,仍在讨论金大西迁还是留守南京的问题。11 月 23 日,惠勒致信陈裕光,指出:"创始人会讨论了这一问题,是否有可能让大学暂时解散,稍后返回南京工作。中国包括东部以及汉口在内的所有地区,都有可能被日本占领。这一地区的 12 所教会大学不能

---

① C. A. Evans to Y. G. Chen and Elsie M. Priest, November 15, 1937, UBCHEA Archives, Microfilm, Reel 11. Box 210. Folder 3570.

② W. Reginald Wheeler To Y. G. Chen, November 15, 1937, UBCHEA Archives, Microfilm, Reel 11. Box 210. Folder 3570.

③ Y. G. Chen to the Members of the Board of Directors, December 28, 1937,中国第二历史档案馆藏,私立金陵大学档案,全宗号 649,案卷号2309。

都去四川，从物质和经济上都不可能。今天午餐时，创始人会有人提出，不建议现在采用这个代价巨大、极不明智的方式，而应在局势更加稳定的时候，尝试在南京继续办学，就像燕京大学在中国北方所做的那样，其他大学和学院也将如此。在场的人对此并未形成一致意见，不能立即发送电报。"①

此时，贝德士已决定在金大西迁期间留守南京，他对金大西迁决策表示认同，认为："西迁计划包含了维护师生安全和自由的愿望，目的在于保持中方的立场，金大服务会被认为是有助于国家的，反对在日本军事控制下工作（如果确实允许在该地区进行大学工作）的想法。……这个时候西迁有一定的必然性，我们许多最优秀的人都相信这是正确的判断。"但贝德士对西迁后教育工作的发展缺乏信心，他说："我不能乐观地看到在非正常条件下西方少数职员、学生和设备有效工作的前景，并且期望我们尽早设法恢复南京的工作，无论是否在日本控制之下。"②

12 月 28 日，葛思德在给陈裕光的信中表示："感谢教职员工和学生群体的勇气和奉献精神，并向你们保证，正在尽一切努力确保你们迫切需要的应急基金。……我们认识到，此类问题必须由现场管理人员做出判断，在这场危机中，创始人委员会的主要职能是尽可能地为你们提供一切财政援助。联合委员会正在积极开展联合紧急基金运动，以便各参与学院根据需要动用联合紧急基金，到目前为止，我们已经取得了令人鼓舞的开端。我们 30 万美元的目标中，约三分之一已经获得现金和认捐，我们希望根据几个月前联

---

① W. Reginald Wheeler to Y. G. Chen, November 23, 1937, UBCHEA Archives, Microfilm, Reel 11. Box 210. Folder 3570.

② M. S. Bates to Friends Abroad, November 24, 1937, UBCHEA Archives, Microfilm, Reel 11. Box 204. Folder 3485.

合董事会的决定,在本周将主要部分分配给董事会。"①从这段话可以看出,创始人会对金大的处境和决定表示理解,并在积极筹措资金,尽可能地为金大提供财政援助。

在金大西迁的反对意见中,福开森的反应最为强烈,影响力也最大。福开森是金陵大学的前身——汇文书院的第一任院长,长期担任金陵大学的校董,对学校发展尤为关心。

听闻金大西迁的消息,福开森立即表示反对。12月29日,福开森写信给校董会主席胡昌炽,指出:"我们的一些教员和学生已经去了西部,建议目前仍在南京的部分,最好等秩序一恢复就在南京开学",并建议由贝德士担任副校长,负责召集师生,筹办开学事宜。② 事实上,在计划西迁之时,陈裕光已筹备建立南京紧急委员会,并于1937年11月西迁之前多次征求贝德士的意见,希望由他"负责南京校园的一切事务"。③

1938年1月25日,福开森给创始人会主席斯皮尔(Robert E. Speer)写信,表达对西迁决定的反对态度,并请其报告给创始人会。福开森认为金大西迁一事从决策过程到决策本身都存在问题,"是一个严重的错误,必须尽力修正",其理由是:第一,陈裕光校长做出的西迁决定并不符合法定程序。福开森指出:"创办人会才是大学财产的真正所有人",校长陈裕光及其同事"有权服从教育部的

① B. A. Garside to Y. G. Chen, December 28, 1937, UBCHEA Archives, Microfilm, Reel 11. Box 210. Folder 3570.

② John C. Ferguson to Speer, January 25, 1938, UBCHEA Archives, Microfilm, Reel 11. Box 213. Folder 3616.

③ Y. G. Chen to M. S. Bates, November 20, 1937, UBCHEA Archives, Microfilm, Reel 11. Box 210. Folder 3570; Y. G. Chen to the Members of the Board of Directors, December 28, 1937,中国第二历史档案馆藏,私立金陵大学档案,全宗号649,案卷号2309。

命令关闭大学"，"但并没有权利在未经创始人会同意的情况下将大学及其设备转移到另一个地点"。第二，西迁中断了正常的办学秩序，金陵大学应当坚持在南京继续办学。陈裕光在信中告知有151名学生到达汉口，福开森认为"151名学生只占金大入学人数的七分之一左右，为了这一小部分的学生，而忽视七分之六的学生，是不公平的"。并且，福开森以1927年"南京事件"为例，指出"正如1927年一样，我现在也坚定地认为，大学必须继续在自己的大楼里办学，同时尽可能与掌管这座城市的政府保持良好的关系。……目前，没有人知道重新开学的条件是什么，但我认为我们必须试着去接受，并继续我们的工作。……这所大学是在南京建立的，无论好坏，它必须坚守在南京"。① 第三，西迁决策系陈裕光擅自决定，未曾尽力联系其他董事会成员征求意见。福开森指出："我想陈裕光校长和他的同事们认为在紧急情况下他们已经尽了最大的努力，但当时陈校长完全可以很容易地通过美国大使馆发电报给上海的校董会主席胡昌炽，他也可以用同样方式与我沟通。我不知道他是否有可能与居住在其他地方的董事会任何其他成员进行沟通。如果胡昌炽得知此事，就可以咨询葛德基（E. H. Cressy）、魏先生，也许还可以咨询当时仍在上海的其他成员。事实上，如果他给胡昌炽发了电报，我也会收到，因为我那时在上海待了一个星期。"并且，福开森将西迁一事与1927年"南京事件"相对比，进一步对陈裕光的行为提出质疑："很奇怪这些事情是怎么发生的。1927年以包文校长为首的外国教职员工在文怀恩副校长遇难身亡后发现必须要离开。十年后，陈校长和教师们离开了。这

① John C. Ferguson to Speer，January 25，1938，UBCHEA Archives，Microfilm，Reel 11. Box 213. Folder 3616.

两起事件的唯一区别是,在后一个事件中,校长和他的同事们带走了大学的一部分设备。"①对此,陈裕光在 1938 年 2 月 24 日给董事会的信中专门阐述了学校的发展情况及南京城的悲惨境遇,以此来解释金大西迁决策的合理性。②

当时对西迁一事存有异议的不只是福开森,"部分美国传教士对局势估计不足,对迁校抱无所谓态度,显然他们认为一旦南京失守,有美国大使馆保护,不怕日本人干扰,在这样的认识下,当然不认同迁校的举动"。③ 在这部分人看来,公立大学必须跟随政府西迁,但教会大学似乎尚有选择余地,或可利用与西方的联系,竖起美国国旗,凭借国际背景留在战区继续办学;或可就近迁入西方租界,在西方国家庇护下继续办学;而随政府西迁,似乎是所有选择中花费最大、最不明智的选择。因此,也有部分教会大学此时并未选择西迁,而是在太平洋战争爆发后,才被迫走上西迁之路。

接到福开森的信之后,校董会主席胡昌炽于 1938 年 1 月 13 日组织留在上海的董事会成员召开特别会议,专门讨论此事。会议部分采纳了福开森的建议,任命贝德士为金陵大学副校长,负责处理校长离开南京期间的南京方面的学校事务。同时,会议投票支持金陵大学紧急迁校到成都的决策,并同时声明"这是紧急情况下的临时措施,希望在董事会认为条件允许的情况下,金陵大学能回

---

① John C. Ferguson to Speer, January 25, 1938, UBCHEA Archives, Microfilm, Reel 11. Box 213. Folder 3616.

② Y. G. Chen to the members of the Board of Directors, February 24, 1938,中国第二历史档案馆藏,私立金陵大学档案,全宗号 649,案卷号2310。

③ 陈裕光:《西迁与复校》,《南大百年实录》编辑组编:《南大百年实录》(中卷),南京:南京大学出版社,2002 年,第 64 页。

到南京长期发展"。①

　　在 1 月 17 日给福开森的回信中,胡昌炽亦明确表态:"我并不认为是政治因素促使陈裕光校长安排金大师生向西部地区迁移。这在很大程度上应该是一种紧急措施和权宜之计。"②1 月 18 日,胡昌炽致信陈裕光,表示:"我对你带领教职员工将金陵大学迁出南京的紧急措施深表支持,你已经尽最大可能地维持了大学在南京的工作",并解释了任命贝德士为副校长一事,指出"迄今为止采取的所有行动都是考虑到南京的现状。通过授予贝茨头衔,可能会使他在与地方当局打交道时处于更有利的位置,以便能够更好地保护大学的利益和财产,并将有助于在条件允许的情况下帮助金大尽快返回南京"。③ 2 月 4 日,上海方面再次召开校董会,会议指出:"委员们收到了福开森 1 月 22 日的电报,福开森显然是对情况有所误解,在西迁一事上,校董会对陈裕光表示支持。"④

　　3 月 16 日,执行委员会在纽约召开会议,对西迁相关意见展开全面探讨和充分讨论,决议:"同意接受并批准金大将办学工作和一些设备临时迁至成都,认为这一行动是当时紧急情况下做出的最佳判断",并"请创始人委员会主席致函福开森、胡昌炽和陈裕

---

① Emergency Meeting of Members of the Board and Executive Committee of the University of Nanking, January 13, 1938, UBCHEA Archives, Microfilm, Reel 11. Box 194. Folder 3361.

② T. C. Woo to John C. Ferguson, January 17, 1938, UBCHEA Archives, Microfilm, Reel 11. Box 213. Folder 3616.

③ T. C. Woo to Y. G. Chen, January 18, 1938,中国第二历史档案馆藏,私立金陵大学档案,全宗号 649,案卷号 2338。

④ Minutes of the Emergency Executive Committee, March 15, 1938, UBCHEA Archives, Microfilm, Reel 11. Box 194. Folder 3361.

光,说明创始人委员会在这一问题上的态度"。①

至此,创始人会及校董会成员基本认同了西迁决策,认为这是非常时期、暂时性的最优解决办法。然而仍有个别成员坚持反对西迁,即使是在发生了南京大屠杀惨案之后。有材料显示,"福开森在 1939 年仍反对金大西迁,认为金大应尽早返回南京,和伪政府合作办学"。② 这一点很耐人寻味。尽管贝德士也曾表示"期望我们尽早设法恢复南京的工作,无论是否在日本控制之下"③,但那毕竟是在南京大屠杀发生之前。福开森如此执着的反对,也许是其西方立场使他无法理解西迁的必要性,正如有学者所说:"关于基督教大学迁校的种种争论,实际上只反映出中外之间、沦陷区与自由区之间在民族主义问题上理解的差异,而不是这些留在沦陷区的基督教大学有对国家不忠诚的实际行为。"④

显然,在西迁决策过程中,陈裕光校长起到了至关重要的决定作用,这一抉择或许是完全基于对时局及学校发展的理性判断,亦可能主要是出于民族大义的考量,对金陵大学日后的发展产生了转折性影响。

---

① Minutes of Meeting, Executive Committee, March 16, 1938, UBCHEA Archives, Microfilm, Reel 11. Box 191. Folder 3327.

② Summary of Remarks Made by Dr. John C. Ferguson at the Luncheon Meeting of the Founders of University of Nanking, January 9, 1939, RG11-28-698. 转引自刘家峰、刘天路:《抗日战争时期的基督教大学》,福州:福建教育出版社,2003 年,第 83 页。

③ M. S. Bates to Friends Abroad, November 24, 1937, UBCHEA Archives, Microfilm, Reel 11. Box 204. Folder 3485.

④ 刘家峰、刘天路:《抗日战争时期的基督教大学》,福州:福建教育出版社,2003 年,第 83—84 页。

第二节　西迁过程及安置情况

一、西迁经过

在战事的逼迫下，为"努力保持团结，并设法找到一个地方来继续完成本学期的工作"，金陵大学师生员工踏上了西迁征程。①

1937 年 11 月 17 日金陵大学宣布暂时停课，"因雇不到木匠，即自购木料，由各系教职员及同学动手钉制木箱，每日自上午八时至晚上十一时连续赶工，于一星期内全部装箱完毕"。②"大部分不能搬走的，也装好箱，藏进地下室"。③ 11 月 22 日，金大校方终于在一家英国公司的帮助下解决了船的问题，决定 11 月 25 日出发，"教职员同学凡愿随学校西迁的，均出船费五元半"。④ 拉贝先生帮助提供了汽车，以便金大运送人员和行李。⑤"城市里剩下的劳动力很少，而且很难找到搬运箱子的人"，老师和学生们齐心协力，一起打包整理，将"堆得像小山一样的"行李物品"由地上搬上卡车，由卡车开到下关，再搬下卡车，搬上趸船"。⑥ 据统计，"700 多箱打

---

① Y. G. Chen to B. A. Garside，December 4，1937，UBCHEA Archives，Microfilm，Reel 11. Box 210. Folder 3570.

② 李佛续：《母校西迁记》，台北市金陵大学校友会：《金陵大学建校百周年纪念特刊》，1988 年，第 375 页。

③ 筱鸝：《抗战中的金陵大学》，《民意》第 153 期，1940 年 11 月 16 日，第 11 页。

④ 筱鸝：《抗战中的金陵大学》，《民意》第 153 期，1940 年 11 月 16 日，第 11 页。

⑤ ［德］约翰·拉贝著，刘海宁、郑寿康、杨建明等译：《拉贝日记》，南京：江苏人民出版社，2006 年，第 536—537 页。

⑥ Y. G. Chen to B. A. Garside，December 4，1937，UBCHEA Archives，Microfilm，Reel 11. Box 210. Folder 3570；筱鸝：《抗战中的金陵大学》，《民意》第 153 期，1940 年 11 月 16 日，第 11 页。

包好的设备物资,最后有 481 箱被装到轮船上,其余的只能留在南京校园里,因为城门即将关闭,并且轮船已经不能装载更多货物了。每个院系部门都只能带走最有价值且最必须的设备,其余的只能留在南京校园里,尽可能地妥善存放”。①

　　金陵大学师生员工及教员家属分三批从南京前往汉口。第一批人数最多,共约 240 人,由裴家奎教授和孙明经老师率领,于 1937 年 11 月 25 日乘长沙号江轮溯江而上。② 关于这段旅程,有回忆描述道:

　　　　二十五日下午十一时都已聚在下关等船,下关的人像潮水一样涌着,人声吵嚣,都是等着船只逃命的人! 面部的表情是极度的紧张,可也都好像是失望的脸,的确。那时找船实在太难了,许多人来问我们什么船,意思是想我们能帮他们的忙;可是,我们是心有余而力不足,只好说:“我们乘长沙轮,你们自己想办法上船去!”

　　　　长沙轮并不停泊在下关,而是在离下关还有三十里的江面上。我们等着小汽船,可是一时左右来了警报,人纷纷的离开下关,江面上的船只也向远处疏散,下关由喧哗而成了肃静,由紧张而变了死沉,千万个耳朵在注意着敌机的声音,不一会,高射炮声,机枪声和机声,每个心更跳得厉害,气也不敢

① Y. G. Chen to the Members of the Board of Directors, December 28, 1937,《金陵大学校董会一九三六年至一九三七年会议记录》,中国第二历史档案馆藏,私立金陵大学档案,全宗号 649,案卷号2309。

② Y. G. Chen to B. A. Garside, December 4, 1937, UBCHEA Archives, Microfilm, Reel 11. Box 210. Folder 3570;金陵大学成都校友会:《抗战时期迁蓉之金陵大学(节录)》,《南大百年实录》编辑组编:《南大百年实录》(中卷),南京:南京大学出版社,2002 年,第 65 页。

透，等待着自己的命运，接着，由很近处传来了炸弹声，于是，天空的交响曲慢慢的远去。汽笛长声，下关又喧哗了，炸的是浦东。因为警报把我们的小汽船吓跑了。直到四时许，才又再回来，于是同学们又忙了起来，行李一件件的由趸船搬上小汽船，不久，船向上游开去，约四十分钟，硕大的"长沙轮"已在望，黄色的大怪物，已满载着逃难者，可是人还是不断的来。我们包的是甲板下的货舱，于是行李又由小汽船搬进货舱，一个个行李被打开，铁板上铺了我们的床。

问题发生了，甲板上的难民太多了，一部人想挤进货舱来；但是，货舱是包的，自私心使每个人都不肯让他们进来，我们关了货舱到甲板上去的一个唯一的小洞门，可是这门就不能开，一开人就会往里涌。甲板上实在太挤了，夜来了，甲板上下的人们都发生问题。初冬的江风彻骨的寒冷，妇女小孩子开始受不了，而甲板下的人们，一方面因为路挤得走不通，一方面甲板上人故意封锁，饭水不能运到，饿得难受。于是自动的允许放一部分妇女小孩子入货舱，这样甲板比较宽松，而我们也解决"食"的问题。

晚上十二时，船开动了，我们是在三天水程的开始，紧张的心松懈下，一天的紧张造成了过度的疲倦，船很静的前进着，船上的生活，有别致的地方，例如，从货舱小圆孔窗，用绳子缚着杯子去吊江水来洗脸，船上的饭是需要抢的，抢饭时实在太好玩了，有人用面盆，有人用杯子，在船上闲时只有谈天。

旅途中只在九江停泊了一下，就又向汉口驶去，二十八日一清早，约四时，我们到达了目的地。于是同学们又忙起来，有的又到街上去收买大饼油条，有的去打听住的地方。天太亮了，每个人吃饱了都精神抖擞，好奇心的码头上逛着，等待

"住"的解决。①

第二批约 200 人,于 11 月 29 日动身。第三批于 12 月 3 日离开南京,包括校长陈裕光、毕律斯特、白资德等大量行政工作人员。② 第一批"由于乘客太多,船上拥挤不堪,厨房不能按时做饭,师生和其他乘客们曾经在四天四夜中只吃到两顿饭",而"后几批师生在船上所受艰苦,更为深重"。③ 有回忆称:

> 搭船的同仁及同学于是日上午十一时多到了下关,轮船停在江中,我们的行李先由同学雇拨船搬上轮船。下午敌机两次来袭,紧急警报后,码头上的人疏散到马路边建筑物门口躲避,但在码头工作的工人,若无其事的仍照常工作。下午四时多我们雇拨船,用小汽船拖到轮船边上船,甲板上已挤满了乘客,而江中尚有一、二百人等着要上船。我们的船位在前舱,舱口派同学维持秩序,以免外人进入,但上船的人愈来愈多,秩序很乱,无法控制,终于让一部分舱位给老弱妇孺后,关闭舱门。舱内挤得水泄不通,空气十分恶劣,好在冬天,若是夏天,其痛苦真不堪设想。晚上十一时开船。第二天凌晨把所有门窗打开,让新鲜空气进来,且可望见长江两岸风景,精神为之焕然一新,昨天的痛苦因而忘得一干二净。上午船上开饭时,饭菜尚未送到舱口,已被甲板上的人抢光,致舱内的人都未能吃到。下午开饭时由同学维持分配,但秩序仍乱,除教职员眷属外,同学都未分到,只能

① 筱蠃:《抗战中的金陵大学》,《民意》第 153 期,1940 年 11 月 16 日,第 11 页。

② Y. G. Chen to B. A. Garside, December 4, 1937, UBCHEA Archives, Microfilm, Reel 11, Box 210, Folder 3570.

③ 金陵大学成都校友会:《抗战时期迁蓉之金陵大学(节录)》,《南大百年实录》编辑组编:《南大百年实录》(中卷),南京:南京大学出版社,2002 年,第 65 页。

以自己带来的少量食品充饥。船上供应伙食仅上下午两餐。第三天上午八时船只抵九江，暂时停泊，限上岸者于四五分钟内回船。我们派教职员及同学代表七人上街购置食物，我为其中之一。街上逃难的人甚多，致无法在一、二处买到所需的东西，于是大家分头各处搜购馒头与烧饼，赶回船时，已在起锚，开船时尚有三位代表未回，留在九江。第四天，即二十八日凌晨四时抵汉口，六时上岸，教职员眷属及女同学先到青年会休息，部分教职员及男同学将行李搬至武昌华中大学后，留九名同学在校看管行李，其余回青年会。……上午全体人员到华中大学，男同学及单身教职员住体育馆，女同学住女生宿舍，教职员及眷属住新建之教职员宿舍。①

至1937年12月5日，金陵大学师生全部抵达汉口。起初金大"拟假武昌华中大学校舍授课"，继而很快发现"在汉口附近找个地方继续这学期的工作是不可能的"，因为"武汉人心惶惶，很多学生都在这里离开了大学"，而且"每个地方都很拥挤，很难找到上课或者学生学习的地方"，"一半的办公空间已经变成工作人员的寝室"，"华中校舍，亦不敷用"。于是，陈裕光立即前往成都，考察与华西协合大学合作的可能性。②

---

① 李佛续：《母校西迁记》，台北市金陵大学校友会：《金陵大学建校百周年纪念特刊》，1988年，第376—377页。

② Y. G. Chen to B. A. Garside，December 4，1937；Y. G. Chen to B. A. Garside，December 6，1937，UBCHEA Archives，Microfilm，Reel 11. Box 210. Folder 3570；Y. G. Chen to the Members of the Board of Directors，December 28，1937，《金陵大学校董会一九三六年至一九三七年会议记录》，中国第二历史档案馆藏，私立金陵大学档案，全宗号649，案卷号2309；《金陵大学农学院迁蓉后概况》，中国第二历史档案馆藏，国民政府教育部档案，全宗号5，案卷号4003(1)。

根据在武汉教职工和学生的登记情况,金大有 144 名教职工和151 名学生安全抵达汉口,并有教职工家属 48 人,总人数约 350 人。华中大学、伦敦传教士协会和美国传教士协会等单位对金陵大学予以极大的支持,华中大学"允许金大学生住在其体育馆里,教职员工住在其校园内",伦敦传教士协会"无偿租借了一栋房子供金大工作人员在武昌居住"。武汉过渡时期,金陵大学"暂停了常规作业,尽可能地让学生在导师制度下完成作业",要求全体同学组织伤兵服务团,参加国际红十字会的服务,并将此项社会活动计入学分,计算办法为:"(1) 未随校来汉口者,给三分之一,(2) 未参加红十字会工作而做完教授指定之功课者,再加三分之一,(3) 到红十字会服务,并做完指定之功课者给全学分。"[1]此时国难当头,武汉"政治气氛十分活跃,救亡运动风起云涌",金大很多学生"天天渡江到汉口去,听取进步人士的讲演,寻找抗日救国的真谛",甚至有些同学"决心掷笔从戎,投身革命熔炉,参加新四军组织"。[2]

金大西迁的目的地并不是一开始就定在华西坝的,曾有多个备选方案。一是牯岭。早在 1937 年 10 月,陈裕光就曾派人前往牯岭考察。[3] 根据考察情况,认为"为了金大继续办学,需要在迁入地保障有充足的设施。经过仔细考虑,去牯岭是不明智的,计划尽快

---

[1] Y. G. Chen to the Members of the Board of Directors, December 28, 1937,《金陵大学校董会一九三六年至一九三七年会议记录》,中国第二历史档案馆藏,私立金陵大学档案,全宗号 649,案卷号 2309;李佛续:《母校西迁记》,台北市金陵大学校友会:《金陵大学建校百周年纪念特刊》,1988 年,第 377 页。

[2] 徐国桢:《由南京到成都》,金陵大学南京校友会编:《金陵大学建校一百周年纪念册》,南京:南京大学出版社,1988 年,第 367 页。

[3] Y. G. Chen to the Member of the Board of Directors, October 23, 1937, UBCHEA Archives, Microfilm, Reel 11. Box 210. Folder 3570.

将学校迁到西部"。① 二是沙坪坝。陈裕光曾为选址重庆一事专门致信罗家伦："重大在渝通远门外约二十里地名沙坪镇,地址沿嘉陵江山岸距渝市码头约三十里船可直达但大轮不能靠岸,可由大轮直换小轮直达我校选定建造地址坡下。"②因未能得到积极回应,此方案最终不了了之。三是万县。万县是成都东部的一个县城,与成都相比,迁移距离更近,"比去成都所需花费少得多",金陵大学"最初打算迁到万县,已得到当地有关部门的支持和协助,并已选好文、理、农三院的校址","但因初选校址分散,当地又无其他高等院校,不利于教学和发展",因而"原选定的万县部分校址则由迁川的金大附属中学和中央工业学校使用"。③

　　1937 年 12 月 26 日,金陵大学行政委员会第三次会议在汉口办事处召开,会议议决:金大迁往成都,中学迁往万县。主要是考虑"成都生活较重庆低。该处有李明良同学协助一切。四川省政府议决补助本校二万元。华大曾向纽约请求建筑费美金五千元。成都民房须先付押、租、膳食每月约五日〔元〕,仆役费约二元。成都与万县生活成都不相上下,秩序较重庆为佳"。④ 并且,成都华西协合大学的接洽态度也较为友好,给予了较多的支持。金陵大学

① Y. G. Chen to the Members of the Board of Directors, December 28, 1937,《金陵大学校董会一九三六年至一九三七年会议记录》,中国第二历史档案馆藏,私立金陵大学档案,全宗号 649,案卷号 2309。

②《金陵大学学校西迁一事与教育部的来往文书》,中国第二历史档案馆藏,私立金陵大学档案,全宗号 649,案卷号 69。

③ Y. G. Chen to B. A. Garside, December 4, 1937, UBCHEA Archives, Microfilm, Reel 11. Box 210. Folder 3570;金陵大学成都校友会:《抗战时期迁蓉之金陵大学(节录)》,《南大百年实录》编辑组编:《南大百年实录》(中卷),南京:南京大学出版社,2002 年,第 65 页。

④《行政委员会第三次会议》(1937 年 12 月 26 日),中国第二历史档案馆藏,私立金陵大学档案,全宗号 649,案卷号 224。

"会同南京金陵女子文理学院、山东齐鲁大学,与成都华西协合大学联系,协商借用华大校舍和教育设备,并在师资方面互相交流充实,实行合作办学。这项联合协作办学的倡议,当即得到了华西大学的同意和支持。"①于是,金陵大学师生自 12 月开始分批前往成都。

金陵大学原计划在汉口保留一个办公室。但由于"汉口的货币在四川无法使用,而港币和上海支票则较为通行","从重庆到香港的新航线将使香港比上海更靠近成都",且此时陈裕光等人已得知南京暴行的消息,"不希望任何员工在汉口遇到这样的危险",因此金陵大学决定尽快关闭汉口办事处,"将全体员工迁往成都"。②

在陈裕光等人的积极周旋下,各方对金大西迁表现得十分热心和欢迎。四川省政府拨款 2 万元,"以便金陵大学建造临时大楼,供教职员工和学生们居住"。华西协合大学从学校应急资金中拿出5 500元建造一栋学生宿舍。金大在重庆、成都的校友们组织起来"帮助安排金陵大学师生员工到达后的第一天的交通出行和娱乐活动"。③ 华中大学、美国教会使团(the American Church Mission)、重庆卫理公会(the Methodist group at Chungking)、金大四川校友会等表示可以在重庆帮忙提供 300 个临时宿舍,并且

---

① 金陵大学成都校友会:《抗战时期迁蓉之金陵大学(节录)》,《南大百年实录》编辑组编:《南大百年实录》(中卷),南京:南京大学出版社,2002 年,第 65 页。

② Y. G. Chen to B. A. Garside, December 27, 1937, UBCHEA Archives, Microfilm, Reel 11. Box 210. Folder 3570.

③ Y. G. Chen to B. A. Garside, December 27, 1937, UBCHEA Archives, Microfilm, Reel 11. Box 210. Folder 3570; Y. G. Chen to the Members of the Board of Directors, December 28, 1937,《金陵大学校董会一九三六年至一九三七年会议记录》,中国第二历史档案馆藏,私立金陵大学档案,全宗号 649,案卷号2309。

重庆市政府也帮忙协调提供部分住所。①

　　然而,运输仍是最大的难题。12 月 30 日,陈裕光写信并亲自送交教育部,向教育部长请求援助:"窃本校因受此次东线战局影响,在京员生业于上月秒陆续脱险到汉,并已先后转宜虞轮赴蓉,筹备复课。图书仪器,亦大部由京运抵宜昌。惟刻下该埠宜昌交通拥挤,本校图书仪器计四百余箱,约重一百二十五吨,及全部随行员生约三百余人,均无法再行西进。恳祈钧部念国家培护高等教育之艰难,转咨运输各关系机关,特予本校运输便利,实为德便。"②

　　1938 年 1 月 1 日,教育部复函称:"二十六年十二月三十日呈一件为恳祈转咨运输关系机关特予运输便利由。呈悉。所请一节,已转函军事委员会后方勤务部查照办理见复。合令知照。此令。"1 月 4 日,教育部再次发布训令,称:"前据该校呈为运图书仪器赴蓉,请转咨运输机关予以便利等情。当经转函军事委员会后方勤务部核办,并指令饬知在案。兹准军事委员会后方勤务部冬勤运汉代电复开:'查长江上游各轮,除留少数供军品运输外,其余大多数已予开放,贵部需用,请迳向各轮船公司洽办为荷'等由;准此,合行令饬该校知照。此令。"③

　　同时,陈裕光致电重庆大学胡校长:"敝校员生约三百人刻拟

---

① Y. G. Chen to B. A. Garside, December 4, 1937, UBCHEA Archives, Microfilm, Reel 11. Box 210. Folder 3570.

②《金大校长陈裕光呈为恳祈本校运输咨关系机关特予便利电》(1937 年 12 月 30 日),中国第二历史档案馆藏,私立金陵大学档案,全宗号 649,案卷号 69。

③《教育部训令》(1938 年 1 月 4 日),中国第二历史档案馆藏,私立金陵大学档案,全宗号 649,案卷号 69。

迁蓉经渝时,恳赐借贵校暂留数日,希协助成渝交通为荷。"[①]

最终,为缓解运输压力,金大校方鼓励有能力先走的自行前往,没有办法的同学由金大汉口宜昌办事处统筹安排,部分人员跟随学校运书籍仪器的大木船前往重庆。[②] 从武汉到成都的旅途亦充满着艰难险阻,餐食粗糙短缺,入蜀路途艰难,途中还遇到土匪,遭遇敌机扫射等。有回忆称:

　　在宜昌本院之图书仪器改用四只大木船装运至重庆。长江三峡地带经常有土匪出入抢劫,为保护图书仪器安全起见,理学院魏院长学仁老师商得兵工署协助,借用该署运输兵工器材入川名义运送,并请派8名武装卫兵护送,于各船分驻二名,同时指派林慰桢、徐承德、马燮芳与我四人押运(当时四人都在理学院任助教)。我们四人同乘一船,于1938年1月2日登船,每船船头插一兵工署旗帜,前后衔接,扬帆西上……三峡河道由于其上下游河床的高低相差较大,致造成多处险滩,其中以新滩为最险,水流最急,船只过滩十分困难,因此这里有人专替来船拉纤过滩的。我们的船到此也请他们帮忙拉纤,四只船过滩共费了整整一天才被拖过新滩。新滩又名青滩,当地有句俗语,"蜀道难,难于上青滩(天)",其险恶程度可想而知。在三峡中拉纤上行时,船走得很慢,我们押运的四人坐在船上很无聊而且冷,所以也上岸跟着走,有时也帮忙拉纤,但不敢离船太远,因如遇到江边形势峭立无路可走时,大家必须上船用桨划到有路可走的地方才能再上岸。江边如有

---

① 《金陵大学学校西迁一事与教育部的来往文书》(1937年11月—1940年10月),中国第二历史档案馆藏,私立金陵大学档案,全宗号649,案卷号69。

② 筱贏:《抗战中的金陵大学》,《民意》第153期,1940年11月16日,第11页。

小吃店,我们都会去光顾,虽然所卖的大多是豆花及辣味小菜之类,但比船上吃的发霉米饭新鲜可口得多……1月27日上午8时左右船到万流下游数里处,船员看见南岸山崖上有一些可疑的人在走动,即告诉我们那是土匪,有下山抢劫的可能。因土匪有枪,要我们提高警觉并避入舱内,此时我们的卫兵向空中开了一枪,以警告他们,这是军船,有武装,请勿来犯,同时船即加紧赶路,傍晚到了码头停泊后,卫兵就在江边隐蔽处放哨巡夜以防土匪来袭。如此连续警戒两三天,直到过了白帝城为止。自宜昌至白帝城一共走了11天……2月16日船靠近重庆,江中往来的船只越来越多……上午看见有一队敌机沿江北上空飞往重庆空袭,其返航飞临江中,忽以机枪向船只扫射。我们的船来不及靠岸,大家赶紧进舱躲避……是日下午船抵重庆码头停靠,魏院长派人前来接船,并接我们到求精中学。自宜昌至重庆,水路长达649公里,共航行28天,终于顺利完成了护送图书仪器的任务。①

至1938年2月24日,金大几乎所有师生员工都已抵达成都。② 此时,全校教职员工约500人,学生200多人。③

二、西迁安置

1938年1月,创始人会任命了一个5人委员会,"在董事会无

① 李佛续:《由宜昌到重庆》,金陵大学南京校友会编:《金陵大学建校一百周年纪念册》,南京:南京大学出版社,1988年,第370—372页。

② Y. G. Chen to the members of the Board of Directors, February 24, 1938,中国第二历史档案馆藏,私立金陵大学档案,全宗号649,案卷号2310。

③ 金陵大学成都校友会:《抗战时期迁蓉之金陵大学(节录)》,《南大百年实录》编辑组编:《南大百年实录》(中卷),南京:南京大学出版社,2002年,第65页。

法按期正常召开的情况下,在成都负责金大的行政和财务事务"。任命的委员会成员是:陈裕光、毕律斯特和沃德主教(Bishop Ralph A. Ward),以及另外两名增补成员。① 根据这个建议,1938 年 3 月,金陵大学成立了紧急执行委员会,"代表校董会和创始人会,直到校董会成员能够定期开会为止",选举沃德主教为主席,毕律斯特为委员会秘书。金大校友之一 S. N. Cheer 博士和浸信会的主任牧师 Daniel S. Dye 应邀参加了这个特别委员会。②

　　1938 年 2 月底,金大师生全部抵达成都。此时华西协合大学的春季学期已经开学,而金大设备尚未到位、临时大楼尚未完工,暂时无法开学。尽管金大寄居于华西协合大学的校园,但其自身发展是完全独立的,校长陈裕光指出:"尽管我们将在活动各阶段与华西协合大学展开合作,我们的工作是完全独立于现在这个校园内各机构的。"③

　　西迁仓促,运输困难,很多设备和图书未能带走。科学仪器设备方面,"物理,化学,生物等系所携出者仅及三分之一至二分之一,电工、化工两系,仅及四分之一,至科学方面之各种专门杂志,因重量过大,未能带出";农学院百余种仪器设备、大量植物及昆虫标本、专业书籍、科学杂志未能携出。④ 图书馆藏书方面,"由于缺乏交通设施,在总共 139 个书箱中,只有 102 个是通过船只和

① Y. G. Chen to the members of the Board of Directors,February 24,1938,中国第二历史档案馆藏,私立金陵大学档案,全宗号 649,案卷号2310。
② Minutes of the Emergency Executive Committee March 15, 1938, UBCHEA Archives, Microfilm, Reel 11. Box 194. Folder 3361.
③ Y. G. Chen to the members of the Board of Directors,February 24,1938,中国第二历史档案馆藏,私立金陵大学档案,全宗号 649,案卷号2310。
④《南京本校损失情形》,《金陵大学校刊》1943 年 1 月 1 日,第 3—4 页。

汽车运到成都的",中途曾在汉口、宜昌和重庆等地进行修缮并重新包装箱子,尽管长途运输不可避免有一定损失,但总体状况良好。①

　　1938年3月1日,金陵大学在成都华西坝新校舍正式开学,并向教育部报告。② 此时,金陵大学华西坝校区"到校教职员145人,学生387人"③;上海"有40名学生参加普通大学课程";成都"还有40名学生参加农村领导培训课程";万县约有300名学生和17名教职员工。④ 由于"重型设备运送到成都的费用太高"⑤,且"为学生实习便利起见",理学院的电机工程系、电化教育科、汽车专修科等专业,"在重庆借用上清寺求精中学校舍上课"。⑥ 对于那些正在休假或因紧急情况离开的工作人员,陈裕光校长则分别写信,要求他们在1938年9月1日之前到达成都校园。⑦

　　此时,所有人都不知道这场战争何时能够结束。陈裕光一方面认为"被占领地区大学的经历很令人震惊,我们觉得相当一段时

---

① University Library Report and Recommendations to the Board of Directors, November, 1937 to January, 1939,中国第二历史档案馆藏,私立金陵大学档案,全宗号649,案卷号2310。

②《金大关于迁蓉后开学复课的函》(1938年3月2日),中国第二历史档案馆藏,国民政府教育部档案,全宗号5,案卷号5425。

③《五十五年来之金陵大学》,《金陵大学校刊》1943年5月1日,第2页。

④ Minutes of the Emergency Executive Committee, March 15, 1938, UBCHEA Archives, Microfilm, Reel 11. Box 194. Folder 3361.

⑤ Y. G. Chen to the members of the Board of Directors, February 24, 1938,《金陵大学校董会会议记录》,中国第二历史档案馆藏,私立金陵大学档案,全宗号649,案卷号2310。

⑥《私立金陵大学校长呈报本校议决事》,张宪文、吕晶编:《南京大屠杀真相》(上),南京:江苏人民出版社,2007年,第84页。

⑦ Minutes of the Emergency Executive Committee, March 15, 1938, UBCHEA Archives, Microfilm, Reel 11. Box 194. Folder 3361.

间内都不可能回到南京了。西迁意味着我们将有一个相对安静的工作环境,我们希望能够为西部地区做出一些贡献";另一方面也指出"我们努力将师生团结起来,只要条件允许,就能尽快返回南京。"然而,无论如何,全体师生员工都希望"保持办学的连续性",这也是西迁的最主要目的。[①]

截至 1938 年 3 月,金陵大学为西迁一事共耗费了 39 883.78 元。支出情况详见下表:

表 1　金陵大学西迁期间应急支出情况估算表(截至 1938 年 3 月)

防空洞、刷油漆、旗帜等	2 409.08
牯岭的差旅、考察费用	120.00
南京到成都的差旅费用	3 646.04
南京到重庆的箱装货物运输费用	10 856.66
重庆到成都的费用	2 500.00
成都的家具陈设购置费(在建造中)	10 000.00
员工南京到成都的差旅费(按每人 65 元估算)	9 552.00
其他费用	800.00
总计	39 883.78

资料来源:Minutes of the Emergency Executive Committee, March 15, 1938, UBCHEA Archives, Microfilm, Reel 11. Box 194. Folder 3 361.

该表主要统计了支出费用,未包含金大财物损失情况,其中除了 1 万元是用于成都校园的初步建设外,共花费了近 3 万元的差旅费。西迁之后,金陵大学面临沉重的经济压力,至 1938 年 6 月,财

---

① Y. G. Chen to the Members of the Board of Directors, February 24, 1938,《金陵大学校董会一九三六年至一九三七年会议记录》,中国第二历史档案馆藏,私立金陵大学档案,全宗号 649,案卷号 2309。

务赤字约为 27,258.98 元。[①]

西迁是金大发展史上的重要转折点,是陈裕光校长在学校发展的生死关头做出的重要决策。在来不及与其他董事会成员商议的情况下,陈裕光力排众议、果断抉择,将师生员工团结起来,在交通极度困难的情况下,不畏艰辛、克服险阻,成为南京沦陷前最后一批成功西迁的师生队伍。抵达四川之后,陈裕光校长曾专门致函汉口、宜昌、万县、重庆等埠协助金大迁移的机关及个人,表达感激之情:"敝校自京西迁,同行员生六百余人,转运图书仪器行李,约数千件,虽属非常时期,舟车上下,有所不便,终赖沿途公私团体,及各位热心教育先生之协助,敝校得以克服各种艰阻,于预定期内平安抵蓉,继续办学,为国储才;猥蒙垂爱,毋任感激!用书函达,藉申谢忱!"[②]此后,金陵大学继续在抗战大后方为国家经济建设、社会发展做出重要贡献。

第三节　救助保护难民与延续金陵学脉[③]

一、留宁教师群体

(一)成立金陵大学南京紧急委员会

在战事愈加激烈之际,陈裕光多次征求贝德士的意见,探讨西迁后南京方面的安排。11 月 20 日,陈裕光再次写信给贝德士:"我

---

① Minutes of the Emergency Executive Committee, March 15, 1 938, UBCHEA Archives, Microfilm, Reel 11. Box 194. Folder 3361.

②《金陵大学给汉口、宜昌等埠的致谢函》(1938 年 4 月 9 日),中国第二历史档案馆藏,私立金陵大学档案,全宗号 649,案卷号 69。

③ 本节部分内容曾发表于《学海》2020 年第 4 期,第 210—216 页。

已和你简短地谈了校园的情况,以及大学离开南京期间成立紧急委员会的可能性。你愿意担任这个委员会的主席吗?将有四名西方成员和四名中国成员被任命为成员,也许你可能希望从自己的团队中组织一个小规模的执行委员会,我们将把这件事交给你处理。其他成员可能是:史迈士(Lewis S. C. Smythe)、林查理(Charles H. Riggs)、崔姆(Clifford S. Trimmer)、齐兆昌、顾俊人、陈嵘等。"①

11月24日,贝德士在给海外友人的信中称:

> 现在,大学正试图将其3个学院和一些设备搬到西部,大概是成都,但是由于实际各种复杂的因素,我将担任紧急委员会主席,留在这里尽可能地保护无法带走的校产。史迈士(我们精力充沛的社会工作者)、林查理和三个优秀的中国人将和我一起工作,也许还有医院里的人,他们正在努力使骨干员工继续工作。……同时,还有其他的公共和基督教服务机构要求我在这里付出努力,不管明年对大学意味着什么。……鉴于可能发生的军事行动,我现在正日以继夜地与一个规模虽小但很出色的国际组织合作,试图为难民和其他平民建立一个安全区。在就各种军事、外交、心理和组织问题进行艰苦的谈判之后,我们有了一个合理和最具体的建议,中国军方和文职当局除了正式同意外,还通过了几个使馆的详细批准,这些使馆已将该计划转达给日本司令部。②

---

① Y. G. Chen to M. S. Bates, November 20, 1937, UBCHEA Archives, Microfilm, Reel 11. Box 210. Folder 3570.

② M. S. Bates to Friends Abroad, November 24, 1937, UBCHEA Archives, Microfilm, Reel 11. Box 204. Folder 3485.

金陵大学全体师生员工于 11 月 25 日、11 月 29 日、12 月 3 日分三批西迁,金大南京校园由金大南京紧急委员会负责。陈裕光校长多次向委员会强调:"希望尽可能采取一切预防措施,但不要为了保护建筑物而冒任何不必要的个人风险。这种风险发生的可能性非常大。"[1]

1938 年 1 月 13 日,金大校董会和执行委员会于上海召开紧急会议,任命贝德士为金陵大学副校长,作为校长离开时期南京方面的负责官员,"就财产问题与地方政府进行沟通洽谈,在紧急情况下采取必要的措施或做出决定"。同时,安排唐美森(J. C. Thomson)教授暂时留在上海,负责"与其他基督教大学和中学合作,在上海设立紧急救援机构,对可能无法前往四川的大学和中学的教职员工和学生们提供援助"。[2]

(二) 沦陷期间坚守南京的金大教师

金大西迁后,留在南京的金陵大学教师有历史系教授贝德士(Miner Searle Bates,美国人)、社会学系教授史迈士(Lewis S. C. Smythe,美国人)、农学院教授林查理(Charles H. Riggs,美国人)、鼓楼医院(大学医院)外科医生威尔逊(Robert O. Wilson,美国人)、鼓楼医院内科医生特里默(Clifford S. Trimmer,美国人)、鼓楼医院看护部主管伊娃·海因兹(Iva Hynds,美国人)、鼓楼医院护士格瑞丝·鲍尔(Grace Bauer,美国人)、农业工程系教授齐兆

---

[1] Y. G. Chen to the Members of the Board of Directors, December 28, 1937,《金陵大学校董会一九三六年至一九三七年会议记录》,中国第二历史档案馆藏,私立金陵大学档案,全宗号 649,案卷号 2309。

[2] Emergency Meeting of Members of the Board and Executive Committee of the University of Nanking, January 13, 1938, UBCHEA Archives, Microfilm, Reel 11. Box 194. Folder 3361.

昌、森林系教授陈嵘、事务处职员顾俊人等。

贝德士于1937年至1941年一直留在南京,在谈判成立南京安全区的过程中发挥了重要作用,是安全区国际委员会的重要成员并曾担任第三任主席,章开沅先生称赞其为"始终坚持国际委员会的栋梁之材与精神支柱"。① 南京沦陷期间,除了承担大量国际委员会的救济援助工作之外,贝德士教授还开展了大量严谨的社会调查研究,并通过信件、新闻稿、报告、著作等方式努力将日本占领下的南京真实情况公之于众,其公开发表的《关于毒品问题的公开信》《关于南京的一些事实及记录》《南京农作物调查及经济情形实录》等论著引发国际舆论的强烈反响,对中国战场争取国际舆论支持起到了重要作用。战后,贝德士作为证人出席了东京审判、南京审判,对战后日本罪行审判起到了积极作用。

史迈士担任安全区国际委员会秘书,"以过人的干练与充沛的精力,主持国际委员会的日常事务"。② 据统计,1937年12月至1938年2月,史迈士至少给日本大使馆写了69封信,抗议日军的累累暴行。并且,史迈士与其助手代表国际委员会对南京城区、郊区在日军暴行中的损失情况进行了调查统计,撰写了《南京地区战争灾祸》一书,由南京国际救济委员会于1938年6月公开出版,在国际社会引起强烈反响。

林查理于1932年到金陵大学教授初等农业机械与机械学、机械制造、水力学、高等机械学、机械设计和纺织原理等课程,"是我

---

① 章开沅:《"南京帮"的故事——传教士在中西文化交流中的角色》,《章开沅文集》(第6卷),武汉:华中师范大学出版社,2015年,第390页。
② 章开沅:《"南京帮"的故事——传教士在中西文化交流中的角色》,《章开沅文集》(第6卷),武汉:华中师范大学出版社,2015年,第390页。

国大学农学院最早开设的农业工程方面的课程"。① 1937 年至
1939 年,林查理担任安全区国际委员会住房委员会副主任,章开沅
先生称赞其"以高度的勇敢与高超的技术,成为南京数十万民众粮
食和燃料的运输队长"。② 战后东京审判期间,作为控方证人出庭,
向法庭提供了大量有力的证言。

　　由于日本当局不允许医生和护士进入南京,沦陷初期整个南
京城只有威尔逊、特里默两名医生和伊娃·海因兹、格瑞丝·鲍尔
等少数护士,他们"从事着难以置信的繁重医务工作"。③ 直至
1938 年 4 月才有无锡圣安德烈医院两名医生及两名护士前来帮
忙。④ 在日军暴行的影响下,每天都有大量伤病员涌入医院,"大都
是需要急救的重危病人",威尔逊医生每天"从早到晚忙于开刀、截
肢,极为辛劳",甚至"累肿了胳膊"。⑤ 威尔逊医生的医务助理、国
民革命军第 72 军卫生分队队长周纪穆称赞威尔逊是一位"白求恩
式的美国医生","为中国伤病员日以继夜地开刀、动手术,全部免

---

① 蒋亦元:《金陵大学林查理教授(Prof. Charles Riggs)的生平和在华执教的历史》,李
　文哲主编:《院士风采:蒋亦元院士八十华诞庆贺文集》,2008 年,第 171 页;《南京农
　业大学发展史》编委会编:《南京农业大学发展史》(历史卷),2012 年,第 213 页。

② 章开沅:《"南京帮"的故事——传教士在中西文化交流中的角色》,《章开沅文集》(第
　6 卷),武汉:华中师范大学出版社,2015 年,第 391 页。

③ Y. G. Chen to the Members of the Board of Directors, February 24, 1938,《金陵大
　学校董会一九三六年至一九三七年会议记录》,中国第二历史档案馆藏,私立金陵大
　学档案,全宗号 649,案卷号 2309;《书信(日记)选译(1937 年 12 月 15 日至 1938 年 1
　月 9 日)》,张宪文、吕晶编:《南京大屠杀真相》(下),南京:江苏人民出版社,2007 年,
　第 223 页。

④《书信(日记)选译》(1937 年 12 月 15 日至 1938 年 1 月 9 日),张宪文、吕晶编:《南京
　大屠杀真相》(下),南京:江苏人民出版社,2007 年,第 223 页。

⑤ 黄建伟、曹露主编:《知识界的抗争》,南京:江苏人民出版社,2015 年,第 170 页;章开
　沅:《"南京帮"的故事——传教士在中西文化交流中的角色》,《章开沅文集》(第 6
　卷),武汉:华中师范大学出版社,2015 年,第 391 页。

费,分文不取",认为"中国人民应该永远纪念他"。①

史德蔚于1938年9月返回南京,1939年4月担任国际救济委员会委员兼司库。② 其1938年11月至1941年4月间所写的日记曾被编辑成册,名为《从加利福尼亚到四川》(California to Szechuan),记录了大量日军暴行,引发国际舆论的强烈反响。③1941年12月太平洋战争爆发后,史德蔚不幸在上海闸北被日军拘留,被关押在上海集中营,直至抗战胜利。

齐兆昌是金陵大学工程处兼校产管理处主任、农业工程系教授,金陵大学小礼堂、科学馆、天干地支楼、金陵女子大学宿舍楼、南京圣保罗教堂等建筑的设计者,沦陷期间一直留在南京救助难民、保护校产。作为拉贝和贝德士的助手,齐兆昌承担了大量"繁难、危险的具体工作",不仅担任学生宿舍收容所的所长,并与贝德士、陈嵘共同负责金陵大学收容所的各项管理工作。④

陈嵘是金陵大学森林系主任、教授,受陈裕光校长委托留在南京保护校产,因曾在日本北海道帝国大学留学,并在美国、德国深造,精通多国语言,在与日军交涉过程中发挥了重要作用。曾与贝德士等人前往日本大使馆及日军司令部交涉协调,提请日军"贴出布告禁止日军进难民区",最终成功说服日军接受此项要求,在金陵大学等处张贴布告称:"此处属外国人财产,皇军须加保护,未经

① 黄建伟、曹露主编:《知识界的抗争》,南京:江苏人民出版社,2015年,第170页。
②《美国史德蔚教授关于红卍字会埋尸的日记节录》,孙宅巍编:《南京大屠杀史料集5:遇难者的尸体掩埋》,南京:江苏人民出版社,2005年,第95页。
③《史德蔚日记选译》(1938年12月10日—1940年3月23日),章开沅编译:《南京大屠杀史料集4:美国传教士的日记与书信》,南京:江苏人民出版社,2005年,第297页。
④ 李伶伶:《平民建筑师:齐康传》,南京:江苏人民出版社,2012年,第60—65页。

批准，不得擅自进入。"①并在沦陷期间坚持教育工作，通过文化、宗教、体育等课程，一定程度上提升了难民的综合素质，缓解了难民的心理创伤，为国家抗战、建设积蓄了力量。

二、难民救助与保护

（一）多方协调谈判，设立安全区保护难民

1937 年 11 月，法国人饶家驹神父在上海设立难民区的消息传到南京。"鉴于饶神甫与其同志在上海南市设立难民区所获之成功"，在金陵大学校董会董事长杭立武的提议下，贝德士等在宁外国人开始筹划在南京设立一个类似区域。②

11 月 17 日下午约 5:30，贝德士、史迈士与长老会牧师米尔斯（W. P. Mills）一起来到美国驻华大使馆官员裴克（W. R. Peck）家中，共同讨论设立安全区的构想，并拟设于城内西部区域，作为一般市民借以避难的非战斗区。此项计划得到了教育部部长王世杰的赞同，首都卫戍军司令唐生智亦同意将此计划上报蒋介石。相关备忘录内容如下：

（1）在南京附近和市内进行战斗时，为了一般市民能避难，进行讨论，暂定提案设立安全区，或称为难民区、非战斗区域。

（2）关于场所，研究了几个地方，但决定城内西部地区较合适。

（3）当向大使馆罗勃兹上校征求意见时，他说，中国的军

---

① 黄建伟、曹露主编：《知识界的抗争》，南京：江苏人民出版社，2015 年，第 75—76 页。
②《南京国际救济委员会报告书》《筹组南京沦陷后难民区的经过》，张生等编：《南京大屠杀史料集 12：英美文书·安全区文书·自治委员会文书》，南京：江苏人民出版社，2006 年，第 390、426 页。

事当局会同意不把西部地区用做军事目的(因为实质上不会削弱他们的战略部署)。为什么呢?他说,假如在南京附近进行战斗,就要考虑战斗是在城市的东部或南部。

(4)关于这项计划,杭立武博士对王世杰教育部长作了说明。王部长不仅表示赞同,而且还主动向军事训练总监唐生智将军(现在为首都卫戍军司令)提出商量。唐将军没有陈述他的意见,但是他同意与蒋介石将军商量一下这个计划(蒋介石当时不在南京)。①

金陵女子文理学院的魏特琳(Minnie Vautrin)也曾就设立安全区一事致信裴克。裴克表示希望"中国军当局自己主动地尝试加入到这项计划中来"。②

11月18日,南京安全区国际委员会(International Committee of Nanking Safety Zone)组建成立,开始着手筹备南京安全区的建设事宜。19日,委员会得知德国西门子中国公司驻南京的代表拉贝(John Rabe)决定留在南京,当即邀请其加入。22日,国际委员会开会讨论安全区成立事宜,选举拉贝为委员会主席。委员会共有15名成员,包括金陵大学外籍教师贝德士、史迈士、林查理、崔姆,以及拉贝、马吉(John Magee)、皮克林(J. V. Pickering)、米尔斯、福勒(P. H. Maaro Faure)、希尔兹(P. R. Sields)、麦凯(Ivor Mackay)、利恩(J. Lean)、潘廷(G. Schutze Pantin)、施佩林

---

① 《〈备忘录〉关于暂定在南京设立安全区的提案》,张生等编:《南京大屠杀史料集12:英美文书·安全区文书·自治委员会文书》,南京:江苏人民出版社,2006年,第84—85页。

② 《〈备忘录〉关于暂定在南京设立安全区的提案》,张生等编:《南京大屠杀史料集12:英美文书·安全区文书·自治委员会文书》,南京:江苏人民出版社,2006年,第84—85页。

(Eduard Spering)、汉森(J. M. Hanson)等留宁的西方中立国人士。此时,委员会草拟的关于设立安全区的建议,获得了英国大使和美国大使的同意,并将通过美国总领事转交给日本大使。①

　　11月26日,杭立武告知拉贝,蒋介石对安全区计划表示赞同。27日,国际委员会再次通过美国大使馆给日本大使发送电报,希望得到明确的回复。12月1日,饶神父从上海发来的日本当局的意见,日方表示:"只要与日方必要的军事措施不相冲突,日本政府将努力尊重此区域。"2日晚,南京安全区国际委员会向新闻界公布了日本当局的该声明,并宣布开始着手各项准备工作,以便安置即将迁入安全区的难民。② 随后,中国军人逐步撤离安全区,难民们陆续涌入。此时,安全区范围划定为"金陵大学、金陵女子文理学院,鼓楼、山西路住宅区直到新街口一带"。③

　　安全区内共设有25个难民收容所,设在金陵大学的有金大图书馆、农科作物系、宿舍、蚕厂及金大附中5处。1937年12月下旬,金陵大学的各房屋收容人数为2.8万人,其中1.1万人在附中校舍内,包括一千多名各高校留守人员,数千名来不及离开的中小学生,以及数千名沪宁地区各校尤其是教会学校的师生。④ 并陆续收

---

① [德]约翰·拉贝著,刘海宁、郑寿康、杨建明等译:《拉贝日记》,南京:江苏人民出版社,2006年,第69、73页。
② [德]约翰·拉贝著,刘海宁、郑寿康、杨建明等译:《拉贝日记》,南京:江苏人民出版社2006年,第82、85、95—97页。
③ 王萍访问、官曼莉记录:《杭立武先生访问记录》,《中央研究院近代史研究所口述历史丛书(23)》,台北:"中央"研究院近代史研究所,1990年6月,第23—24页。
④ 《南京国际救济委员会报告书》,张生等编:《南京大屠杀史料集12:英美文书·安全区文书·自治委员会文书》,南京:江苏人民出版社,2006年,第395页;陈蓉法:《南京大屠杀期间难民区的忠诚卫士陈嵘教授》,《南京社会科学》1997年第8期,第39—40页。

留了近 50 名产妇及其婴孩。① 而后，还有数百名金女大的女性难民转到金陵大学难民收容所。② 每幢房屋都有金陵大学的教师负责管理，并及时将相关情况告知国际委员会。由于难民人数太多，金陵大学将学生宿舍、教室、图书馆、体育馆等处全部腾出来收容难民，并拆除了大量的桌椅床铺等家具，以便能有更大空间容纳更多的人。即便如此，所有房间都住满了人，甚至还有部分难民只能在室外露宿。③《纽约时报》评论道："南京安全区有助于解救成千上万平民的生命。几位外国发起人的目的是获得完全非军事化，并希望在整个攻占城市的过程中尊重它的中立地位。……日本军人未把这一地区作为重点炮击或飞机轰炸的区域，因此，在这里避难的平民是相对安全的。"④

日军占领南京后，认为难民都"聚集在国际委员会设定的所谓难民区内"，"不仅在恢复治安上造成了障碍，而且在国际委员会的统辖之下，使所谓依靠欧美的弊风强烈地侵蚀了难民的思想"，为"确立自立、自治的规范"，于 1938 年 1 月 1 日正式成立伪"南京市自治委员会"。⑤ 在日本当局和伪"南京市自治委员会"的压迫下，国际委员会的救援工作开展得十分艰难。正如贝德士在给田伯烈

---

① 《金大难民生产调查表》（1938 年 2 月 11 日），陈谦平等编：《南京大屠杀史料集 30：德国使领馆文书》，南京：江苏人民出版社，2007 年，第 440—443 页。

② 王勇忠：《南京大屠杀时期的金陵大学难民收容所》，《抗日战争研究》2008 年第 4 期，第 35 页。

③ 黄建伟、曹露主编：《知识界的抗争》，南京：江苏人民出版社，2015 年，第 119—120 页。

④ 《洗劫外国人的财产》，《纽约时报》1938 年 1 月 9 日，杨夏鸣等编译：《南京大屠杀史料集 29：国际检察局文书·美国报刊报道》，南京：江苏人民出版社，2007 年，第 518 页。

⑤ 辽宁省档案馆：《满铁档案中有关南京大屠杀的一组史料》，《民国档案》1994 年第 2 期，第 14 页。

的信中所说:"日本军方甚至外交官现在对(我们)委员会是多么仇恨。他们不断迫使自治政府禁止我们与任何单位联络。"①时至1938年1月,南京城里的每一栋房屋都遭到日本士兵的反复抢劫,包括美国、英国、德国的使馆和大使官邸,以及外侨的个人财产。各种车辆、食品、衣物、钱财及贵重物品等均是日本士兵重点抢劫的目标。此时,除了国际委员会的米店和一个军队商店外,南京城内已无任何商店。25万饥寒交迫的难民躲在安全区内,其中10万人完全依靠国际委员会解决食宿问题,其他人则靠剩余的少量粮食勉强度日。② 由于食物紧缺,部分难民出现了营养不良导致的严重疾病。如1938年2月初,难民中出现一些因缺乏维生素B引发的严重脚气病患者。安全区国际委员会秘书、金陵大学教授史迈士立即联系在上海基督教青年会的乔治·菲奇(George A. Fitch),请求尽快支援一批维生素B药水及白喉抗毒血清素给卫生署,并希望能运送一批蚕豆作为预防食品。2月11日,国际委员会收到上海方面传来的消息,100吨蚕豆已由太古洋行的"万通"号轮船运往南京。12日,英国大使馆的杰弗里传来消息,日本当局希望由自治委员会办理此次船运事宜。于是,金陵大学医院的威尔逊医生代表南京安全区国际委员会致电自治委员会,请求帮助办理许可证,将这批货物运输至自治委员会的仓库里,并希望自治委员会将这批蚕豆免费发放给难民。14日,上海无线电台报道此事时指出"国际委员会和自治委员会'缺少合作',运入货物产生困难",但事实上国际委员会不仅提前向自治委员会发出了

---

① 《致田伯烈函》(1938年3月3日),章开沅编译:《南京大屠杀史料集4:美国传教士的日记与书信》,南京:江苏人民出版社,2005年,第32页。

② 《致朋友函》(1938年1月10日),章开沅编译:《南京大屠杀史料集4:美国传教士的日记与书信》,南京:江苏人民出版社,2005年,第16—17页。

请求，同时"在上海的日本海军早已发给许可证准许船运这批蚕豆在下关靠岸"，然而在南京的日本军队并不同意。15 日，日本人要求国际委员会"无条件地将豆子交给自治委员会，否则这货物不许运入"。最终，2 月 18 日，国际委员会与日本军事当局达成妥协，委员会同意将蚕豆交由自治委员会分发，而日方则保证对蚕豆的分发工作不加干涉。① 至此，在史迈士、威尔逊等人的积极协调下，"蚕豆问题"终于得到解决，一定程度上缓解了难民们的病情。

不仅如此，为保护难民，金大留宁外籍教师在日军暴行之下多次挺身而出，努力制止日军的暴虐行为。其中，较有代表性的是阿利森事件。1938 年 1 月 24 日，日本士兵持武器强行进入金陵大学，并从金大农具店带走了一名中国妇女，该妇女遭遇多名日本兵强奸，于两小时后才被释放。25 日，林查理、贝德士对该女子进行探视，进一步了解相关信息，并将此事报告给美国驻南京大使馆秘书阿利森。26 日，林查理与阿利森在与日方交涉此事的过程中，遭到日本士兵的当众殴打。② 事后，阿利森向国务院报告了相关情形，引发了美国舆论的强烈反应，不仅《纽约时报》等报纸报道了这一事件，美国政府亦向日本提出了抗议。③ 最终，在国际舆论的压力下，肇事日本官兵被移交军事法庭处理，并且日方向美方做出承

① [德]约翰·拉贝著，刘海宁、郑寿康、杨建明等译：《拉贝日记》，南京：江苏人民出版社 2006 年，第 489、506、540—541、553 页。
②《美国国务院新闻稿(第 44 号)(1938 年 1 月 28 日)》，陈谦平等编：《南京大屠杀史料集 30：德国使领馆文书》，南京：江苏人民出版社，2007 年，第 105—106 页。
③《外交官被日军士兵扇耳光》，《纽约时报》1938 年 1 月 28 日，杨夏鸣等编译：《南京大屠杀史料集 29：国际检察局文书·美国报刊报道》，南京：江苏人民出版社，2007 年，第 533—534 页。

诺:"日本在华部队将尊重美国国旗、美国公民以及美国财产。"①然而,这不过只是日方的表面文章,事实上日本士兵在南京沦陷区的行为毫无约束,此后仍不断闯入金陵大学难民收容所洗劫财物、逮捕男子、掠夺妇女。据1938年5月统计,日军闯入金大难民收容所(包括主校区、宿舍、医院、附中等)共计1 720次,抢走金大及其员工的财物18 720元,掠夺难民财物11 850元,捕去男子 647 名、妇女 290 名,7 次扯毁美国国旗,多次殴打、刺伤平民,至少杀害了 3 名成年人及 2 名儿童。② 目睹这一切的金陵大学教师们痛心疾首,努力将他们所知晓的事实真相以日记、信件、报告等形式记录下来并设法公之于众,期望能够借助国际舆论制止日军的疯狂行径。

南京沦陷期间,贝德士、史迈士、校董会董事长杭立武等人在安全区成立过程中发挥了重要贡献,不仅积极提出这一构想,并在促成其实现的过程中发挥重要协调作用。《纽约时报》有报道指出:"在谈判成立安全区过程中,功绩卓著者是贝茨博士,金陵大学的历史教授。贝茨博士在争取南京停战协议时也站在最前沿。"③安全区不仅仅保护了难民的生命安全,同时贝德士等人还设法通过各种渠道协调食物、药品、被服等救济物资,努力保障金大难民区的卫生医疗及生活条件。12 月 19 日,《纽约时报》报道称:"国际委员会成员除努力让安全区维持非军事化外,还要承担其他许多

————————

① 《日本为侮辱美国事件表示道歉》,《纽约时报》1938 年 2 月 13 日,杨夏鸣等编译:《南京大屠杀史料集 29:国际检察局文书·美国报刊报道》,南京:江苏人民出版社,2007年,第 539 页。

② 《关于南京经济的一些事实及记录》,章开沅编译:《南京大屠杀史料集 4:美国传教士的日记与书信》,南京:江苏人民出版社,2005 年,第 39 页。

③ F. 蒂尔曼·德丁:《中国指挥官逃走 日军暴行标志着南京的陷落》,《纽约时报》1938年 1 月 9 日,张宪文、吕晶编:《南京大屠杀真相(下)》,南京:江苏人民出版社,2007年,第 387 页。

工作。他们运进大量大米和其他食品以供应难民，许多难民身无分文；他们要征用房屋安置无家可归者，而且他们还要监督区内的治安。"①1938 年 1 月 13 日，德国大使馆行政主管沙尔芬贝格也对国际委员会的贡献予以高度评价："南京已经不通电报、邮件和电话，街上也看不到汽车、出租车和人力车。自来水已停，电也只通到大使馆的房子里，但楼上不准许有灯光。而英国大使馆目前还没有电……约翰·拉贝领导的包括美国人在内的国际委员会，做出了奇迹般的成绩，他们把外交部变成了一所医院。毫不夸张地说，他们拯救了成千上万的生命。"②

（二）揭露日军暴行，争取国际舆论支持

南京沦陷期间，在日本军方的占领下，整个城市陷入一片混乱。除了比比皆是的暴力血腥事件之外，南京沦陷区还存在毒品泛滥、经济衰败、物资紧缺等严重的社会问题。日本军方为了给其军事和政治侵略提供资金支持，以不计后果的方式进行大幅度的掠夺，通过毒品贸易获取暴利，从根本上掏空了南京城的生命力和活力。为掩盖滔天罪行，日军的新闻检查几乎扣下了所有关于暴行的报道，甚至派检察官进驻邮局，大肆检查扣留私人信件。③ 上海日本当局公开宣布："有关南京情况的新闻报道将不会通过新闻审查。"《纽约时报》称此举事实上就是在"禁止任何有可能损害日

① F.蒂尔曼·德丁：《外国人在南京的作用得到提升》，《纽约时报》1937 年 12 月 19 日，张宪文、吕晶编：《南京大屠杀真相（下）》，南京：江苏人民出版社，2007 年，第 370—371 页。

②《沙尔芬贝格致劳滕施拉格尔的信》（1938 年 1 月 13 日），陈谦平等编：《南京大屠杀史料集 30：德国使领馆文书》，南京：江苏人民出版社，2007 年，第 82、84 页。

③《日军新闻检查扣下所有关于暴行的报道》，《中华评论周刊（The China Weekly Review）》1938 年 1 月 22 日，第 1—2 页，张宪文、吕晶编：《南京大屠杀真相（下）》，南京：江苏人民出版社，2007 年，第 396 页。

军声誉的、'恶毒'的新闻发往海外"。①

　　尽管日本在南京推行极为严格的新闻检查制度,但在外籍传教士及新闻记者等多方努力下,各种消息仍源源不断地传到海外。贝德士等人将日军占领南京后的真实情况和日军所犯罪行书写下来,"以书面分送中外人士",通过"托美国军舰带出信息",或通过《芝加哥每日新闻》记者阿奇博尔德·斯蒂尔(Archibald Steele)转交给美国总领事馆等各种渠道传递出去,在国际上引起强烈反响。② 1937 年 12 月 15 日,贝德士在提供给报社的新闻稿里揭露了日军进城后的恐怖行为——"整整两天的频繁屠杀",随处可以见到"市民的尸体躺在街道上",城市中心"尸体布满整整一个地区","全城成千上万私宅,有人住的和空着的,大的和小的,中国人的和外国人的,都一律遭到抢劫",以及"来不及加以核查"的大量奸污妇女的事件。③ 1937 年 12 月 24 日,《纽约时报》根据当天美国传教士来信中对日军暴行的记录,报道指出"军纪几乎完全败坏的日本士兵占领南京之后,对平民实施大屠杀、处死已经解除武装的中国士兵,强暴并杀害中国妇女,有组织地破坏和抢劫财产,包括那些属于外国人的财产",揭露了日军"扯掉国旗""刺杀平民""频繁的杀戮、大规模的掠夺和不加控制地骚扰私人房屋,包括令人恶心的侵害妇女安全"等卑劣行径,认为"就整体而言,日军的行为举止很

---

① 《混乱在南京持续 它暗示哗变》,《纽约时报》1938 年 1 月 25 日,张宪文、吕晶编:《南京大屠杀真相(下)》,南京:江苏人民出版社,2007 年,第 399 页。

② 《王世杰日记》,台北:中央研究院近代史研究所,1990 年,第 163、178、179 页;《起诉方摘要宣读南京美国大使馆 1938 年电报》,《南京大屠杀史料集 7:东京审判》南京:江苏人民出版社,2005 年,第 169—173 页。

③ 《南京一瞥(1937 年 12 月 15 日)》,章开沅编译:《南京大屠杀史料集 4:美国传教士的日记与书信》,南京:江苏人民出版社,2005 年,第 2 页。

下作"。① 1938 年 1 月 25 日、26 日,《纽约时报》连续刊文称:"那些在南京遭受磨难期间,冒着生命危险,致力于难民营工作的传教士或慈善工作者们发往上海的有关南京状况的简要报告,以及那些来自目前身在南京的领事和其他外交官们的报告不至于全部会带有恶意。然而,这些报告互相印证,所有报告都包含了目击者有关日军暴行以及日军胡作非为的记录";"日军占领南京近 6 个星期之后……当地形势处于一种'毫无制约的无法无天'的状况。"② 1938 年 1 月 29 日,英国《曼彻斯特卫报》驻华记者田伯烈(H. J. Timperley)致信贝德士,表达"将目击了日军对平民施暴的那些人的叙述编成一本书"的设想,得到贝德士的鼓励和支持。③ 贝德士、史迈士、威尔逊等人向田伯烈提供了大量极具价值的国际委员会文件、个人信件、日记、报告等材料。田伯烈所著的《外人目睹中之日军罪行》(What War Means, the Japanese Terror in China)被译成多国文字,在英国、美国、中国等国出版发行,引起国际社会的强烈反响。

1937 年 12 月至 1938 年 2 月,史迈士与其助手代表国际委员会对南京城区、郊区在日军暴行中的损失情况进行了调查统计,撰写了《南京地区战争灾祸》一书,由南京国际救济委员会于 1938 年 6 月公开出版。该调查指出:"农村中每七户中有一人被杀;城中每

---

① 《恐怖笼罩下的南京》《刺杀平民》《国旗被扯掉》,《纽约时报》1937 年 12 月 24 日,杨夏鸣等编译:《南京大屠杀史料集 29:国际检察局文书·美国报刊报道》,南京:江苏人民出版社,2007 年,第 489—491 页。

② 《混乱在南京持续 它暗示哗变》,《纽约时报》1938 年 1 月 25 日;《日军在南京无法无天》,《纽约时报》1938 年 1 月 26 日,张宪文、吕晶编:《南京大屠杀真相(下)》,南京:江苏人民出版社,2007 年,第 399、401 页。

③ 张生、董芙蓉:《米纳·舍尔·贝德士》,南京:南京出版社,2016 年,第 57 页。

五户有一人被杀，或受伤，或被掳，其所受杀戮与灾害之程度，与农村不相上下。农村房屋之毁于火者，占百分之四十。……全城房屋及屋内之物共损失 246,000,000 元，即照战前人口计算，每户 1 262元。一九三八年三月末，南京人民之有职业者，仅占百分之九。一家收入，平均为每日0.14元，据往时报告，则每户1.23元。"[1] 贝德士则进一步指出，还有很多无法确切统计的损失，"调查报告里所报道的损失，只是这场战争所造成生命财产损失总数的百分之一二"。[2] 1938 年 11 月，贝德士在给友人的信中说：日军进城后大肆洗劫财物，并连续焚烧一个半月，烧毁了数千处建筑物，全城有 24％的建筑物被焚毁，1.2万名平民被杀害，而这些杀戮、洗劫与破坏大多与军事行动无关。[3]

　　1938 年夏秋，为了解社会对物品的需求，以制定对应的救济方案，贝德士对农作物及社会情况展开了调查，撰写了《关于南京的一些事实及记录》及《南京农作物调查及经济情形实录》。在贝德士的调查区域内，有 96 户农民，99％的耕地都种上了作物。但因为战事的影响，大量建筑物、牲畜、农业工具、种子被损毁，佃工们各处离散，极大地损害了农作物的产量。其中，大米产量仅有往年的一半。[4] 贝德士指出：至 1938 年 5 月"除了种植蔬菜及少量家庭用品的制造外，本地没有生产"，庄稼的收成前景显得非常黯淡；

---

① 《南京国际救济委员会报告书》，张生等编：《南京大屠杀史料集 12：英美文书·安全区文书·自治委员会文书》，南京：江苏人民出版社，2006 年，第 408 页。

② 姜良芹、郭必强编：《南京大屠杀史料集 15：前期人口伤亡和财产损失调查》，南京：江苏人民出版社，2006 年，第 2 页。

③ 贝德士：《致朋友的传阅函（1938 年 11 月 29 日）》，张宪文、吕晶编：《南京大屠杀真相》（下），南京：江苏人民出版社，2007 年，第 11—12 页。

④ 《南京国际救济委员会报告书》，张生等编：《南京大屠杀史料集 12：英美文书·安全区文书·自治委员会义书》，南京：江苏人民出版社，2006 年，第 408—409 页。

"大路沿线及临近地方的所有建筑物和农具基本上都遭到焚毁或抢劫。金陵大学想靠其位于太平门外的五个农场养活七个劳工都很困难",而且日本士兵还在不停地搜刮掠夺,看到有用的或能吃的东西就全部抢走。① 1938 年 12 月 30 日,《纽约时报》根据贝德士的报告,报道了日军占领下的南京混乱情况,指出:"去年南京地区遭到彻底的抢劫,这个过程还在继续。贫困普遍存在,人们的生活维持在令人痛苦不堪的低水平上","南京 44％的人口处于赤贫状态","至关重要的棉花生产和手工业不景气,以前重要的多产的轻工业也完全绝迹了"。②

作为历史学教授,贝德士敏锐地察觉到沦陷区毒品贸易的不同寻常。当在南京唯一一份官方报纸上看到公然刊登的鸦片广告时,贝德士深感震惊,这种公开的鸦片交易和吸食现象在南京沦陷前从未发生过。③ 鉴于"毒品问题已极为严重",而很多外界友人却表示"从未获悉此事并要求提供信息",贝德士对沦陷后南京毒品贸易情况进行了严谨翔实的调查分析,于 1938 年 11 月将《关于毒品问题的公开信》送交给"某些日本友人",并将其刊载在上海各英文报纸上。

根据贝德士的调查,南京沦陷之前,在中国政府长期禁止管控和教育努力下,"鸦片的使用量甚为微小,海洛因则毫无所知";但在沦陷之后,市政当局和日本人庇护下的商人们大肆贩卖鸦片,有

---

① 《关于南京经济的一些事实及记录》(1938 年 5 月 1 日),章开沅编译:《南京大屠杀史料集 4:美国传教士的日记与书信》,南京:江苏人民出版社,2005 年,第 37—38 页。
② 《历史学家报告南京的混乱》,《纽约时报》1938 年 12 月 30 日,杨夏鸣等编译:《南京大屠杀史料集 29:国际检察局文书·美国报刊报道》,南京:江苏人民出版社,2007 年,第 547—548 页。
③ 《贝茨的证词与回答质证》,杨夏鸣编:《南京大屠杀史料集 7:东京审判》南京:江苏人民出版社,2005 年,第 88—89 页。

数千人从事这种买卖,致使"数以万计的民众上瘾,包括儿童和许多男女青年"。贝德士指出:"现时约有五万人吸海洛因,相当于南京人口的八分之一","日军特务部门与海洛因'半组织'(Semi-Organized)贸易关系密切并加以保护。一位有相当地位的代理人说,特务部门曾有记录,以南京为中心,这一地区的每月贸易额约为 300 万元。有充分的材料证明,此项赢利贸易大部分归日本公司经营,它们表面上经营罐头食品或药品,但在背后经销海洛因"。① 不仅南京如此,北京、汉口等地亦深受其害。据统计,1940 年初,北京有 600 多家得到经营许可的鸦片店,并且还有更多吸食海洛因的人;汉口约有 40 万人,有 340 家得到经营许可的鸦片吸食点,并有 120 家饭店能够合法供应鸦片;广州约有 50 万人,有 852 家合法的鸦片吸食点,以及约 300 家未经登记的鸦片吸食点。贝德士指出,"来自鸦片的 300 万元的收入是维新政府的主要支柱,日本官员和中国官员都声称在目前的情况下,这笔收入是不可或缺的"。② 他怒斥日本军方以毒品买卖"谋取公私暴利"的行为"既愚蠢又不人道",这一"利欲熏心"的卑劣行径"把饥饿、疾病和失望引向通往毁灭的歧途"。③

　　贝德士关于毒品的公开信在国内外迅速引起广泛关注。《申报》发文讽刺日本当局"赖毒物营养为生",这些肆意泛滥的毒品交易就是日本所谓的"东亚新秩序"。④ 1938 年 7 月 31 日,《纽约时

---

① 贝德士:《关于毒品问题的公开信》(1938 年 11 月 22 日),章开沅编译:《南京大屠杀史料集 4:美国传教士的日记与书信》,南京:江苏人民出版社,2005 年,第 42、44 页。

② 《贝茨的证词与回答质证》,杨夏鸣编:《南京大屠杀史料集 7:东京审判》,南京:江苏人民出版社,2005 年,第 91—92 页。

③ 贝德士:《关于毒品问题的公开信》(1938 年 11 月 22 日),章开沅编译:《南京大屠杀史料集 4:美国传教士的日记与书信》,南京:江苏人民出版社,2005 年,第 44 页。

④ 《南京毒物猖獗情况 金大副校长贝资博士之报告》,《申报》1939 年 11 月 27 日,第 6 版。

报》根据"仍旧生活在这座中国前首都的外国人寄送到这里的机密报告",报道了日军在南京公开销售毒品的罪行,指出"南京各条主要大街的货摊上都在公开兜售吸食鸦片用的烟管和烟灯",毒品贩子"在日军的保护下,公开叫卖麻醉品"。① 11 月 27 日,《纽约时报》根据贝德士的报告,公开揭露了日本人操纵南京毒品交易的事实,指出"南京1/8 的人口,即 5 万人正慢慢遭受海洛因的毒害。这些海洛因是由日本人操控的销售网络提供的。这些隶属于日军或与日军结伙的毒品交易商每个月在南京地区至少实现 500 万元的交易额","海洛因交易据说是私下进行的,不过据说日军特务机构与之存在密切的保护关系","南京最大的四个毒品交易商行由日军特务部门直接掌管"。② 12 月 20 日,英国下议院会议中,保守党议员哈斯兰爵士提请政府关注日军占领区内毒品交易泛滥的情况。③ 12 月 23 日,英国下议院会议再次讨论日本非法贩卖毒品之事,认为日本一方面利用毒品交易赚取大量利益,另一方面还将毒品作为"中国人堕落之工具",所作所为与文明国家相去甚远,可谓"毒品随于国旗之后"。④

　　日军占领时期,金陵大学留宁教师以专业的观察视角和人道主义精神,用日记、信件、报告等形式记录和公布日军在南京的罪恶行径,并开展了大量严谨的社会调查研究,其调查结果不仅向外

①《南京公开叫卖麻醉品》,《纽约时报》1938 年 7 月 31 日,杨夏鸣等编译:《南京大屠杀史料集 29:国际检察局文书·美国报刊报道》,南京:江苏人民出版社,2007 年,第 545—546 页。

②《记者 F. 蒂尔曼·德丁致〈纽约时报〉无线电电讯》,《纽约时报》1938 年 11 月 27 日,杨夏鸣等编译:《南京大屠杀史料集 29:国际检察局文书·美国报刊报道》,南京:江苏人民出版社,2007 年,第 546—547 页。

③《各沦陷区内毒氛弥漫》,《申报》1938 年 12 月 21 日,第 6 版。

④《英下院讨论日本毒化中国》,《申报》1938 年 12 月 24 日,第 5 版。

界深入展示了沦陷时期南京城的真实状况,有力配合了国际委员会的救济援助工作,同时也以铁证如山的事实揭露了日本军方在南京沦陷区烧杀掳掠以及发展毒品交易以牟取暴利的卑劣行径,引起国际舆论的广泛关注与谴责。中日战事结束后,作为南京大屠杀期间的重要亲历者,金陵大学教授贝德士、史迈士、威尔逊等作为证人出席了"国防部审判战犯军事法庭"(南京审判)、"远东国际军事法庭"(东京审判),以亲身经历、调查情况为基础,辅以档案信件等文字材料,为起诉日军南京大屠杀罪行提供了强有力的证词,对法庭判决起到了重要的参考作用。

三、金陵学脉在沦陷区的延续

沦陷期间,为积蓄抗战力量、坚定难民的信念信心、保护金大的南京校产,贝德士、陈嵘、齐兆昌等人努力组织难民教育、延续金陵学脉。自 1938 年元旦起,在金陵大学的北大楼组织创办了"金大难民自修团"。截至 1938 年 3 月 12 日,"已成立十六班,每班平均五十人,共计有团员八百余人之多。教员均系义务,学习者颇为踊跃"。[1] 自修团有陈嵘、齐兆昌、顾俊人等 30 余名教师。[2] 课程内容丰富多样,从周一到周六有高级算数、高级日语、高中初级英语、中级日语、初级日语、高中初级国语、初级算数、女子体育、男子体育、唱诗、查经、音乐、劳作、圣经研究会等课程,并且每周日上午

---

[1]《陈嵘给陈裕光的信》(1938 年 3 月 12 日),中国第二历史档案馆藏,私立金陵大学档案,全宗号 649,案卷号 366。
[2]《金大难民自修团教职员名单》,陈谦平等编:《南京大屠杀史料集 30:德国使领馆文书》,南京:江苏人民出版社,2007 年,第 445 页。

10 点至 11 点在金陵大学理学院和大礼堂安排有联合礼拜。① 难民们可以根据自身情况报名参加自修团的相关课程。例如,6 岁的曹瑞林选修的是初级国语、初级算数和游戏课,13 岁的端木培选修的是初级国语、初级英语、初级日语和初级算数,17 岁的毕玉春选修了高级英语、高级国语和初级日语,19 岁的张惠芳选修了高级国语、初级英语、初级日语、体育、音乐和圣经,21 岁的许凤声选修了圣经、中级日语、音乐和体育,36 岁的姜本信选修了高级日语等。② 这些课程不仅用知识充实了难民们的头脑,而且以宗教抚慰了难民们充满创伤的心灵,使他们进一步坚定生存的信念和奋斗的信心。

1938 年秋,金大难民自修团改为金陵补习学校,贝德士为名誉校长,陈嵘全面主持各项工作。金陵补习学校设在金陵大学的校园中,以"指导失学青年,补习各种基本学科"为宗旨,招收 15 至 35 岁的学生,授课内容主要是国文、算学、英文等基本学科,分为高、中、初三级,高级约为高三的程度,中级约为高一、高二的程度,初级为初中程度。此外,在金大留宁教师们的努力下,还开办了另外几所学校:金陵工读学校,设在金陵大学农具工厂原址,以"训练青年取得应用技能"为宗旨,招收 15 至 19 岁男生,授课内容主要是木工、金工、电工、瓦工、漆工等科目,并辅以国文、算学、珠算及簿记等应用常识;金陵耕读学校,设在金陵大学蚕桑系原址,以"耕读并重养成农业生产人才"为宗旨,招收 16 至 19 岁男生,授课内容主要是蔬菜、果树、稻麦、棉作、造林、蚕桑、畜牧、农业经济、科学常识、

---

① 《金大难民自修团课程表》(1938 年 3 月 29 日),陈谦平等编:《南京大屠杀史料集 30:德国使领馆文书》,南京:江苏人民出版社,2007 年,第 444 页。

② 《金大难民自修团学生名单》,陈谦平等编:《南京大屠杀史料集 30:德国使领馆文书》,南京:江苏人民出版社,2007 年,第 446—454 页。

国文、算学等课程,并且农场工作报酬可以用来充当膳宿费;金陵小学,设在金陵大学农业专修科原址,以"健全之国民教育"为宗旨,招收小学前后的男女学生。① 此外,还在鼓楼教堂为老年人提供识字课程。②

1939 年 8 月 5 日,金陵补习学校第三期课程结束。根据各教会的教育会议决议,特请金陵补习学校担负开办中学的重任。齐兆昌在给陈裕光校长的信中报告称:"嗣以诸多不便,仍用补习学校名义于九月间继续开办,并按照法定学期制度,特将学期延长。各年级课程亦按照中学编列加以扩充,每课程给予学分,使来学者将来可以升学或转学。即名义上为补习学校,而实际上则授以中学课程也。此次并不出广告。"③由此,金陵补习学校一直秘密教授中学课程。直至 1940 年下半年,才更名为"鼓楼中学",仍为美国教会主办,陈嵘担任校长,齐兆昌担任总务主任。④

1941 年 12 月 7 日,太平洋战争爆发,贝德士等金大外籍教师被迫撤离南京。金陵大学南京校区的全部校产被伪中央大学接收,"仪器设备,抢运一空。伪中央大学在敌伪指示下,奉令接办,农学院仍设原址,理学院扩充为理工二院,'北大楼'现改名为'中大楼',设有文,法,商,教四学院,大楼后东北角上新屋一座为新设之医学院,大礼堂照旧"。西迁至成都的金大师生闻此痛心疾首,

---

①《本校留京办事处举办之各种教育事业》,《金陵大学校刊》1939 年 3 月 3 日,第 5 页。

②《史德蔚日记选译》(1938 年 12 月 10 日—1940 年 3 月 23 日),章开沅编译:《南京大屠杀史料集 4:美国传教士的日记与书信》,南京:江苏人民出版社,2005 年,第 299 页。

③《齐兆昌给陈裕光的信》(1939 年 7 月 20 日),中国第二历史档案馆藏,私立金陵大学档案,全宗号 649,案卷号 366。

④ 黄建伟、曹露主编:《知识界的抗争》,南京:江苏人民出版社,2015 年,第 80 页。

叹道:"南京母校,已全部沦在敌伪的统制之下,西迁六年,寄人篱下,东望白云天,何日重返旧家园?"①

此时,为保护金大西迁时未能搬走的重要物资和珍贵校产,"使沦陷区的失学青年有书可读",陈嵘、齐兆昌等人仍在南京沦陷区苦苦坚持,将"鼓楼中学"迁至"金陵中学"校舍,更名为"私立同伦中学"。在日方提出"帮助中国建立'大东亚共荣圈'""增设日语课"等要求时,陈嵘等人也苦心周旋,"要求日方不得损坏金陵大学及其附中的所有校产,不得干扰学校正常的教学秩序,确保师生安全",尽可能地维持教育工作。直至 1945 年 8 月日本无条件投降,"私立同伦中学"才得以恢复"金陵中学"的校名。②

表 2　金陵大学损失情况表(1937 年 12 月)

损失项目	单位	数量	损失价值(元)	损失原因	损失地点
校舍	11 幢	1.9%	75 649.07	日军占领	南京市
宿舍	4	2.6%	30 415.66	日军占领	南京市
教职员住宅	27	9.3%	135 292.21	日军占领	南京市
附中校舍	8	2.1%	45 310.00	日军占领	南京市
图书馆	1	6.7%	75 698.52	日军占领	南京市
农场房屋	94	100%	132 689.07	日军占领	南京市城外
农场器具	1 160	100%	71 327.83	日军占领	南京市城外
棉花及种籽	1 050担 39 236株	100%	150 095.70	日军占领	南京市城外
树苗	1 700亩 340 000株	100%	2 720 000.00	日军占领	青龙山

　　资料来源:《抗战损失财产目录表》(1937 年 12 月),中国第二历史档案馆藏私立金陵大学档案,全宗号 649,案卷号 19。

---

① 《敌伪强占下之南京母校校园》,《金陵大学校刊》1944 年 6 月 1 日,第 6 页。

② 黄建伟、曹露主编:《知识界的抗争》,南京:江苏人民出版社,2015 年,第 80—82、122 页。

表 3　金陵大学难民收容所损失情况表(1938 年 5 月 1 日)

场所	闯入次数	日军盗走金大财物(元)	盗走金大员工的财物(元)	盗走金大难民的财物(元)	造成损害(元)	抓走男子	强奸妇女	其他暴力	扯毁国旗
主校区	175	1 500	30	200	200	2	5	殴打 5 次	
图书馆	200		10	700	100	200	25	刀刺 1 次；殴打 15 次	
女生宿舍	100			800	50	6	4		
花园	120	2 360		300	30	3	6		
商店和农学院	40	100	100	150			3		
小桃园	80	70	500	1 000	150	5	36		2
附中	240	300	200	2 500	60	48	44	杀死成人 3 人，儿童 2 人	1
蚕桑学校	150			1 200		140	80	刀刺 7，殴打多人	
乡村干部培训学校	120	3 300	200	800		235	55	殴打多人	1
美国人寓所(15)	160		8 000	1 500	50	2	7		1
中国人寓所(37)	300		1 600	2 500	300	3	25		2
大学医院	35		450	200	150	13			
总计:	1 720	7 630	1 109	11 850	1 090	647	290		7
此外,1938 年 1 月 2 日、3 日,日本兵烧毁了金大农场价值约 23 000 元的财产。									

资料来源:《关于南京经济的一些事实及记录》,章开沅编译:《南京大屠杀史料集 4:美国传教士的日记与书信》,南京:江苏人民出版社,2005 年,第 39 页。

表4　金陵大学战时损失调查表(1946 年)

类别	损失	每册平均估价	总价值
中文书	21 353册	5 000元	106 765 000元
西文书	4 373册	4 美元	17 492美元
中文杂志	10 492册	1 000元	10 492 000元
西方杂志	10 733册	2 000元	21 466 000元
中文小册	10 508册	1 000元	10 508 000元
西方小册	16 469册	2 000元	32 938 000元
全部校舍	2 999 000.00元(约908 786.00美元)		
全部设备	1 479 500.00元(约448 333.00美元)		
林场	10 200 000.00元(约3 090 909.00美元)		
* 此表数据系根据 1937 年的市场估值计算。			

资料来源:《私立金陵大学战时文物损失调查表》,《南大百年实录》编辑组编:《南大百年实录》(中卷),南京:南京大学出版社,2002 年,第 358—359 页。

　　如表2、表3、表4所示,抗战时期金陵大学有大量珍贵书籍、重要设备、农场农具、作物种籽、校舍房屋等在战争中被损毁,但在金陵大学留宁教师的努力规划和多方交涉下,金陵大学的南京校园总体得到了很大程度的维系和保护,受损情况相对控制在一定范围内。1946 年,金陵大学从西部回宁复校之时,虽然由于战争的不可抗因素使校园各建筑内部多面目全非、凌乱破损,但"全部校舍在表面上并无损失",尤其是北大楼(文学院)、理学院、农学院、新图书馆等处保存得尤为完好,从外部看来"门窗齐全,完整如初",为战后金陵大学的教育发展奠定了较好的基础。[1] 并且,战时组织的难民教育有力提升了南京市民的文化水平,对战后首都重建和

①《本校南京校产接收就绪》,《南大百年实录》编辑组编:《南大百年实录》(中卷),南京:南京大学出版社,2002 年,第 79 页。

南京教育事业发展贡献良多。

南京沦陷期间,金陵大学留宁教师群体目睹了日军进城后的恐怖罪行,在宗教救世情怀和人道主义情感的驱使下,他们奋不顾身地挺身而出,从传道授业的教书育人者转为大爱无疆的难民守护者,"在极端危险中手无寸铁地为人们的生命战斗",甚至"在奋斗中舍去周围的一切,包括家庭生活",即使面临生命危险仍坚持"捍卫真理与人道",多次从日军手中救出无辜民众,成为维护南京局势、争取国际支持的重要力量。① 而日军对美国等西方大国势力的忌惮,也为金大留宁教师救助难民的种种举措提供了实施的可能。甚至部分日本官员曾建议在宁传教士们"设法在日本公布事态真相,以便利用公众舆论促使日本政府管制军队"。② 如果没有这群勇敢善良的传教士,很难想象日军占领下的南京会是怎样的情景,也许正如有人所说:"使中国人免遭彻底毁灭的惟一原因,就是南京有为数不多的十几位外国人。"③

金大留宁教师群体坚信"在残酷与贪婪席卷世界的浪潮中","人性的价值,人的生命的需要和耶稣显示的景象,从未变得暗淡",他们在满城的烧杀劫掠和残垣断壁中仍坚持对和平的向往,在日军的威胁恐吓面前秉持"不要被邪恶征服"的信念,坚信"有大

---

① 《致朋友的传阅函(1938 年 11 月 29 日)》,章开沅编译:《南京大屠杀史料集 4:美国传教士的日记与书信》,南京:江苏人民出版社,2005 年,第 50—51 页。

② IMTFE(International Military Tribunal for the Far East)EXHIBIT NO. 328,RG238,Entry 14,BOX 137,Location:190/10/21/03. National Archives II of USA,Maryland. 转引自张生等著:《南京大屠杀史研究(增订版)》(下),南京:凤凰出版社,2015 年,第 571 页。

③ 张连红、杨夏鸣、王卫星等编译:《南京大屠杀史料集 14:魏特琳日记》,南京:江苏人民出版社,2006 年,第 155 页。

量的爱,即使在毫无希望的粗暴与令人沮丧的地方也可发现"。①
他们不畏日军的威胁恐吓,积极促成南京安全区的成立,并利用属
于美国产业的金大校园保护和救助了大量难民,通过各种渠道协
调食物、药品、被服等,坚决守护沦为难民的无辜百姓;带领难民们
自学自修,设法维持金陵中学的办学工作,在战火中坚持延续教育
发展和学脉传承,以知识学习提升难民们的素质能力,以宗教精神
抚慰难民们内心的伤痛,为国家抗战、建设积蓄力量;开展了大量
严谨的调查研究,其调查结果不仅有力配合了国际委员会的救济
援助工作,也向外界展示了沦陷时期南京城的真实状况,揭露了日
本军方在沦陷区四处烧杀掳掠、发展毒品贸易以谋取暴利、扩大侵
略的卑劣行径;通过日记、信件、报告、新闻稿等方式设法将日军暴
行公之于众,在国际社会引起强烈反响,对南京局势发展和战后日
本战争罪行的审判起到了积极正面的作用。战争虽已结束,而这
些难民守护者们的历史贡献将被世人永远铭记。1948 年元旦,为
表彰贝德士、史迈士、林查理等人"在抗战京沪沦陷时期,不避艰
难,留居南京,举办难民安全区,救护难民,厥绩至伟",国民政府
"明令各授给襟绶景星勋章一座,以奖勋劳",②齐兆昌等人亦被授
予"胜利勋章"。③

　　作为一所著名的教会大学,战时的金陵大学留下了诸多值得
纪念的历史。当随着国府西迁的师生在大后方艰苦的条件之下,
继续努力,赓传薪火,为抗战贡献力量之时,金大留宁人士尤其是
外籍教师则以另外一种努力,在践行着国际人道主义精神,从"育

---

① 《致朋友的传阅函(1938 年 11 月 29 日)》,章开沅编译:《南京大屠杀史料集 4:美国传
　　教士的日记与书信》,南京:江苏人民出版社,2005 年,第 51 页。
② 《史迈士等三教授荣膺景星勋章》,《金陵大学校刊》1948 年 4 月 15 日,第 1 页。
③ 李伶伶:《平民建筑师:齐康传》,南京:江苏人民出版社,2012 年,第 66 页。

人"转向"爱人"。而在此之中,不应忽视贝德士等人作为金大教师身份的内外影响。实际上,教会大学教师的职业形塑无疑也是其积极修为的重要推动因素。当然,他们勇敢积极的作为亦彰显了金陵大学在沦陷区的作用与影响,一起成为战时中国教会大学弦歌不辍的重要象征。

第三章　抗战时期金陵大学的组织管理

　　自 1927 年向国民政府申请立案注册,金陵大学等教会大学迎来了发展史上最重要的时期,在接下来的十年中"在质与量上为长足之进步",逐步发展成为"包含多科设备完善之大学"。至抗战全面爆发前,"基督教大学总数占全国大学总数约为百分之十二,学生亦为全国大学学生百分之十二;而基督教大学设备,经费,图书等之百分比皆远过此数,可知基督教大学在设备经费图书上皆占优势"。[1] 1937 年上海沦陷、南京危急,金陵大学被迫举校西迁至四川华西坝,在华西协合大学的帮助下在抗战大后方重建校园。为适应战争背景下的新局势、新需求,更快地与抗战大后方的环境相融合,更好地发展特殊历史时期的教育事业,金陵大学根据战时的发展情况,进一步精简与调整行政机构设置,不断提升行政效率,同时,从治校方略、学科设置、课程安排等方面开展了一系列调整工作,在教学科研中更加强调服务国家战略需求、服务当地社会发展的目标,重视对学生应用实践能力的培养与锻炼。陈裕光校长曾在 1942 年对毕业生们说道:"抗战以来,于今五

---

[1] 谭天凯:《基督教大学在吾国高等教育中之地位》,《教育季刊》第 13 卷第 4 期,1938 年 1 月。

载,诸君离校,正国家需人殷切之时。将如何报效于国家民族乎？如能形于此时为抗建尽力一分,则他日回忆中定多一分安慰。若徒为求名,可以扬名;求利,可以致富,富可以攫高位、握大权;世虽有'君子疾没世而名不称'之言,但见利忘义,世之所嗤,声闻过人,君子耻之。易曰:'忠信所以进德也,修辞立其诚,所以居业也'。孔子曰:'言忠信,行笃敬',心无不尽之谓忠;言无不实之谓信,忠信者,诚也。王阳明曰:'昔之君子,盖有举世非之而不顾,千百世非之而不顾者,亦求其是而已。岂以一时之毁誉,而动其心哉'。求是者,真也。书曰:'业广为勤'。韩昌黎曰:'博爱之为仁'。本校之校训'诚、真、勤、仁',诸君闻之稔矣,离校后幸毋忘之。"①在陈裕光校长的领导下,这种服务国家、服务抗战、服务社会的精神始终贯穿于金陵大学战时各项方针政策之中,从行政机构的调整到治校方略的转变,无一不彰显着金陵大学与国家同呼吸共命运的坚定态度。

第一节　行政机构的战时调整

一、战前行政管理架构及其影响

金陵大学的行政机构在 1949 年之前共经历了三次较大的调整,第一次是 1910 年由汇文书院和宏育书院组建成立金陵大学。第二次是在 1927 年"南京事件"的冲击及新成立的南京国民政府的压力下,金陵大学对组织架构进行了改组,而后直至抗战结束,金陵大学的行政管理体系一直相对较为稳定。第三次则是为了适应战后新局势,于 1945 年 6 月在美国成立了中国基督教大学联合董事会(The

---

① 陈裕光:《赠本届毕业同学》,《金陵大学校刊》1942 年 6 月 29 日,第 1—2 页。

United Board for Christian Colleges in China)，由福建、金大、华南、华西、金女大和燕京六所教会大学的托事部(创始人会)组成，取代了金陵大学原有的创始人委员会的职能。① 本节将重点探讨第二次改组调整之后金陵大学的机构设置及战时的变化与发展。

金陵大学组建之初的办学宗旨是"培养教徒领导人"，"在基督教的影响下发展中国高等教育"。② 1927 年改组后，金陵大学的办学宗旨发生了较大的改变，即："在南京保持一所由基督教会主办的、宗教信仰完全自由的私立高等学校。该校须提供最高水平的教育质量，促进社会福利事业，提高公民的理想和服务社会的能力，按照本校的基督教精神造就人才。"③可以看出，改组后的金陵大学在办学目标上有着明显的"世俗化"转变。

改组后的机构设置情况如下表所示，金陵大学的最高决策机构由创始人委员会（Board of Founders）、校董会（Board of Directors)及各项委员会共同组成。创始人委员会拥有金陵大学校产的所有权，负责保管金陵大学的基金，内部组织架构延续之前的托事部(Board of Trustees)。校董会"有权批准建立新的系科；批准学校开设的课程；选举任命校长和司库；任命学校行政人员和教学人员；决定由创建会支付工资的人员以外的其他教职工的工资数目；提供合适的校舍和办公教学设备；根据学校的财政预算，决定学费的金额，并通过学校的行政管理机构按预算收纳和分配

---

① 肖会平：《合作与共进：基督教高等教育合作组织对华活动研究(1922—1951)》，济南：山东教育出版社，2009 年，第 118—120 页。

② Twenty-fifth Meeting of the Board of Managers of the University of Nanking，July 12，1927，UBCHEA Archives，Microfilm，Reel 58. Box 192. Folder 3340.

③《金陵大学校董会章程》，《南大百年实录》编辑组编：《南大百年实录》(中卷)，南京：南京大学出版社，2002 年，第 133 页。

学费；负责为学校提供足够的师资力量和办学经费以及执行有利于提高学校管理效率的其他职责"，"有权和创建者委员会签订协议，包括进行校产租赁问题的谈判。在校长和教员会的推荐下，校董会可根据中华民国的有关条例授予学位，并向创建者委员会推荐获得美国学位的人选。它有获得和掌握校产的权利，包括在中国募集的捐款"。[①] 改组后的校董会成员中，中国籍校董占 2/3 以上。校董会"不再是创始人会在华的执行机构，而是成为最高校务立法和审议机构"，"拥有真正控制权"。[②]

表5　金陵大学组织系统表

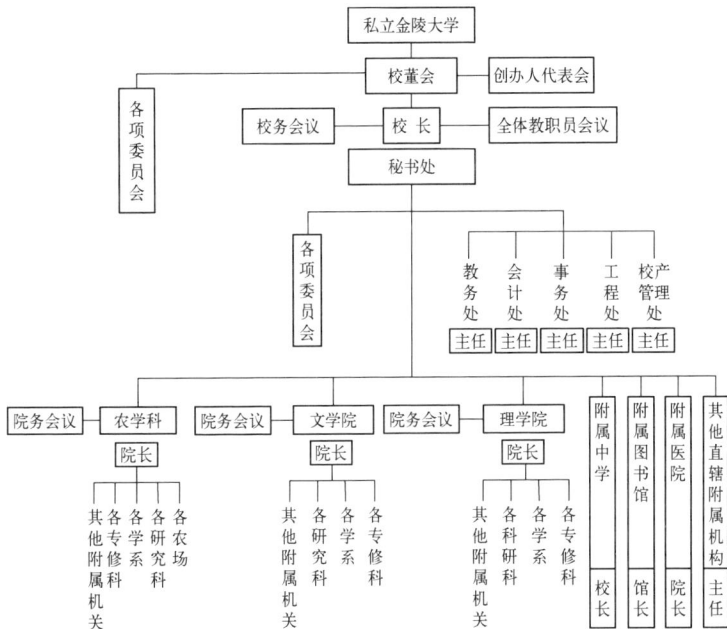

资料来源：《金陵大学组织系统表》，《南大百年实录》编辑组编：《南大百年实录》（中卷），南京：南京大学出版社，2002年，第145页。

---

① 《金陵大学校董会章程》，《南大百年实录》编辑组编：《南大百年实录》（中卷），南京：南京大学出版社，2002年，第134页。

② 蒋宝麟：《金陵大学大学治理结构述论》，南京大学博士后出站报告，2016年，第22页。

根据《金陵大学总章程》，"校长是学校的最高行政人员，在学校的各种事务中代表校方，对学校的财产和事务行使一定的监督权。他提出学校各科的教员、教育和行政管理人员的人选，由校董会任命，并要求上述人员圆满地完成他们的职责。他是学校所有教员会的成员，出席各教员会的会议时将主持这些会议。在理由充足并和校顾问委员会商议过的情况下，他可暂令他所负责的学校行政人员和公务员停职，并将处理情况在下一次校董会会议上报告"。① 改组之后，受到校董会的权力制约及宗教势力的掣肘，校长的职权实际受到很大程度的削弱。正如陈裕光校长所说："名义上中国人当了校长，实权，尤其是经济大权，依然掌握在美国教会手中。我这位中国校长，几乎很少过问。"② 然而，陈裕光校长"代表着中国籍教职员在校内的话语权，这是一股新的力量。而这股力量加强了金陵大学相对于西方差会的自主性和本土化"。③ 抗日战争全面爆发后，随着在校外籍校董的减少及战事对交通的影响，校长所代表的中国籍教员的话语权不断提升，华人校长陈裕光在迁校及战时办学重要决策中发挥了重要作用。

二、战时行政机构的精简与调整

抗战爆发后，多数校董离开南京，前往上海及国外，校董会无法正常召开。为维持战时办学发展，1938 年 1 月，西迁至成都的金陵大学成立了"校董会非常时期执行委员会"，代为履行校董会的

---

① 《金陵大学总章程》，《南大百年实录》编辑组编：《南大百年实录》（中卷），南京：南京大学出版社，2002 年，第 139 页。

② 陈裕光：《回忆金陵大学》，金陵大学南京校友会编：《金陵大学建校一百周年纪念册》，南京：南京大学出版社，1988 年，第 14 页。

③ 蒋宝麟：《金陵大学大学治理结构述论》，南京大学博士后出站报告，2016 年，第 24 页。

职责。成立之初,组成人员是校长陈裕光、会计主任毕律斯特、美以美会代表沃德主教、浸礼会代表戴谦和(Daniel S. Dye)和同学会代表戚寿南。①

　　1939年3月,国民政府第三次全国教育会议指出,1929年7月颁布的《大学组织法》《专科学校组织法》及1929年8月颁布的《大学规程》《专科学校规程》等规定中均未对大学行政组织作详细规定,"各校现行组织,大都由各校自行拟定,因此组织未尽健全,名称亦多分歧,以致影响行政效率",因此做出"规定专科以上学校行政组织系统以健全学校机构"的决议,"划一各校行政组织,并使灵活运用,以增进效率"。随后,国民政府教育部于5月16日颁布了《大学行政组织补充要点》《独立学院及专科学校行政组织补充要点》,对大学、独立学院、专科学校的行政组织机构的设置与管理做了明确规定:

　　一、大学教务、训导、总务三处,分别设教务长、训导长及总务长各一人,秉承校长分别主持全校教务、训导及总务事宜。教务长及总务长均由教授兼任,训导长及训导员资格俟呈请中央核定后另行公布。

　　二、教务处得分设注册、出版等组及图书馆,各组及图书馆各设主任一人及组员或馆员若干人。

　　三、训导处得分设生活指导、军事管理、体育卫生等组,各组设主任一人,并分别设训导员、军事教官、医士、护士及体育指导员若干人。大学各学院如因距离辽远,得呈准设立训导

① Minutes of the Emergency Executive Committee, March 15, 1938; Minutes of the Emergency Executive Committee, May 16, 1938,中国第二历史档案馆藏,私立金陵大学档案,全宗号649,案卷号2310。

分处,各分处得设主任一人。

四、总务处得分设文书、庶务等组,各组设主任一人及组员若干人。

五、大学设会计室,置会计主任一人,佐理员及雇员若干人,由国民政府主计处任命,依法受大学校长之指挥,办理本校岁计会计事宜。

上项会计人员之任用办法,省私立大学暂不适用。

六、大学校长室得设秘书一人。

七、大学农学院附设农场林场,工学附设工厂,及医学院附设医院,得各设主任一人,须由教授或副教授兼任,分别秉承各学院院长掌理各该场厂及医院事务,并分别设技术员、事务员及护士等各若干人。

八、大学设校务会议,以全校教授、副教授所选出之代表若干人(每十人至少要举代表一人)及校长、教务长、训导长、总务长、各学院院长、各系科主任、会计主任组织之。校长为主席,讨论全校一切重要事项。

前项会议,校长得延聘专家列席,但其人数不得超过全体人数的五分之一。

九、大学设教务会议,由教务长、各学院院长、各系科主任及教务处各主管主任组织之。教务长为主席,讨论一切教务事项。

十、大学设训导会议,由校长、训导长、教务长、主任导师、全体导师及训导处各组主任组织之。校长为主席,讨论一切训导事宜。

十一、大学设总务会议,由总务长及总务处各组主任组织之,总务长为主席,讨论一切关于总务事项。

十二、大学设图书出版及其他各种委员会，其章程由各校拟订后，呈报本部备案。①

根据国民政府教育部的要求，结合西迁后的实际发展情况，1940年3月金陵大学对学校行政架构进行了调整，设教务、训导、总务三处，训导长由陈裕光校长兼任，"下设生活指导军事管理体育卫生及奖贷金等四组，各组设主任一人及训导员军事教官及其他组员若干人"；女生生活指导委员会主席由杨效让担任；教务长由柯象峰担任，"下设注册成绩及新生训练等三组，各组设主任一人及组员若干人"；秘书处、事务处合并为总务处，设总务长一人，由倪青源担任，"下设文书事务人事出版等四组，各组设主任一人及组员若干人"；会计室"设会计主任及副主任各一人，又出纳员助理员各若干人"；校长室"设秘书一人"；理学院增设一名副院长，由李方训担任。② 改组后的学校行政组织结构更加精简，"尽可能把经费用到教学上，在行政管理上真正做到'精兵简政'"。③ 有校友回忆称：

> 规模如此大的学校，管理人员，校长仅裕公一人，校长办公室仅设一人。教务长仅柯老一人；图书馆长亦仅一人。每逢开学，教务处注册组及总务处事务组亦仅二三人应付，成效卓著。教务处注册组仅二人，一人是组长，一人是组员。学籍组仅一位女组长，因为我转学时，核定学分，只见到此组长老

---

① 《大学行政组织补充要点》，中国第二历史档案馆编：《中华民国史档案资料汇编》（第5辑第2编教育1），南京：凤凰出版社，1998年，第699—700页。

② 《本校改组行政系统健全大学行政机构》，《金陵大学校刊》1940年3月10日，第2页。

③ 许厥明：《母校鸿爪》，金陵大学南京校友会编：《金陵大学建校一百周年纪念册》，南京：南京大学出版社，1988年，第354页；《五十五年来之金陵大学》，1943年，第4页。

师,她为人十分和蔼,对学生并不以"权威"自居,而是商量态度,但又坚持原则。训导处我只见马老师,和蔼可亲,好象照管自家儿女似的。事务组只有陈老师带了几个工友而已。如此机构,真乃精兵简政,经费当然用到教学上去了。①

抗战时期,金大校级重要决策会议及机构主要有:

(一)校务会议。由校长、教务长、训导长、总务长、会计主任、各院长、各系科主任及全体教授、副教授推选代表六人组成,以校长为主席,讨论全校一切重要行政事宜。② 校务会议的讨论事项主要有:关于各院系设立废止及变更的建议事项、关于建筑及设备的建议事项、议决关于学校的纪律事项、议决关于本校规则之制定废止及变更、议决校长交议事项及各院务会议提议或请求审议事项及关于校内其他各重要事项。③

(二)教务会议。由教务长、各学院院长、各学院教授代表六人及教务处各组主任组成,以教务长为主席,讨论一切教务事宜。

(三)训导会议。由校长、训导长、教务长、全体导师及有关各组主任组成,以校长为主席,讨论一切训导事宜。

(四)总务会议。由总务长及总务处各组主任组成,以总务长为主席,讨论一切关于总务事宜。

(五)另设研究委员会、出版委员会、社教推进委员会、奖贷金委员会及其他各种委员会,委员人选均由校务会议决定。

此外,金陵大学有两个附属机构:在南京的鼓楼医院和在万县

① 许厥明:《母校鸿爪》,金陵大学南京校友会编:《金陵大学建校一百周年纪念册》,南京:南京大学出版社,1988年,第354页。
②《五十五年来之金陵大学》,1943年,第4页。
③《私立金陵大学组织大纲》,金陵大学秘书处编辑:《私立金陵大学一览》,1933年,第13页。

的附属中学。①

总体来说，抗战时期金陵大学的顶层管理机构主要是由创始人委员会、校董会非常时期执行委员会及校务会议、教务会议、训导会议等各项委员会共同组成。由于战时交通不便，西方差会的影响力在无形中被削弱，金陵大学相关办学事务主要由成都方面的校董会非常时期执行委员会及各委员会负责，陈裕光校长在各项事务的决策中占据重要地位，主动配合战时国家发展需求、西部地区经济发展需要，充分发挥金陵大学在教育科研等方面的优势，在国家抗战、社会发展与边疆建设中发挥了重要而积极的贡献。

第二节　治校方略的战时变化

一、"三一制"教育方针

金陵大学"三一制"办学传统最早在农林学专业实行。时任农林科科长的芮思娄学习美国康奈尔大学农学院的教学、科研、推广三合一制度，强调农林学发展要从中国的实际情况出发，要将教学科研工作的成果应用推广到实际工作之中。因此，金陵大学农学院很早就建设了较为完备的科学实验室、实验农场等实践基地，并通过举办农林展览、培训教育等方式积极将改良作物及新的种植方法等科研成果推广应用，对提高农作物的产量与质量起到了较好的效果。

陈裕光校长上任之后，鉴于"金大对于人文、社会、自然科学的教学以及德、智、体诸育的结合是比较扎实的，但是，对于科学的教

---

① 《五十五年来之金陵大学》，1943年，第4—5页。

育方针的认识和实施,还要加强和普及",对金陵大学治校方略进行了一系列的调整与完善,在农学院三合一制度的基础上形成了独具特色的"理论、实际、研究的三足鼎立与有机统一"的"三一制"办学模式和民主共和的治校理念。陈裕光校长说:"学以致用是我国先儒的一贯说法,本校也素常注意这一点。"①"三一制"办学模式也是对传统教育思想的传承与发扬。在陈裕光看来,理论、实际与研究三者"扎根形成鼎立之势,却又绝不是独立的,很重要的还是三者之间保持着相互通力协作的密切关系。它们磨合修改,彼此补充,相互加强,循环往复,永不停息地向前推进着",称之为"三一制"是因为"它们有既是三而又是一的三位一体的特殊状况","反映了科学发展前进的历程",故而称之为"科学的教育方针"。② 对此,陈裕光校长曾回忆称:

> 立案后,我本着革新的精神对学校的行政管理及教学,进行了一些调整与改革,以适应我国国情。主要是贯彻科学精神,实行教学、研究、推广的"三一制"(即三结合)。重视发扬"共和"精神,如成立校务会常务委员会,10 多位常委几乎每周有一二次集会,讨论、研究校务,并对各项重大措施制定决策。这种共和精神,体现在学校的各个方面,包括学生自己选课方面的学分制,它是金大师生长年累月积聚起来的一种精神力量,是推动金大不断前进的主要因素。概而言之,即爱国主义思想、学术自由思想。……在此时期,教学方针强调学以致

---

① 《陈校长讲教育的整个性》,《金陵大学校刊》1940 年 3 月 10 日,第 1—2 页。
② 陈裕光:《关于回忆稿的主要修改意见》(庚),手写稿,1986 年,原件存陈佩结处。转引自王运来:《诚真勤仁 光裕金陵——金陵大学校长陈裕光》,济南:山东教育出版社,2004 年,第 203、205 页。

用,学用一致,亦即"研究高深学术,养成专门人才,适应社会需要"。①

　　金大的民主与自由精神,在学校行政方面,以民主办学和自由地开展学术讨论为基本精神……自由是指在学术上可以完全自由讨论。教师可以各行其志,研究他认为值得研究或他感兴趣的课题,没有是否完成任务的"硬杠杠",也没有不能研究的"学术禁区"。②

在这一教育方针的基础上,金陵大学秉持"求学本旨,再求致用,培育人才,服务社会"的办学宗旨,倡导"以研究为教学之基础,服务为教学之实践""研究、教学、服务三者,成一联系,未尝偏废"的办学思想,逐步形成"教学、科研与推广三结合"的治校方略。③这一办学方针在抗战时期得到进一步的发扬,在陈裕光的领导下,金陵大学不仅重视学校自身的发展建设,同时亦强调学校与国家社会之间的联系,鼓励师生关心社会民生、开展社会实践、将科研成果推广运用到实际之中,积极为抗战、建设与国家社会发展做贡献。

沙兰芳对金陵大学"三一制"办学模式及其社会影响力做了进一步的总结,指出:"其一,教育。针对实况研究所得资料进行教学,使培养的人才结合实际。其二,研究。分调查研究,采集研究,

---

① 陈裕光:《回忆金陵大学》,金陵大学南京校友会编:《金陵大学建校一百周年纪念册》,南京:南京大学出版社,1988年,第14—15页。
② 陈裕光:《关于在金大时期的特殊情况》,手写稿,原件存陈佩结处。转引自王运来:《诚真勤仁 光裕金陵——金陵大学校长陈裕光》,济南:山东教育出版社,2004年,第208—209页。
③ 王运来:《诚真勤仁 光裕金陵——金陵大学校长陈裕光》,济南:山东教育出版社,2004年,第205—206页。

试验研究。或专题论述或一般探讨。有长期的,也有短期的。研究成果,由受过严格训练之人员进行推广,一般均能适应实际需要;如在推广中发现问题,再进行研究,研究所得,复用于教学与推广。此种研究、教学、推广三位一体制,相互联系,缺一不可。实践证明,它具有很大优越性。实行三位一体的教学制度,是金陵大学取得卓越成就的重要原因之一。毕业学生既有真才实学,又具有刻苦耐劳精神,服务社会,自然会获得国内外人士之好评。"①

二、经世致用的办学转向

抗战爆发后,金陵大学内迁成都华西坝,战局的压力、境况的迁变、国家的存亡、自身的发展,这些因素都迫使金陵大学在办学思路上必须尽快做出调整,以更趋于实际的合理办学方向,适应战时社会发展的需要。1939 年 4 月,在香港召开的中国教会大学校长联席会议上重点讨论了"国家危机时期的政策""长期的应急调整与重建"两项议题,来自内地的 12 所教会大学校长一致表示:"我们认为应当维护基督徒的品格、学术自由和对国家忠诚,尤其是在国家处于危机时期。我们要坚定庄严的信念:为保护这些权利做出任何牺牲都是值得的。"②可见,全力支持国家抗战已成为中国教会大学校长的普遍共识。为支持国家抗战、社会发展、服务大后方建设,金陵大学陈裕光校长对办学思路做出了一系列的调整部署。

---

① 沙兰芳:《陈裕光校长》,金陵大学南京校友会编:《金陵大学建校一百周年纪念册》,南京:南京大学出版社,1988 年,第 143 页。
②《中日战争对美国在华教育和慈善事业的影响》,章开沅、马敏主编:《基督教与中国文化丛刊》(第 3 辑),武汉:湖北教育出版社,2000 年,457 页。

表6 在蓉时期金陵大学院、系、科、所(部)设置表

校长陈裕光	文学院 院长： 刘国钧	1. 中国文学系	主任	高文
		2. 外国文学系	主任	芳卫廉(Wiliam P. Fenn)
		3. 历史学系	主任	王绳祖
		4. 哲学系	主任	蔡乐生(兼) 倪青源
		5. 政治系	主任	倪惠元 (后并为政治经济系)
		6. 经济系	主任	
		7. 社会系	主任	柯象峰(兼)
		8. 国文专修科	主任	高文(兼)
		9. 文科研究所史学部	主任	刘国钧(兼)
		10. 图书馆专修科 *	主任	刘国钧(兼)
		11. 神学系	主任	郭牧师
	理学院 院长： 李方训 魏学仁	1. 数学系	主任	余光烺
		2. 化学系	主任	戴安邦
		3. 工业化学系	主任	杨同德
		4. 物理系	主任	许国梁 戴运轨
		5. 动物系	主任	范谦衷
		6. 植物系	主任	陈纳逊(Nelson Chen)
		7. 电机工程系	主任	杨简初
		8. 理科研究所化学部	主任	戴安邦
		9. 电化教育专修科 *	主任	孙明经
		10. 汽车专修科 *	主任	杨简初
	农学院 院长： 章之汶	1. 农艺系	主任	郝钦铭 靳自重
		2. 森林系	主任	朱惠方
		3. 农业经济系	主任	孙文郁 应镰耕
		4. 园艺系	主任	胡昌炽
		5. 农林生物系	主任	焦启元 陈纳逊

校长陈裕光	农学院 院长： 章之汶	6. 植物病理系	主任	魏景超
		7. 农科研究所	主任	孙文郁（兼）
		8. 农经学部*	主任	孙文郁（兼）
		9. 农艺学部*	主任	郝钦铭（兼）
		10. 园艺学部*	主任	章汶才
		11. 植物病理学部*	主任	魏景超（兼）
		12. 农业教育系*	主任	章之汶（兼）
		13. 农业职业师资科*	主任	辛润棠
		14. 农业专修科*	主任	陈骥　单寿父
		15. 蚕桑系	主任	单寿父

注：带 * 者为在蓉时期发展的单位。

资料来源：《南大百年实录》编辑组编：《南大百年实录》（中卷），南京：南京大学出版社，2002年，第87页。

　　如上表所示，金陵大学根据战时国家发展需求，对系科进一步充实调整，增设了图书馆专修科、电化教育专修科、汽车专修科、农业专修科、植物病理学部等偏应用性、实践性的科系，并将教学实践与社会服务工作相结合，注重学生实际应用能力的培养和综合素质的教育。陈裕光强调"教育的整个性"，指出，"办教育与做学问，都应当顾虑到它的整个性，不应当断章取义，必须使各部门取得联系互相发挥，合力致用。本来学问是整个的，名称虽有阶层或部门的分别，但运用的时候，必须互相联系。比方说：化学、生物是两门学科，但谈营养化学的时候，生物同化学，是分不开的；又如农业经济，农业生物是应用的学科，但他不能离开纯粹的经济学植物学不谈。"①在这一理念的指导下，金陵大学不断探索高等教育的整

①《陈校长讲教育的整个性》，《金陵大学校刊》1940年3月10日，第1—2页。

体培养方案,教育科研工作更注重实用性,紧密贴合抗战需要,促进国家抗战和大后方建设。

表7　金陵大学抗战期间文、实科学生人数

年份(年) 人数(人)	1937— 1938	1938— 1939	1939— 1940	1940— 1941	1941— 1942	1942— 1943	1943— 1944	1944— 1945
文科(文)	60	74	89	156	176	289	277	268
实科(理、农)	214	286	332	484	537	646	629	595
文科比例	21.9%	20.6%	21.1%	24.4%	24.7%	30.9%	30.6%	31.1%
实科比例	78.1%	79.4%	78.9%	75.6%	75.3%	69.1%	69.4%	68.9%

资料来源:虞宁宁:《中国近代教会大学招生考试研究》,武汉:华中师范大学出版社,2016年,第76页。

从上表可以看出,抗战期间金陵大学招生规模总体呈扩张趋势,实用学科的招生培养人数约为70%。这既是国民政府对全国高等教育发展有意识的引导,也是教会大学为适应抗战、建设需要主动做出的办学调整。

在陈裕光校长看来,战时大学教育更应注重精神和意志的培养,他指出:"盖现今大学教育为一躯壳,而坚强之意志,苦干之精神,与夫真诚勤仁之行动为其灵魂;躯壳与灵魂齐备,而后大学始称完善。"[1]因而,他要求全体师生"站在各人的岗位上奋发,追踪国步,以期对抗战建国,薄有贡献"。[2]

为促进抗战、建设,国民政府提出"建教合作"方针,即:"为谋

---

[1]《本季首次国父纪念周陈校长出席训话》,《金陵大学校刊》1942年3月1日,第1页。

[2] 陈裕光:《新年感言》,《金陵大学校刊》1942年1月1日,第1—2页。

教育行政与国防的生产建设事业之沟通与合作,应实施建教合作。"①《教育部订定之战时各级教育实施方案》明确指出:"教育为造就人才以备国家推行其政策,完成其政治经济之建设,自应与国家施政方针相吻合,故于自身其目光须远于各部,其联系缜密,以期质量之随时调整而合于需要。"②中央建教合作委员会将该方针表现于教育的方面总结为"计划教育",即"配合政治进程,适应国防与生产建设等需要之教育,此种教育之过程为事业发展与人才培养密切配合,并头迈进,其目的则在完成抗战建国大业之使命。"③

　　陈裕光校长积极配合国家"建教合作"方针,进一步将金大教育科研事业与国家抗战、社会建设结合起来。一方面,以"服务社会,教育人才"为己任,"一再调整有关科目,以切合时代需要",强调学生实践能力的培养,鼓励师生开展"田场实习,校外之服务乡村,入营受训,访问调查"等社会服务工作,认为"抗战期中,各人都应该贡献自己的力量","养成同学服务精神,以作民众模范,实行节约生活,利用课余时间,节省物力,贡献国家"。④ 另一方面,强调"加强研究精神",认为科研与国家综合实力、国际地位紧密相关。陈裕光认为:"德国戈林曾说,德国之所以失败,实由于空军之屡战屡北。日本高田少将也说,日本所以订城下之盟是由于空军之一

①《战时各级教育实施方案纲要(民国二十七年四月中国国民党临时全国代表大会通过)》,杜元载主编:《革命文献》第 58 辑,台北:中国国民党中央委员会党史史料编纂委员会,1972 年,第 29 页。

②《教育部订定之战时各级教育实施方案》,中国第二历史档案馆编:《中华民国史档案资料汇编》(第 5 辑第 2 编),南京:江苏古籍出版社,1997 年,第 21 页。

③ 中央建教合作委员会编纂:《三年来之建教合作》,1941 年,第 9 页。

④《金陵大学六十周年纪念册(1948)及周年纪念展览说明》,中国第二历史档案馆藏,国民政府教育部档案,全宗号 5,案卷号 6330;《三十一年度开学式陈校长亲临训话》,《金陵大学校刊》1942 年 10 月 1 日,第 1 页。

败涂地,尤其琉球一役,竟使日本宣告死期。可是盟军之所以胜利,亦非侥幸所致,此皆日积月累的研究,有以致之。中国的物资,素称丰富,可是国内的衣食,尚须有赖于盟国的救济,更遑论军事上的发明。故今后办教育者,或建设学校者,应从质上着眼,提高研究精神,使锦绣河山,重放灿烂的光辉。"①至抗战后期,陈裕光进一步强调要为战后国家建设做好人才储备,指出:"战后的建国,较之战时的抗战,也许更为重要,人才的需要,也许更为殷切,所以我们在这胜利在望,而战事尚未结束的时间,正是我们努力学业,为国储才备用的时期。"②

金陵大学将当务之急与长远发展相结合,在发展国防生产急需专业的同时,遵循学术发展的自然规律,强调对中国历史文化、理科农科等基础问题的研究,以文化传承、科研创新推动国家发展与民族进步。陈裕光校长指出,"抗战展开以来,紧急问题当头,不能即时研究来应付,关于国防生产方面的物资与应用科学的人才固然不够。就是中西文化,在人民思想意识里所行使支配权的整个问题,都没有现成的答案。本校在抗战前虽曾注意到各种研究所的设立,最先设立中国文化研究所,次设立文理农各科研究所如农业经济,化学以及历史等部门,但是国内的学术水准过低,参加研究的人太少,虽不能完全说没有成绩,但是终嫌贡献太少。深望同学多多从事研究工作,对于东方文化,本国文化,尤当由深刻的认识与批判,不但发扬自己的民族精神,同时也可把它介绍给世界别的民族。"③

---

① 《陈校长游美返国后出席首次国父纪念周报告游美观感并述建校精神》,《金陵大学校刊》1945 年 9 月 16 日,第 1—2 页。

② 陈裕光:《本季首次纪念周及开学礼》,《金陵大学校刊》1943 年 10 月 1 日,第 1—2 页。

③ 《陈校长讲教育的整个性》,《金陵大学校刊》1940 年 3 月 10 日,第 1—2 页。

作为抗战大后方,西南地区成为民族复兴的大本营,国民政府鼓励支持各方开展边疆建设工作,提出"战时必立于前线,开发必趋于边疆,为社会服务则必深入农村,为国家工作则必着重基层"。① 中国基督教会边疆服务部将传播福音与边疆服务工作相结合,在各教会大学的支持和配合下,开展了规模宏大的边疆服务运动。边疆服务委员会主任委员孔祥熙曾指出:"我们国家需要边疆服务的工作",对中国基督教会的边疆服务活动表示支持,强调"中国基督教会是中国基督徒的教会,边疆服务部是基督教的服务运动"。② 金陵大学各院系依托自身学科优势,将宗教精神与社会服务相结合,配合中华基督教会边疆服务部的安排,积极开展边疆研究与社会服务工作,有效促进民族传统文化传承和抗战大后方的社会经济建设。

战时国民政府发起"国民精神总动员",指出:"现代战争为全民动员之战争,故不仅应动员国内一切物资与人力,亦必动员全国国民之精神……方足以适应国家当前之需要,且此次抗战之意义,不仅限于排除暴敌之侵略,而尤在于努力抗战之中树立战后建国之永久基础。"③金陵大学将知识教育与精神教育相结合,注重培养学生的责任感与使命感。陈裕光校长认为:每一位毕业生都是国家的一名"生力战士","在这抗战期中,既已受了本校严格的训练,而在毕业时,还要到社会里去迎接国家的胜利,这个责任,这个使

---

① 蒋中正:《中国之命运》,三民主义青年团平津支团部印行,1946 年,第 99 页。

②《边疆服务部委员会第五届年会会议记录》,云南省档案馆档案,全宗号 51,目录号 4,案卷号 251。

③《国民精神总动员纲领》(1939 年 3 月 12 日),重庆市政协文史资料研究委员会、中共重庆市委党校编:《国民参政会纪实:1938—1948武汉・重庆・南京》,重庆:重庆出版社,2016 年,第 249 页。

命,确是非常重大,必须要每一个人,在他的工作岗位上,尽最大的努力,所谓战战兢兢,如履薄冰,然后方可对国家有一点贡献","社会是整个的,大学所给予我们的训练,真是为这个整个的社会服务而准备"。他告诫毕业生们"不负国家在抗战正酣的时间,苦心焦虑的栽培",要"牺牲小我,顾全大我","去贡献一己的专长","继续以研究的态度整理知识,发展知识,培养知识,期能改造环境,创造事业,而后对于学术才能有真正成就,对于民众福利,才能有真正的贡献"。① 同时,金陵大学配合国民政府的部署,校内成立了国民党支部、三民主义青年团等党团组织,制定了《金陵大学军事管理办法》,以"锻炼其心身,改进其生活,提高国民献身殉国之精神,以充实国防之实力","养成其服从命令之风气,具坚忍不挠之勇气"。② 并通过"国父纪念周"、播放抗战宣传影片、广播演讲等方式,在校内外广泛开展抗战动员。

　　同时,金陵大学借助与西方国家的天然联系,大力开展国内外合作交流,宣传中国抗战精神。抗战期间,陈裕光校长多次赴美,在美国期间,努力"以一个公民的资格,出外宣传,以促进中美文化,消除国际误会";③并积极致力于"沟通中美文化,取得国际合作"。④ 陈裕光认为:"本校为外籍校友所创立,因此以沟通中西文化,介绍西方之新进科学,为其自然的特点,而文化亦因沟通,而更加发扬……五大学之共同职志,乃在沟通中西文化,取人之长,补

---

① 陈裕光:《勉一九四三级毕业学生》,《金陵大学校刊》1943 年 6 月 28 日,第 1 页。
②《金陵大学军事训练办法》,《南大百年实录》编辑组编:《南大百年实录》(中卷),南京:南京大学出版社,2002 年,第 190—191 页。
③《陈校长游美返国后出席首次国父纪念周报告游美观感并述建校精神》,《金陵大学校刊》1945 年 9 月 16 日,第 1—2 页。
④《陈校长召开教职员大会》,《金陵大学校刊》1945 年 10 月 16 日,第 1—2 页。

己之短,使吾国固有之文化,更臻完备。"①

时至抗战后期,随着中美同盟的缔结,金陵大学的各项办学活动更加活跃,对自身办学定位和未来发展规划有了更加宏伟的设想:

> 本校五十五年来之办学方针,除遵照吾国既定之教育宗旨外,爰以研究高深学术,培养专门人才为职责。唯一今后我人已将转入一伟大之时代,学校所负使命自将愈益崇高,故我人不仅须维持前人已往办学之精神,更须奋发淬励,把握时代需要,期能达到大学新育最高之理想,以为社会前驱。一方充分发扬吾国固有之文化,一方尽量吸收西方文化之精华,务期能迎头赶上而更超越之,使中西文化得以切实沟通。总之,加强教学工作,促进研究事业,改良社会生活,创造未来文化,将为吾人今后努力之目标。本校对此,过去已有相当努力,今后更当循此途径,以求贯彻。②

1943 年 6 月 28 日,在华西坝五大学联合举办的毕业典礼上,师长们对毕业生说道:"五大学之共同责职,在沟通中西文化,取人之长,补己之短,使吾国固有之文化,更臻完备……五大学之教育目标,并非培养学生徇私徇利,予取予求,亦非遁迹隐居,独善其身,乃使学生走入社会,服务人群。今值诸生毕业之际,仍盼以后本着固有之特性,发扬而光大之。……今值战争期中,吾侪青年,正宜握住机会,负起责任,为国宣劳,尤当充分培养人格,知能,与

---

① 《陈裕光校长在金大举行 60 周年庆祝大会上的讲话》,《南大百年实录》编辑组编:《南大百年实录》(中卷),南京:南京大学出版社,2002 年,第 85 页。
② 《五十五年来之金陵大学》,1943 年,第 53 页。

精神,始克达此任务。"①

　　抗战期间,金陵大学秉持服务抗战、服务国家、服务西部建设的大局观和使命感,将办学发展与国家抗战、大后方建设结合起来,在教学科研、边疆研究、社会服务、抗战动员、国际关系等方面发挥了重要作用,并期待能够在战后国家重建工作中贡献一份力量。

第三节　办学环境的战时迁变

一、建设华西坝新校园

　　1938 年初,金陵大学师生辗转抵达位于四川华西坝的新校园。在华西协合大学的帮助下,金陵大学于当年 3 月 1 日在华西坝正式开学。起初,多借助华西协合大学的校舍,"所有办公楼、教学楼、图书馆、实验室等均与华大共同使用,仅修宿舍楼房四排于高耸入云的广播电台铁塔之近侧"②,"从校长一直到师生们,大约六百人左右,都容纳在一座两层的洋楼上。教室,各院的办公室,生物实验室等都挤得密密地。木的板壁,单单的座椅,紧紧地安置在各间小巧的房里"③。尽管办学条件较之南京校园相去甚远,但学生们以积极的心态很快适应了新环境,有学生回忆道:

　　　　只一个不到五寸见方的椅手作我们做笔记的地方。勾腰

---

① 《五大学毕业典礼补志》,《金陵大学校刊》1943 年 10 月 1 日,第 7 页。

② 李万钧:《抗战时期电机系的生活》,金陵大学南京校友会编:《金陵大学建校一百周年纪念册》,南京:南京大学出版社,1988 年,第 379 页。

③ 颜学礼:《借地栽花的金陵大学》,《沙磁文化》第 1 卷第 3 期,1941 年 2 月 15 日,第 24 页。

驼背正是上课笔记时的形形色色。谈到自修室,那更是不用说,是想不到的。寝室是木的柱,草的盖,竹编的墙壁,孤孤地立在望江的边上,虽比不上北大楼的洋化,上海税专的那么壮丽,可是一间间不高不低的齐齐的草屋,有葱绿的栗树围绕着,有广阔的田野紧接着,幽静中瞭出然肃。一间屋子里密密地上下摆着七八个人,可说四壁图书半衣服;几束鲜花插在案头,从拥塞中呈现出雅,从庞杂呈现出条理。这样的环境就是新进的同学自修和睡觉的园地。①

后经济情况稍有好转,金陵大学开始设法增修楼宇,"牛奶房附近向华大借地2亩许,建草房1座,计16间,房每间1丈见方,可容小型家庭七八家";"嵩琦中学对面,亦向华大借地8亩许,建草屋4座,每座计屋8间,每间宽1丈,长1.2丈,瓦顶,灰壁,铺上地板,除1座作女生宿舍外,余3座为教职员住宅,约住中型家庭10家许";"向成都新村委员会借得地面16亩许,除建学生宿舍3座供学生160名之寄宿外,另建教职员宿舍7座,供单身教职员寄宿1座,其余6座计房40余间,可住10数家之用"。建筑方式均为"草顶,灰壁,加上地板"。② 此外,另与华西协合大学、齐鲁大学及金陵女子文理学院联合建化学楼一座,运动场、篮球、网球等球场多处,租借农场园地百亩,并建有办公、教学等房屋多处。③

时至1940年,经过两年的发展,金陵大学华西坝校园的建设

---

① 颜学礼:《借地栽花的金陵大学》,《沙磁文化》第1卷第3期,1941年2月15日,第24页。

②《抗战时期迁蓉之金陵大学(节录)》,《南大百年实录》编辑组编:《南大百年实录》(中卷),南京:南京大学出版社,2002年,第67页。

③ 沙兰芳:《金陵大学沿革》,金陵大学南京校友会编:《金陵大学建校一百周年纪念册》,南京:南京大学出版社,1988年,第30页。

已日臻完善。金陵大学的校长办公室、教务处、训导处、事务处、会计室、收发室都设在教育学院，植病与昆虫系等实验室则在赫斐院与明德楼。各学院的教室与办公室主要是在医学院旁的新建教室内，门外挂有"私立金陵大学文理农学院教室办公处"的牌匾。学生宿舍在南门外浆洗街的小巷内，是新建的四座二层木楼，正中间为水井，旁边有饭厅，两头是教工宿舍。后来学生渐多，新生改住在东门外。女生宿舍在图书馆后面。① 对于这时期的发展状况，有学生自豪地说：

> 同学的人数已增到五百余人，课室我们有着固定的一大幢约有三十余所教室，而且再不够时，我们还可以在华西大学再借，试验室，物理实验室有四间，化学实验室有六间，生物实验室三间。农学院还单独有四五间试验室，图书馆我们也有三大间，藏书连中西文杂志已超过十万册，农场也有了好几处，宿舍有新生宿舍可宿三百人，旧生宿舍可宿四百人，另外还有教职员宿舍及女生宿舍。②

入学新生训练是在造型独特、建筑宏伟的赫斐院举行，楼内"采光充足，从天花板到地板的高度至少有八公尺左右，地板全部为上等木质地板"。③ 教室和各系所的小图书资料室多集中在华大医院附近。教室内配备有"连桌椅"，即"木椅右边有一形似船桨木板的扶手，以代替书桌，供学生记笔记之用"。图书资料室里一般

---

① 张石城：《战时追忆》，金陵大学南京校友会编：《金陵大学建校一百周年纪念册》，南京：南京大学出版社，1988年，第375页。

② 筱蘥：《抗战中的金陵大学》，《民意》第153期，1940年11月16日，第11—12页。

③ 陆之琳：《四十五年前母校往事》，台北市金陵大学校友会：《金陵大学建校百周年纪念特刊》，1988年，第408—409页。

储备有国内外最新的书籍、杂志等,供学生参考使用。① 学校设有邮件总站,学生们"每天拜访不止一次","每个同学都有一个不用锁匙的信箱,由专人管理,不论校内通知或校外来信,都经过信箱。只要从窗外一望,便知有无你的信件。事实上并没有箱子,每个人有一个编号,全按号码排刊,大约占高度十二公分,宽不会超过二公分。如有信件,就会横躺在那个空间内,向管理人报告号码姓名,就可以收到你的信函"。②

金陵大学的华西坝校园位于成都南门外,除了少数当地学生有黄包车接送外,大部分学生都住校。金陵大学有一个不成文的规定,"住宿舍的好坏,要拿学分多寡去竞选"。③ 一二年级男生宿舍主要在红瓦寺,多为草房,每室设上下铺住 8 名同学,距离华西坝明德楼六华里以上。高年级男生宿舍是在南门桓侯巷修建一楼一底的砖木结构瓦房④,部分单身男老师也住在其中。⑤ 女生宿舍是在小天竺街修建的草顶平房一院⑥,与部分未婚女教师住在一起。⑦ 教师宿

---

① 《抗战时期迁蓉之金陵大学(节录)》,《南大百年实录》编辑组编:《南大百年实录》(中卷),南京:南京大学出版社,2002 年,第 66 页。

② 陆之琳:《四十五年前母校往事》,台北市金陵大学校友会:《金陵大学建校百周年纪念特刊》,1988 年,第 409 页。

③ 徐学训:《学校生活琐忆》,台北市金陵大学校友会:《金陵大学建校百周年纪念特刊》,1988 年,第 389 页。

④ 《抗战时期迁蓉之金陵大学(节录)》,《南大百年实录》编辑组编:《南大百年实录》(中卷),南京:南京大学出版社,2002 年,第 66 页。

⑤ 叶延燊:《金陵之恋》,台北市金陵大学校友会:《金陵大学建校百周年纪念特刊》,1988 年,第 394 页。

⑥ 《抗战时期迁蓉之金陵大学(节录)》,《南大百年实录》编辑组编:《南大百年实录》(中卷),南京:南京大学出版社,2002 年,第 66 页。

⑦ 富廷康:《华西坝之忆——当时只道是寻常》,台北市金陵大学校友会:《金陵大学建校百周年纪念特刊》,1988 年,第 419 页。

舍分散在华西后坝、小天竺街、南门一巷子、青莲巷、浆洗街、红瓦寺等处，有的距华西坝五六华里。①

华西坝校园很大，宿舍距离教室也较远，除了部分当地学生可以骑自行车，大部分学生都只能步行前往。② 从学生宿舍到教室之间的路程，原为田间小道。为便利交通，金陵大学动员全校师生在电台铁塔下修建大路，命名为"金陵路"。陈裕光校长主持了"金陵路"的开工典礼，并与农学院院长章之汶、文学院院长倪青源、理学院院长李方训等共同荷锄上阵、掘土动工，高唱"开路先锋"，令全校师生精神振奋。③

华西协合大学图书馆是华西坝各校学生的重要学习场所。"图书馆设备很完备，临到考季，宽大的阅览室，坐无虚席"。④ 图书馆楼上有一间放映微缩胶卷（Micro-film）的房间，可以看到一些由美国杂志上摄影而来的资料。⑤ 该图书馆原有一个有趣的规定，要求男、女生分坐在两边，被学生们戏称为"南北极"。⑥ 1941 年 4 月时，还有学生疑惑地说道："说起图书馆，不知什么时候起，有了这么个老例，就是男女的座位分在两边，清清楚楚，不得混淆。初来这里，看看真有点怪，论理说，教会大学，味儿不觉有点'洋'，但是

---

① 《抗战时期迁蓉之金陵大学（节录）》，《南大百年实录》编辑组编：《南大百年实录》（中卷），南京：南京大学出版社，2002 年，第 66 页。

② 陆之琳：《追忆华西坝上生活点滴》，高澎主编：《永恒的魅力：校友回忆文集》，南京：南京大学出版社，2002 年，第 289 页。

③ 张石城：《战时追忆》，金陵大学南京校友会编：《金陵大学建校一百周年纪念册》，南京：南京大学出版社，1988 年，第 375—376 页。

④ 陆之琳：《追忆华西坝上生活点滴》，高澎主编：《永恒的魅力：校友回忆文集》，南京：南京大学出版社，2002 年，第 289 页。

⑤ 秦芷：《华西坝观感》，《通讯半月刊》第 2 卷第 1 期，1946 年 1 月，第 82 页。

⑥ 张石城：《战时追忆》，金陵大学南京校友会编：《金陵大学建校一百周年纪念册》，南京：南京大学出版社，1988 年，第 375 页。

图书馆里却怎么会有这么的规矩,谁也不知道。好在馆的两头两个小读书室,倒并无此例,所以一到晚上,有伴侣者莫不趋之若鹜,一双双都愿意到这儿来,人多地方小,显得分外拥挤。"①而后随着华西坝的学生人数越来越多,晚自习时到图书馆看书学习的人争抢座位,才打破了"南北极"的禁区,男女学生开始同桌学习。②

二、独具风格的华西坝

除了昆明的西南联合大学之外,抗战大后方有三个重要的文教中心——重庆的沙坪坝(中央大学、重庆大学等)、成都的华西坝(金陵大学、华西协合大学、金陵女子文理学院等)、汉中的古路坝(西北联合大学)。由于受战局影响程度不同,以及自然环境、校园环境等方面的差异,时人有"三坝"之说,即"华西坝是天堂,沙坪坝是人间,古路坝是地狱"。③ 蒋经国曾感慨道:"我们看到华西坝的建筑和管理,心里感到非常难过。华西坝是外国人经营的,那里非常清洁整齐。我们参观了华西大学,再反过来看一看成都,好像是隔了两个世纪。"④

作为抗战大后方的"天堂",华西坝的美有三个层面。一是风景秀丽、气候温和之美。有人形容道:"在软绵绵的草地上,在曲径通幽的人行道上,在别饶佳趣的半月池边,微风送来一阵阵荷花的芳香,月尖如水,俪影如仙,柔和美丽的画面随时都可以映入眼帘。周围的环境又是这样美,春天了,聚花如锦,布满四处,华西坝像一

---

① 巨蕾:《齐鲁大学在华西坝》,《学生之友》第 2 卷第 4 期,1941 年 4 月 1 日,第 45 页。

② 张石城:《战时追忆》,金陵大学南京校友会编:《金陵大学建校一百周年纪念册》,南京:南京大学出版社,1988 年,第 375 页。

③ 秦芷:《华西坝观感》,《通讯半月刊》第 2 卷第 1 期,1946 年 1 月,第 81 页。

④ 蒋经国:《蒋经国回忆录》,北京:东方出版社,2011 年,第 111 页。

个艳装的少女,到处是懒洋洋的和风,要把人陶醉"。① 可以说,"华西坝这个名词,凡是到过成都人,都会把它深刻而明显地印痕在脑海里。而尤其是成都盆圈里,早已被人熟悉而命为世外桃源了"。② 战时这一宁静美丽的沃土,给金陵大学的学子们留下了深刻的印象:

> 入学之初,由山城重庆来到成都,我就被华西坝金大校园的旖旎风光迷住了。平整而宽阔的校园道路两边,围护着整齐的撑天白桦。树、草地、草场的四周都有两米多宽的沟渠围绕着,草地是不用清扫的,只需将沟渠里的水放进草地,再将水排出去,青翠而明净的草地便会呈现在人们的眼前了。生物楼、教学楼、解剖楼、图书馆、神学院、女生宿舍、一座座自成建筑体系,却又十分协调地统一在整个前坝校园内。课后散步在这样的环境里,真叫人心旷神怡!③

> 校园优美、林木苍翠,草地上乳牛成群,沟渠流水清澈,犹人间仙境。当时虽人生地不熟,但有此优美的读书环境,让年轻的我深感非常幸运,所以就一心一意从师长和同窗们学习,希望学得一技之长,将来既可谋生又可报效社会和国家。④

> 当夏季到临的时候,在平地上常常可以看到一大片油菜黄花随风摇曳,那种青春气息永留脑际。⑤

----

① 巨蕾:《齐鲁大学在华西坝》,《学生之友》第 2 卷第 4 期,1941 年 4 月 1 日,第 47 页。
② 颜学礼:《借地栽花的金陵大学》,《沙磁文化》第 1 卷第 3 期,1941 年 2 月 15 日,第 24 页。
③ 戴治龙:《忆华西坝一、二事》,高澎主编:《永恒的魅力:校友回忆文集》,南京:南京大学出版社,2002 年,第 299 页。
④ 陆之琳:《追忆华西坝上生活点滴》,高澎主编:《永恒的魅力:校友回忆文集》,南京:南京大学出版社,2002 年,第 288—289 页。
⑤ [新]何明腾:《成都校园》,金陵大学南京校友会编:《金陵大学建校一百周年纪念册》,南京:南京大学出版社,1988 年,第 378 页。

　　说到幽静雅致，花前月下，发人诗情的地方，却要数"后坝"了！后坝的"爱情湖"（其实是个较大的池塘）的风景更为引人入胜！①

　　华西坝这三个字，顾名思义就知道是一个华洋杂处的乐土，的确周围种着□森成行整齐的杨柳，密茂矮丛的冬青树，侧柏树形成直线式地静立在小马路的两旁，□要是你课余饭后和两三知己沿着林荫密布宛如龙蛇走的煤屑路上溜，甚至比你在青岛的荣阳道上，还要够味。一幢幢银灰色铅皮盖的小小型西式洋房，一个样儿，衬托在柳荫底下，圆圆地绕过园子。广漠的草坪上更蹲着一座座古典而杂宫殿□满带宗味的大楼，这是教育学院、文理学院的教室，和散在的□室、生物馆、藏书楼，更有支配整个坝上人们工作和食息的报时钟□、高楼耸立。在半吞半吐的文□□着几朵稀薄的云作背景的时候，使你油然地感觉到"严肃"、"雅逸"。正如生活 Utopia（乌托邦）无他二致。这是世外桃源吗？不！是华西文化荟萃的园地，是雄健英俊青年学生的乐土。在洋洋的草坪上，每天是飘荡着青天白日的国旗，给予你脑海里起一种波纹，"雄伟"、"庄严"更使你回忆到中华民族的伟大，这是中华民族文化的策源地，是复兴民族的根据。金陵——我的学校，就在它的怀抱里孕育着。②

　　最引人入胜的景物该是绿茵平坦的运动场，四周有静静的流水，水沟旁有排列整齐的大树，树在水面上的倒影，加上草地上有丁克生先生饲养的黑白相间的乳牛，牛群或站或卧，

① 戴治龙：《忆华西坝一、二事》，高澎主编：《永恒的魅力：校友回忆文集》，南京：南京大学出版社，2002 年，第 299 页。
② 颜学礼：《借地栽花的金陵大学》，《沙磁文化》第 1 卷第 3 期，1941 年 2 月 15 日，第 24 页。

安详地咀嚼青草,比割草机剪得更平整。化学馆旁的钟楼,二旁也有树木和水塘,设计得幽雅美观,至今仍遥念不已。[①]

华西坝的美还在于中西合璧的文化融合之美,在条件艰苦的抗战大后方别具一格。"一幢幢宫殿式的洋楼比之战前清华燕京的校舍毫无逊色,庭园布置的美丽,几如身处异国","那些拿 stick 戴礼帽的教授,银色头发,胸部挺得高高的,手里提着皮包的外国老太太,以及夹着书本,有时候嘴里哼着洋歌的男女同学,就在这些柳荫遮着的马路上来来往往。间或,有些同学架着自行车在路上飞驰而过,那真是一幅美丽的图画。靠 Campus 的东南角,立着一座尖顶的钟楼,钟楼的四面锁着四个大钟,它们是用电发动的,所以钟上的长短针永远尽着它们指示时间的任务,每一钟点,钟楼里传出来深幽的钟声,使四周二里路的人们都可以听到,教授们和同学们听着钟声上课。常每个星期六的夜礼拜和星期日的礼拜举行前的一刻钟,钟楼上传出来连续的钟声,教徒们听着钟声便到教堂上做礼拜"。[②] 1941 年 7 月,西南联大罗常培教授到华西坝参观时感慨道:"高巍巍的楼房,绿莹莹的草地,看惯了我们那茅茨不翦、蒿莱不除的校舍,来到此俨然有天上人间之感。"[③]

华西坝的美还在于学风校风之美。以金陵大学为例,金大师生从东部历经艰辛来到西部,校园建设的压力、西迁带来的经济压力、战局时局给师生带来的心理压力……这些丝毫没有影响金大的精神传承和科研教育水平。抗战爆发前,教会大学"在抗战前的

---

① 陆之琳:《四十五年前母校往事》,台北市金陵大学校友会:《金陵大学建校百周年纪念特刊》,1988 年,第 410 页。

② 秦芷:《华西坝观感》,《通讯半月刊》第 2 卷第 1 期,1946 年 1 月,第 81—82 页。

③《罗常培文集》编委会编:《罗常培文集》,济南:山东教育出版社,2000 年,第 181 页。

中国整体学术中,已经占有相当重要的地位"①,在医学、农林、社会学等领域尤其"具有无可置疑的优势"②。抗战西迁后,随着金陵大学、金陵女子文理学院、齐鲁大学、燕京大学的先后进驻,加上原有的华西协合大学,华西坝迅速成为抗战大后方的教育重镇之一,"形成一个有近万名学生的大学群",时人称之为"华西坝五大学",亦称这段时期为"五大学时期"。③ 五所教会大学采取联合办学的模式,定期召开五校校长联席会议研究办学事宜,共同举办开学典礼、毕业典礼、运动会等重要活动,互相聘任教师以弥补师资力量的不足,允许学生跨校选修课程、互认学分,通过教育资源的共享,最大限度地保障学生的教育水平。尽管五大学在合作中囿于学校自身发展利益难免存在一些龃龉,并且始终保持独立的行政管理体系,但毫无疑问,联合办学使五大学都获得了更为广阔的发展空间,办学资源的汇聚有力提升了五大学的教育质量。据统计,战时华西坝五大学"共有文、法、理、医、农等 5 个学院六七十个学系,算是战时中国规模最大、学科设置最完整的大学","较之于声名日隆的西南联大并不逊色",西南联大"同是 5 个学院,但只有 26 个系科、2 个专修科,学生人数也在3 000人左右"。④ 这一时期五大学的联系与合作被称为是"教会大学之间团结得最美好的时期"。⑤

---

① 陶飞亚、吴梓明:《基督教大学与国学研究》,福州:福建教育出版社,1998 年,第 333 页。

② [美]柯约翰著,马敏、叶桦译:《华中大学》,武汉:华中师范大学出版社,2003 年,序言第 1 页。

③ 陈旗海:《也谈在齐鲁大学的日子》,冯克力主编:《老照片》第 33 辑,济南:山东画报出版社,2004 年,第 101 页。

④ 岱峻、严友良:《华西坝上的另一所"西南联大"》,《四川党的建设(城市版)》2013 年第 9 期,第 66 页。

⑤ 王德滋主编:《南京大学百年史》,南京:南京大学出版社,2002 年,第 630 页。

表8 私立金陵大学历年师生数量统计表(1937年秋—1947年春)

学期	教职员数	学生数				毕业生数				
		研究生	本科生	专修科	共计	硕士	学士	专修科	共计	毕业年度
1937年秋	235	7	214	7	228	4	74	17	95	1937年度
1938年春	145	8	299	3	310					
1938年秋	147	4	407	89	500		69	35	104	1938年度
1939年春	197	4	427	117	548					
1939年秋	260	7	459	117	583	2	88	34	124	1939年度
1940年春	260	9	586	148	743					
1940年秋	262	18	635	128	781	5	68	51	124	1940年度
1941年春	301	16	775	127	918					
1941年秋	320	25	686	129	840	6	95	49	150	1941年度
1942年春	326	22	994	117	1 133					
1942年秋	303	34	885	142	1 061	9	60	50	119	1942年度
1943年春	311	30	1 046	135	1 211					
1943年秋	262	35	819	68	922	16	108	29	153	1943年度
1944年春	268	41	905	89	1 035					
1944年秋	296	29	983	56	1 068	10	133	45	188	1944年度
1945年春	299	24	884	107	1 015					
1945年秋	277	31	981	102	1 114	6	171	48	225	1945年度
1946年春	289	30	879	113	1 022					
1946年秋	247	18	970	128	1 116	7	183	42	232	1946年度
1947年春	253	18	1 048	104	1 170					
总计						65	1 049	400	1 514	

资料来源:《私立金陵大学历年员生统计表》,中国第二历史档案馆藏,私立金陵大学档案,全宗号649,案卷号83。

在全体师生的共同努力下,金陵大学以务实求真的精神,迅速适应了大后方的新环境新形势,逐步建设起适合发展的新校园,以更积极的态度努力适应着国际形势的变化,招生规模越来越大,毕业生从 1937 年的 95 人,发展至 1945 年的 225 人,8 年间共培养了1 282名毕业生,包括 58 名硕士生和 866 名本科生,毕业生遍布国内外各领域,在国家各项建设事业中发挥着重要的作用。曾任国民政府行政院院长、财政部部长、外交部部长的宋子文曾说:"了解教会大学在中国现代化事业中发挥的重要作用的人太少了,金陵大学应属这些最前列的学校之一。"①

---

① 章开沅:《传播与植根——基督教与中西文化交流论集》,广州:广东人民出版社,2005年,第 19 页。

第四章　抗战时期金陵大学的科教发展与
　　　　社会服务

　　金陵大学自建立之初就有学以致用的办学传统,其前身汇文学院的首任院长福开森认为:"我们必须向学生传授最适合于他们种族生存、能让他们尽最大努力建设和发展自己祖国的课程","我们期望给予学生个人乃至整个国家一种非常实用的教育","教育一旦离开了它的实用性,那么就无需在学科之间进行任何选择了"。① 1927 年华人校长陈裕光上任后,进一步强调教育对国家建设的重要性,认为"教育是人类完满发展的工具","我民族的建国工具即是教育"。② 西迁之后,在华西协合大学的帮助下,金陵大学很快重新开学,并逐步在抗战大后方建设起新的校园。为适应战时国家及社会发展的需求,金陵大学对行政机构及治校方略做出了适时的调整,根据国家战略需要不断充实科系,教育科研进一步向经世致用的方向转变,重视应用学科的发展,对国家战时急需的

---

① 福开森:《我们教育会的工作》,施祖尉译:《中华教育年会报告》(1893 年),朱有瓛等编:《中国近代教育史资料汇编——教育行政机构及教育团体》,上海:上海教育出版社,1993 年,第 624 页。
② 陈裕光:《民国 20 年》,《南大百年实录》编辑组编:《南大百年实录》(中卷),南京:南京大学出版社,2002 年,第 59 页。

科技研发、工业发展、农业进步、社会服务等方面均做出了重要贡献。同时，金陵大学坚持服务国家抗战与发展大局，强调教、育并重的办学理念，在教授知识的同时注重对人格的陶养，着重培养学生扎实的基础知识、强烈的社会责任感和较强的实践能力，并坚持对中国传统文化的传承与发扬，为国家抗战、建设与西部发展提供了大量的优秀人才。据统计，从 1937 年至 1945 年，金陵大学共培养了1 057名毕业生，包括 695 名本科生、52 名硕士生和 310 名专科生，在抗战大后方的油田、发电厂、酒精厂等单位发挥所长。[①] 点滴力量，汇聚成海，在这场全国人民共同进行的抵御日本帝国主义侵略的民族战争中，金陵大学的师生，无论在何种岗位，都在坚定无畏地为中国抗战而奋斗，教育成为抗战大后方有生力量的助推器和加速器。正如英国驻华大使馆科学参赞李约瑟（Joseph Needham)所说，包括教会大学在内的抗战大后方所有高校及研究机构的中外科研人员"在华西建立起的科学前哨"，"尽了我们最大的努力，协助抗战军人完成了一次最大的扼制侵略的业绩"。[②]

第一节　以文育人：战时文学院的科教服务

一、加强学科建设，促进科教发展

战时金陵大学以"服务社会，教育人才"为宗旨。[③] 尽管金陵大

① 王德滋主编：《南京大学百年史》，南京：南京大学出版社，2002 年，第 633 页。

② 李约瑟：《科学前哨》自序，1948 年。转引自岱峻：《弦诵复骊歌：教会大学学人往事》，北京：商务印书馆，2017 年，自序第 3 页。

③《金陵大学六十周年纪念册及周年纪念展览说明》，中国第二历史档案馆藏，国民政府教育部档案，全宗号 5，案卷号6330。

学大力推进实用学科建设,积极助力国家战略需求,但仍坚持发展
基础学科,并没有忽视文科教育。正如文学院院长刘国钧所说,
"中国现在应需要大量的科学家,工程师,医师,农学家,这是无可
疑的……但如因提倡实科,便要限制文科,或批评文科为不切时
用,那就是绝对没有了解文科教育的目的","文科教育最主要的目
的是在学术的进步,知识的扩展,精神的修养,文化的创造。他的
成就是理论的,无形的,人品的,而不是实利的","文史哲三门都是
民族精神的源泉,一国文化的精华","文科教育是真正的人才教
育,是培养领袖人才的教育。一切的教育都注意人格的培养,而文
科教育尤其如此","文科教育,即是以人文来陶冶人的品格,使之
沉浸于文化之中而成为一个健全份子,来使文化继续生长增高,乃
是真正文化的教育,这岂是我们所可忽略的"。[1] 刘国钧进而指出
大学文科培养的目标:一是要"使学生对于本国文化有深刻的认
识,以养成民族意识与爱国思想",二是要"使学生受严格的精神训
练,以养成其高尚的人格、细密的思想与敏捷的动作,而成一个完
全的人",三是要"授以专门的知识,训练其研究的方法,以养成其
独立作高深研究的能力",四是要"注重实际的知识使对于人事关
系有深切的认识,而且有成为国家公务人员及社会工作人员之能
力",五是要"训练中等学校文科学程之师资"。[2]

　　在这一教育理念的指导下,迁蓉期间,文学院"不特对于已有
之科系力图充实,且新增科系,以应环境之需要"。1940 年秋,增设
哲学心理系。同年,创办图书馆学专修科,毕业年限为两年。1941
年秋,"因鉴于抗战时期社会服务人才之缺乏,增设社会福利行政

---

[1] 刘国钧:《文科教育之精神》,《学思》1942 年第 1 期,第 5—7 页。
[2] 刘国钧:《今后之文科大学》,《教与学》1937 年第 8 期,第 10 页。

特别研究部,同时扩充社会学系增置社会福利行政及边疆社会二组,以期培植社会服务人才","又为提倡研究工作起见,陆续筹款印行各种刊物并先后设立经济资料研究室及社会边区研究室"。①1942年,鉴于太平洋战争爆发后,军队译员等外语人才需求激增,金大与华西协合大学、齐鲁大学、金陵女子文理学院合办两年制的英语专修科,招收"在公立或已立案之私立高中(同等学校亦可)毕业经会考及格或准予升学者",且"凡在大学修业一年以上英文程度优良者可投考本科插班生","免收学费及宿费",以期实现"训练英语专门人才,毕业后俾能担任文书及翻译工作"的培养目标。②

　　中国文学系编印了大学一年级公共必修国文教材,对本系学生尤其注重写作培养,规定有"作文条例十二条","以期本系学生对于本国文学,不惟有相当之了解,且于各种文艺之习作,有适宜之训练"。该系教授不仅积极致力于教学工作,科研成果也颇为丰硕,"有个人专门著作,专书写定,专集出版以及短篇论文者甚多,散见本校金陵学报及本院斯文半月刊及其他重要学术刊物。"中国文学系与国文专修科学生一同组织了中国文学研究会,"每周开会讨论各文学专题并由教员参加指导"。中国文学系的学生在全国各类竞赛中频频获奖。比如,学生邹枫枰在教育部举行的学生毕业竞赛会中获全国专科以上学校中国文学系第一名,学生段生珍在1942年参加三民主义青年团主办的灌县夏令营中获征文比赛

①《文学院概况》,《南大百年实录》编辑组编:《南大百年实录》(中卷),南京:南京大学出版社,2002年,第212—213页。

②《华西、金陵女子文理学院、齐鲁、金陵大学合办英语专修科招生简章(民国三十一年)》,《南大百年实录》编辑组编:《南大百年实录》(中卷),南京:南京大学出版社,2002年,第74—75页。

第一名等。①

外国语文系注重加强与华西坝友校的教学合作,并奉教育部令合办英语专修科,为国家培养精通英语的人才。为提升培养质量,外文系进一步改进了教学方法,尤其重视低年级学生的基本英文训练,如英文单字、文法、实习、会话训练等,特编撰十余种教材,加强训练效果;对以英语为主系的学生,训练程度更加严格,要求正式入系的第一学期,须统考及格后,方准选读主系课程,这些举措有效提升了学生的英文能力。② 然而,值得注意的是,尽管金陵大学的学生普遍英文程度较高,且毕业后留学人数达到40%以上,但"抗战八年期间,外语系毕业的学生仅七人",反而是学农的学生比例最高。③ 由此可见,抗战背景下,金大学生普遍将个人理想与社会需求紧密结合,英语更多地被视为一种学习的工具。

历史系师生在蓉期间仍坚持开展史学研究,并注重抗战精神的宣传与抗战史料的搜集。西洋史王绳祖教授著有中国外交史专题论文、《现代欧洲史》,并编纂了欧洲外交史课本。中国史陈恭禄教授著有《中国近代史》《中国史》《中国通史》等。"鉴抗战期中史学知识之重要",教育部史地教育委员会发起史地教育演讲周,其中成都方面委托金大历史系主持,"听众踊跃,收效甚宏"。该系为"搜集抗战事迹,表彰民族正气",特设"中日战事史料纂辑委员会","举凡战事经过,外交始末,各地方抗敌始末,各地方战事前后

---

① 《文学院概况》,《南大百年实录》编辑组编:《南大百年实录》(中卷),南京:南京大学出版社,2002年,第213页。

② 《文学院概况》,《南大百年实录》编辑组编:《南大百年实录》(中卷),南京:南京大学出版社,2002年,第213页。

③ 车济炎:《我对母校的认识》,金陵大学南京校友会编:《金陵大学建校一百周年纪念册》,南京:南京大学出版社,1988年,第321页。

情况,抗战人员之事迹,死难烈士之行状,及匹夫匹妇之忠义壮行等等,均在纂辑表彰之列",对保存抗战史料做出了重要贡献。①

政治经济系是 1938 年春根据教育部令将原政治系和经济系合并而成,下设政治组和经济组,两组的发展相对独立。政治组除开设外交、行政两大类课程之外,继续从事县政研究和调查,并根据抗战建国的需要,增设市政建设、中国政治思想、国际问题及政治地理研究等必修课程。经济组进一步充实内部课程,并积极与华西坝其他高校开展课程合作,同时与中国工业合作协会开办合作人员训练班,与成都市商及成都税局等单位合作开办训练班。课程培养之外,经济组重视开展研究调查工作,并于 1941 年设立经济资料研究室,搜集各种经济资料,且为"养成适用专门人才,而于国家经济建设,有所贡献",经济组注重教学与实习相结合,要求学生在学期结束后,须前往自贡、乐山、内江等指定地点开展实地调查,并形成详细报告。②

社会学系下设普通社会学组、都市社会学组、乡村社会学组、边疆社会学组、社会福利行政组。鉴于抗战期间"边区问题,更为严重","社会服务人才之需要,社会福利智慧之急需灌输",1940 年秋成立了边疆社会学组、社会福利行政组。边疆社会学组"受西康省及四川省之委托",由柯象峰教授、徐益棠教授带队,赴西康及雷马屏峨各边区考察,收获大量有价值的资料。社会福利行政组在浆洗街开办的服务处作为学生的实习场所,帮助学生更好地将学习到的理论应用到实际之中,"以期达到科学化而谋养成社会福利

---

① 《文学院概况》,《南大百年实录》编辑组编:《南大百年实录》(中卷),南京:南京大学出版社,2002 年,第 213—214、218—219 页。

② 《文学院概况》,《南大百年实录》编辑组编:《南大百年实录》(中卷),南京:南京大学出版社,2002 年,第 214—215 页。

之人才"。①

　　哲学心理系成立于 1940 年秋,旨在"启发学生思想,对于国家民族,可培育正确之观念",将原有哲学心理学、教育学等课程合并而成。为适应抗战建国需要,特设有应用心理、战争哲学及人生通论等课程。各院系及华西坝友校学生选修甚为踊跃,"各校学生来选读者每学期均有人满之患"。该系制定的扫除文盲方案,受到教育部嘉许并拨款补助实施。并有航空心理研究,创制了一套选拔飞行员的测试体系,利用心理学原理激发空军人员的士气,帮助调整心理状态、保持秩序等,对国家空军建设有较大助益。同时,该系教授常受邀作公开演讲,深受研究者及民众的欢迎。②

　　此外,文学院还设有国文专修科、图书馆学专修科、文科研究所史学部、社会福利行政特别研究部等。国文专修科成立于 1926 年,旨在"造就中等学校国文教员,及培养研究同学人才",学制为两年。1940 年,鉴于"图书馆学专门技术人才缺乏,各方屡向本院罗致此项人才",成立了图书馆学专修科。1936 年秋,根据教育部要求,增设文科研究所史学部,以发展中国史研究为基础,逐渐扩充其他各史。1940 年秋,历史研究所开始招收硕士研究生。1942 年秋,"为加强本校学生对社会福利事业之认识及贡献",进一步增设社会福利行政特别研究部。③

---

① 《文学院概况》,《南大百年实录》编辑组编:《南大百年实录》(中卷),南京:南京大学出版社,2002 年,第 215—216 页。

② Report of the Work of the College of Arts,September,1943—1944,中国第二历史档案馆藏,私立金陵大学档案,全宗号 649,案卷号 2323;《文学院概况》,《南大百年实录》编辑组编:《南大百年实录》(中卷),南京:南京大学出版社,2002 年,第 216 页。

③ 《文学院概况》,《南大百年实录》编辑组编:《南大百年实录》(中卷),南京:南京大学出版社,2002 年,第 217—218、305—306 页。

　　1930 年,在哈佛燕京学社的资助下,成立了中国文化研究所,旨在"研究并阐明我国文化之意义","培养研究本国文化之专门人才","协助本校文学院充实史学及国文课程"。初期设有史学、哲学、外人对中国文化之研究、目录学、国画研究 5 个研究方向,出版了《殷契佚存》《十二家吉金图录》《浑源彝器图》《南阳汉画象图存》《颜习斋哲学思想述》等研究著作,广受国内外学者关注。并于1931 年 5 月起编辑出版《金陵学报》,"以发表研究及讨论学术之论文为主旨"。① 西迁之前,中国文化研究所的考古研究主要以福开森捐赠的文物为主,内迁成都后"由于图书、古物的缺乏,便不得不从书斋研究转向田野考古,从事古物的调查与考察",于是增设了中国艺术史、中国历史地理、中国考古学等课程,共发掘金石、拓片等2 680种,保护和修复了大量文物。② 并加强了对四川地区的文化考察,广泛搜集史部书籍笔记札记丛书,迁蓉以后共搜集图书3.5万余册。③ 抗战时期,中国文化研究所的收集、考察与研究工作,有力推动了中国考古学和史学研究的发展,著有《四川新津汉崖墓砖墓考略》《长河古物闻见记》《楚漆器集》《古画详三种总考》《南阳汉画像惠存》等。④

　　抗战期间,文学院注重加强教学效能,各系编印有一年级国文选本、基本英文训练、哲学概论、中国史、经济学原理、社会科学大

---

① 李永泰:《李小缘所长》,金陵大学南京校友会编:《金陵大学建校一百周年纪念册》,南京:南京大学出版社,1988 年,第 154—155 页。

② 包仁娟:《中国文化研究所的成就》,金陵大学南京校友会编:《金陵大学建校一百周年纪念册》,南京:南京大学出版社,1988 年,第 44 页。

③《科研工作概况》,《南大百年实录》编辑组编:《南大百年实录》(中卷),南京:南京大学出版社,2002 年,第 305 页。

④ 包仁娟:《中国文化研究所的成就》,金陵大学南京校友会编:《金陵大学建校一百周年纪念册》,南京:南京大学出版社,1988 年,第 45 页。

纲等教材。同时,文学院教授们亦注重加强科研工作,以研究著述为重要使命,在《金陵学报》《斯文半月刊》《史学论丛》《经济财政论丛》《边疆研究通讯》等刊物发表了大量研究成果,并出版了《自怡斋诗集》《珍卢诗集》《世界工业合作运动史》《四川省内江糖业调查》《温江县财政状况》《四川省乐山县丝绸产销概况》等著作。①

二、关注社会民生,开展社会调查

金陵大学文学院注重训练学生实践能力,利用专业优势,开展了大量社会调查,研究社会问题和改良方案,改善社会民生。

在边疆研究方面,"为明了西康之社会经济、物产、文化及民族生活之情形,以便拟定方案供研究边政者之参考起见",文学院组织了西康社会调查团,于1938年前往甘孜、铲霍、道孚、泰宁、康定、泸定、汉源、荥经、雅安等处作实地考查两月有余,搜集文物标本52件,照片283张。为考察彝民生活,社会学系师生于1939年11月赴峨边县作彝民社会生活概况初步调查,搜集很多珍贵标本,并拍摄大量照片资料。② 中国文化研究所徐益棠教授带领学生在四川少数民族地区深入考察,并撰写了《雷波小凉山之倮民》《小凉山罗民之类的政治组织》《倮倮道均图说》等研究文章。③

在县政研究方面,1938年秋,文学院师生曾赴新都实验县调查各种新设施,对该县户口、土地清丈、经济建设等开展调查研究;1940

---

① 《文学院概况》,《南大百年实录》编辑组编:《南大百年实录》(中卷),南京:南京大学出版社,2002年,第221—224页。

② 《文学院概况》,《南大百年实录》编辑组编:《南大百年实录》(中卷),南京:南京大学出版社,2002年,第219—220页。

③ 包仁娟:《中国文化研究所的成就》,金陵大学南京校友会编:《金陵大学建校一百周年纪念册》,南京:南京大学出版社,1988年,第46页。

年 4 至 5 月又受四川省政府的委托，前往考察宜宾、江安、庆符三县的县政，对于当地治安保甲、兵役、禁烟、仓储、征工、救济、卫生等民政相关工作均提出具体建议，得到地方当局的高度赞许。①

在经济调查方面，1938 年，经济系师生曾分别前往自贡、嘉定、重庆、灌县等地调查川盐经销、川绸产销、粮食产销等情况与进出口商业等问题，并调查了成都市 10 种职工的工资情况。1939 年暑假，经济系师生在温江、乐山、犍为、峨眉、嘉定、资中、江津等地开展调查，而后于 1940 年至 1941 年对成都市棉织业展开系统调查，搜集了大量研究资料。②

在社会调查方面，1943 年受重庆社会部委托，金陵大学社会学系师生前往调查灌县、温江各县社会行政机关，并形成调研报告。同年，受四川省政府社会处及重庆社会部的委托，金大社会学系师生利用暑假时间，深入调查皇城坝贫民区域，共调查 500 余户贫民劳工家庭，形成了翔实的调查报告，供相关当局参考。③ 金大社会服务部与学生救济委员会在劳动工人密集的渝蓉车站区域，开展了劳工福利专项调查，并积极配合成都市政府解决该区劳工问题。④

三、加强推广合作，提高民众智识

金陵大学文学院秉承"求学本旨，在求致用，培育人才，服务社

①《文学院概况》，《南大百年实录》编辑组编：《南大百年实录》(中卷)，南京：南京大学出版社，2002 年，第 219 页。

②《文学院概况》，《南大百年实录》编辑组编：《南大百年实录》(中卷)，南京：南京大学出版社，2002 年，第 219 页。

③《社会系调查工作近讯》，《金陵大学校刊》1943 年 11 月 1 日，第 3 页。

④《调查外东区劳工福利并设计改进劳工问题》，《金陵大学校刊》1943 年 10 月 15 日，第 5 页。

会"的办学宗旨,将教学科研与社会服务相结合,与社会各界展开合作,不断推进社会服务和教育工作。①

一是与中国工业合作协会合作。1939年,因军队需要大批毛毯,文学院社会学系在重庆组织筹办委员会,分由各地工业合作社承造。1940年进一步与中国工业合作协会合作创办了工合干部人员训练班。该班有"工业合作行政""工业合作审计""工业合作会计""工业合作指导(合作与技术)"四种专修科目,招收"公立或已立案之私立大学经济、社会、政治、工商、教育等系毕业并有二年以上之服务经验者",且"与中国工业合作协会有关之机关得报送学生(如银行之工放员等)"。② 金陵大学政经系承担工业合作会计、工业合作审计及财务报告分析等课程,社会学系承担工业合作原理、工合运动等课程。1940年增设高级干部人员训练班,为期四个月,由社会学系及经济系负责讲授所有课程。1940年至1942年,该系史迈士教授等多次赴兰州等地开展工业合作演讲。③

二是与国内外学术文化机关合作。1940年,文学院刘国钧、柯象峰等教授受邀协助国立编译馆编订哲学及社会学专门名词;1942年春,社会部聘任社会学系教授柯象峰、陈文仙为社会学及社会福利设计委员;1941年,美国心理学杂志聘请哲学心理系蔡乐生教授为协同编辑;1943年3月教育部设立国立西北图书馆,聘任图

---

① 《文学院概况》,《南大百年实录》编辑组编:《南大百年实录》(中卷),南京:南京大学出版社,2002年,第224页。

② 《中国工业合作协会金陵大学工会干部人员训练班第二届招生简章》,《西北工合》第4卷第3期,1941年2月1日,第19页。

③ 《文学院概况》,《南大百年实录》编辑组编:《南大百年实录》(中卷),南京:南京大学出版社,2002年,第224—225页。

书馆学刘国钧教授为筹备委员。①

　　三是举办学术演讲。为"求学术上之切磋,与抗战民族意识之唤起",文学院将学术演讲作为推行社会教育的重要方式,"除参加华西坝各大学演讲外,并与有关学术机关联络作公开演讲,每学期举行七八次","听者众多,收效极宏"。在教育部史地教育委员会的委托下,金大在成都举办了史地教育演讲周,除本系教授外,并邀请外界史地专家,共举办 10 场演讲,"颇合战时需要,听者极感兴奋,每次听众约在数百人左右"。②并应成都广播电台之请,文学院各系教授轮流前往,作有关抗战建国的系统演讲,同时朱锦江教授受邀开展特约演讲,内容涉及文学与抗战、文学基本理论等。③

　　四是开展社会教育工作。南京国民政府成立后,即将社会教育作为重点工作之一。1938 年教育部颁布《各级学校兼办社会教育办法》,鼓励全国各级学校积极参与到社会教育中来;1939 年又颁布了《各级学校兼办社会教育暂行工作标准》和《发动全国知识分子办理民众教育暂行办法》等文件,指出"查我国教育未能普及文盲众多,实为国家建设前途之障碍……知识分子为社会之中坚,平日受国家之培育得享优先之教育权利,际此国难严重时期,自应加紧为国服务以示倡导,而尽国民之天职",号召全国所有学校积

---

① 《文学院概况》,《南大百年实录》编辑组编:《南大百年实录》(中卷),南京:南京大学出版社,2002 年,第 225 页。

② 《文学院概况》,《南大百年实录》编辑组编:《南大百年实录》(中卷),南京:南京大学出版社,2002 年,第 226 页。

③ 《文学院概况》,《南大百年实录》编辑组编:《南大百年实录》(中卷),南京:南京大学出版社,2002 年,第 312 页。

极开办社会教育,配合国家开展扫盲运动。① 金陵大学文学院在此类社会教育工作中发挥了重要作用。社会学系与成都社会处合办工人子弟学校,"除灌输一般知识外,并加以公民训练及生计教育"。② 并开办有民众阅览室、民众代笔处、妇婴保健指导所、儿童教育班、平民夜校、劳工教育班及各类补习学校等,帮助扫除文盲,增进市民文化水平。③ 例如,1944 年,为使儿童保育工作日趋专业,金陵大学社会服务部与慈惠堂合作开办了保育员培训班,学员多为慈惠堂较为年长的女孩,首先学习《小儿护理学》《儿童心理学》《个人卫生学》《婴儿教保机关管理方法》《普通社会常识》以及英语、算数、唱歌、游戏等课程,而后开始实习,"一年后毕业,再服务一年,始能取得证书";并开办了儿童日校、民众夜校,儿童教育注重"融合儿童所处环境中的实际生活与课本知识",夜校主要面向附近民众,并专门派人前往营房,为当地驻军开设训练课程;同时,还利用播放教育电影的方式,增强学习的趣味性和生动性,深受当地民众的欢迎。④

---

① 《教育部订定之各级学校兼办社会教育办法》《教育部订定之各级学校兼办社会教育暂行工作标准》《社会部转行发动全国知识分子办理民众教育暂行办法致各省市党部函件》,中国第二历史档案馆编:《中华民国史档案资料汇编》(第 5 辑第 2 编),南京:江苏古籍出版社,1997 年,第 31—39 页;《教育部关于社会教育一事给金陵大学的训令及有关文书》,中国第二历史档案馆藏,私立金陵大学档案,全宗号 649,案卷号 1697。

② 《文学院概况》,《南大百年实录》编辑组编:《南大百年实录》(中卷),南京:南京大学出版社,2002 年,第 312 页。

③ 《本校推广事业概况》,《南大百年实录》编辑组编:《南大百年实录》(中卷),南京:南京大学出版社,2002 年,第 312 页。

④ 《社会服务部工作:推动劳工福利、训练保育人才、开办平民夜校》,《金陵大学校刊》1944 年 4 月 1 日,第 5 页。

第二节　以理促建：战时理学院的科教服务

一、培养理工人才，加强科学研究

金陵大学于 1938 年内迁至成都华西坝，为学生实习便利起见，理学院的电工系高年级及专修科训练班的学生在重庆借用上清寺、求精中学的校舍上课。西迁之后，金大理学院进一步加强了科教工作的实践性和应用性，培养了大量社会急需的研究型和技术型人才，积极服务国家工业发展和大后方建设。魏学仁院长将理学院的工作重点总结为：一是培植理工人才，以适应国家需要；二是努力科学研究，以促进生产建设；三是推广科学教育，以增加科学常识。①

金大理学院原设有物理系、化学系、生物系、数学系及化学研究部，注重纯粹科学研究。抗战军兴，国家应用方面的需求日亟，因而理学院大力扩充应用科学，增设化学工程系、电机工程系、教育电影部，并根据教育部及社会需求，开设电化教育专修科、汽车专修科、电焊职业班、电机工程班等，加强专业人才的培养。② 此外，还协助中国工业合作协会训练技术人员、推广工合运动，③并在 1943 年，按照教育部要求，开办了建设人员训练班，进一步扩充电

---

① 《魏学仁院长出席国父纪念周报告抗战以来理学院之事业》，《金陵大学校刊》1943 年 1 月 1 日，第 1—2 页。

② 《理学院近况》，《金陵大学校刊》1940 年 10 月 10 日，第 1—2 页。

③ 《抗战以来的金陵大学》，《金陵大学校刊》1941 年 3 月 10 日，第 5—7 页。

机工程学系。①

　　为"使科学教材，得能通合吾国国情"，以培养符合国家需要的理工人才，理学院不断翻印、添购教材课本，各教授合作编辑物理中文实验教本，翻译美国大学化学教材，"务期达到每二生有一书本之目标"。② 这一时期，后方各大学的理工学院"多感设备不敷，器材困难"。③ 为充实教学科研设备，金大理学院除了在西迁时尽量设法将最低限度的设备仪器装运至四川之外，化学系主任唐美森还设法从南京、上海、香港等地装运了大量仪器、药品，并多次向美国订购仪器设备等，尽可能地保障理学院教学科研所必须的实验物品，"在战时后方各大学中，能如本校之理工设备，足敷应用亦可谓不可多得矣"。④

　　抗战时期，金陵大学进一步将自身发展与时局战局联系起来。陈裕光校长认为高校在战时应当更注重科学研究和成果应用，服务国家战略全局。他忧心于"国内的学术水准过低，参加研究的人太少"，认为"抗战期间，研究工作，更感需要"，"抗战展开以来，紧急问题当头，不能即时研究来应付"。⑤ 在此思想的指导下，内迁时期，理学院师生的研究"均以与抗战建国有密切关系为主"，秉持"创造、苦干、把握时机、学识至上、理论实践兼有"的研究精神，形成了丰硕的研究成

_____

①《金陵大学六十周年纪念册》，1948 年，中国第二历史档案馆藏，私立金陵大学档案，全宗号 649，案卷号 86。

②《物理系编著一年级中文物理实验教本》，《金陵大学校刊》1943 年 1 月 15 日，第 6 页；《化学系消息》，《金陵大学校刊》1944 年 4 月 15 日，第 3—4 页；《魏学仁院长出席国父纪念周报告抗战以来理学院之事业》，《金陵大学校刊》1943 年 1 月 1 日，第 1—2 页。

③《理学院近况》，《金陵大学校刊》1940 年 10 月 10 日，第 1—2 页。

④《理学院近况》，《金陵大学校刊》1940 年 10 月 10 日，第 1—2 页；《魏学仁院长出席国父纪念周报告抗战以来理学院之事业》，《金陵大学校刊》1943 年 1 月 1 日，第 1—2 页。

⑤《陈校长讲教育的整个性》，《金陵大学校刊》1940 年 3 月 10 日，第 1—2 页。

果:《四川芒硝》(《金陵学报》1937)、《鸦片检验之研究》(《金陵学报》
1937)、《触媒对于桐油中桐脂酸之异构化之影响》(《金陵学报》1937)、
《大豆酪素之提取与酪胶之抗切强度》(《金陵学报》1941)、"*Heat of
Hydration of Gaseous Ions*"(《中国化学》1942)、"*Preparation of Cupris
Sulfate by Aerial oxidation*"(《中国化学》1943)、"*Aging of Basic
Copper Carbonate Precipitate*"(《中国化学》1945)等。[①]

　　金陵大学理学院对抗战、建设的贡献多次受到教育部的表彰,
1942 年教育部赞其:"管理极有效率,教学科研工作取得显著成绩,
实验工厂也很好地完成了国家急需物资的生产任务。"1943 年 11
月,教育部再次对金大理学院开展的电化教育工作予以充分肯定,
理学院成为当时国内"唯一用这种方式进行教育而又受到教育部
肯定的一所院校"。并且,由于理学院工作对抗战、建设发挥重要
作用,教育部每年给理学院予以特别拨款:电力工程专业 1 440 万
元、汽车专业 900 万元、无线电和影音专业 9 000 万元、电化教育 100
万元、影音月刊 200 万元等,进一步促进国家急需领域的理工专业
人才培养和科学研究工作。[②]

　　金陵大学的学生培养质量享誉全国。1938 年夏,理科研究所
化学部的毕业生沈彬康是我国自己培养的第一位理学硕士,教育
部为其颁发了编号是硕字第 1 号的硕士学位证书。[③] 金陵大学理

---

① 《抗战以来理学院师生研究成绩之一般》,《金陵大学校刊》1940 年 11 月 10 日,第 2—
　　3 页;《魏学仁院长出席国父纪念周报告抗战以来理学院之事业》,《金陵大学校刊》
　　1943 年 1 月 1 日,第 1—2 页;《科研工作概况》,《南大百年实录》编辑组编:《南大百年
　　实录》(中卷),南京:南京大学出版社,2002 年,第 307—308 页。
② 《理学院给校董会的工作报告(摘要)》(1944 年 1 月),《南大百年实录》编辑组编:《南
　　大百年实录》(中卷),南京:南京大学出版社,2002 年,第 239 页。
③ 武源澄:《师恩难忘》,金陵大学南京校友会编:《金陵大学建校一百周年纪念册》,南
　　京:南京大学出版社,1988 年,第 332 页。

学院的毕业生中,"许多人担任中小学教师,或者在工厂工作,或者在研究机构中搞实验工作,丝毫不考虑个人的名利得失。但是他们的工作为母校争光。在酒精制造、汽车维修和发电厂的建设方面,毕业生们做出了出色的成绩。有些人承建并且管理着隶属于陆军部的几家大酒精厂;有些人从事汽车的维修,保证了一辆辆卡车的正常运行;尤其在甘肃油田汽车修理站工作的汽车专业的毕业生,他们卓有成效的工作受到了油田总经理的特别赞扬;我院电力工程系的毕业生,遍布在我国的许多发电厂中,从事发电厂的建设工作,我院的三个毕业生现正在兰州帮助建设一座2 000千瓦的水力发电厂。"①

二、强调科研应用,促进生产建设

金陵大学理学院是中国少有的开设有电机工程等工科专业的教会大学,重视科学研究的应用性,在抗战期间开展了离子在水溶液内物理化学性质的研究、木材干馏、日蚀观测、干湿电池研究、新式微影图书放映器设计、摄影玻片试制及改进、造糖造纸试验、电焊机变压器等研究制造、边区动物标本采集等工作,对国家抗战和大后方建设具有重要的战略意义。②

在电化技术方面,理学院研发制作的照相感光片,能于普通光度之下,感光至二十五分之一秒,且能制造幻灯玻片,所用动物胶

---

① 《理学院给校董会的工作报告(摘要)》(1944年1月),《南大百年实录》编辑组编:《南大百年实录》(中卷),南京:南京大学出版社,2002年,第239页。

② 《科研工作概况》,《南大百年实录》编辑组编:《南大百年实录》(中卷),南京:南京大学出版社,2002年,第311页;《抗战以来的金陵大学》,《金陵大学校刊》1941年3月10日,第5—7页。

均自制;①承担缩微胶卷工程②中关于研制缩微胶卷阅读器的工作,并设计了一种简单的缩微胶卷复印机,便于国内自行复印缩微胶卷;与教育部合作制作用于普及教育的幻灯片的项目,"把这种直观教学仪器推广到全国以放映这些幻灯片",以直观教学的方式,使民众高效接受现代科学知识的教育。③

在设备仪器方面,鉴于"交通部电报局需用的电池时虞匮乏,影响后方通信",交通部材料司与金大合资开办了湿电池厂,以解决战时后方电报用的电池问题。④ 该厂所生产的湿电池"装备了电报和电话通讯网络,给它们提供了电力资源",有效解决了战时国家急需物资的生产问题,成为"政府的一个物资供应库"。⑤ 应四川省教育厅的邀请,理学院负责主持四川省科学仪器制造所的技术工作;⑥派员协助教育部筹设全国科学仪器制造所;⑦在国民政府教育部与四川省教育厅的委托下,设厂办理无线电收音机制造与修理工作;为适应战时工业界需要,设厂制造各式变压器及其他应用机件;并代东南

---

① 《抗战以来理学院师生研究成绩之一般》,《金陵大学校刊》1940 年 11 月 10 日,第 2—3 页。

② 缩微胶卷工程是美国政府和中国政府的合作项目,目的是用缩微胶卷进口美国的各种科技杂志。

③ 《理学院给校董会的工作报告(摘要)》(1944 年 1 月),《南大百年实录》编辑组编:《南大百年实录》(中卷),南京:南京大学出版社,2002 年,第 240 页。

④ 严一士:《记电机系》,金陵大学南京校友会编:《金陵大学建校一百周年纪念册》,南京:南京大学出版社,1988 年,第 111 页。

⑤ 《理学院给校董会的工作报告(摘要)》(1944 年 1 月),《南大百年实录》编辑组编:《南大百年实录》(中卷),南京:南京大学出版社,2002 年,第 241 页。

⑥ 《本校推广事业概况》,《南大百年实录》编辑组编:《南大百年实录》(中卷),南京:南京大学出版社,2002 年,第 313 页。

⑦ 《魏学仁院长出席国父纪念周报告抗战以来理学院之事业》,《金陵大学校刊》1943 年 1 月 1 日,第 1—2 页。

各省中等学校设计及置配理化实验设备。① 理学院制造的干电池,仅 1/2 的价格,品质却与美国进口品牌相当;在铅蓄电池及电镀研究方面亦取得相当成绩;设计制造简单电焊机,使用范围广,操作便利,价格低廉;发明焊条红粉配制方法,品质与英国蓝粉焊条相等,价格仅及 1/5;设计改良的锅炉,有效提高了制炼木炭的效率和品质;设计制造各种不同式样及功用的变压器,并对制造材料的代替品加以研究;②制造无线电收音机、播音机及放映电影所需的变压机、接片器、接片药水等,并帮助修理各式放映机、照相机、无线电收音机等。③

在化工制品方面,鉴于"内地若干化学制品,极感缺乏",金大理学院"就当地需要最切而本校设备允许者,先行研究其制法,既获成果,则大量制造,使各地得普遍供给"。④ 研究制造了"土纸用之氢氧化钠,杀虫用之硫酸铜","火酒用之硫酸钸"等化工制品;⑤研制盘尼西林(Penicillin),大量生产供应医疗药物;⑥对四川糖业制作加以改良,研究自制雪白精糖;⑦应重庆申新纺织公司之请,合作研究"苎麻脱胶"问题;⑧制造纯硝酸、铵液、碳酸钾、硫酸钠、硫酸

①《抗战以来的金陵大学》,《金陵大学校刊》1941 年 3 月 10 日,第 5—7 页。

②《抗战以来理学院师生研究成绩之一般》,《金陵大学校刊》1940 年 11 月 10 日,第 2—3 页。

③《两年来本校电化教育之近况》,《金陵大学校刊》1941 年 4 月 10 日,第 2—3 页。

④《科研工作概况》,《南大百年实录》编辑组编:《南大百年实录》(中卷),南京:南京大学出版社,2002 年,第 309 页。

⑤《魏学仁院长出席国父纪念周报告抗战以来理学院之事业》,《金陵大学校刊》1943 年 1 月 1 日,第 1—2 页。

⑥《焦启源博士研究"班尼西林"试制成功》,《金陵大学校刊》1945 年 1 月 16 日,第 7 页。

⑦《抗战以来理学院师生研究成绩之一般》,《金陵大学校刊》1940 年 11 月 10 日,第 2—3 页。

⑧《化工系与申新纱厂合作研究苎麻脱胶问题》,《金陵大学校刊》1944 年 5 月 5 日,第 5 页。

银、硫酸气、钾氯化钙等各种工业原料;①设立电化试验室,小规模制作漂白粉、双氧水等化学药品及工业品;设计简单方法,制造化学药品,供工业、医药及一般教学与研究使用;制造预防麦黑穗病的碳酸铜,以国产材料制造出与进口产品相同品质。② 据1944年统计,仅此一年理学院即"制造商用纯净之化学药品共3 000斤,电池产量为9万只"。③

同时,理学院学生们鉴于"抗战期间,各种化学工艺品之腾贵",自发组织了"金陵化学工业社",生产的鞋油、墨水、肥皂、发油、润肤霜等日用品,深受欢迎,一定程度上缓解了抗战后方日用化工制品紧缺问题。④

三、推广电化教育,普及科学常识

金陵大学的电化教育源于农学院为推广优良棉种的种植而拍摄的中国第一部教授农民科学种植棉花的教育影片。⑤ 1930年,金大理学院成立后,从国外购买了一批科教影片和放映设备,作为课堂教育的辅助,并成为推进社会教育的有力工具。1934年起,理学院开始有计划地开展拍摄工作,将电化教育事业进一步推进。

1936年,魏学仁为加强电化教育的工作,与教育部合办了"教育部电化教育人员训练班",前后共培养了322位学员,成为全国

---

① 《化工系设服务部制造化学药品》,《金陵大学校刊》1941年3月10日,第2—3页。
② 《抗战以来理学院师生研究成绩之一般》,《金陵大学校刊》1940年11月10日,第2—3页。
③ 《理学院推行社教工作 去年度创最高纪录》,《金陵大学校刊》1945年1月16日,第7页。
④ 《理学院近况》,《金陵大学校刊》1940年10月10日,第1—2页。
⑤ 张炳林:《民国时期电影教育的起源与发展——兼论我国早期电化教育历史阶段划分》,《电化教育研究》2012年第11期。

最早在大学校园里接受国家级培训的电教专业人员。① 同年,理学院成立了"教育电影部"(后改称为"影音部"),全盘协调和负责电化教育工作。1938 年 8 月,金陵大学"鉴于电影及播音教育之重要暨此项专门人才之极度缺乏",增设了电化教育专修科,分电影与播音两组。②

　　金陵大学理学院是中国教育电影事业和电化教育事业的先驱,培育了大量懂得电化技术的专业人才。据统计,金陵大学电化教育专修科从 1938 年创立到 1952 年全国高等院校调整,共培养了近两百名专业人才,被称为"中国第一代电教创始人和奠基者的摇篮"。③ 电化教育技术在抗战时期资源匮乏、人才稀缺的年代更具重要意义。正如孙明经所说,电化教育可以"在无法大量增加教师数量的条件下,增强和扩大教师的作用,同时扩大学生自学的可能性,是一种必要的教育上的重要补充"。④ 金陵大学对电化教育的推广与发展,为中国普及科学文化知识、提高民众素质起到了积极的促进作用。在金陵大学推广电化教育之后,国内同样开设电化教育专业的,还有江苏省立教育学院和国立社会教育学院,但金陵大学的电化教育在全国最有成效、影响最大。其最重要的原因就是金陵大学电化教育专修科十分强调理论与实践的结合,与各大影音单位均有密切联系,中央电影摄影场、中国制片厂、中央广播

① 孙健三:《中国电影,你不知道的那些事儿》,北京:北京世界图书出版公司,2010 年,第 12 页;桑新民:《开创影音教育中国之路的先行者——纪念中国电化教育创始人孙明经先生诞辰 100 周年》,《电化教育研究》2011 年第 10 期。
② 《为理学院增设电化教育专修科的报告》,《南大百年实录》编辑组编:《南大百年实录》(中卷),南京:南京大学出版社,2002 年,第 246 页。
③ 桑新民:《教育技术学专业的继往与开来——南京大学专业创建的理念与实践探索》,《中国电化教育》2005 年第 1 期。
④ 孙明经:《试论电化教育的基本概念》,《外语电教》1983 年第 2 期。

电台、国际广播电台、中央无线电制造厂等地均是学生实习和实践的场所,其毕业生也多就职于四川省教育厅、四川省科学仪器制造所等机构,从事电化教育工作。①

电化教育作为一门新兴技术,能够"灌输科学知识,介绍新式技术,促进理解能力,加强记忆功能",在抗战时期具有重要的教育、宣传作用。② 陈裕光校长指出:"教育电影,为开通民智,促进科学化之最良工具,数年前,本校理学院即设教育电影部,年来与教育部电影教育委员会及四川教育厅等机关合作,诸如科学影片,边疆影片,以及地方资源影片之实地摄制与推广,效用更为弘阔。将来希望把教育影片的材料用到大学教学和研究里面去。"③影音部主任孙明经亦认为:"电化教育是活的教育,要教育知识分子,传授新的技术以便领导民众,从事部门的生产建设,要教育广大的民众,使其了解建设的途径,积极参加建国的工作。要教育外国人,使对我们有正确的认识,以获得切实的合作。电化教育可行之于学校、社会、家庭,不受时间和空间的限制,要建设战后的中华人民共和国和新世界,必须积极的推行电化教育。"④

抗战期间,金大理学院借助电化技术,拍摄大量教育影片,以向民众传播科学文化知识,宣传抗战精神,取得了较好的成效。理学院院长魏学仁指出:"政治重于军事,后方重于前方,中华民族对暴日军阀之神圣抗战,在二期开始的现阶段,普遍地发动民众,实

①《金陵大学理学院电化教育专修科工作报告(民国三十年三月)》,中国第二历史档案馆藏,私立金陵大学档案,全宗号649,案卷号1745。

②《教育电影部工作与计划》,《金陵大学校刊》1944年4月15日,第4—5页。

③《陈校长讲教育的整个性》,《金陵大学校刊》1940年3月10日,第1—2页。

④《蔡教授报告美国之军事医学孙主任讲演电教与战后建设》,《金陵大学校刊》1944年4月15日,第2页。

为军事胜利之主要条件。必人人知国家民族之至上，军事胜利为第一，乃能收意志力量集中之效，则精神总动员，无疑的为当务之急……以过去映放抗战影片之收效的经验言，电影教育界同人今后不敢怠忽其职责，而欲于最近两年内，谋有所贡献。"①孙明经在抗战期间拍摄了《防空》和《防毒》等抗战教育影片，在全国各剧院广泛播放，不仅通过影片传播了积极抗战的信念，同时也帮助民众增长了抗战知识。金陵大学理学院与国家资源委员会合作拍摄制作了大量有关中国战时的工业电影，主要包括电力工业、机器制造业、重要金属工业、电力设备制造工业、油田、汽油的各种代用品等影片，力求"将重工业所做出的成绩作一鸟瞰，努力再现在国内外大众面前"，"作为对抗战所做出的一份努力"。② 其中，《防控电厂》《长寿水利发电》等 7 部战时工业影片是资源委员会各厂的生产实录，拍摄于重庆、长寿、昆明等地，不仅教育价值高，拍摄质量也很好，1945 年在英国文化委员会 10 周年纪念的科学展览上广受国际专业人士的好评。③ 在贸易委员会的委托下，金陵大学理学院代为摄制了一部中国茶叶影片，"以便国际人士明了我国产茶、制茶以及茶叶营业之现况"。④ 同时，金陵大学师生还远赴西康地区及华东、西南各省，将不同区域的民风民情及工业发展情况摄制成影片，如《无锡泥人》《大西南》《西康康属》《中兴煤矿》《灯泡制造》《机

---

① 魏学仁、郭有守：《今后二年之电影教育》，《建国教育》1939 年第 2 期，第 155 页。

② 《理学院给校董会的工作报告（摘要）》（1944 年 1 月），《南大百年实录》编辑组编：《南大百年实录》（中卷），南京：南京大学出版社，2002 年，第 240 页。

③ 孙明经：《前辈校友魏学仁博士》，金陵大学南京校友会编：《金陵大学建校一百周年纪念册》，南京：南京大学出版社，1988 年，第 102 页；《抗战期间本校电教事业及将来之展望》，《金陵大学校刊》1946 年 2 月 16 日，第 8 页。

④ 《电影部派员赴鄂摄制茶叶影片》，《金陵大学校刊》1941 年 5 月 10 日，第 3 页。

械工业》《电话制造》《电机制造》等，为国家留下了抗战时期宝贵的历史影像资料。① 并且，金大理学院还应四川省教育厅的邀请，每学期在成都、重庆、万县等处各级中小学校放映生物、理化及抗战教育影片，作为课程教育的补充。②

金陵大学的影片作品众多，可谓是创造了"中国电影史非剧情电影发展的一个高峰"。③ 魏学仁院长曾自豪地说："全国教育电影影片，有百分之九十，出自本院。"④截至1947年底，金陵大学共拍摄完成16mm教育影片96部，总长46 570英尺。其内容以地理片和工业片为主，涵盖了科学考察、科学教育、历史文化、社会问题、抗战教育等影片类别，并从传播世界文明的视角翻译引进了70余部国外科教影片。⑤ 金陵大学摄制的影片不仅数量多，质量也非常高。例如：1935年，金陵大学农学院与理学院合作拍摄的记录江南农村生产和生活情景的教育影片《农人之春》在比利时首都布鲁塞尔举行的万国博览会上获得特等奖第三名。⑥ 1936年《蚕丝》一片"应美国教育机关商请翻译成英文版本，与美方交换"。⑦ 1936年拍摄的《日食》则是"世界上第一部记录日食的彩色电影"，也是"中

① 张同道主编：《真实的风景：世界纪录电影导演研究》，北京：同心出版社，2009年，第290—299页。
②《理学院新制各种教育影片及幻灯片》，《金陵大学校刊》1940年4月25日，第1页。
③ 张同道主编：《真实的风景：世界纪录电影导演研究》，北京：同心出版社，2009年，第288页。
④《魏学仁院长出席国父纪念周报告抗战以来理学院之事业》，《金陵大学校刊》1943年1月1日，第1—2页。
⑤ 吴在扬：《中国电化教育的首次兴落（上）》，《电化教育研究》1990年第3期。
⑥ 高维进：《中国新闻纪录电影史》，北京：世界图书出版公司，2013年，第28—29页。
⑦ 杨力、高广元、朱建中：《中国科教电影发展史》，上海：复旦大学出版社，2010年，第11页。

国第一部彩色电影"。① 同时,1942 年金陵大学理学院还创办了当时国内大学中第一个电影教育学术刊物——《电影与播音》(后改名为《影音》),内容充实、思想先进,受到社会各界的广泛认可,当时美国国会图书馆派员来华搜集中国著名而有价值的出版物时,对该刊印象深刻,当即"索去全部数份,寄美国各大图书馆珍藏",由此可见该刊物的学术水平和传播价值。②

时至 1944 年,随着各地放映站的增加,受联合国新闻宣传处的委托,金大理学院在成都代为设立影片流通处,"凡川西及西康各地电教机关及社会团体,拟设放演站者,可迳向成都流通处函索申请,或经认可后,即免费发给袖珍放音机及附件全套,并经常供给袖珍片,计有新闻片、科学片,及彩色漫书片等",流通影片约有 400 余本。③

据统计,1944 年理学院全年放映电影 828 次,观众 80 万人;成都影片流通处半年共放映袖珍影片 782 次,观众 130 万人。④ 1945 年 1 月,渝蓉两地特约放映 71 次,观众总数53 047人;2 月,仅成都一地即放映 9 次,袖珍片放映 10 次,观众总数为7 180人。该部代办的联合国新闻宣传处成都区流通处,一至二月各站放映共计 706 次,袖珍影片3 372卷,观众总数516 940人。⑤ 表 9 则进一步对1943 至 1944 年的成都区影片放映情况,以及1944 至 1945 年的袖珍影片放映情况进行了详细统计,显示了金陵大学理学院电影部庞大的

---

① 张同道主编:《真实的风景:世界纪录电影导演研究》,北京:同心出版社,2009 年,第 277 页。
② 编辑部:《本刊荣誉》,《电影与播音》1943 年第 2 卷第 1 期。
③《本校电教部消息》,《金陵大学校刊》1944 年 10 月 16 日,第 4—5 页。
④《理学院推行社教工作去年度创最高纪录》,《金陵大学校刊》1945 年 1 月 16 日,第 7 页。
⑤《电影部修建放映室寒假期中经常放映》,《金陵大学校刊》1945 年 3 月 16 日,第 3 页。

工作量和显著的社会影响力。

表 9　金陵大学理学院电影部成都区放演分类统计表（1943—1944 年）

放演类别	三十二年度 （1943 年 1 月至 12 月）		三十三年度 （1944 年 1 月至 12 月）	
	次数	观众	次数	观众
课室放演	16	1 121	69	1 767
教学电影	27	3 450	27	4 446
大学电影	7	5 024	1	600
露天放演	18	124 830	13	88 720
特约放演	72	73 342	308	182 465
扩音机服务	23	314 500	15	128 235
外县放演	12	53 290	31	105 397
其他放演	45	18 508	76	3 868
总计	220	594 065	540	515 498

资料来源:《三十二年度及三十三年度金陵大学理学院电影成都区放演分类统计》,《电影与播音》第 4 卷第 1 期,1945 年 2 月,第 28 页。

表 10　金陵大学理学院袖珍影片放映统计表（1944 年 7 月—1945 年 6 月）

放映时间	放映次数	放映卷数	观众人数
1944 年 7 月	8	52	2 837
1944 年 8 月	19	59	6 855
1944 年 9 月	20	109	6 707
1944 年 10 月	27	181	4 827
1944 年 11 月	34	176	6 214
1944 年 12 月	51	263	8 726
1945 年 1 月	28	131	25 294
1945 年 2 月	14	56	3 675
1945 年 3 月	10	41	6 800

放映时间	放映次数	放映卷数	观众人数
1945 年 4 月	27	72	36 500
1945 年 5 月	27	119	4 537
1945 年 6 月	35	137	28 790
总计	300	1 396	141 762

注:此即联合国影闻宣传处第十一放映站。

资料来源:《金陵大学理学院教育电影部袖珍影片放映统计表》,《电影与播音》第 4 卷第 6 期,1945 年 8 月,第 148 页。

因理学院在抗战、建设方面的突出贡献,教育部曾多次在视察金陵大学时予以表扬,称:理学院的"电化教育专修科对于制片、制电池等颇有成绩,汽车专修科能与有关各事业机关充分合作";"理农两学院,办理特别优异,各教授对于学科之研究尤著成绩,殊堪嘉尚"。[1]

第三节　以农增产:战时农学院的科教服务

一、训练专门人才,促进农业发展

金陵大学农学院以"授与青年科学知识和研究技能,并谋求我国农业作业的改良、农业经营之促进,与夫农民生活程度之提高"为创办宗旨[2],是金陵大学最早实行教学、研究、推广相结合的"三一制"的学院。农学院院长章之汶强调"农业研究、农业推广及农

---

[1]《教育部派员视察私立金陵大学金陵女子文理学院校务的有关文件》,中国第二历史档案馆藏,国民政府教育部档案,全宗号 5,案卷号1997。

[2] 陈裕光:《回忆金陵大学》,金陵大学南京校友会编:《金陵大学建校一百周年纪念册》,南京:南京大学出版社,1988 年,第 18 页。

业教育三者,具有连续性……研究所得,付之于推广,用之于教学,推广时所发现之困难,复可用为研究之资",认为"农业为一种应用科学,极深富于地域性,甲地研究改良之结果,每不适宜于乙地,故农业须就地研究,因地制宜,始能获得实际应用上之价值。大学农学院之主要任务为研究,教学与推广。研究工作在谋改进所在地之农业生产及解决当地之各种农业问题。教学工作在训练所在地需要之农业人才。推广工作则在取研究之结果,利用所造就之人才,以推行于农间。"①章之汶指出:"高等农业教育,必须加强研究工作,教学始可日新月异,推广才有实际材料。在教学上采用有针对当地农业实况研究所得之材料与方法,其培养之人才,自可切合实用,在推广中,将研究所得之材料,交付与经过严格训练之推广人员,自可顺利进行。金陵大学农学院毕业生在社会服务中,其所以能理论联系实际,知识与力行合一,当系贯彻此项综合体制之效也。"②在这一办学理念的指导下,金陵大学农学院注重加强与社会各界的合作,并通过合作将农学院的教学、研究、推广事业进一步开拓壮大,在民国时期农业科教领域堪称"历史最久,规模较大,培养人才最多,贡献最大",办学水平为中国大学农学院之最。③

　　抗战期间,金陵大学农学院的教学工作主要分为农科研究所、大学本部、农业专修科三个部分。农科研究所包含 1936 年成立的

---

① 章之汶:《对于我国农业教育改进贡献几点》,《教育通讯周刊》1939 年第 47 期,第 2 页;章之汶:《大学农学院应兼办社会教育》,《教育通讯周刊》1939 年第 2 期,第 14 页。

② 美国加州金陵大学校友会:《章之汶事略》,金陵大学南京校友会编:《金陵大学建校一百周年纪念册》,南京:南京大学出版社,1988 年,第 200 页。

③ 墨妮:《农学院创办人裴义理先生》,金陵大学南京校友会编:《金陵大学建校一百周年纪念册》,南京:南京大学出版社,1988 年,第 56 页。

农业经济部、1940 年成立的农艺部(下设作物育种、植物病理及昆虫三组)及 1941 年成立的园艺部；大学本部共有 7 个系，包含"农艺,园艺,森林,农业教育,植物病理,昆虫,植物,土壤,农业工程 10 个主修学程"；农业专修科为两年制,招收高中毕业生,主要教授应用农学,分农业,园艺及工程三组,目的在于"培养实际应用人才"。① 1943 年,奉教育部令,增设园艺专修科,将农学院植物病理组与昆虫组合并,改设植物病虫害系。②

金大农学院教育培养质量享誉全国,一方面得益于较好的生源质量和优秀的师资力量,另一方面则是严格的课堂教育和实践训练。以农业经济系为例,每届投考人数达 500 人以上,仅录取最优的数十名；③由于农业经济系"着重对农家经营,租佃制度,土地利用,农产运销,物价指数等农村社会经济问题的实际调查研究",该系学生必修农村调查课程,要求掌握调查资料作为写作毕业论文的依据。④ 并且,"除一二年共必修课程如国、英、算、社会、经济会计及一般农业课程如植物、作物、土壤肥料、园艺、森林等课外,主系课程共有 30 余种,其中包括必修选修及研究部三类。每季开授常有 10 余种,课程内容有属理论原则,有属实际方法,读满三年之学生,必需自选择题目,拟制表格,利用暑假时期,实地下乡调查,分析统计均亲为之,盖所以训练认识环境,具有观察分析客观

① 《农学院概况》,《南大百年实录》编辑组编:《南大百年实录》(中卷),南京:南京大学出版社,2002 年,第 256—257 页。

② 《金陵大学六十周年纪念册》,1948 年,中国第二历史档案馆藏,私立金陵大学档案,全宗号 649,案卷号 86。

③ 《25 年来金大农业经济系之概述》,《南大百年实录》编辑组编:《南大百年实录》(中卷),南京:南京大学出版社,2002 年,第 268 页。

④ 朱甸余、刘子钦:《农业经济及农村社会学者乔启明》,金陵大学南京校友会编:《金陵大学建校一百周年纪念册》,南京:南京大学出版社,1988 年,第 216 页。

环境之能力,俾成他日有用之才"。[①] 这种"半工半读"的教育模式有效促进学生的实践操作能力,通过训练学生亲自操作开垦土地、栽树、播种、耘草、收获等工作,为国家培养了大量可以立即投身于农业实践的专业人才。[②]

在抗日战争全面爆发前,金陵大学农学院共培养毕业生1 200余人,占全国高校农业学校毕业生的1/3,其中95%的毕业生选择从事农业教育及农业改良工作,农学院毕业生出国深造比例在全国位居前列。[③] 1938年夏,金陵大学农业经济学部的陈彩章、徐壮怀、李扢谦3位毕业生是我国自己培养的首批农学硕士。[④] 至1944年,金陵大学农学院共培养了1 926名毕业生,包含27名研究生、730名本科生以及各类农业培训班的毕业生。从欧美进修深造后归国的中国农业专家约有一半是金陵大学的毕业生,他们中的很多人最后都就职于全国各农业机关和政府部门。[⑤] 截至1948年,我国前往欧美留学农业的学生共有256人,其中金大农学院的学生有120余人,约占半数。[⑥] 这不仅体现了金陵大学农学院的人才

---

① 《25年来金大农业经济系之概述》,《南大百年实录》编辑组编:《南大百年实录》(中卷),南京:南京大学出版社,2002年,第269页。

② 墨妮:《农学院创办人裴义理先生》,金陵大学南京校友会编:《金陵大学建校一百周年纪念册》,南京:南京大学出版社,1988年,第57—58页。

③ 墨妮:《农学院创办人裴义理先生》,金陵大学南京校友会编:《金陵大学建校一百周年纪念册》,南京:南京大学出版社,1988年,第58页。

④ 武源澄:《师恩难忘》,金陵大学南京校友会编:《金陵大学建校一百周年纪念册》,南京:南京大学出版社,1988年,第332页。

⑤ A plan for the Post-War Rehabilitation and work of the College of Agriculture and Forestry of the University of Nanking,June 20,1944,中国第二历史档案馆藏,私立金陵大学档案,全宗号649,案卷号2467。

⑥ 墨妮:《农学院创办人裴义理先生》,金陵大学南京校友会编:《金陵大学建校一百周年纪念册》,南京:南京大学出版社,1988年,第58页。

培养质量,并且随着毕业生在国家各处就职,亦有力增强了金陵大学与政府机构之间的联系和合作。

金大农学院在农业人才培养方面的成就深受社会各界的肯定和认可。国民政府农林部曾称赞道:"该院培养人才鉴于时代之需要,自农科研究所、大学本科、农业专修科、各级干部短期训练班,以至农民补习学校,无不俱备,盖以农业人才以地域、事业、时间、需要之不同,而不得不有各阶层之训练也",该院毕业生"多系埋头苦干之一贯作风","遍观国内,无论都市、省、县以及乡镇间之从事农业工作者,随处可见"。①

二、改良作物品种,提升农业产量

金陵大学农学院自创办之始,就十分重视科研工作,其研究经费"约占经常支出的一半","所有专任教师和高年级学生都要参加研究工作"。② 在全国亦"以其在农作物改良和农业经济方面的科研工作而著称"。③ 其研究工作主要有三种:

一是调查研究,旨在"了解现实,而加以改进之也"。④ 主要是农业经济、农业生产及森林果树类等方面的调查研究工作,对于乡

---

① 《农林部等关于嘉奖金陵大学农学院三十年来办学成绩呈》(1942 年 1 月),中国第二历史档案馆编:《中华民国史档案资料汇编》(第 5 辑第 2 编),南京:江苏古籍出版社,1997 年,第 834 页。

② 戴龙荪:《罗德民先生的贡献》,金陵大学南京校友会编:《金陵大学建校一百周年纪念册》,南京:南京大学出版社,1988 年,第 61 页。

③ A plan for the Post-War Rehabilitation and work of the College of Agriculture and Forestry of the University of Nanking,June 20,1944,中国第二历史档案馆藏,私立金陵大学档案,全宗号 649,案卷号2467。

④ 《农学院概况》,《南大百年实录》编辑组编:《南大百年实录》(中卷),南京:南京大学出版社,2002 年,第 257 页。

村组织、乡村借贷、农场管理、农民娱乐、农场贸易、物产价格、家庭费用分配及乡村生活各种问题,均有详细的调查研究。①

在蜀期间,金大农学院完成的调查研究工作主要有:1938 年 7 月应财政部贸易委员会的需求,研究中国主要出口的生产运销情况;四川农产品运销研究;与前四川省土地陈报处合作,对川省 64 个县的土地分类调查研究,开展四川省农村经济调查;四川省粮食增产效果调查研究;四川省新都县土地清丈研究。并有农业史研究、农民所得所付物价研究等。② 此外,农业经济调查方面共调查了 7 个省的 2 866 家农户,并出版中英文中国农家经济各一书;经调查 22 个省的 168 个地区,编成中英文版的《中国土地利用调查》;经过对 11 个省的 12 456 个农户的调查,刊行《中国人口之结构及消长》一文;完成了成都市附近 7 个县的米谷生产与运销研究,对国民政府实行的粮食统制起到了重要参考作用;开展了四川农作物价格及成都市生活费用的调查研究,相关调研成果成为政府决策的重要参考资料。③

二是采集研究,旨在"确定农林生物之分布与品种之鉴定"。④ 主要是植物、植物病害、昆虫森林各组系的标本采集、病害研究工作,如根据四川天然环境,对青城峨眉及西康高原与松理茂汶草原

---

① 《私立金陵大学农学院概况》,中国第二历史档案馆藏,私立金陵大学档案,全宗号 649,案卷号1771。

② 《25 年来金大农业经济系之概述》,《南大百年实录》编辑组编:《南大百年实录》(中卷),南京:南京大学出版社,2002 年,第 268 页。

③ 《科研工作概况》,《南大百年实录》编辑组编:《南大百年实录》(中卷),南京:南京大学出版社,2002 年,第 309 页。

④ 《农学院概况》,《南大百年实录》编辑组编:《南大百年实录》(中卷),南京:南京大学出版社,2002 年,第 257 页。

开展采集研究。①

　　抗战期间,农学院植物组重点对桐油、五倍子药材等战时重要物资展开研究。尤其在太平洋战事爆发后,橡胶与金鸡纳霜的主要产区相继沦陷,阻断了国内进口来源。金大师生广泛收集国外各类橡胶植物种子,积极致力于橡胶试种研究,"以期将来橡胶之自给"。② 同时,鉴于"川地日光稀少,维他命之供应问题严重,番茄为鱼肝油之代用品,价廉物美,但病虫为害甚彪",农学院植物病理组"利用试验隙地,种植各种番茄,从事病害之调查研究",设法实现主要病害种类的防除。③ 并且,四川天气潮湿食物不易储存,为缓解抗战物资紧缺问题,农学院师生特研究红薯、苹果、柑橘等食物储藏方法。针对柑橘储藏,发明有洗果药剂"金大植病三号",为当时国内最好的洗果药剂,"减少损失百分之六十,且经泡洗后所保存之果品,色鲜味美,较与新采者无异";对于苹果"因轮纹褐腐病之蔓延",特与果园合作,开展防治及储藏试验;鉴于"红薯储藏期间,受灰霉病之害,损失竟达百分之二十",特"与川农所合作试验","成绩尚称美满"。④

　　三是试验研究,旨在应用育种方面能够产生"质量兼优之品种"。⑤ 主要为作物品种改进工作,水稻、小麦、棉花、大豆、高粱、玉蜀黍、粟作等作物的育种试验,四川黄果选种,柑橘、苹果、梨的结果与储藏,番茄、甘蓝、洋葱等育种试验,以及干果、干菜制造等,并

---

① 《抗战以来的金陵大学》,《金陵大学校刊》1941年3月10日,第5—7页。

② 《农学院植物组近讯》,《金陵大学校刊》1942年12月15日,第8页。

③ 《植物病理组动态》,《金陵大学校刊》1942年10月1日,第5—6页。

④ 《植病组扩大储藏试验》,《金陵大学校刊》1942年6月15日,第4页。

⑤ 《农学院概况》,《南大百年实录》编辑组编:《南大百年实录》(中卷),南京:南京大学出版社,2002年,第257页。

受农产促进委员会的委托,研究四川柑橘品种及储藏改良方法,与财政部合作研究四川烟叶改良,与西康省政府合作举办全省蚕桑选种及改良之试验等。①

　　金陵大学在小麦、棉花、水稻、柑橘、蔬菜等农业改良方面取得显著成效,先后改良完成的小麦新品种有金大二九〇五号、金大二六号、金大开封一二四号、金大南宿州六一号、金大南宿州一四一九号、金大燕京白芒标准小麦、金大泾阳蓝芒麦等;改良的棉花新品种有金大脱字棉、金大百万棉、金大爱字棉四八一号、斯字棉四号、德字棉五三一号等;水稻新品种有金大一三八六号;大豆新品种有金大三三二号;改良的高粱新品种有金大开封二六一二号、金大南宿州二六二四号、定县三三号等;改良的大麦新品种有金大九九号裸麦、金大开封三一三号大麦、金大南宿州一九六三号、金大南宿州七一八号裸麦等;改良的柑橘品种有江津甜橙二十六号、二十四号、十八号等;改良的蔬菜有甘蓝金陵十号、番茄金陵二十号等。② 西迁之前,36 个经过改良的重要农作物品种中已有 27 个在全国得到广泛推广;③改良后的小麦品种产量约可提高 20%。④ 迁川后,金大农学院继续推进农作物研究,"屡经试验,结果证明在南京育成之优良品种,在川省仍属优良",因而在四川各地大力推广,

①《抗战以来的金陵大学》,《金陵大学校刊》1941 年 3 月 10 日,第 5—7 页。

②《科研工作概况》,《南大百年实录》编辑组编:《南大百年实录》(中卷),南京:南京大学出版社,2002 年,第 310 页。

③ A plan for the Post-War Rehabilitation and work of the College of Agriculture and Forestry of the University of Nanking,June 20, 1944,中国第二历史档案馆藏,私立金陵大学档案,全宗号 649,案卷号2467。

④［美］芳卫廉著,刘家峰译:《基督教高等教育在变革中的中国(1880—1950)》,珠海:珠海出版社,2005 年,第 152 页。

极大地提升了农业产量。① 其中"金大一号大麦"产量高过当地品种 20%以上,"金大三三二号大豆"产量超过当地品种 2 倍以上;②"金大二九〇五号小麦"在川西及川北推广种植达 36 县,经改良柑橘的推行种植范围亦非常广泛。③

物种改良对国家经济发展、人民生活有重要影响,金陵大学西迁之后,对四川等西部地区的农业发展、经济建设发挥了重要作用。以柑橘改良研究为例,金大师生注意到美国加州柑橘"本来是从中国经过中亚传到欧洲,由欧洲传到南美,再由南美因为一个国会议员传至加州,试验栽培不过九十年的历史","在我国沿海及内地各大城市的人民,天天吃到它","1937 年的记录,加州产柑橘共值一万万零七百万美金"。因此,金陵大学园艺系连续多年"对于川省柑橘的选种、育苗、储藏与运输正在加紧研究",期望"十年后将改良柑橘,推及各省,苟能运用得法,则将来的四川,就是美国的加州,或且驾而上之"。④

三、推广科研成果,指导农业耕作

抗战期间,金陵大学农学院最重要的贡献:一是培植农业专门人才,促进国家农业建设;二是研究农作物品种改良,增加西南各省的粮食生产,缓解民食军需的粮食压力;三是加强农业培训和推广,建立西南农业发展基础。这些贡献又与金大农学院开创的大学教育、科研和推广相结合的办学模式紧密相关。金大农学院在

---

① 《农艺系之合作事业》,《金陵大学校刊》1942 年 10 月 1 日,第 5 页。

② 《本校各种改良种子在川推广之概况》,《金陵大学校刊》1939 年 11 月 25 日,第 2 页。

③ 《本校推广事业概况》,《南大百年实录》编辑组编:《南大百年实录》(中卷),南京:南京大学出版社,2002 年,第 313 页。

④ 《陈校长讲教育的整个性》,《金陵大学校刊》1940 年 3 月 10 日,第 1—2 页。

实践中认识到："农业研究,农业推广及农业教育三者,具有连环性,不应强为分离。研究所得,付之于推广,用之于教学,推广时所发现之困难,复可用为研究之资。如此周而复始,方切实用";并且,农业科技必须在实践检验中才能发展进步,因为"农业问题富有区域性,适于此者,未必适于彼",故"一切农业必须就地改良,就地推广"。① 为此,金陵大学农学院专门设立农业推广部,在大力发展教学、科研的基础上,积极推进农业推广事业,对国家农业发展、科技进步、经济稳定起到了重要的推动作用。

起初主要是老师带领学生在田间实习,协助指导农民开展农业生产活动,而后推广事业随院务发展而壮大,推广人员的足迹遍及大江南北 10 余省,对于我国农业改进产生了重要影响。推广工作分为两个阶段,起初主要在于宣传提倡,至1930 至 1940 年重点在于示范推广,1941 至 1948 年则以辅导训练为主。②

西迁之后,在政府及社会各界的支持下,金陵大学在抗战大后方大力发展农业推广事业,创办了温江农业推广实验区、仁寿农业推广实验区、重庆慈幼农场等。其中,温江农业推广实验区是金大农学院与中央农产促进委员会及地方政府机关等合办,成立于1938 年 9 月,在该地进行县单位推广制度研究,并从组织农会入手,负责对农民开展农业指导,推广优良品种及耕作方法,帮助成立造纸厂、纺织厂,指导推进猪瘟血清注射和肥料改良等。此外在温江县各乡镇推广农业记账,在华阳县辅导组织农场经济改良会,

---

① 章之汶:《对于我国农业教育改进贡献几点意见》,《教育通讯周刊》1939 年第 2 卷第 47 期。
②《农学院概况》,《南大百年实录》编辑组编:《南大百年实录》(中卷),南京:南京大学出版社,2002 年,第 257 页。

并在华阳县属观音桥附近辅导举办合作农场等。① 金大农学院李扬谦回忆称：

> 1938年夏在四川成都，由实业家穆藕初邀请金大农学院农经系主任乔启明襄助其主持当时的行政院农产促进委员会（简称农促会）工作，四川省政府促农合作部、中国农民银行成都分行、四川省合作金库与金大农学院合作。乔启明指派任碧瑰与四川省温江第一行政专员陈志学协商，在温江县组织乡村建设委员会（简称乡建会），广泛地进行农业推广，该会决定以专员为主任委员，温江县县长为副主任委员。金大农学院推荐李扬谦为代表，任乡建会委员，常驻温江，兼任温江县合作金库经理。该会决定自1938年至1941年由温江县政府从财政预算中每年拨发3 000元经费，支付乡建会培训温江本县练习生的工资和推广费用。该会任命金大农学院指派到乡建会工作的任碧瑰为总干事，陈锦余、夏文华为主任干事，执行乡建会的日常工作。同时，金大农学院向四川省政府促农合作部推荐汪春珊为温江县政府合作指导室主任指导员，吴敬亭为派驻温江工作的辅导员，分别辅导温江县各区、乡、村的农民，组织乡农会和信用合作社及其联合社，由温江县合作金库发放抵押和信用贷款，给会员和社员购买优良种子、肥料、农药及农具、耕牛等，促进了农业生产，增加了农民收入，同时，乡建会又协同各乡农会举办农民夜校，妇女识字班，提高农民的文化程度和妇女的社会地位。并与成都华西大学医学

① 《25年来金大农业经济系之概述》《金陵大学农学院迁蓉后推广事业一览》，《南大百年实录》编辑组编：《南大百年实录》（中卷），南京：南京大学出版社，2002年，第268、282页。

院合作,协同举办温江县卫生院,免费为农民治病,大力宣传防病免疫方法。一年以后,温江县的农业推广事业,办得十分兴旺,得到农民的热烈欢迎,引起关心农业推广事业人士的重视,纷纷前往温江县参观。①

从李拔谦的描述中也可以看出,抗战期间政府及社会各界对农业工作十分重视,对金陵大学农学院提供了较多的支持,并展开了较为深入且广泛的合作。1938 年,金大农学院与中央农产促进委员会合办了高级推广人员训练班,招收"大学农科毕业生曾在农界服务二年以上者",进行为期 4 个月的培训,进一步扩大农业人才队伍。② 与四川省教育所合作,承担四川省中等农业职业学校辅导任务,由农学院派员轮流前往各校实施辅导工作,辅导内容主要有校舍、农林场、仪器图书、教学及社会服务等,并草拟《改进我国中等农业学校教学方案》作为实施辅导的纲要。③ 1940 年,应行政院农产促进委员会、农林部中央业农业试验所、四川省农业改进所等机关的聘请,金大安排所有二年级同学,利用暑期实习,分赴各地下乡治螟,"督率农民采除三化螟第三代卵块"成绩斐然,"对战时食粮增产工作,裨益良多"。④ 1942 年,奉教育部令,举办农事指导人员训练班,招收初中毕业生 40 名,"以一年之训练,七个月上课,五个月实习","期满后由农院分发至彭县、华阳二县实习",训

① 李拔谦:《农学院的农业推广事业》,金陵大学南京校友会编:《金陵大学建校一百周年纪念册》,南京:南京大学出版社,1988 年,第 89 页。
②《金陵大学农学院迁蓉后推广事业一览》,《南大百年实录》编辑组编:《南大百年实录》(中卷),南京:南京大学出版社,2002 年,第 283 页。
③《本校农学院 32 年度农业推广事业简报》,《南大百年实录》编辑组编:《南大百年实录》(中卷),南京:南京大学出版社,2002 年,第 317 页。
④《农专同学暑期下乡治螟》,《金陵大学校刊》1942 年 10 月 1 日,第 6 页。

练目的在于"培养基层干部人才,协助新县制之实施"。[①]

在川期间,金大农学院注重搜集当地蔬菜、果树及花卉等优良品种,利用科学方法选育培养并廉价推广。经济蔬菜类主要为番茄、西瓜、黄瓜、豆类、甘蓝、花椰菜、洋葱、白菜、萝卜、菠菜、芹菜、生菜、榨菜等种子50余种,经济果树类主要为甜橙、无核橘、红橘、道芬无花果、柚子、水蜜桃等苗木10余种,花卉类主要为蜀葵、金鱼草、七里黄、美人草、天丽花、唐昌蒲、百合、孔雀草、雁来黄、百日菊等30余种,观赏树苗类主要为芙蓉花、英国梧桐、蔷薇、威氏七叶树等10余种,以及果树杀虫防病药剂类,如波尔多液,柑橘果实洗果粉,苹果及梨洗果粉、松脂合剂、烟硫合剂、水溶性硫磺粉等,均配合调制以资推广。[②]并且,编印有《农林新报》,每月3期,从未间断,抗战时期因印刷条件艰难,改为3期合刊,每月出版1册,"传播农林新知,报导农业消息,并刊布本院各部门研究结果,以供社会人士之参考"。据1943年统计,除四川省农业改进所及各地推广员订阅的300份之外,另有600余份的订阅量,可见其深受当地民众欢迎。[③]教授们在工作之余,热心钻研,关心民众生活。农学院林礼铨教授鉴于"旧时珠算定位法,纯靠心计,容易错讹,一着差则全盘错,覆核最难",发明仲衡算盘,"设定位法,用阿拉伯字码书明,一经定位,则加减乘除时,分厘毫丝,至为明晰;除定位之外,另于正盘之外设辅盘,凡在正盘上所算出之数,辅盘上亦得同一数目以资核对",并撰写《仲衡算盘珠笔合一算法》一文,详细阐述使用

---

① 《农院消息》,《金陵大学校刊》1942年3月15日,第2页。

② 《本校农学院32年度农业推广事业简报》,《南大百年实录》编辑组编:《南大百年实录》(中卷),南京:南京大学出版社,2002年,第318页。

③ 《本校农学院32年度农业推广事业简报》,《南大百年实录》编辑组编:《南大百年实录》(中卷),南京:南京大学出版社,2002年,第319—320页。

方法,对百姓日常珠算使用大有助益。①

　　金陵大学农学院为近代中国培养了大量急需的新型农业人才,并通过农业科技的研发和推广,一定程度上缓解了国内农林作物供应紧缺的局面,为战时西部大后方的人民生活和社会稳定做出了重要贡献。同时,"帮助激发和创立了一套农业教育、推广和研究的模式",为其他公立和私立农学院做出了榜样,促使中国近代大学教育体系日臻完善。② 同时,随着农业经济的发展,农业金融也逐步发展起来。1941 年,中国农民银行总行下设农贷处,将原由各个银行分办的农业金融业务集中起来,聘任金陵大学农学院乔启明为农贷处处长,主持全国农业生产、合作、运销、推广及水利贷款等农村金融业务。③ 农业发展对中国乡村社会的影响是深刻而复杂的,随着农业科技、金融业务的发展与推广,农业生产力不断提高,农业组织生产模式愈加科学,人们的观念也在不断发生转变。

　　金陵大学农学院在教育和科研方面的卓越成就,以及在改良作物等方面不懈的推广工作,为其赢得了良好的社会声誉,得到了政府和民众的认可。教育部在 1943 年发布训令,称:"查该校农学院在国内高等农业教育机关中历史最为悠久,历来培养农业人才、倡导农业改进、增加农业生产、裨益民生,功效昭著。兹值该院成

————————

① 《改良珠算——本校林礼铨教授之新发明》,《金陵大学校刊》1941 年 11 月 15 日,第 1 页;《抗战期间本校之新贡献》,《金陵大学校刊》1942 年 4 月 15 日,第 1—2 页。

② [美]芳卫廉著,刘家峰译:《基督教高等教育在变革中的中国(1880—1950)》,珠海:珠海出版社,2005 年,第 151 页。

③ 朱甸余、刘子钦:《农业经济及农村社会学者乔启明》,金陵大学南京校友会编:《金陵大学建校一百周年纪念册》,南京:南京大学出版社,1988 年,第 217 页。

立三十周年纪念应予褒奖以资激励。"①胡适则进一步称赞道："民国三年以后的中国农业教育和科研中心是在南京,南京的中心先在金陵大学的农林科,后来加上南京高等师范学校的农科,这就是后来金陵大学农学院和东南大学(中央大学)的农学院。这两个农学院的初期领导人物,都是美国几个著名的农学院出身的现代农学者,他们都能实行他们的新式教学方法,用活的教材来教学生,用中国农业的当前困难问题来做研究。金大的农林科是民国三年创办的,南高的农科是民国七年成立的。从裴义理开始,从雇用江北难民在紫金山造林,以工代赈开始,在 20 多年之间,发展到全中国农业科学教育研究的一个最重要的中心——全中国作物品种改良的最重要的中心,这一段历史是中国科学发达史的一叶,是中华民国教育建设史的一叶,是很值得记载的。"②

---

① 《教育部奖勉金陵大学的代电和训令》,中国第二历史档案馆藏,私立金陵大学档案,全宗号 649,案卷号 68。
② 《胡适谈金大农学院的贡献》,《南大百年实录》编辑组编:《南大百年实录》(中卷),南京:南京大学出版社,2002 年,第 280 页。

第五章　抗战时期金陵大学的宗教教育与活动

　　作为一所西方差会创办和支持的教会大学,金陵大学从其创建伊始,就有着培养学生"基督化人格"的办学初衷和使命,旨在培养学生"牺牲与服务精神",以"造就健全国民,发展博爱精神,养成职业知能的根本",即"推行基督化教育"。① 1927 年改组后,金大校董会章程中进一步明确要"在南京保持一所由基督教主办的、有充分宗教信仰自由的私立高等学校","须提供最高水平的教育质量,促进社会福利事业,提高公民的理想和服务社会的能力,按照本校的基督教精神造就人才"。② 抗战时期,因基督教人士在救济难民、支援抗战等方面做出的巨大贡献,政府及社会各界对基督教展现出前所未有的包容性,金陵大学的基督教团契活动从战前的秘密状态转为全部公开。为更好地发展宗教事业,金陵大学将宗教传播与社会服务工作相结合,根据国家抗战及社会发展需求,开

---

① 陈裕光:《回忆金陵大学》,金陵大学南京校友会编:《金陵大学建校一百周年纪念册》,南京:南京大学出版社,1988 年,第 10 页。

② 《金陵大学校董会章程》,《南大百年实录》编辑组编:《南大百年实录》(中卷),南京:南京大学出版社,2002 年,第 134 页。

展赈灾救济、社会福利、成人教育、边疆服务等工作,扩大基督教在民众中的积极影响;同时,与华西坝各教会大学及中华基督教会等宗教组织加强交流联络,共同举办各类宗教活动,进一步提升基督教的社会影响力。丰富多彩的宗教活动既活跃了战时师生的校园生活,也满足了基督教信徒的精神需要,一定程度上缓解了金大师生的战时精神压力。时至抗战后期,随着政治局势的变化,党派力量不断渗入校内各宗教组织之中,以宗教的组织形式和活动安排为掩护,开展了大量学习、宣传及组织活动,大力发展革命事业。可以说,金陵大学宗教教育及活动的发展历程始终与时局、政局、战局紧密相连,校园内的宗教活动轨迹之中蕴含着新生革命力量的蓬勃发展,抗日战争的爆发促使国内民族主义、爱国主义情绪高涨,一切为了抗战、一切为了国家成为奋斗的主旋律,新思想新思潮如雨后春笋般萌发、壮大。受民族主义和政治活动的影响,金陵大学的宗教生活逐步与社会政治生活交织在一起,尽管仍保持鲜明的宗教特征,但宗教精神在校园内的影响力日渐势衰,现代大学精神进一步凸显。

第一节　早期金陵大学宗教教育与活动①

一、初期宗教发展的"辉煌时期"

金陵大学设立的宗旨是"使大批优秀青年发展才能,锻炼品格,并深受基督精神的浸润,及基督教原理的灌输后,对于国家与教会有所贡献"。从金陵大学的前身汇文书院和宏育书院时期,就

---

① 本节部分内容曾发表于《民国研究》2018 年秋季号,第 121—137 页。

一直在践行这一教育宗旨,在科学教育课程之外,安排有宗教课程和宗教崇拜时间。汇文书院共培育了 40 名毕业生,圣道馆 12 名,博学馆 7 名,医学馆 11 名,仅 2 名毕业生未成为基督徒;宏育书院共培育了 30 余名毕业生,"未曾加入教会的,大概也不超过十分之一"。[①] 在这一时期,学生总数较少,但宗教氛围非常浓厚,"宗教仪式十分严格,宗教课为必修课。每逢礼拜,师生必须参加","基督教义为许多人所接受"。[②]

1910 年,汇文书院与宏育书院合并成立金陵大学,金陵大学的发展进入了新的历史时期,"宗教气象大为发扬"。穆德·艾迪、丁立美、诚敬一、都春圃、史比耳(Robert E. Speer)、布克曼(Frank Buchman)、甘露得、司徒雷登、马相伯、余日章等宗教界领袖纷纷来到金大讲演,成效显著。[③]

早期金大设有宗教学系(Department of Religious Instruction)。尽管没有安排任何宗教考试,但校方对基督教十分推崇,强调对耶稣基督的忠诚,强制所有人参加礼拜,并要求学生学习必修的圣经课程,参加主日学校、圣经学习和每周日早晨的祷告会等。[④] 宗教课程有《以色列历史》(The History of Israel)、《基督教起源》(The Origin and Early History of Christianity)、《耶稣对其使徒的教导》(The Teaching of Jesus and His Apostles)、《比较宗教学》

---

① 郭中一:《金大 60 年来宗教事业之概况(1888—1948)》,《南大百年实录》编辑组编:《南大百年实录》(中卷),南京:南京大学出版社,2002 年,第 367—368 页。

② 陈裕光:《回忆金陵大学》,金陵大学南京校友会编:《金陵大学建校一百周年纪念册》,南京:南京大学出版社,1988 年,第 10 页。

③ 郭中一:《金大 60 年来宗教事业之概况(1888—1948)》,《南大百年实录》编辑组编:《南大百年实录》(中卷),南京:南京大学出版社,2002 年,第 367—368 页。

④ Historical Sketch (1912—1913), UBCHEA Archives, Microfilm, Reel 11. Box 197. Folder 3384.

(Comparative Religious)、《圣经文学》(The Bible as Literature)、《宗教道德教育》(Education in Religion and Morals)、《教会史》(Church History)、《宗教哲学》(Philosophy of Religion)等。[1]

1917年,参照教育部相关学制规定,金陵大学增设了预科班,在预科阶段就开设了宗教学习课程,并加强了大学宗教课程的应用性,如开设有《教会学校》(The Church School)、《圣经在现代生活中的运用》(The Use of the Bible in Modern Life)、《宗教教育的实践与理论》(The Practice and Theory of Religious Education)等课程。在这一阶段,金陵大学宗教课程的目的主要是"促进宗教知识的增长和基督教活动的增加"。[2]

除了每周举办的祈祷常会、共同崇拜等宗教活动之外,早期金大还举办了很多宗教活动,成效较为显著的有:(1)查经班。1912年金大青年会设立查经班20个,每班以5人为限,轮流主领,"查经兴趣,似很浓厚",状况"令人满意"。1918年春,金大青年会设立带研究性质的查经班11个,特请刘伯明、司徒雷登、芮思娄、夏伟思等,研究内容有宗教生活问题、耶稣对社会的教训、宗教与社会进步、旧约的性质等,吸引众多听众。(2)金大立志布道团。自1911年3月19日起,立志布道团干事丁立美牧师在校布道两周。而后,金大立志布道团宣告成立,参加的学生60名(包括中学生)。(3)穆德·艾迪演讲。1913年春间宗教领袖穆德·艾迪在南京举行演讲,收效显著。大会将开幕时,金大60位学员决志承认基督为救主,且"大多数随后都领了洗","有些并担任个人布道工作"。

---

[1] Course of Study (1912—1913),UBCHEA Archives,Microfilm, Reel 11. Box 197. Folder 3384.

[2] University of Nanking Bulletin, 1917,UBCHEA Archives,Microfilm, Reel 11,Box 197,Folder 3385.

(4)布道大会:1919 年初,司徒雷登、余日章、诚敬一等人先后到金大作布道演讲。这一时期,校内宗教氛围空前浓厚,各宿舍内每一层楼立有祈祷小组。教职员每日午间聚集半小时,同心祷祝。最后一讲完毕时,决志信奉基督的学生有 25 位,立愿为基督教性质之工作而努力的有 100 人。[①]

长期负责金大宗教活动的郭中一牧师总结称,1910—1924 年是"金大宗教精神的辉煌时期","那正是大学生思想蓬勃,自立自决的时代","布道大会的成功,达到那时期的顶点"。[②]

二、20 世纪 20 年代宗教发展的"受挫时期"

1922—1927 年的非基督教运动,逐步形成了反对教会教育、收回教会教育权的斗争目标。金陵大学作为一所教会大学,在此风潮中亦不能幸免地遭到打击。

1925 年之前,非基督教运动主要在华北华南地区,对金陵大学的影响还不多。有材料表明,1924 年金陵大学大礼堂讲道现场"全堂及楼上满座",宗教氛围浓厚。[③] 同年 6 月的《金陵光》亦记载了金大青年会宗教活动积极活跃的情况。

然而,随着非基督教运动对华东地区的影响日益增多,《金陵光》关于宗教活动的记载及论述宗教的文章日渐减少,时至 1926年,几乎不再刊登宗教方面的消息。

---

① 郭中一:《金大 60 年来宗教事业之概况(1888—1948)》,《南大百年实录》编辑组编:《南大百年实录》(中卷),南京:南京大学出版社,2002 年,第 367—368 页。

② 郭中一:《金大 60 年来宗教事业之概况(1888—1948)》,《南大百年实录》编辑组编:《南大百年实录》(中卷),南京:南京大学出版社,2002 年,第 368 页。

③ 郭中一:《金大 60 年来宗教事业之概况(1888—1948)》,《南大百年实录》编辑组编:《南大百年实录》(中卷),南京:南京大学出版社,2002 年,第 368 页。

　　面对非基督教人士的质疑和控诉，金大基督徒也被迫开始自我反省和思考。有回忆称："在反宗教大同盟和文化的闭关主义的夹攻中，那时的基督教，正在遭受着非理性的打击，一群脆弱的绵羊，在十字路口彷徨徘徊着，他们在恐怖，在战栗，人们在说一切的宗教都是麻醉剂，他们却嗫嗫地在问我们有没有被麻醉呀？人们在说所有的中国基督徒都是洋奴，他们也在扪心自问，我们是否是洋奴？人们在批评，他们都在反省，人们在咒诅，他们却在怀疑。"[1]

　　非基督教运动对金陵大学宗教教育及活动起到了一定的抑制作用。这一时期，金大的宗教活动趋于保守和低调，但宗教课程及常规性宗教活动仍继续开办。在宗教教育上，坚持以"让每个学生在课程中有机会学习基督教教义，并有机会自愿选择耶稣基督作为其精神领袖"为目标，"力求表现和保持高标准的宗教虔诚"。宗教课程主要有：《宗教研究导论》(Introduction to The Study of Religion)、《基督教信仰和教义》(Christian Faith and Doctrines)、《基督教机构》(the Institutions of Christianity)、《圣经文学课程1》(Biblical Literature Course I)、《圣经文学课程2》(Biblical Literature Course II)、《宗教史》(History of Religions)、《耶稣的社会教育》(Social Teaching of Jesus)等。学校安排了每日礼拜和周日早晨祷告会，但不强迫学生接受基督教。由金大青年会负责学生的各类宗教和社会活动，基督徒和非基督徒学生都可根据能力等担任职位。[2]

　　1927年的"南京事件"是20世纪20年代非基督教运动中积蓄

---

[1]《金大团契二十周年纪念特刊》，中国第二历史档案馆藏，私立金陵大学档案，全宗号649，案卷号72。

[2] University of Nanking Bulletin: Catalogue 1924—1925, UBCHEA Archives, Microfilm, Reel 11, Box 197, Folder 3388.

的民族主义情绪的大爆发,基督教性质的金陵大学受到重创,副校长文怀恩遇难身亡,校舍遭到严重损毁,外籍教员家中及随身携带的财物几乎全被抢劫一空。"南京事件"发生后,外籍教员被迫全部撤离,暂时性的权力真空的状态使金陵大学有了政治变革的可能。为取得新成立的南京国民政府的支持,金陵大学的管理权从外籍人士移交到华人校长陈裕光手中,金陵大学主动向教育部申请立案注册,并在教育部压力下取消了宗教学系、将宗教课程改为选修课。① 在这一阶段,金大的宗教性遭遇严重打击,外籍教员人心惶惶。1930 年 8 月 27 日,包文给芮思娄的信中就提到:"Graves 主教非常沮丧,认为政府决心消灭所有的基督教机构。"②

可以说,20 世纪 20 年代是金大宗教发展的低谷时期。有回忆称:1927 年 11 月,"校中某星期日上午的崇拜会讲道时,只见百余人在座,不及从前隆盛时的十分之一"。但此时以郭中一牧师为代表的部分宗教人士仍坚信"宗教气象很平淡,却蕴藏着宝贵的潜力",在他们的组织下宗教活动的新方式很快应运而生。一是成立了由教职员所组织的金大宗教委员会(Religious Committee),目的是"负起推进宗教工作的责任"。二是成立了金大基督徒团契。由倪青源、袁伯樵、魏景超、江文汉等同学主持,以秘密不公开的形式开展活动,其特点是"藉着小组的同道共同探讨基督教的真理,发扬信徒团契的奋斗精神"。三是金大青年会逐渐恢复往日事工,各项活动重新活跃起来。1930—1935 年间,曾受洗礼的基督徒学生

---

① 《金陵大学董事会第七次会议记录》(1930 年 3 月 28 日),《南大百年实录》编辑组编:《南大百年实录》(中卷),南京:南京大学出版社,2002 年,第 57 页。
② Letter from A. J. Bowen to J. H. Reisner, August 27, 1930,《金陵大学校长包文与农林科科长芮思娄的公务文书》,中国第二历史档案馆藏,私立金陵大学档案,全宗号 649,案卷号 2325。

数约有 101 至 143 人不等,连同未受洗礼的信奉者,基督徒学生的数目在 140 至 170 人之间,约为全体同学三分之一,教员中基督徒也超过半数,宗教发展正在逐步恢复之中。①

三、宗教与党派势力之争

金陵大学青年会(Young Men's Christian Association,简称 Y. M. C. A)始建于 1902 年,后更名为金陵大学基督徒协会(the University of Nanking Christian Association),是金陵大学成立最早、规模最大、最具代表性的学生宗教组织。② 陈裕光校长曾评价称:"本校学生青年会于校内学生团体中历史最久,成立以来对于学生生活颇能尽力服务"③,其目的"在以牺牲服务之精神,谋同学之团结,及感情之联络"。④

基督教青年会不同于教会,不属于任何基督教宗派,"教会的事工是偏于传教事业的,但青年会却是偏于'行的'服务,弘扬基督教的'博爱'精神,做荣神益人的工作。参加青年会,并不等于参加基督教,青年会的会员也并不都是基督徒,其中有不少非基督徒。"⑤

---

① 郭中一:《金大 60 年来宗教事业之概况(1888—1948)》,《南大百年实录》编辑组编:《南大百年实录》(中卷),南京:南京大学出版社,2002 年,第 369 页。

② 金陵大学青年会编印:《金陵手册》(1920—1921),第 1 版,第 19 页。转引自:赵飞飞:《金陵大学宗教教育研究(1888—1952)》,博士学位论文,南京大学,2016 年,第81 页。

③《金陵大学学生基督教青年会活动的文书》,中国第二历史档案馆藏,私立金陵大学档案,全宗号 649,案卷号 441。

④ 金陵大学青年会编印:《金陵手册》(1929—1930),第 9 版,第 22 页。转引自赵飞飞:《金陵大学宗教教育研究(1888—1952)》,博士学位论文,南京大学,2016 年,第76 页。

⑤ 赵飞飞:《金陵大学宗教教育研究(1888—1952)》,博士学位论文,南京大学,2016 年,第 79 页。

　　根据 1920 年修订的《金陵大学青年会章程》,金陵大学青年会的董事会由 9 人组成,"四位是学生,担任青年会的会长、副会长、书记和会计","五位是教职员或由教职员、校友、商业或专业人士、城市或当地的牧师组成",作为顾问。其组织目的主要为:1.团结大学内的基督徒力量,并为他们的灵修提供充分的方法。2.寻找大学的每一个可能成为耶稣基督追随者的成员,以争取提升整个学生团体。3.为大学同学和附近居民的精神和社交的需要,成立一个基督教服务部。①

　　金陵大学青年会是金大成立最早的学生组织,不仅学生宗教活动大部分集中在青年会,早期还在一定程度上还起到了学生会的作用,负责开展各种校内及校际活动,在学生中影响很大。如每周为师生举办祷告会,提供报纸、期刊等,为有兴趣从事社会福利工作的学生提供了空间。② 金陵大学校方对青年会的工作十分支持,认为"金大青年会的所有工作都非常积极和有益",尽管宗教活动和圣经学习是自愿参加的,"所有学生,无论是不是基督徒,都应积极参与青年会的活动"。③ 同时,金大青年会自 1912 年起开始设立查经班。据统计,1918 年秋季,全校三个学院共 278 名学生中,有 235 名为金大青年会的会员,此为"青年会显著的成就"。④

――――――――――――――

① 金陵大学青年会编印:《金陵手册》(1922—1923),第 3 版,第 18—21 页。转引自赵飞飞:《金陵大学宗教教育研究(1888—1952)》,博士学位论文,南京大学,2016 年,第 83—84 页。

② University of Nanking Bulletin(1924—1925), UBCHEA Archives, Microfilm, Reel 11, Box 197, Folder 3388.

③ Historical Sketch (1912—1913), UBCHEA Archives, Microfilm, Reel 11. Box 197. Folder 3384.

④ 郭中一:《金大 60 年来宗教事业之概况(1888—1948)》,《南大百年实录》编辑组编:《南大百年实录》(中卷),南京:南京大学出版社,2002 年,第 368 页。

　　时至 1930 年初,金陵大学青年会各项工作开展得如火如荼,在学生中吸收了大量会员,校内各项宗教事业欣欣向荣。而此时国民政府成立已有年余,正在大力开拓各项事业。与此同时,金大校园内共产主义事业亦蒸蒸日上,中共金大党支部书记陈景星等共产党员成为金大学生会的骨干成员。随着三方势力的蓬勃发展,校园内权益诉求、资源争夺的矛盾逐渐累积,在 1930 年 3 月彻底爆发。

　　1930 年 3 月 22 日,金大青年会在学校体育馆举行每周六例行的会员同乐会,期间,特邀该校新来的美籍社会学教授薛佛尔(Schafer,亦译为塞佛尔、雪佛尔等)为学生们播放电影,因片中有大量中国贫民生活、瘸腿乞丐、小脚女人、和尚送殡等画面,引发观影学生的强烈不满。

　　3 月 23 日,金大学生组织成立了"反对基督教青年会侮辱国人影片大会",发表宣言称:该影片"专事暴露国人之弱点者,诸如出殡之繁仪,闲民之游荡,贫妇之缝穷,乞丐之捉虱等","而青年会办事诸洋奴,犹洋洋自得,直至会场大开,始强辞辩护,申言道歉","基督教为帝国主义之先锋,教会学校为其文化侵略之工具……少数廉耻伤尽,甘心亡国之基督教败类,帝国主义走狗,值此外侮日侵,国祚将斩之秋,犹不知觉悟,胆敢假青年会之组织,公然反动……青年会为基督教之爪牙,罪恶至为明显,本会决不与之并存"。[①]

　　3 月 24 日上午,作为金大学生会骨干的共产党员陈景星、石璞等在金陵大学组织召开了一场约 300 人的学生大会。陈景星指出:"我们堂堂中华,四五千年一部辉煌的文明史,在塞佛尔的镜头下成了一堆不堪入目的糟粕。他如此侮辱我们中国人,难道我们

————————————————

[①]《金大青年会开映辱国影片望各界积极制止》,《中央日报》1930 年 3 月 24 日,第 1 版。

能任他放肆,任他猖狂吗?"①学生们高呼"打倒美帝国主义!""驱逐侮辱中国人民的美帝国主义分子!"等口号。② 场内爱国主义、民族主义情绪高涨。会议决定:"呈请市党部、咨市府,封闭金大青年会,并要求学校当局立即撤退雪佛尔。"③

3月27日,金大学生推派代表,就该校青年会演映辱国影片一事,"向中央党部、教部及市党部陈述经过,请求严办辱国教徒"。④当日,南京市党部第十区第十一分部召开大会,决议:"呈请上级党部将该片焚毁并注意以后中外影片,未经审查不得开映,及防止外人在国内随意摄影,以杜流弊。"⑤

3月28日,国民党南京市党部召开执委会,决议称:"金大所映辱国影片案,俟审查后再议",并"呈请中央设法取缔基督教青年会在国内活动"。⑥

4月1日,金大"反对基督教青年会侮辱国人影片大会"派人到南京各校请求援助,"各学校同学,咸以此事关乎全国人民之荣辱,非仅金大学生已也,莫不愤慨异常,允予赞助"。⑦ 当日,国民党南京市党部召开临时会议,对金陵大学放映辱国影片案制定了五项处理办法:"(一)函市府着制造侮辱国人影片之薛佛尔,将底片交出焚

---

① 中共南京市委党史工作办公室等编:《南京革命事典》,南京:南京出版社,2004年,第88—89页。

② 中共南京市委党史资料征集编研委员会办公室、南京雨花台烈士陵园:《南京英烈》(第1辑),南京:南京工学院出版社,1987年,第180、187页。

③《金大演电影引起反感》,《申报》1930年3月25日,第6版。

④《首都纪闻》,《申报》1930年3月28日,第8版。

⑤《京市各区党讯》,《中央日报》1930年3月29日,第4版。

⑥《京市执委会之决议》,《申报》1930年3月29日,第10版;《京市党部昨开执委会》,《中央日报》1930年3月29日,第4版。

⑦《金大辱国影片昨日京市党部放映由各委及关系机关切实考察》,《中央日报》1930年4月3日,第4版。

毁;(二)函请教育部转饬金陵大学撤退教员薛佛尔;(三)函市政府饬社会局制止金大基督教青年会活动,以免发生意外;(四)函市政府饬教育局,凡影片未经审定,不能公开放映;(五)呈请中央执行委员会,令国府禁止外人在内地摄影,及摄取电影片。"①

4月2日,金大"反对基督教青年会侮辱国人影片大会"联合南京各高校,派代表赴教育部和南京市教育局,请求严厉取缔此类侮辱国人的行为。②

4月4日,金大"反对青年会映放侮辱华人影片大会"再次派代表团赴教育部,向部长蒋梦麟报告相关情形。蒋梦麟表示:"各代表所陈理由,极为充足,对于该会代表所要求封闭青年会,及撤退薛福尔二条,允于分别办理。"③

最终,依照国民党南京市党部关于处理方案的指示,金陵大学校长陈裕光制定了五项处理办法:(1)销毁薛佛尔自制影片中之贫民生活一段;(2)金陵大学基督教青年会负责人辞职;(3)薛佛尔公开发布道歉声明;(4)致函摄制《中国与中国人》影片的美国柯达公司,请其修正该片、删去该段字幕;(5)通告校内各团体,以后无论放映任何电影,均须先经过审查。④并且,鉴于薛佛尔拍摄行为给学校造成的负面影响,陈裕光还给金陵大学所有美国教职员工发布通知,要求他们不要再拍摄任何关于南京社会情况的照片或影片。⑤

---

① 《京市党部对金大青年会放映辱国影片案办法》,《中央日报》1930年4月2日,第4版。

② 《首都纪闻》,《申报》1930年4月3日,第7版。

③ 《教部允封闭金大青年会》,《中央日报》1930年4月5日,第4版。

④ 《金大影片风潮及处理之五项办法》,《中华基督教教育季刊》第6卷第2期,1930年,第99—100页。

⑤ E. M. Priest to A. J. Bowen, May 17, 1930,中国第二历史档案馆藏,私立金陵大学档案,全宗号649,案卷号1528。

国民政府外交部长王正延在金大影片事件发生后,就南京、上海等地放映的美国辱华影片之事,向美国驻华公使詹森(Nelson Trusler Johnson)提出抗议。7月16日,美国公使詹森函复国民政府外交部,表示歉意,并指出:"业已令饬美国电影商人将该项侮辱华人之影片迅予销毁,不得再继续在任何地方开映外,并已正式向外部道歉,保障以后美国电影公司,决不会再有是项影片发行。"①至此,金陵大学影片事件得以平息。

可以说,金大影片事件是金大校园内的党派力量与宗教势力为争夺学校资源和发展空间的一次激烈交锋,在这场没有硝烟的战斗中,国共两党都以不同的形式获得了利益,金大青年会则在斗争中遭到严重打击。对于中共主导的金大学生会来说,这是其组织推动的一次非常成功的运动,不仅赢得了更多的追随者和发展空间、沉重打击了校内的宗教势力,更是对国民政府要求取缔学生会这一命令的强烈反抗。对于国民党政府来说,这一事件使其进一步控制了金陵大学,成功打压了金大的宗教势力,并通过对辱华影片事件的妥善处理和成功的外交交涉,有力增强了其社会威望。这一时期,国共两党正以不同的方式影响着金陵大学的发展。

第二节　战时金陵大学宗教教育与活动

一、宗教课程及活动开展

（一）宗教课程

战时金大宗教教育主要以选修课形式开展。如:1944—1945学

---

① 《关于两种影片案美使表示歉意》,《申报》1930年7月17日,第5版;《交涉取缔侮辱华人影片之结果》,《申报》1930年7月18日,第16版。

年郭中一(C. Y. Gwoh)等讲授的宗教课程,学生选修情况如下表:

表 11　金陵大学宗教课程开展情况表(1944—1945学年)

课程名称	学分数	1944 年秋选修人数	1945 年春选修人数
《圣经的意义》	2	22	25
《教堂之起源与发展》	2	28	33
《现实》	1	59	37
《宗教与个性》	2	18	12
《摩狄与耶稣生活观比较》	1	——	18
合计	8	127	125
学生总数		1 000	858
选修占比		1/8	1/6

资料来源:《本校的宗教课程及宗教活动概况》,《南大百年实录》编辑组编:《南大百年实录》(中卷),南京:南京大学出版社,2002 年,第 375 页。

另一学期则开设宗教课程 7 门,共计 9 学分,共有 139 名学生选修,平均每班 20 人,具体统计情况如下表:

表 12　金陵大学宗教课程开展情况表

本学期宗教课程开展情况表							
教员国籍	中	西	西	西	中	中	西	合计
学分	2	1	1	2	1	1	1	9
学生数	12	13	8	5	33	61	7	139
课程号码	130	131	132	133	134	136	148	7

资料来源:《本校的宗教活动》,《南大百年实录》编辑组编:《南大百年实录》(中卷),南京:南京大学出版社,2002 年,第 372 页。

此时全校学生共有 886 人,其中 189 人为教徒。在表 12 的 139 名学生中,包含 36 名教徒,占选修宗教课人数的 26%,其中农学院 34 人、理学院 37 人、文学院 68 人。[1] 总体看来,抗战时期金

———

[1]《本校的宗教活动》,《南大百年实录》编辑组编:《南大百年实录》(中卷),南京:南京大学出版社,2002 年,第 371—372 页。

大学生群体中选修宗教课程的人数并不多,学生对基督教研究缺乏浓厚的兴趣,其中文学院选修的学生较多,可能带有促进英文学习的目的。

(二)宗教活动

抗战时期,金陵大学注重加强与友校的宗教合作,将宗教活动与社会调查、服务事业相结合,并注重对师生精神上的抚慰和引导。其中,宗教与学校科教推广事业相结合的部分,在本节不多赘述,重点介绍与基督教精神的讨论、学习等紧密相关的宗教活动情况。

金大与华西坝其他几所教会大学精诚协作、团结共进,经常联合开展各类宗教活动,成效颇为显著。起初金大与华大英美会信徒联合,于1938年11月在赫斐院开始进行礼拜,一两年后扩大为五大学联合礼拜,参加人数常达500—600人,不久并改为成都大学区联合教会。并且,金大常与友校联合举办特别布道大会,开展系统性的宗教演讲,如:赵紫宸的《私人与宗教》,陈文渊的《新认识论》和《新生命论》等。[1] 同时,金大十分注重加强与城市教会的关系往来,邀请各教会牧师前来讲学,"一面报告校内宗教情形,一面接纳教牧之意见与指导",鼓励校内学生参加城市教会礼拜及相关工作,如唱诗班、领主日学、组织团聚等。[2]

金大全校范围的宗教活动主要有退修会、平日简短崇拜、宗教朝会、大礼拜等。退修会为全校师生联合举行,每学期一次,规模约为70人。"选择名胜地方聚集,邀请名人演讲,分组讨论,同时

---

[1] 郭中一:《金大60年来宗教事业之概况(1888—1948)》,《南大百年实录》编辑组编:《南大百年实录》(中卷),南京:南京大学出版社,2002年,第369页。

[2] 《本校的宗教活动》,《南大百年实录》编辑组编:《南大百年实录》(中卷),南京:南京大学出版社,2002年,第373页。

会餐，意兴极为浓厚"，主题有"基督教对于世界危急的解答"、"基督教大学内的健全生活"等。平日简短崇拜是战前午祷会的延续，每周固定两个时间段，举行 20 分钟的简短崇拜，由师生轮流主领。① 宗教朝会分别于每周二、三、四上午 11：45—12：00 在戴氏祈祷室召开，每周二多由本校教职员主领，每周三安排有灵修音乐崇拜仪式，每周四多请外界宗教领袖主讲圣经。大礼拜为金陵基督信徒团主办，固定在每周日上午 10：30 开始，主讲人"皆中外宗教名人"，"参加者甚为踊跃"。金陵基督信徒团以"联络全体基督信徒（金陵大学暨金陵女子文理学院师生及其他对于此项组织有兴趣者），崇拜上帝及培养灵修生活"为宗旨，规定"凡信仰耶稣基督及能恪遵基督教旨为人生之真道者，皆得为本团团员"，设执行委员会，处理各项事务，执行委员共 12 人，"8 人由团员中推选，惟学生至少须占半数，其他 4 人为当然委员，由两校宗教系所推出代表各一人充之"。②

教职员宗教组织主要有金大宗教委员会、同仁团契、全国宗教联合会等。战时金陵大学教职员工共有 250 余人，"其中已有基督教信仰者（包括已受洗及未受洗）为 107 人，略近总数之半"，组织成立了"金大宗教委员会"（包括中西籍教员及少数学生代表）。该会宗旨有二：一为"增进教职员本身灵性生活之向上"，每月第一个周一举办宗教讨论会、学术讲演或祷告会；二为"指导并协助学生宗教事业之发展"，一方面，与金大青年会合作组织小团体讨论会，讨论关于圣经、人生、国事、国际等问题，其性质为略带交谊式的恳

---

① 郭中一：《金大 60 年来宗教事业之概况（1888—1948）》，《南大百年实录》编辑组编：《南大百年实录》（中卷），南京：南京大学出版社，2002 年，第 369—370 页。

② 《本校的宗教活动》，《南大百年实录》编辑组编：《南大百年实录》（中卷），南京：南京大学出版社，2002 年，第 372—373 页。

谈。另一方面,鉴于"彼等见有许多问题关于个人兴趣,非和人畅谈难获得深切了解",故开展"特约个人谈话"。① 1941—1942 年,校董会与金大宗教委员会合作,安排了传统的静修活动,并组织了圣经学习班,由老师带领学习,学生自主报名。② 同仁团契则为金大教职员团契,成立于西迁至华西坝初期,战时一直规律开展活动,未曾间断,战后仍继续活动。每周二下午四时半举行活动,以讲演等形式,提供茶点。一般规模在 20—30 人,多时 40 人左右。③ 全国宗教联合会,由金大教职员工主持,下设"崇拜与友情""师生关系""校友""儿童福利"四个分会。④

　　学生宗教组织主要有金大真光布道团、成都学生基督教联合会、五大学基督徒学生联合会等。金大真光布道团"系少数热心布道的基督徒学生所主持,彼等在校外布道之外,复于校内举行",旨在"以自救救人,在本校同学及教职员接触间以灵性修养充实宗教生活,以表彰基督教真道",有晨祷会、查经会、个人谈道等形式。⑤ 成都学生基督教联合会(简称"成都联")成立于 1934 年,成员原是由华西协合大学及当地高等中学的学生组成,1940 年重新改组之后,成员包括华西协合大学、金陵大学、燕京大学、齐鲁大学、金陵

①《本校的宗教活动》,《南大百年实录》编辑组编:《南大百年实录》(中卷),南京:南京大学出版社,2002 年,第 372 页。

② Report of the Religious Director for the Academic Year, 1941—1942,中国第二历史档案馆藏,私立金陵大学档案,全宗号 649,案卷号2311。

③ 郭中一:《金大 60 年来宗教事业之概况(1888—1948)》,《南大百年实录》编辑组编:《南大百年实录》(中卷),南京:南京大学出版社,2002 年,第 368 页。

④《本校的宗教课程及宗教活动概况》,《南大百年实录》编辑组编:《南大百年实录》(中卷),南京:南京大学出版社,2002 年,第 375 页。

⑤《本校的宗教活动》,《南大百年实录》编辑组编:《南大百年实录》(中卷),南京:南京大学出版社,2002 年,第 373 页;《金陵大学真光布道团简章》,中国第二历史档案馆藏,私立金陵大学档案,全宗号 649,案卷号 72。

女子文理学院等校的学生约700余名,其中2/3为华西坝地区的学生。"成都联"将宗教活动与时局形势相结合,如1945年上半年组织的活动有:(1)协助全国基督教委员会为士兵、难民进行募捐,得到354 400元。(2)"复活节"组织了约180名学生参加日出仪式,下午由联谊会在学生肺病疗养院举办特别仪式。晚上主办音乐晚会,约200余人参加。(3)组织了"国际正义学生祈祷日",有200多名同学参加,仪式严肃、真诚。(4)组织领教训练,讨论主题为《明天的基督徒青年》。[1] 五大学基督徒学生联合会(简称"五大联")成立于1938年,由成都华西坝的五个教会大学组成,"以联合同道训练自我,充实团契,实践社会服务为宗旨","凡华西坝各大学基督徒学生团体参加本会事工者,为本会团体会员,该团体之组成分子即为本会之会员"。[2] 此外,还有金大基督徒团契和金大青年会组织的各类宗教活动等。

　　师生共同探讨宗教学理的活动主要有宗教书籍讨论组等。宗教书籍讨论组一般两周召开一次活动,由教授带领,分组讨论时下最新著作。如有一期"分五组,由贝德士、史迈士两教授,伊里克夫妇、周励秋女士领导",讨论研究《人类之命运》《在试炼中的文化》《人性的改造》等书。此外,还有司乐堪教授主导的"道德重整运动""福音团契""日照社""牛津社"等小组。[3] 这些宗教团体多以

---

[1]《校际活动简要补充报告》,中国第二历史档案馆藏,私立金陵大学档案,全宗号649,案卷号2315。

[2]《成都五大学基督徒学生联合会章程》,中国第二历史档案馆藏,私立金陵大学档案,全宗号649,案卷号72。

[3] 郭中一:《金大60年来宗教事业之概况(1888—1948)》,《南大百年实录》编辑组编:《南大百年实录》(中卷),南京:南京大学出版社,2002年,第369页;《本校的宗教课程及宗教活动概况》,《南大百年实录》编辑组编:《南大百年实录》(中卷),南京:南京大学出版社,2002年,第375页。

"促进团契之目的",或查经读诗,或开展宗教讨论,或进行友谊谈话,有基督徒认为这些形式"收效宏大,不独使一般同学,归主之心得以坚定。且可由教职员领导一般青年得到正确之人生观,未始非各个人活动之成绩。吾意本校之宗教生活,不啻为基督徒变相之公民训练,个人与社会,均各得其裨益"。[①]

二、师生宗教信仰情况

从 1938 年至 1948 年,金陵大学"学生选读宗教学程的人数与全体学生总数相比,已由十二分之一进列六分之一或五分之一"[②]。基督徒分布于金陵大学各类学生团体之中。据统计,金大学生团体共有 51 个,其中 13 个团体的职员全为非教徒担任,其余 38 个团体的职员,教徒均占重要位置,共有 307 个职务,除去兼职的部分,实际职务共有 194 个,其中基督徒 56 人。在这 51 个学生团体中,有 15 位主席是基督徒担任,约占主席总数的29.4％。[③]

根据对现有学籍表信息的研究统计,1926 年金大学生中基督徒数量到达战前的顶峰,共 109 人,占比67.28％;1927 年遭遇"南京事件"的打击和新成立的国民政府的压制,信仰人数减至 66 人;1936 年信仰人数为 53 人,占比22.46％;战时信仰人数逐步增加,在 1940 年达到顶峰,共 83 人,占比26.10％;而后再次下降,1943

---

① 范祖谋:《金陵大学之宗教生活》,《消息》,第 8 卷第 1 期,1935 年,第 21—23 页。

② 郭中一:《金大 60 年来宗教事业之概况(1888—1948)》,《南大百年实录》编辑组编:《南大百年实录》(中卷),南京:南京大学出版社,2002 年,第 368 页。

③ 《本校的宗教活动》,《南大百年实录》编辑组编:《南大百年实录》(中卷),南京:南京大学出版社,2002 年,第 371 页。

年降至 25 人。① 因档案中的学籍表信息可能不完全，此数据分析主要表明了战前及战时的金大学生信仰情况的发展趋势。

　　根据 1935 年金大相关档案，金大信仰基督教的教师 131 名、学生 173 名。具体统计如下表：

表 13　金陵大学教职员和学生基督徒情况统计（1935 年）

（一）教职员		
序号	类别	人数
1	长老会　Presbyterian	38
2	美以美会　Methodist Episcopal Mission，North	22
3	圣公会　Episcopalian	10
4	基督会　Disciples of christ	13
5	监理会　Southern Methodist Mission	1
6	浸礼会　Baptist	8
7	来复会　Advent Mission Society	2
8	信义会　Lutheron Mission	2
9	复初会　Reformd Church Mission	2
10	公理会　Congregational	7
11	中华基督教会　Church of Christ in China	4
12	内地会　China Inland Mission	1
13	友爱会	1
14	天主教　Catholic	1
15	已受洗未入会者　Non-Denominational	7
16	未受洗者　Not yet Baptized	12
	总计	131

---

① 赵飞飞：《金陵大学宗教教育研究（1888—1952）》，博士学位论文，南京大学，2016 年，第 255 页。

续表

序号	类别		人数
	(二)学生		
1	美以美会	Methodist	34
2	长老会	Presbyterian	19
3	圣公会	American Churcon Mission	12
4	基督会	Christian Mission	10
5	中华基督教会	Church of Christ in China	4
6	公理会	Congregationalist	3
7	遵道会	Americanlutheran Brothern	2
8	浸礼会	Baptist	5
9	监理会	Methodist Episiopol mission south	3
10	内地会	China Inland Mission	1
11	复初会	Reformed Mission	2
12	崇真会	Basel Mission	1
13	兴华会		1
14	伦敦会	London Missionnary Society	1
15	循道会	Wesleyon Methodist Mission	3
16	安息日会	Seventh-day Adventist Mission	2
17	中华信义会	Lutheran Board of Mission	1
18	二支会		1
19	华英会	Church of England	1
20	英华会		1
21	北长老会	North Presbyterian	1
22	播道会	American Swizerland Demark Mission	1
23	已受洗未入会者	Baptisted, Notjoin Church	15
24	未受洗者	Not Baptisted	49
	总计		173

　　资料来源:《金陵大学教职员和学生基督徒名单(1935年)》,《南大百年实录》编辑组编:《南大百年实录》(中卷),南京:南京大学出版社,2002年,第376—378页。

内迁华西坝期间,金大青年会曾开展了一次校内宗教信仰情况调查:同学中崇奉基督教者共 133 人,其中 28 位尚未受洗。美以美会最多(29 人),长老会次之(21 人),圣公会(14 人),基督会(10 人),浸礼会、中华基督教会(各 3 人),居次要地位。此外,尚有十三公会各有会友 1 人,其名称殊不常见(如华英会、英格兰会、崇真会、兴华会、复初会等)。①

对比抗战前后金大师生基督教信仰情况,可以看出,战时金大各类宗教活动通过多种方式开展,以吸引广大师生积极参与,不断扩大社会影响力,一定程度上丰富了战时的校园生活,同时也起到了战时精神抚慰的作用。

三、基督教团契组织

"团契"是燕京大学刘廷芳教授根据英语"Fellowship"一词翻译而来。② 在基督教历史上,团契的形式有公开和秘密两种。中国最早的团契组织起源于燕京大学,采取公开的教会礼拜的形式,参加者包括燕京大学所有的师生和工友们。③ 金陵大学基督徒团契成立于 1927 年,当时仅有少数基督徒同学及教职员"因感灵性生活之重要,及欲将宗教合理化、实际化",因而创设了金陵大学基督徒团契。④

---

① 《本校基督徒数量》,《南大百年实录》编辑组编:《南大百年实录》(中卷),南京:南京大学出版社,2002 年,第 374 页。

② 倪青源:《介绍金大基督徒团契》,《南大百年实录》编辑组编:《南大百年实录》(中卷),南京:南京大学出版社,2002 年,第 380 页。

③ 倪青源:《介绍金大基督徒团契》,《南大百年实录》编辑组编:《南大百年实录》(中卷),南京:南京大学出版社,2002 年,第 381 页。

④ 范祖谋:《金陵大学之宗教生活》,《消息》第 8 卷第 1 期,1935 年,第 23 页。

（一）酝酿与成立

非基督教运动及1927年南京事件"对基督教的打击是非常激烈而有力量"，金陵大学、金陵女子大学、金陵神学院等校的宗教活动受到沉重打击。"基督徒中之消极者，多抱垂头丧气，郁郁不可终日之态。悲观者尤多以基督教究来自外洋，在国人心坎中之基础未固，尤在我国固有文化未能深入，恐遭不起此巨风激浪之冲荡，而将受倾覆之祸，此种思想，在当日中年基督徒中尤为普遍。当时本校有基督徒同学数人，间常于每周四祷告晚会之后，常对基督教运动之出路加以检讨，在此全国基督徒彷徨无措之时，亟应倡导一自动自发之基督教运动，以挽救此种寒栗胆怯之颓势"，"一般的基督徒都噤若寒蝉，这时候连在教会学校里面的祈祷会，都得在黑夜或凌晨躲躲闪闪的偷着进行"。于是一部分基督徒青年自发地组织起来以奋兴会的方式开展宗教活动。1927年5月，基督教青年会主持的基督教学生筹备委员会在京召开会议，此时金陵大学的宗教小组（此时尚未有"团契"的名称）"已组织至相当程度，契友已有十余人，且对基督教颇能表现自动自发之信仰精神"。筹备委员会的会员来自北平、广东、福建、武汉、四川等地，"华北、华南、福建及华西之基督徒青年，亦有类似之组织。在华北者曰旦社，华南者曰白十字会，福建华西也陆续组织起来了"，参会者一致认为组织团契是"基督教之新生命与新希望"，因此在基督教学生运动组织大纲中，规定各地基督徒青年，"应组织基督徒团契，为基督教学生运动之基层细胞"。[①]

1927年7月，金大基督徒青年在金大庚字宿舍尚未建成的地

---

① 袁伯樵:《金大团契成立经过》;倪青源:《介绍金大基督徒团契》,《金大团契二十周年纪念特刊》,中国第二历史档案馆藏,私立金陵大学档案,全宗号649,案卷号72。

基平台上开了一次小组会议,决议"分头发动组织小团体,袁伯樵负责组织金大祈祷会会员,倪青源负责联络在京各校基督徒"。7月31日至8月2日,在金陵女子大学召开"南京基督徒退修会",大会主席为陈裕光。经过三天的讨论,正式成立了南京基督徒团契,成员包括南京、上海各大中学的教员和学生。金陵大学的团契活动进一步活跃起来,越来越多的基督徒同学加入到团契组织之中。于每周四晚举办的祷告晚会,参加者众多,包括很多并未加入团契的学生。契友们另于每周日下午举办集会,"旨在培育基督信仰,及扶植灵修生活"。同年12月25日出版了第一期刊物《团契声》。后时局渐渐平静,经大会议决,大家决定回到自己的学校里去组织小团契,于是金陵大学基督徒团契正式宣告成立,其宗旨在于"联络热心基督徒青年同道,从事于建立新基督教运动,此运动之目的,在发掘自动之基督信仰,并以实现基督之博爱牺牲与服务精神于大地",重视契友间"友爱与灵修之培养"。①

(二)局部抗战时期

1928—1929年是金陵大学基督徒团契的初步发展时期。至1928年春,金大团契组织的契友共约20余人。这时金大团契尚未有严格的组织形式,会议形式多样,"或系纯粹灵修,或分组辩论,或自由漫谈,甚至有时聚会始终无一人发言,有时集体在地板上睡午觉,集体起来写作,集体唱歌,唯以讨论次数为最多"。开会地点以户外为主,有时在清凉山、五台山、紫金山、栖霞山、牛首山,有时在灵谷寺、古林寺、玄武湖中心、莫愁湖以及扬子江中的焦山等。讨论的主题范围很广,"从本身的认识起到上帝的认识,有的属于

---

① 袁伯樵:《金大团契成立经过》;倪青源:《介绍金大基督徒团契》,《金大团契二十周年纪念特刊》,中国第二历史档案馆藏,私立金陵大学档案,全宗号649,案卷号72。

修养问题,有的属于宗教问题,男女社交问题,政治社会经济教育等等无所不谈"。将讨论的结果和各人心得编入刊物《团契声》,共出 5 期,至 1932 年止。1929 年夏,开始编刊油印团契通讯,编订入团手续及愿词、团契歌、契友公约等。并发明了"三白主义"的仪式,即:在朝会前集体吃白馒头、白开水、白糖。"①

1930—1932 年是金陵大学基督徒团契的严密组织时期。时至1937 年 9 月,金大在员工中已开办 3 个宗教阅读小组和团契组织,并在稳步扩大。② 这一时期团契组织的工作重点在于"重行检讨团契之认识,加强个人与团体之修养",提出两个口号:即"以理智涤炼信仰","以生活实验宗教",并进一步明确了以"上帝为父,人类皆为兄弟"为团契的中心信仰,以"实现天国于大地"为团契的目标。③

1932—1934 年是金陵大学基督徒团契的筹设实验农场时期。团契组织计划创办一个理想农场,招募青年农民,从事开垦种植,并设立新村、开办农民工读学校、妇女手工班、卫生医疗所、公共娱乐场等。并决定于若干年后,另行开辟新农场,将旧农场之土地按照农友工作效率分配让送,作为劳力报酬,使耕者能有其田。然而此种设想因种种原因最终并未实现。④

1934—1937 年是金陵大学基督徒团契的强调灵修时期。每星期早晨有集合和灵修,"或交换宗教经验,或讨论问题",每月 15 日

---

① 倪青源:《介绍金大基督徒团契》;袁伯樵:《金大团契成立经过》,《金大团契二十周年纪念特刊》,中国第二历史档案馆藏,私立金陵大学档案,全宗号 649,案卷号 72。

② E. M. Priest to A. J. Bowen, September 27, 1930,中国第二历史档案馆藏,私立金陵大学档案,全宗号 649,案卷号2678。

③ 倪青源:《介绍金大基督徒团契》,《金大团契二十周年纪念特刊》,中国第二历史档案馆藏,私立金陵大学档案,全宗号 649,案卷号 72。

④ 倪青源:《介绍金大基督徒团契》,《金大团契二十周年纪念特刊》,中国第二历史档案馆藏,私立金陵大学档案,全宗号 649,案卷号 72。

举办常会,并组织郊外旅行等。研究问题有"中华民族与耶稣"等,"其讨论之兴趣,亦非常浓厚"。[1] 该时期团契主要负责人先后赴美,在王博之领导下,特别强调灵修及读书报告,出版铅印团契通信等。"[2]

（三）全面抗战时期

抗日战争全面爆发后,南京上空经常有日本飞机轰炸,各种宗教活动暂时处于"半停顿的状态",金大基督徒团契继续保持朝会,其他活动则较少开展。1937年11月21日,金大基督徒团契在南京召开了最后一次常会,而后便踏上西迁旅程。在汉口期间举行了两次会议。1938年3月6日在成都召开西迁后的第一次会议,14人出席,讨论的中心问题是"在此困难期间团契应当做些什么?"会议认为,"若不能做一把刀,可以做一块磨刀石,意思便是陶冶人格的机体"。[3]

1938年4月,宋美龄在汉口的传教士集会上高度赞扬了传教士救援难民的服务与牺牲精神,称赞其为真正的英雄。[4] 1939年2月,蒋介石也曾公开指出:"基督教教徒们明显地表现出对我们受苦人民的物质和精神情况与日俱增的关心。特别是传教士们,他们毫不犹豫地冒着巨大的个人牺牲从事医院伤员救助、及时帮助受难者。因此,我谨借这个机会再次重申:我和我的同胞们对于基

[1] 范祖谋:《金陵大学之宗教生活》,《消息》第8卷第1期,1935年,第23页。
[2] 倪青源:《介绍金大基督徒团契》,《南大百年实录》编辑组编:《南大百年实录》(中卷),南京:南京大学出版社,2002年,第383页。
[3] 倪青源:《介绍金大基督徒团契》,《金大团契二十周年纪念特刊》,中国第二历史档案馆藏,私立金陵大学档案,全宗号649,案卷号72。
[4] Christian Educationists Takes Notes, May 23, 1938. 转引自刘家峰、刘天路:《抗日战争时期的基督教大学》,福州:福建教育出版社,2003年,第112页。

督教世界给予我们正义反抗的主动、慷慨的援助表示非常的感激。"①

国家对基督教人士对抗战服务奉献精神的认可,使基督教活动得到了社会的宽容和理解。此时华西坝已聚集了 5 所教会大学,金大的基督宗教活动不再秘密进行,团契活动开始以公开形式开展。②

战时金大基督徒团契表现得愈加活跃,不仅每周日早晨举行聚会,而且经常开展座谈会及特别灵修会。契友约分为两种:有的参加过团契的立愿仪式,有的则没有正式参加过立愿仪式。但均被一视同仁,因为大家认为"实质仍无区别,盖精神因皆以'基督为其根本'也"。前期出版的《团契声》,后改为《团契通信》,每季度出版一期,"内容对于灵性方面,更为丰富"。③

此时,华西坝五大学多次开会讨论,拟将团契扩大,筹组中国青年基督徒团契,以"团结全国服膺基督精神之青年,主持人道,维护正义,与罪恶决斗,实现三民主义,完成民族复兴,促进世界大同"为宗旨,后因条件不够,最后未能实现,但也开展了温江服务、松潘服务等社会影响很大的活动。④

1942 年之后,金大团契活动主要集中于校内,"重新严密组织,制成一套隐词暗语及秘密符号","将团契编成七种阶段,即观摩、起信、

---

① 《中国基督教协会、中国宗教协会等单位的资料》,中国第二历史档案馆藏,私立金陵大学档案,全宗号 649,案卷号 2614。

② 倪青源:《介绍金大基督徒团契》,《南大百年实录》编辑组编:《南大百年实录》(中卷),南京:南京大学出版社,2002 年,第 380—386 页。

③ 《本校的宗教活动》,《南大百年实录》编辑组编:《南大百年实录》(中卷),南京:南京大学出版社,2002 年,第 373 页。

④ 倪青源:《介绍金大基督徒团契》,《南大百年实录》编辑组编:《南大百年实录》(中卷),南京:南京大学出版社,2002 年,第 385—386 页。

励德、修知、正行、清心、通德、愿望七种。各阶段的任务也便不同，凡是发现已觉悟的青年，有追求真理的表现者，即可介绍入团契，参加常会；大家熟识以后，便接收为观摩道友，加以训练，著有成效者，便为起信团友；再能勤奋自勉者，升为励德契友，其任务在能自动独立，作自我锻炼；经一年以上之修养者，经考选合格，便可升为修知契友，此阶段重在理论之研讨；再经三年以上而有长足之进步者，则可自动要求，行献身体而为正行契友，此时对团契须负基金献捐之责任，广作助人之事；再过三年以上勤行不息者，又可自动要求举行献心礼而升为清心契友，此时对团契须负无限责任矣；再经五年以上之自我培养，则可宣告愿候选为通德契友，经全体契友五分之四以上投票通过，方可晋升，其特殊任务则在执行及司法；再过 10 年以上之培养，经全体契友之投票推崇，方可称为硕望契长，而为全体大会之永久主席。及献心礼之正式主礼人，可以自由立法，然若立法后经全体大会五分之四以上之反对者，得作为无效。"可见该时期团契制度的严密性。然而，此种状态并未能维持很长时间。①

　　随着战局演变，校园内政治影响愈加浓厚，团契组织的宗教性逐步减弱，政治性、组织性日渐凸显。1942 年秋，金大的赵一鹤、华大的刘盛舆与燕大的刘克林等人组织了一个秘密团体"蓉社"，社员皆为"暂时失去组织联系的共产党员"或进步学生，该社团"以学习马列主义理论和党的方针、政策，讨论时事政治，联系团结群众为主要活动内容"。1943 年，"蓉社"改名为"马克思主义小组"。1943 年底，又改名为"青年民主宪政促进会"，成为党在学校中组织开展群众运动的骨干力量。与此同时，金陵大学校内还相继成立

---

① 倪青源：《介绍金大基督徒团契》，《南大百年实录》编辑组编：《南大百年实录》（中卷），南京：南京大学出版社，2002 年，第 380—386 页。

了"现实文学社""狂狷社""时声社""活力社""草原社""敢社""菲芃社"等进步社团,筹建组织的骨干成员多为"抗日初期加入中共的地下党员""长期参加抗日救国活动的革命青年"或20世纪30年代参加"左翼作家联盟""抗日宣传队""民族解放先锋队""抗日救国团""三联书店"等团体的同志,如王煜(王宇光)、赵一鹤、朱声(方然)、谢道炉(谢韬)、朱景山等。[①] 1944年9月,金大、华大、齐鲁、金女大等校的24名学生组建了第一个跨校的进步学生团体"星星团契",命名源于"星星之火,可以燎原"的寓意,其中有9名中共地下党员,组织了许多爱国进步运动。[②] 1944年10月,在金陵大学"现实文学社"负责人谢道炉的组织下,成都各大学革命社团负责人共同召开会议,成立了"青年民主宪政促进会"。同时,金陵大学等校的地下党员秘密成立党的地下外围组织"成都民主青年协会",通过各校公开的进步社团组织发动成都地区的抗日爱国活动。[③] 校友彭珮云回忆称:"1946年暑期,我转学到金陵大学。当时我只是一个年仅17岁的新党员……积极参加学生运动。我和进步同学一起,从当时金陵大学的实际情况出发,采取'团契'这种表面上好像是宗教团体的组织形式,从开展联谊活动做起,团结了一批同学,帮助他们逐渐提高觉悟。由于进步同学平时做了大量深入细致的工作,一旦发生重大事件,便可以动员组织同学们参加到学生运动中来。"[④]

---

① 《本校师生积极投身于抗日救亡民主运动》,南京大学高教研究所校史编写组编:《金陵大学史料集》,南京:南京大学出版社,1989年,第317页。

② 中共川大宣传部编印:《华西坝风云录》,2004年,第375—379页。

③ 《本校师生积极投身于抗日救亡民主运动》,南京大学高教研究所校史编写组编:《金陵大学史料集》,南京:南京大学出版社,1989年,第317—318页。

④ 彭珮云:《谱写壮丽的青春之歌(代序二)》,华彬清、钱树柏主编:《南京大学共产党人(1922年9月—1949年4月)》,南京:南京大学出版社,2002年,序言第5—6页。

章开沅先生在金陵大学就读时,曾加入"爝火团契",负责人是中共地下党员曾宪洛,常以读书会的形式,共同阅读进步书刊并交流心得,学习书籍包括《国家与革命》《列宁主义问题》《联共党史》《新民主主义论》等。[①]

四、金陵大学青年会

金陵大学青年会成立于 1902 年,是金大最早最重要的学生组织,在战时抗战大后方,组织每周晚祷会、灵修会、团契活动、儿童主日学校、校内宗教广播节目等宗教活动,开展平民夜校、赈灾救济等社会服务工作。[②] 战时会员招收标准是"凡基督徒同学皆为当然会员,非基督徒同学能有会员二人介绍,亦得加入该会"。[③]

金大青年会的具体工作由各专门分部负责推进。西迁之前,青年会工作主要分为 7 个部分:

(一)宗教部。除每周六晚在王博之家中举行"青年切身问题之公开讨论会"外,"鉴于各同学灵性上之要求,即于每晚六时至七时在新祈祷室举行晚祷会一次"。另有儿童主日学及宗教演说比赛,并与南京基督徒学生联合会合作,在金女大举行全城基督徒学生退修会,"分组讨论青年与职业之问题","引起一般同学之同情心及奋发之精神",同时在假期"赴本京附近之乡村,作布道之举"。

(二)服务部。为帮助同学获得课外工作,特设立职业介绍所。并对新生报考开展指导工作,"于学校招考之时,指导新同学对本

① 章开沅:《忆金陵》,高澍主编:《永恒的魅力——校友回忆文集》,南京:南京大学出版社,2002 年,第 285 页。

②《青年会动态》,《金陵大学校刊》1940 年 12 月 25 日,第 4 页;《青年会工作近况》,《金陵大学校刊》1941 年 11 月 15 日,第 2 页。

③《本校青年会近讯》,《金陵大学校刊》1942 年 10 月 1 日,第 7 页。

校有所认识",广受考生们的欢迎。并设立了疾病探望团,使病者"得到精神上之安慰"。同时设有儿童游戏场和俱乐部、工人及黄包车夫等俱乐部,既为附近居民提供放松娱乐,也借此"灌输彼等以基督之精神及道理"。

(三)夜校部。对"本校之工友及教职员之仆役,与夫校外之失学者"开展夜校义务教育,供给来学者出版书籍及文具。此举旨在"助政府扫除文盲及引导他人作新民之目的"。

(四)出版部。负责每周摘录古今圣哲格言,张贴于本校布告栏内,旨在起到提醒和警示的作用;主办了宗教图书馆,以供同学阅览宗教书籍,并出版《金大青年》季刊等。

(五)音乐部。该部主要负责举办冬赈音乐大会,"以全部票价之收入,充作救济灾民之用",并与金大宗教委员会合作,办理礼拜日晚音乐礼拜等。

(六)生活部。为"养成同学课余之正当消遣,并藉以连络感情",组织放映电影,棋类比赛,旅行团等,并开放游艺室。

(七)妇女部。成立于1927年。鉴于"本校女同学中之为基督徒者,颇不乏人,但无女青年会之组织",因此特成立妇女部,组织举办了歌咏团、交谊会等,"藉资连络感情,敦厚友谊"。并与鼓楼医院合作,组织疾病探望团等,同时举办有妇女俱乐部,"凡本校工役之家属及附近妇女,均得以参加,其目的即在提高旧式妇女之生活,并造成良好的母亲。盖有良好之家庭教育,方能有良好之子弟也"。①

西迁之后,金陵大学青年会的组织结构略有调整,主要有负责"主办郊游、球赛及音乐晚会等"的生活部,负责"主办主日学及工

① 范祖谋:《金陵大学之宗教生活》,《消息》第8卷第1期,1935年,第21—23页。

人夜校"的服务部,以及负责"主办晨祷及培灵会"的灵修部,组织的其他活动有学期开始时之迎新联欢会,及期中举行之退修会等。①

金大青年会十分注重"以基督之精神服务",服务部根据抗战时期的社会需要,广泛开展平民夜校、救济赈灾等社会服务工作,发挥了重要作用。如 1941 年 11 月 4 日晚,外东白塔发生火警,被焚棚户 70 余户,受灾难民约 600 余人,正值初冬严寒之际,受灾民众单衣露宿,苦不堪言。于是,金大青年会服务部立即发动紧急救济,全校同学一致响应,共募集法币 757 元和寒衣鞋袜 253 件,有效缓解了受灾民众的困境。②

金陵大学青年会在华西坝创设了"扶犁""麦浪"两个团契组织,青年会诸会员分别加入这两个团契之中。③ "当时契友均譬之契友之集会为山上的工作,青年会之工作为山下的工作。"④"麦浪"团契取名于圣经"庄稼成熟,亟待收割"之意,且"麦浪之波动复有前进之象征"。其英名则为 Ho-Fa-Lo,是由"信""望""爱"的英文前两个字母所组成。该团契每周五有晨祷,每两周一次团契讨论会。并与金女大厚生团灵修部合作教办主日学,定名为"扶犁"团契,据经义"扶犁而后顾者不配入神国"而命名,第一任主席为田开铸,每两周举办一次团契讨论会,并安排有晚祷、主日学等。⑤

---

①《金陵大学青年会》,《同工》复刊第 2 期,1947 年 2 月 15 日,第 37 页。

②《青年会动态》,《金陵大学校刊》1940 年 12 月 25 日,第 4 页;《青年会工作近况》,《金陵大学校刊》1941 年 11 月 15 日,第 2 页。

③《金陵大学青年会》,《同工》复刊第 2 期,1947 年 2 月 15 日,第 37 页。

④《金大团契二十周年纪念特刊》,中国第二历史档案馆藏,私立金陵大学档案,全宗号 649,案卷号 72。

⑤《青年会近讯》,《金陵大学校刊》1945 年 11 月 16 日,第 6 页。

金大的基督徒们将金陵大学的宗教教育概括为辉煌、受挫、复兴等发展时期。早期宗教氛围较为自由,宗教课程及活动内容丰富、覆盖面广,宗教教育和活动的效果较好,师生大部分为基督徒。1920年代遭遇非基督教运动及"南京事件"的打击,被迫取消宗教学系,将宗教课程改为选修课,课程覆盖面远不如前;宗教活动亦受到极大影响,公开活动受到压制,基督徒同学组织了秘密宗教团体"金大基督徒团契";金陵大学青年会也在1930年影片事件中遭遇打击,发展一度陷入低谷。直至抗战全面爆发,民族主义矛头直接指向日本,并且,抗战期间,基督教人士在南京大屠杀中奋力保护难民,并在大后方为中国抗战服务做出了很多杰出贡献,蒋介石、宋美龄等对此公开赞扬,此后社会宗教氛围逐渐宽松起来,金大在华西坝的宗教活动开始以公开面貌呈现,并结合社会需要,开展了大量社会服务、边疆服务、开办夜校、赈灾救济等工作。1940年前后,金大校内师生宗教信仰情况达到战时的最高点。

总的来说,战时金大宗教教育和宗教活动,既是基督教学校的组织要求,也是抗战时期金大师生的精神需要,其特点一是结合社会需要,将宗教活动融入社会福利事业之中,推进抗战大后方的社会建设和经济发展,促进社会服务、边疆服务、成人教育、赈灾救济等社会福利事业的开展;二是一定程度上起到了精神慰藉与凝聚作用,以宗教精神抚慰师生,鼓舞师生在战争环境下坚持努力学习与工作,大力开展科研实践及社会活动,为战时乃至战后的国家发展与社会进步提供人才资源和科研动力;三是加强与华西坝其他教会大学及社会宗教组织的交流往来,在全国范围内形成宗教活动网络,以发挥更好的宗教传播效果。然而,抗战即将胜利之际,随着政治局势的变化,校内宗教组织萌生了新的发展情况,革命力量"利用基督教团契的形式来团结、教育有进步倾向的同学"。[①] 团契等校内宗教团体逐步成为一种掩护性的组织形式,从中滋生了革命的种子,成为革命思想学习、讨论、宣传的阵地。

_____

① 章开沅:《忆金陵》,高澎主编:《永恒的魅力——校友回忆文集》,南京:南京大学出版社,2002年,第285页。

第六章　抗战时期金陵大学的学生生活

　　抗战期间，大后方高等学府比较集中的当属西南联大所在的昆明，以及重庆沙坪坝、汉中古路坝和成都华西坝，其中，华西坝的思想活跃程度仅次于昆明。战时的华西坝校园是金陵大学学子们在抗战大后方的"天堂"，中西合璧的校园建筑、风景秀美的自然环境、文化交融的开放氛围，尽管不断有敌机炮轰的威胁，但相较于国立西北联合大学所在的交通闭塞、环境艰苦的古路坝以及国立中央大学所在的位于嘉陵江畔的沙坪坝，华西坝如同抗战大后方的"世外桃源"。金陵大学、华西协合大学、金陵女子文理学院、齐鲁大学、燕京大学等华西坝五所教会大学在教学科研、社会实践、典礼活动等方面紧密联系、相互合作，不仅课程互通、学分互认，还共同开办讲座、组织暑期服务团、举办毕业典礼等，进一步丰富了学生的学习资源和课外生活，拓展了学生的成长空间，缓解了战时教育资源匮乏等问题。金陵大学优秀的科研教学队伍、严格的教育管理模式、丰富的社会实践活动、务实求真的淳朴校风培养了大量优秀的毕业生，为国家抗战、建设输送了大量急需的战略性人才。战时华西坝的校园生活与国家民族命运紧密相连，师生充满了爱国主义情怀，他们关心时政战事、关注国家发展、关怀社会民生，他们积极锻炼身体、努力学习研究、开展社会实践、热心社会服务、立志从军报效祖国，在抗战大后方展现了绚烂多姿、爱国为民的精神风采。即使在抗战后期，师生的生活日渐艰难，食物药品的缺乏已经严重影响师生的健康，迫于生计压力，很多教师被迫卖掉自己的个人物品，不得不在工作之外努力赚取兼职收入，以维持基本生活，但他们仍充满斗志、满怀希望。正如有位金大教师所说："大家已经精疲力竭了，就像蜡烛在两端燃烧一样。然而，我们仍然充满斗志。我们必须坚持下去，直到最终胜利恢复和平。"①金大学生们也深刻感受到国家深重危难的压力，非常珍惜"来之不易的学习机会"，"在生活上艰苦朴素，在学习上孜孜不倦"，为国家民族的未来而努力奋斗。②

第一节　严谨求真的学习生活

一、大师荟萃的华西坝

战时的华西坝被誉为"文化城"。③ 随着金陵大学、金陵女子文理学院、齐鲁大学、燕京大学等校的陆续迁入，很多著名的学者专家汇聚在那里，学术氛围十分开放自由。在战时大后方的学校中，

① C. W. Chang：A University in Exile, December 24，1944，《金陵大学农学院战役后复兴计划和教师实施记录》，中国第二历史档案馆藏私立金陵大学档案，全宗号 649，案卷号2467。

② 徐国桢：《由南京到成都》，金陵大学南京校友会编：《金陵大学建校一百周年纪念册》，南京：南京大学出版社，1988 年，第 369 页。

③ 徐国桢：《由南京到成都》，金陵大学南京校友会编：《金陵大学建校一百周年纪念册》，南京：南京大学出版社，1988 年，第 368 页。

华西坝五大学的教学条件相对较为完备,甚至还有像小型剧场一样的阶梯教室,老师们上课毫不费劲,声音不用很大,每位同学仍能听得很清楚。这样的条件并不比国立大学差,据说有的国立大学的教师在上课时往往"总要扩大嗓子,大声呐喊,到不了半个钟头,便已感觉声嘶力竭了"。①

　　金陵大学师资力量雄厚,很多教授在国内外享誉盛名,常受邀参加各种重要研究、社会调查及公开演讲。例如 1943 年初,金陵大学农科研究所农业经济部主任孙文郁教授等应教育部与西康省政府之邀,前往西康调查研究当地的畜牧事业。② 1943 年 12 月,在空军幼年学校汪强教育长的邀请下,金陵大学文学院蔡乐生教授与印度学者艾伯兰教授及美国学者毕范宇博士共同前往讲学。蔡乐生教授做了题为《航空心理》的讲座,"历两小时之久,听众一千余人,始终屹立静听,毫无倦容"。③ 1944 年初,国民政府行政院副院长孔祥熙邀请金陵大学农学院农业经济系卜凯教授担任国民政府财政部顾问,暂居重庆,协助设计中国农业机械化问题。④ 此外,金陵大学教师还经常受邀到电台做广播演讲。交通部成都广播电台曾专门设置"金大讲座"栏目,请金陵大学各教授每周就其研究专长,提出一个"与民众生活最相关切之问题"进行广播,"藉以提倡科学大众化,知识大众化"。⑤

---

① 秦芷:《华西坝观感》,《通讯半月刊》第 2 卷第 1 期,1946 年 1 月,第 82 页。

②《外籍农业专家纷纷莅校　罗德民蒋森两氏出发考察》,《金陵大学校刊》1943 年 6 月 1 日,第 4 页。

③《蔡院长赴灌讲学》,《金陵大学校刊》1943 年 12 月 15 日,第 2 页。

④《中华农学会学术讲演:卜凯教授讲〈农民问题〉》,《金陵大学校刊》1944 年 5 月 5 日,第 5 页。

⑤《交通部成都广播电台设"金大讲座"》,《金陵大学校刊》1939 年 12 月 25 日,第 2 页。

抗战时期,金陵大学的办学实力持续增强,大量从海外学成归来的金大毕业生回到母校任教。有农学院毕业生回忆道:"诚然,成都处于战时状态,但是新从外国留学归来的海外赤子,不顾关山阻隔、生活艰苦,却远涉重洋,纷纷投入祖国的怀抱。就我读书期间(本科三四年级1938—1939年,研究院1942—1944年),教过我课程的农艺、园艺两系的老师有汤湘雨、靳自重、章文才、吴绍骙、李景钧等教授,加上原先任教的老师如王绶、郝钦铭、梅藉芳、顾元亮、高立民、黄瑞采、马育华、胡昌炽、汪菊渊等,极一时人才荟萃之盛。"[①]

金陵大学采取"三一制"的办学模式,强调教学、科研、推广相结合,对学生的训练和培养十分严格,学生对老师们也非常敬佩和膺服,即使毕业多年亦难忘母校的严格教导和老师的谆谆教诲:

> 农艺工具教师是位美国人,姓名已难记忆(Mr. Riggs?[②]),他的口头禅是"Consequently"。首先他要我们做个木头小板凳,我用好多时间去做,结果三只脚着地了,而另一只脚无论如何调整还是翘在那儿。接着要学打铁,做一条铁链;我拿铁榔头手都起泡了,却一个圆圈都打不成功,只好去请铁匠帮忙,老师傅三敲四捶地就把铁链打成了,事非经过不知难呀![③]

> 魏景超老师是植病系的灵魂,教书认真,待学生却十分亲切。于修完普通植病学之后,我竟大胆选读植病系学生必修

---

① 徐国桢:《由南京到成都》,金陵大学南京校友会编:《金陵大学建校一百周年纪念册》,南京:南京大学出版社,1988年,第368页。

② 应为林查理(Charles. H. Riggs)。

③ 徐学训:《学校生活琐忆》,台北市金陵大学校友会:《金陵大学建校百周年纪念特刊》,1988年,第389页。

课程——真菌学。当时同学们认为植物病理很难,我是初生之犊不畏虎,竟也糊里糊涂的选读真菌学。谁知因为当年修读过真菌学,使我后来竟能在发展台湾洋菇的研究和生产上,凭我粗浅真菌学的知识,却发生了极为可观的功效,绝非当初可预料的。魏老师是位虔诚基督徒,有爱心。他研究室内缺少英文打字帮手,我能幸运被录用当零工,因之不但我的伙食费有了着落,而且因此更有常常亲近魏老师和学习的良机。①

教我植物学的李扬汉老师、焦启源老师的植物生理学,都是我从事一生园艺作物改良研究工作的基础的启蒙老师,可谓受用不尽,对他们当年严格认真的教育和训练,真是常常感恩。②

教我英文的有格雷小姐(Miss Gray)和陈竹君二位老师,由于她们二位老师热心的教导,使我的英文受到基本的训练,对服务社会与外人交往时可以勉强自由接触而无恐惧感,完全是受二位老师训练所赐,也常怀念二位恩师的教导。③

陈嵘老师是我们森林系系主任,他上课的时候,态度和蔼,说话疾徐有则;同学有事去见他,也都平易近人,真是"即之也温"的长者。他是位虔诚的基督徒,但终年一袭长衫,好像未曾见他穿过西装。他曾编著许多有关林业书籍,尤其《中国树木学》更是当时洛阳纸贵。据说战时日本人占据南京,将

---

① 陆之琳:《四十五年前母校往事》,台北市金陵大学校友会:《金陵大学建校百周年纪念特刊》,1988年,第414页。

② 陆之琳:《四十五年前母校往事》,台北市金陵大学校友会:《金陵大学建校百周年纪念特刊》,1988年,第413页。

③ 陆之琳:《四十五年前母校往事》,台北市金陵大学校友会:《金陵大学建校百周年纪念特刊》,1988年,第413页。

学校存放的这部书全都搬走。①

　　电机系设在重庆曾家岩求精中学内，同时办有汽车专修科，电化教育专修科，附属变压器制造厂，除一般实习用的车床、钻床、木工带锯机，以及金工、钳工、电焊、电镀、冲击等设备外，还有电气实验室，内燃机实验室，电化教育实验室等，供科、系的专业实验。理学院魏院长长期住在校内，主持工作，电机系杨主任是留学美国的电机学博士，担任电机工程学、电机设计的教学，其它无线电工程、有线电机工程等多聘请重庆大学的著名教授担任。②

　　当我走下百步坡转入汉口路踏进庄严的校门后，立即感到一片宁静而安详的气氛，精神为之一振。校内迎新尊老的友好情谊，使我感觉无比的温暖。教授们治学严谨，不论是普通必修或高班专修，一样地认真对待，毫不松懈。他们既积极地培养优等生，但对成绩较次的，也不遗余力地进行课内外无私的帮助。金陵毕业生的品学之所以能够达到一定水平，为国内外所公认，这些辛勤的园丁们是厥功最伟大的。③

华西坝的文化氛围浓厚，各大学经常邀请知名专家和政界名流做演讲或学术报告，并制作海报，广为宣传，各校师生均可参加。例如1943年初，应国民政府的邀请，金陵大学原林科教授、时任美国农业部水土保持局副局长罗德民来华考察水土保持工作，在金

---

① 徐学训：《学校生活琐忆》，台北市金陵大学校友会：《金陵大学建校百周年纪念特刊》，1988年，第388页。

② 李万钧：《抗战时期电机系的生活》，金陵大学南京校友会编：《金陵大学建校一百周年纪念册》，南京：南京大学出版社，1988年，第379—380页。

③ 王古桂：《珍贵的"金陵传统"》，金陵大学南京校友会编：《金陵大学建校一百周年纪念册》，南京：南京大学出版社，1988年，第351页。

陵大学连住数日,并做了水土保持方面的系列演讲。与此同时,原任教于中央大学的美国畜牧专家蒋森教授亦在金陵大学农学院做了系列演讲。[①] 1943 年 4—5 月,英国剑桥大学化学胚胎学专家李约瑟教授到成都华西坝讲学,在三周的时间里分别作了《中国科学史与科学思想之检讨》《科学在战时与平时之国际地位及责任》《战时与平时在英国之科学组织》《化学与生物学之关系》《西方科学学会之演进》等十余场演讲。同时,参观了金陵大学,"对于科学之研究,科学教育之实施,电化教育之推进,及文化研究之工作,均感兴趣",金大亦积极协助其推进中西科学合作协进事宜。[②] 1944 年 5 月,印度农业访问团参观金陵大学农学院,农艺作物育种专家巴尔博士、农业经济专家辛博士、蚕丝专家撒卡博士分别作了题为《印度小麦育种概论》《印度牛之育种》《印度蚕丝研究概论》的讲座。[③] 1944 年 6 月,美国副总统华莱士访华,专程到成都了解中国农业情况,并在华西坝五大学的广场上发表演讲,燕京大学校长梅贻宝担任翻译,现场气氛热烈。[④]

二、学分制管理

金陵大学实行学分制管理模式。学生入学后需要确定主系和辅系,在校期间须修完毕业所需的总学分数及所有的必修课程,包

---

① 《罗德民教授莅蓉发表考察彭县经过并在本校作系统讲演》,《金陵大学校刊》1943 年 3 月 15 日,第 5 页。

② 《理学院联合招待英国教授李约瑟演讲》,《金陵大学校刊》1943 年 6 月 1 日,第 6 页。

③ 《印度农业访问团参观本校农学院出席学术讲演会》,《金陵大学校刊》1944 年 5 月 5 日,第 5 页。

④ 徐国桢:《由南京到成都》,金陵大学南京校友会编:《金陵大学建校一百周年纪念册》,南京:南京大学出版社,1988 年,第 368 页。

括体育、军训、三民主义三门公共必修课程、主系必修课程、辅系必修课程和所属院的公共必修课程。部分入学考试总分合格、单科不合格的学生还需要修完先修班的课程,即课程编码在 130 以下的课程(编号在 130 及以上的为本科课程)。① 例如:"假定一个学生在入学考试中英文不及格,但总分达到录取标准,仍可以录取,不过首先必需选修英文补习课,代号英文 120。此课程是 3 个学分,不及格不得选修普通英文,但此三个学分不算本科学分,不在上述 128 个学分之内。如果入学考试中,数学、中文、物理,或化学等科不及格也是这样。"②

学生修读的学分分为主修、辅修和选修三种。一年级新生主要是学习主修与辅修课程,进入二年级后,学生可以根据个人兴趣选修课程。辅修课程主要是为了促进学生就业、扩大学生知识面,一般要求辅系"得选与主系学程性质有密切关系之学系"。③ 各院系根据课程设计,对学生的学分要求略有不同:"文学院各系规定主修学分最低有 32 个,最高有 48 个,辅修学分各系也不相同,最低有 20 个,最高有 28 个;理学院各系的主修为 40—60 学分,辅修有25—35 学分;农学院各系主修为 32—41 学分,辅修为 20—30 学分"。④ 同时,学校对于学生应修学分数亦有明确要求,规定:"学生修毕本科 142 学分(电机工程、化学工程两系各为 152 学分),即三

---

① 富廷康:《华西坝之忆——当时只道是寻常》,台北市金陵大学校友会:《金陵大学建校百周年纪念特刊》,1988 年,第 418 页。

② 周伯埙:《母校的学分制与选课制》,金陵大学南京校友会编:《金陵大学建校一百周年纪念册》,南京:南京大学出版社,1988 年,第 127—128 页。

③《金陵大学教务简则》(1942 年 11 月),南京大学高教研究所校史编写组编:《金陵大学史料集》,南京:南京大学出版社,1989 年,第 124 页。

④ 戴邦彦:《金大的学分制》,金陵大学南京校友会编:《金陵大学建校一百周年纪念册》,南京:南京大学出版社,1988 年,第 122 页。

民主义 4 学分,体育 2 学分,军事训练 4 学分及其他必修选修课程共 132 学分(电工、化工 142 学分),并与各院规定之必修学程,及主系、辅系学分符合者,准予毕业(各研究所各专修科另订)。"①当学生确定了主系和辅系之后,教务处会发给学生一张表,将取得学士学位所需满足的条件一一罗列,包括必须取得的总学分数、主系及辅系的必修课程、所属院的公共必修课程等。"这些条件是不可以更改的,满足这四个条件就毕业,不全部满足这四个条件就肯定不能毕业,绝无例外。"②

　　文、理、农学院的基本课程为公共必修学程,学校要求学生"须尽先选读"。③"文学院规定有语文课(当时称国文)11 学分,英文课 11 学分,生物学、自然科学概论、社会科学概论各 4 学分,数学 3 学分,思想方法论 3 学分。理学院规定有语文课 5 学分,英文课 5 学分,经济学或社会学 5 学分,中国近代史、近代欧洲史各 5 学分,思想方法论 5 学分。农学院规定有语文课 4 学分,英文课 8 学分,化学及物理各 4 学分,经济学原理 4 学分,普通地质学 3 学分。"④从各院的课程规定中可以看出,金陵大学重视文理知识的均衡培养,文科学生要求掌握基础的科学知识,具备基本的科学素养,理科学生则要求掌握基本的社会科学知识,注重加强阅读写作能力的培养。这样的培养模式,有助于学生的全面发展,对毕业后的工

---

① 《金陵大学教务简则》(1942 年 11 月),南京大学高教研究所校史编写组编:《金陵大学史料集》,南京:南京大学出版社,1989 年,第 124 页。

② 周伯埙:《母校的学分制与选课制》,金陵大学南京校友会编:《金陵大学建校一百周年纪念册》,南京:南京大学出版社,1988 年,第 127 页。

③ 《金陵大学教务简则》(1942 年 11 月),南京大学高教研究所校史编写组编:《金陵大学史料集》,南京:南京大学出版社,1989 年,第 124 页。

④ 戴邦彦:《金大的学分制》,金陵大学南京校友会编:《金陵大学建校一百周年纪念册》,南京:南京大学出版社,1988 年,第 123 页。

作或进一步深造亦有较大助益。

　　学分是核算学生学习量的计量单位，"每学分约等于校内 50 小时，或校外 75 小时之工作。在一学期内，1 学分约合普通学生每星期 3 小时之工作（合自修、上课、实验时间而言）"。① 也就是说，对于一二年级的低年级学生，每个学分大体相当于每周 3 小时的学习工作量，包括上课、自修、实验、实习、完成课外作业等方面的时间。高年级学生的工作量则要更多一些。例如：初等微积分（上），标明 3 个学分，上课时间为每周 3 小时，课外作业为每周 6 小时；普通物理学（上），标明 4 个学分，上课时间为每周 3 课时，实验时间为每周 3 小时（包括安装仪器、开展实验与书写实验报告等），课外作业为每周 6 小时。理论上，教师是按照与学分对应的小时数来安排教学、布置作业的，但事实上课程的难易程度有别，学生实际所需时间会有较大的差异。例如被学生们成为"金大最重头的课程之一"的"普通英文"，尽管每学期只占 3 个学分，却需要学生课后花大量的时间进行学习和消化。② 有学生回忆说：

　　　　普通英文（两个学期，每个学期都是 3 个学分，共 2 * 3＝6 个学分）是当年金大最重头的课程之一。笔者 1937 年秋进金大时，选了这班课，教师名叫 Caldwell，不知是美国人还是英国人，一句中国语都不说（可能根本不会说中国话），第一堂课发下一篇文章，题目是《冰海沉船》共 20 多页，内中讲 20 世纪初，英国的一艘豪华客轮首航美洲，中途碰上冰山沉没的故事。

----

① 《金陵大学教务简则》（1942 年 11 月），南京大学高教研究所校史编写组编：《金陵大学史料集》，南京：南京大学出版社，1989 年，第 124 页。

② 周伯埙：《母校的学分制与选课制》，金陵大学南京校友会编：《金陵大学建校一百周年纪念册》，南京：南京大学出版社，1988 年，第 125—126 页。

这篇文章不仅讲这件事的经过,也描写了船长的指挥,更着重描写船上的男乘客如何尊重妇女,爱护孩童,救生艇不够,男乘客让妇女儿童先上,自己宁可与沉船共存亡,因此夫妻诀别,内容十分生动感人。要求我们回去阅读,下一次上课就要考试,考题共十道,每道有 4 个答案,选择其中之一,共半小时,当时,我们到底只是中学刚毕业的学生,要求我们用两小时的时间读完此文无论如何都是办不到的。所以像普通英文这样的课程,学生所花的时间将远远超过其学分数所代表的时间,各系所开的课程中,也都有些类似的重头课程。①

学校对各年级每学期专业课程及三民主义、军训、体育课程等应修学分数有明确规定:

1. 一年级,每学期连三民主义 2 学分,军训 2 学分,共应修 22 学分。

2. 二年级,每学期连体育 1 学分,共应修 17 学分(电工及化工应修 19 学分)。

3. 三年级,每学期应修 16 学分(电工及化工应修 18 学分)。

4. 四年级,每学期应修 16 学分(电工及化工四年级第一学期应修 18 学分)。

入学后因学分不足而年级降低者,其每学期应修学分数,仍以原定学期为准,即入学后第一第二两学期每学期除三民主义、军事训练而外,应修 18 学分,自第三学期起(化工、电工两系学生自第八学期起),除体育而外每学期应修 16 学分。

---

① 周伯埙:《母校的学分制与选课制》,金陵大学南京校友会编:《金陵大学建校一百周年纪念册》,南京:南京大学出版社,1988 年,第 126 页。

学生距毕业所缺学分在 20 个以内,如前一学期成绩无 C、D、F,得在最后一学期中,得多选学分补足之,不受本规则前条规定限制。①

按照这些规定,学生必须从入学考试开始就尽量避免不及格和重修,否则有可能无法在规定的修业期限内获得满足毕业条件的总学分。如果一名学生入学考试门门及格,每个学期都能拿到全部的 18 个学分,没有不及格的课程,必修课又安排得当,到第 7 个学期就可以修完课程,那么在 3 年半的时间里就基本可以毕业了。而如果一名学生在入学考试中有一门或两门不及格(实际上很多学生都是这样),倘若再有因大学本科的课程不及格而拿不到该课程的学分(必修课这时必须重读),那么不但三年半无法毕业,甚至四年或五年都毕不了业。比如,有一名学生,入学考试英语不及格,英语补习 4 次才及格,而后普通英文(上)与普通英文(下)又各修 4 次才过关,总计 6 年共 12 个学期才毕业。②

为严肃课堂纪律、树立良好学风,学校对于学生缺席行为有非常详细严格的处分规定:

(一)自由缺席

在一学期中,学生在每一学程内,得自由缺席若干次,不扣学分。每学程内,可有之自由缺席次数,等于此学程每星期上课之次数。凡每星期内,上课无一定次数之学程,自由缺席次数,不得超过一学期上课总数之百分之五。学生须出席星

①《金陵大学教务简则》(1942 年 11 月),南京大学高教研究所校史编写组编:《金陵大学史料集》,南京:南京大学出版社,1989 年,第 124 页。
② 周伯埙:《母校的学分制与选课制》,金陵大学南京校友会编:《金陵大学建校一百周年纪念册》,南京:南京大学出版社,1988 年,第 128 页。

期一之纪念周。在一学期内可自由缺席一次。

（二）准假缺席

学生因正式代表学校，参加竞赛，或因进行教职员指定工作而有之缺席，如由指导工作之教职员，事前将学生姓名，及缺席日期，开送教务处。得教务处同意者，得以准假缺席，及自由缺席总数，均不得超过一学期该学程上课总次数之百分之二十。

（三）不准假缺席

凡超过自由缺席规定次数以外之缺席，均为不准假缺席。

（四）注册前之缺席

开学时，学生告假迟到，在规定日期外注册者，其注册前在各学程之缺席，一律不得作自由缺席计算，照章扣减学分。

（五）缺席处分

学生如有不准假缺席，自1—15次者，须于一学期所得学分总数内，扣减半学分，自16—30次者，扣减一学分，自31—45次者，扣减一个半学分，余类推。

凡在一学程内，缺席次数，超过该学程在一学期内上课次数三分之一者，概不给与该学程之学分。

（六）假期前后两日之缺席

假期前后两日缺之席，均双倍计算。

（七）缺席之公布

学生在各学程之缺席次数，均由教员按周报告教务处。教务处根据各教员报告，每星期将学生缺席次数公布一次。学生须各自负责检查自己所有缺席次数，遇有错误，该生须在公布后一星期内，亲至教务处申明，逾期无效。倘学生请假离校，在一星期以上，其更改离校前一星期缺席错误之时期，可延至该生返校后一星期内,逾期无效。

(八)迟到

纪念周时,仪式开始后始就座者,即以缺席论。上课时学生过五分钟后始到者,认为迟到:凡迟到者,须于下课时至教员处报到。迟到三次者,以缺席一次论。

(九)早退

学生在教室内,不得于下课前退席。如有特别事故,必须退席者,须先得教员同意。早退三次者,以缺席一次论。

(十)教员迟到

教员迟到时,学生须在教室内静候 15 分钟,过时始可下课。凡未满 15 分钟,即行退席者,以缺席论。

(十一)请假

学生因故请假必须至教务处填写请假单,经教务处核准后始能离校,其因重病或急务而不克办理是项手续者,得于请假之第一日委托他人办理之,凡不办理请假手续而擅自缺课者,除自由缺席外加倍减扣学分。[1]

学校对于修业期限有明确规定:

学生入学时为本科一年级者,至少须在校修业历八学期,方准毕业。转学学生,视原校肄业年限,及本校所承认学分数,减少在本校修业学期数,惟至少须在本校修业历四学期,并修毕 64 学分(三民主义、军事训练、体育学分除外,电机工程及化学工程两系,须修毕 70 学分),方准毕业。

其已在大学本科毕业之学生申请另修其他学院学系者部

[1]《金陵大学教务简则》(1942 年 11 月),南京大学高教研究所校史编写组编:《金陵大学史料集》,南京:南京大学出版社,1989 年,第 127—128 页。

定修业期限至少二年半方准毕业(同一学院至少二年)。①

按照学校的学分制度,学生平均每日对正科课程的学习时间约为8—9小时,每周学习时间比较正常,不致出现学习负担过重或过轻的现象。学生一般在课后能有充裕时间参加各种体育运动、文娱活动、各种社会和学会活动,使他们在德、智、体、美诸方面的发展都得以兼顾。②

并且,尽管规定的学习年限是4年,但年级的划分却不是完全按照入学时间来划分的,而是由教务处每学期根据每个学生实际修得的学分数来核算其应在的年级。这一制度"对学生的学习和实行工读等等起了积极的作用","比年级制有其优越性"。③例如,对于学习成绩欠佳的学生,对他们的不及格课程不作硬性规定,予以留级或降级。不要求重读已及格的课程。他们只需补修不及格的必修课程。这一制度对于需要工读维持学业的贫困学生也有好处,不仅可以利用学习之余的时间勤工助学,也可以暂时休学离校,待经济状况好转时再行复学,继续修读,以完成学业。并且这类学生在以后复学时亦不受学年的限制,只需读完规定的学分就能在当年毕业并取得大学毕业的证书。④这种灵活的学分制度和年级划分,尤为适合战时动乱和颠沛流离的社会状况,给贫寒子弟

①《金陵大学教务简则》(1942年11月),南京大学高教研究所校史编写组编:《金陵大学史料集》,南京:南京大学出版社,1989年,第124页。

② 戴邦彦:《金大的学分制》,金陵大学南京校友会编:《金陵大学建校一百周年纪念册》,南京:南京大学出版社,1988年,第123页。

③ 戴邦彦:《金大的学分制》,金陵大学南京校友会编:《金陵大学建校一百周年纪念册》,南京:南京大学出版社,1988年,第124页。

④ 戴邦彦:《金大的学分制》,金陵大学南京校友会编:《金陵大学建校一百周年纪念册》,南京:南京大学出版社,1988年,第124页。

提供了更为宽松的求学环境。

金陵大学一般不鼓励学生变更专业,但在学分制的基础上仍予以学生变更专业的权利,规定了较为详细的"转院改系"制度:

（一）转院改系之限制

1. 各院系学生以不转院改系为原则。

2. 除文学院政治经济系经济组,理学院电机工程系,化学工程系及农学院农业经济系暂不准转入外,其他各系学生有下列特殊情形之一者,得照章申请之。

（1）选读主系或与主系有关之学程成绩过差经该系主任或指导教授认为有改入他系之必要者。

（2）因身体孱弱或其他疾病经医生证明改入他系者。

3. 转院改系均限于入学后二年内请求之,转学生不得转院改系。

4. 转院改系各以一次为限。

（二）转院手续

1. 请求转院者在教务处领取申请表,填明原委,经原在学院院长之认可,于教务处规定期内具函申请,经教务处核准后,参加转院考试。

2. 转院考试规定与新生入学试验同时举行。

3. 转院考试科目规定如下:

（1）由理或农转文学院者:考国文,英文,中外史地,公民。

（2）由文或农转理学院者:考国文,英文,数学,化学,物理。

（3）由文或理转农学院者:考国文、英文、数学、化学、生物。

4. 参加转院考试应缴试验费（数与新生报名费同）。

5. 转院考试成绩经教务委员会审核合格公布后始准转院。

6. 转院后其在原在学院所有学分,能抵充转入学院之必修课程者照抵,其余经审查后得作为选修学分。

(三)修改手续

1. 请求改系手续须于教务处规定期内办理之。

2. 请求改系者填写改系申请书时须附缴原系系主任之核准函件或正式医生证明书。

3. 改系申请书由教务处汇集分送各院院务会议审核,通过并经教务委员会备案,教务处公布后,始准改系。

4. 改系既经核准公布后,不得再回原系。

(四)转院系后其因补修学分而降低年级者,应照部令及校章办理。

(五)凡转院系学生均应修毕转入院系之必修课程,不得任意以其他课程代替之。①

实行学分制亦有利于学生跨校选课。抗战爆发前,金陵大学与金陵女子大学两校的学生即可互选课程,所修学分均被学校认可。西迁成都之后,金陵大学、金陵女子文理学院、华西协合大学、齐鲁大学、燕京大学等华西坝五所教会大学之间展开合作,课程互通互补,学分相互承认,学生可以在五校范围内任意选课学习或旁听,极大地丰富了华西坝学生的学习内容,教育资源得到更加充分

---

① 《金陵大学教务简则》(1942年11月),南京大学高教研究所校史编写组编:《金陵大学史料集》,南京:南京大学出版社,1989年,第128—129页。

的利用。① 例如金陵大学农学院学生必修地质学课程，但是金陵大学没有开设这门课，因而学生们就可以去金女大学习著名地质学专家刘恩兰教授的课程，参加刘恩兰教授率领的暑假边疆考察团，开展采集矿物标本等实践训练。② 有学生回忆称：

> 因为金大采学分制，不同系或不同届的同学，因有共同修科，亦有同班上课的机会，因之缩短了同学之间的距离。那时有很多大学迁到后方，在华西坝上，除了地主华西大学外，还有金陵大学、金陵女子文理学院、齐鲁大学、燕京大学等，中大牙医也在华西坝。我们虽同在同一校园上课，各校同学却各有特色，由其穿着举止，每能猜出其所属学校，常常八九不离十。各校亦可互相选课，我们园艺系必修的地质学，就是金陵女子文理学院刘恩兰老师开的课。我们何幸能得各校名师之指导，认识许多同学，又因各校中不乏高中同学，恰似处在一大家族中，虽在战时，生活艰苦，但精神生活的丰盛愉快，令人难忘。③

> 农学院学生必修地质学课程，那时母校并无地质学的教授，幸运的是金女大有刘恩兰博士讲授地质学课程，因之男大学生须到女大和女大理学院的学生一同上课和做实习。记得有年暑假有边疆考察团，刘老师领队，男女学生修完普通地质学的都可参加，我也幸被录取，我的任务是采取地质标本，所

① 戴邦彦：《金大的学分制》，金陵大学南京校友会编：《金陵大学建校一百周年纪念册》，南京：南京大学出版社，1988 年，第 124 页。
② 陆之琳：《四十五年前母校往事》，台北市金陵大学校友会：《金陵大学建校百周年纪念特刊》，1988 年，第 413 页。
③ 富廷康：《华西坝之忆——当时只道是寻常》，台北市金陵大学校友会：《金陵大学建校百周年纪念特刊》，1988 年，第 418—419 页。

以每天要采不同样的石头,背着标本要走崎岖不平的山路,愈背愈重,等到天黑就不胜负荷,虽然辛苦一点,但也从工作中学到许多书本上或教室内没有的知识。一直到今天,我还能辨认各种岩石和山势或山脉的走向等等知识,都是这一次随刘老师的考察之行所赐。①

很多金大学子受益于这种灵活的学业制度。有毕业生回忆道:"在金大,一个学生选什么课完全有他本人的自由,除了教室与实验室的容量的限制以外,只要够资格(指前行课,有时任课教师要口试一下看是否够格)任何课都可以选读,甚至于金女大的课程也可选修,照算学分,念多少年都可以。因此,一个学生的学分簿上可以五花八门,读数学的学分,可以有读唐诗课程的学分,也可以有金女大音乐系的课程的学分等等"。②

金陵大学要求各院学生在第四学年的第一学期开始时必须选修毕业论文,并要按规定到教务处注册,"论文题目一经选定后,不得任意更改"。毕业论文规定为 2—4 学分,要求"(1) 须有创作性,不能抄袭陈文。(2) 材料须根据独立研究或实地调查结果,不得尽发空论。(3) 须详列参考资料来源","须用楷书填写两册,如用英文著述者,则须用打字机打成二份,送交指导教授批阅"。论文完成后,由指导教授及系主任审查评定(必要时由院长指定教授 3 人复加审查),"不及格者不给学分,并仍须在校注册

---

① 陆之琳:《四十五年前母校往事》,台北市金陵大学校友会:《金陵大学建校百周年纪念特刊》,1988 年,第 413—414 页。
② 周伯埙:《母校的学分制与选课制》,金陵大学南京校友会编:《金陵大学建校一百周年纪念册》,南京:南京大学出版社,1988 年,第 128 页。

重选"。① 由此可见,金大对于学生管理既有灵活的一面,又有严格、细致、规范的要求。

华西坝五大学(起初是四所大学,后燕京大学于 1942 年迁入)不仅课程互通,很多重大的典礼也是一同召开。如 1944 年 6 月五大学在体育馆举办的联合毕业典礼,共有 387 名毕业生参加,"五校校旗迎门高悬,礼堂台前,鲜花布置",仪式开始前"两位女同学手持仪仗,在音乐声中,接引毕业同学,整队步入礼堂,全场来宾,报以热烈掌声","大队之后,五校校长、教务长,及各院长均着方帽礼服,依次登台","毕业生自左而右,顺序登台,接授学位文凭,并向来宾鞠躬致谢"。当晚,金陵大学同学会成都分会在体育馆举行在蓉校友联欢聚餐,欢迎本届毕业同学加入校友会。② 庄严隆重的毕业典礼给学子们留下了深刻的印象,有毕业生回忆称:"在坝上,还有个一年一度的盛大的集会,就是学年之末,四大学举行的联合毕业典礼,今年暑期举行的,已算是第二次,地点是华大体育馆,金陵、金女大、华西、齐鲁四校的二百多毕业生们,排成一个颜色鲜明的行列,由数千观礼者伴送着步入礼堂,在鲜花堆里,音乐抑扬的伴奏中,接受了他们四年精力,换得的一张文凭,要不是抗战,一个在天南,一个在地北,怕不会有机缘大家凑在一个礼堂里,参加这样一个庄严肃穆的集会吧。"③

三、无处不在的临时考试

金陵大学的考试类型包括平时考试、学期考试、甄别考试三

---

① 《金陵大学教务简则》(1942 年 11 月),南京大学高教研究所校史编写组编:《金陵大学史料集》,南京:南京大学出版社,1989 年,第 130—131 页。

② 《上学期华西坝五大学毕业典礼补志》,《金陵大学校刊》1944 年 9 月 16 日,第 5 页。

③ 巨蕾:《齐鲁大学在华西坝》,《学生之友》第 2 卷第 4 期,1941 年 4 月 1 日,第 45 页。

种。对于平时考试,要求"各学程每月应由教员举行考试,至少一次。至临时考试次数及方法,由各教员视各学程之需要而定"。对于学期考试,规定"各学程应于每学期最后一星期内,按照教务处派定日期、时间、地点举行笔试一次。此项学期试验,教员不得随意免除及提前举行。试验用纸,由教员发给,学生除带笔墨外,凡书籍、讲义及笔记等,概不准带入试场"。甄别考试则是针对补习课程,规定"各补习课程,于开学上课后两星期内,举行甄别考试,其成绩优异者,准其免读。改选一年级课程"。①

临时考试(quiz)在金陵大学尤为盛行。课堂里的任意时间,任课教师随时都有可能来一场临时性的考试。从诸多毕业生的回忆文章中可以看出,这种无处不在的临时性考试给金大学子们留下了深刻的印象,也有效促进了学生的学业水平:

> 教我们英文的是 Miss Gray,未讲课,先 quiz,把我们易犯的错全抓了出来,再循序改正。提起 quiz,至今记忆犹新,不只英文,其他各科老师亦多好此道。有的未讲课先 quiz,有的讲完了就 quiz,有的上课上一半 quiz。指定的参考书又多,教室又分散各处,把我们这些新生整的晕头转向。金大同学在各行各业中,都能坚守岗位,有良好的表现,想来 quiz 风气功不可没。②

> 教英文课(123)的是位英国透纳小姐(Miss Turner)她一进教室,就发给每人一篇英文,几分钟后全部收回,继又发下

①《金陵大学教务简则》(1942 年 11 月),南京大学高教研究所校史编写组编:《金陵大学史料集》,南京:南京大学出版社,1989 年,第 125 页。
②富廷康:《华西坝之忆——当时只道是寻常》,台北市金陵大学校友会:《金陵大学建校百周年纪念特刊》,1988 年,第 418 页。

一张英文纸条；起初我呆坐若木鸡，不知所措，原来这是一种小测验(Quiz)。过去在高中时期未曾经过这阵仗，所以第一次月考成绩就挂了洋力(金大术语)。拿到黄信封，里面记着5F(F像把军刀)；同学们都说我这学期的英文是Down定了。在以后几个月，我的小考成绩却一次比一次好，透纳小姐有些不信，好几次都坐在旁边看着我考，年终我的英文成绩总算(3)等派司，吓得我第二学期不敢继续选读(140)英文课了。英国老师着重"诚实的好印象"，我邻座的X小姐，听说这课她已修了二次还未通过！①

我是在留学日本辗转回国之后，1938年秋考入金大电机系的，母校在教学方面依然保持传统的特点：采用学分制，根据院系的不同，规定必修和选修的课程，既考虑各自的专业，又照顾同学们的志趣，课堂讲授之外，布置的课外参阅和作业比较多，启发和自学相结合，方式灵活，上课时教授常用口头提问或书面小测试，尤重视英语教学，老师对学生经常进行"Quiz"，抓得很紧，因为除中国文学，中国历史这类课程采用中文教本外，其它多用原文本教学，尤其是工程技术，其它自然科学，当时国内还少有用本国文字的正式教材进行教学。②

金陵大学对学程成绩采用等级计分法。将各学程成绩分1至5五等。规定"1等5等内人数应占该学程全体上课人数百分之

① 徐学训：《学校生活琐忆》，台北市金陵大学校友会：《金陵大学建校百周年纪念特刊》，1988年，第388—389页。
② 李万钧：《抗战时期电机系的生活》，金陵大学南京校友会编：《金陵大学建校一百周年纪念册》，南京：南京大学出版社，1988年，第379页。

五。2等4等内人数,应占该学程全体上课人数百分之二十。3等内人数,应占该学程全体上课人数百分之五十"。详细方法见下表:

表 14　金陵大学学程成绩等级计分法(1942 年 11 月)

每人班数	等级分配					每人班数	等级分配					每人班数	等级分配					每人班数	等级分配				
	1	2	3	4	5		1	2	3	4	5		1	2	3	4	5		1	2	3	4	5
1	1	1	1	1	1	11	1	2	5	2	1	21	1	4	10	4	2	31	2	6	15	6	2
2	1	1	1	1	1	12	1	2	6	2	1	22	2	4	10	4	2	32	2	6	16	6	2
3	1	1	1	1	1	13	1	2	6	3	1	23	2	4	11	4	2	33	2	6	16	7	2
4	1	1	2	1	1	14	1	2	7	2	1	24	2	4	11	5	2	34	2	7	16	7	2
5	1	1	3	1	1	15	1	3	7	3	1	25	2	5	11	5	2	35	2	7	17	7	2
6	1	1	3	2	1	16	1	3	7	3	1	26	2	5	12	5	2	36	2	7	18	7	2
7	1	2	3	2	1	17	1	3	8	3	1	27	2	5	13	5	2	37	2	7	19	7	2
8	1	2	4	2	1	18	1	4	8	3	1	28	2	5	14	5	2	38	2	7	20	7	2
9	1	2	4	2	1	19	1	4	9	1	1	29	2	5	14	6	2	39	2	8	19	8	2
10	1	2	5	2	1	20	1	4	10	4	1	30	2	6	14	6	2	40	2	8	20	8	2

说明:1 等至 5 等,如无英文字母(C、D、F)等字附于旁者,均为及格成绩。

资料来源:《金陵大学教务简则》(1942 年 11 月),南京大学高教研究所校史编写组编:《金陵大学史料集》,南京:南京大学出版社,1989 年,第 125—126 页。

　　成绩记录采取总均分的计算法,即"就各生所修各学种之学分数,乘所得成绩,将积数相加,再用学分总数除之"。[1] 对于不及格成绩,除了需要标明等级之外,还需要附上英文字母标注:B.(Breakage)是指"损失费在学期结束时未缴清,须缴清后始准及格

---

[1]《金陵大学教务简则》(1942 年 11 月),南京大学高教研究所校史编写组编:《金陵大学史料集》,南京:南京大学出版社,1989 年,第 126 页。

者";C. (Conditioned)是指"成绩不佳须补考后始能定及格与否者";D. (Deficient or Incomplete)是指"工作之一部分未完毕,须补足后,始能定及格与否者";F. (Failed)是指"不及格者,不给学分";L. (Left)是指中途退班的学生。其中,得 F 或 L 无学分,得 B、C、D 的可按照规定手续更改:

1. B 之更改法:凡得 B 字成绩者一律于得 B 字后一学期注册前,全部付清,并须加缴更改成绩费二元,否则不得注册,如得 B 成绩之后一学期,因故休学或毕业离校者,所有损失费须付清后始准休学或毕业。于学期中途离校者,所有损失费一律于请求休学时付清或着保证人负责清偿。

2. C、D 之更改法:凡得 C 或 D 之学生,于补考及格后,或将未完毕之工作缴进,经教员评阅,认为及格后,即可将 C、D 除去,给予学分,但须还照下列各条规定办理:(1) 所有补考补足未完工作等手续,应于得 C、D 成绩后一学期之第一星期第六日以前行之,逾期则 C、D 应即改为 F。(2) 须于规定期内至会计处纳费二元,领取更改成绩证。持证至教员处接洽。(3) 补考及格或将未完工作补足,即由教员在更改成绩证上,将学生在该学程应列等级填交教务处。(4) 教务处根据教员报告,即在教务处记录中及学生成绩簿内更正,并填明应给学分。

3. 离校学生更改,C、D 成绩法:学生在得 B、C、D 成绩之后一学期,如因事不能在校补考或补足未完工作等手续,可延至复学之学期第一星期内行之。如至该学期第一星期内,仍未将手续办妥,即将上学期所得 C、D 一律改为 F 不给学分。①

---

①《金陵大学教务简则》(1942 年 11 月),南京大学高教研究所校史编写组编:《金陵大学史料集》,南京:南京大学出版社,1989 年,第 126 页。

对于因故请假未能参加平时考试、学期考试的学生,规定补考时"成绩须降低二等计算",但对于生病或家中发生重大变故的学生,则"免予处分或降等"。[①]

金陵大学强调诚信教育,十分重视考风考纪,对于舞弊行为的处分极为严格,明确规定:

> 学生在考试时,或在平日,均不得有舞弊行为(在自修、实验、考试或课室问答时,凡抢代、夹带、抄袭、传递或私阅他人文稿等情,均在舞弊行为之列)。其有被人抄袭无法防御者,须立即报告教员,否则施受二方,同等处罚。处罚方法:第一次,由教务处书面警告,并将事实用铅笔记入教务处成绩簿存案借查。第二次,则除再予警告外,将事实用墨笔登入教务处成绩记录中,及该生成绩簿内。该生如需要本校介绍书时,本校均将舞弊情形据实报告。第三次,即永远开除学籍。[②]

对于一些特殊情况,金陵大学也会特殊处理,但对于舞弊行为则绝不纵容。例如,有一名学生担心通不过入学考试,请朋友代考,被录取成为金陵大学的学生。入学之后,该生成绩一直很好。校方得知此事之后,立即研究商议,教务处主任主张给这个学生一个悔过的机会,建议采取以下处理方式:"(1) 让他继续学完本学期的剩余课程,不要求他重读任何他已经通过的课程,但是,对本学期他所学的任何课程均不给学分。(2) 允许他在明年秋季参加入学考试,如果通过考试,则录取他为下一级新生,即需读满 5 年方

① 《金陵大学教务简则》(1942 年 11 月),南京大学高教研究所校史编写组编:《金陵大学史料集》,南京:南京大学出版社,1989 年,第 126 页。
② 《金陵大学教务简则》(1942 年 11 月),南京大学高教研究所校史编写组编:《金陵大学史料集》,南京:南京大学出版社,1989 年,第 127 页。

可毕业。(3)和被揭发出来的事实一起公布他的姓名,以及给予的惩处(这是必需的,因为其他学生都已经知道此事)。(4)在他的学业手册和学生档案里载入'不诚实'。(5)将此事以一般的方式通知他的父母。"①这与金陵大学重视品格培养的传统息息相关,既根据情况给予学生悔过的机会,但也绝不姑息舞弊的错误违规行为。

金陵大学学分制管理给学生们提供了选择兴趣爱好的权利和适度的弹性空间,无处不在的临时考试、严格的考试制度和严肃的考风考纪则给学生们带来了一定的学习压力。在抗战大后方这个开明开放、井然有序的校园内,同学们的学习氛围极为浓厚,刻苦钻研、埋头苦读的学子比比皆是。"当晨光些微的时候,溪流边、田陇间、到处都听得到朗朗的书声。"②在纸贵如金的年代,买不起书的学子们多在图书馆里流连忘返,"图书馆席位不多,吃了饭就要去抢位子,迟了就向隅","同学们时效观念很强,从不放松任何可以利用的时光。每晚11时熄灯后,宿舍里秉烛夜读的大有人在。还有三更灯火的,也是屡见不鲜。在这种紧张的学习环境里,培育了一批又一批的具有相当水平的金陵学子"。③

四、丰富的社会实践活动

金陵大学在教育工作中非常重视对学生社会实践能力的锻

---

① 《夏伟思(G. W. Sarvis)给学生事务委员会的信》,南京大学高教研究所校史编写组编:《金陵大学史料集》,南京:南京大学出版社,1989年,第147—148页。

② 颜学礼:《借地栽花的金陵大学》,《沙磁文化》第1卷第3期,1941年2月15日,第25页。

③ 王古桂:《珍贵的"金陵传统"》,金陵大学南京校友会编:《金陵大学建校一百周年纪念册》,南京:南京大学出版社,1988年,第351页。

炼,甚至在西迁途经汉口期间,学校对实践活动所占学分亦做出明确规定:"在未入川前,同学到国际红十字会服务,希望教职员亦能参加。对同学本学期学分之计算办法:(1)未随校来汉口者,给三分之一,(2)未参加红十字会工作而做完教授指定之功课者,再加三分之一,(3)到红十字会服务,并做完指定之功课者给全学分。"①社会实践在金陵大学的教育中所占比重由此可见一斑。

　　西迁至成都之后,金大学生的社会实践活动更加深入基层,结合专业知识开展了大量调查实践与实习活动,如农学院学生对农作物的观察与研究、文学院学生开展的社会调查、理学院学生在工厂的实习实践等。以农学院为例,1940 年 7 月 7 日至 8 月 25 日,农学院农业经济系应廉耕、崔毓俊、潘鸿声、斐保义 4 位教师率领该系姚觉、陈道、端木中等 12 名学生赴安县各农村开展实地调查工作,"一面对该地农民作抗战、兵役及医药卫生之种种宣传,并与当地农改所合作,予以农事指导,如施放新麦种、耕牛、注射、引用特种肥料等"。② 有学生回忆说:"成都平原土壤肥沃,金大的农科,就可以大展身手。我们常常进入农村,作实地的参观与调查。印象深刻的是当你走进一农家看到那竖立在屋旁的长竹竿,竿上系一块小白旗,你就晓得这间农舍正在培育番茄幼苗。在用竹竿拦成的苗圃里,平铺了黑得发油而经过小心筛细的土壤,苗壮的番茄幼苗就由此长出。以后我们就能普遍尝到价廉物美的大红

---

① 李佛续:《母校西迁记》,台北市金陵大学校友会:《金陵大学建校百周年纪念特刊》,1988 年,第 377 页。

②《学生暑期服务》,《金陵大学校刊》1940 年 10 月 25 日,第 4 页。

番茄。"①

　　金陵大学的学生非常务实用功,不仅对学习和实践活动充满热情,还会主动思考将所学运用到社会实践之中。例如,金陵大学的陈俊愉曾与朋友合办自力农场,"新制花篮花圈名噪一时,传说有人空运自力农场的新娘捧花到西北使用,出品之好可见一般";园艺系周青龙、袁子静和陆之琳等合办甜橙贮藏室,用以延长甜橙的供应期等。②

　　抗战时期,除了与课业相关的实习实践活动之外,金陵大学的学生还积极参加各种课外社会实践及社会服务工作,其中以暑期开展的各类服务团为主要形式,各校学生联合组成的宣传队或服务团,步行深入川陕公路沿线广元、绵阳等地,或去松潘,茂(功)汶(川)等川西北边远各县,不仅对少数民族地区展开调研考察,同时通过写标语、讲时事、教唱歌、演出话剧、看病诊疗、开办工人夜校等形式,帮助村民提升科学文化水平,改善农民的生活条件,并宣传抗日救国、宣传兵役政策、动员军民合作等。③

　　暑期开展的社会实践活动以两种类型为主:一是教育部或四川省教育厅等每年会组织边疆服务团。例如:1940 年暑期,四川省教育厅组织发起的雷马屏峨边区施教团,金陵大学社会学系主任柯象峰、边疆学教授徐益棠担任正副团长,率领金陵大学学生,步

① [新]何明腾:《成都校园》,金陵大学南京校友会编:《金陵大学建校一百周年纪念册》,南京:南京大学出版社,1988 年,第 378 页。
② 富廷康:《华西坝之忆——当时只道是寻常》,台北市金陵大学校友会:《金陵大学建校百周年纪念特刊》,1988 年,第 420 页。
③ 张石城:《战时追忆》,金陵大学南京校友会编:《金陵大学建校一百周年纪念册》,南京:南京大学出版社,1988 年,第 376 页。

行2 000余里,在雷马屏峨边区宣传科学知识、放映科教影片、帮助诊疗疾病,同时宣传抗战及兵役政策等。① 1941年暑期,教育部主办了大学生边疆服务团,金陵大学的学生踊跃参与,团员共分两队,一队以服务为主,一队则重考察,"赴里番之马塘黑水一带,经两个月之工作,结果圆满,满载而归",收获了大量标本、文物、图表及照片等。② 1944年7月,中央团部主办的暑期乡村服务队,参加的金大学生有十余名,在茶店子地区重点开展了识字运动、地方自治、医疗卫生及兵役宣传工作,为民众免费施药治疗,并在当地开办平民夜校,将电化教育与辅导讲授相结合,取得了较好的效果。③二是华西坝五所教会大学与中华基督教总会边疆服务部每年也会共同发起组织成都学生暑期边疆服务团。例如:1940年暑期组织的松理懋汶边疆服务团,金陵大学教职员参加主持教育、宣传、医药、调查等各组的训练工作,金大师生共有20余人参加服务,在当地"发刊壁报、疾病诊疗以及其他集会讲演等","颇受一般边区民众(羌民、戎民)所欢迎",同时开展了丰富的调查与标本采集工作,如作物、土壤、病虫害及农业经济社会调查等。④ 1942年7月6日至9月6日,学生暑期边疆服务团赴川西开展服务工作,分为地理组、社会组、家事组、公共卫生组、畜牧兽医组、植物组等,既锻炼了学生的社会实践能力,也为民众做了很多具有实效的服务工作。⑤

---

① 《学生暑期服务》,《金陵大学校刊》1940年10月25日,第4页。
② 《教育部主办公私立大学边疆服务团展览会》,《金陵大学校刊》1942年3月1日,第6页。
③ 《夏令营服务团工作报告》,《金陵大学校刊》1944年9月16日,第4页。
④ 《学生暑期服务》,《金陵大学校刊》1940年10月25日,第4页。
⑤ 《中华基督教会主办学生暑期边疆服务团》,《金陵大学校刊》1942年6月15日,第8页。

以 1939 年暑期乡村服务团为例,学生暑期服务团的组织架构大体如下:

表 15　暑期乡村服务团组织架构图(1939 年)

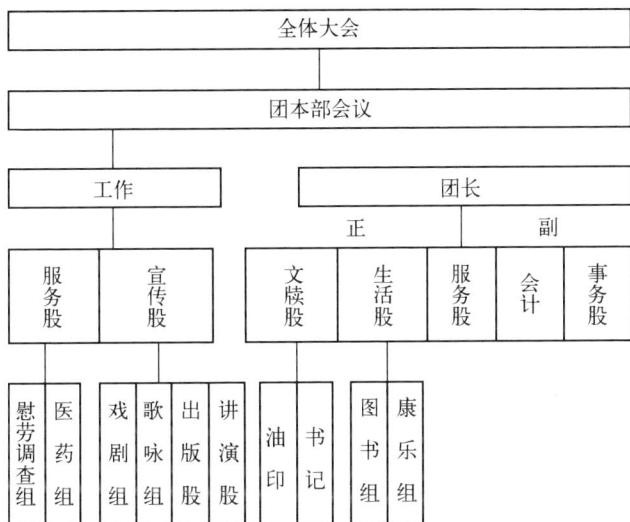

```
                        全体大会
                           │
                        团本部会议
              ┌────────────┴────────────┐
            工作                        团长
                                    正        副
        ┌─────┬─────┐      ┌────┬────┬────┬────┬────┐
       服务股  宣传股      文牍股 生活股 服务股 会计 事务股
        │      │            │    │
   ┌────┴─┐ ┌──┬──┬──┐   ┌─┴─┐ ┌─┴─┐
  慰劳  医药 戏剧 歌咏 出版 讲演 油印 书记 图书 康乐
  调查  组   组   组   股   股       组   组
  组
```

资料来源:袁承文:《我们参加华西坝五大学乡村服务团的经过》,《齐大校友通讯》第 4 期,1939 年 10 月,第 2—3 页。

对于参加暑期服务团的经过,有学生回忆道:

> 在放假的不久,华西坝内之各种服务团,便纷纷组织起来。即如齐大金堂县之服务团,基督教负伤将士协会,西北暑期服务团,以及华西坝五大学暑期乡村服务团等。皆在学校当局之指导下,以及各方面的努力,而成立起来。同时参加的人亦踊跃非常。……七月十六日由校出发,经过简阳,内江,自流井。由自流井以后即完全步行,经过各乡村共住半月,过荣县,至嘉定,再徒步回成都共计步行七百余里之路。经费乃由四月在成都智育影院公演到东京去及田内一郎二剧所得之余金,会同教局及新运会之津贴约一千八百元。……沿途过着都是流动不安定的生

活,又兼日炙雨淋,真是吃尽辛苦。然而,心中怀着工作的热火,同时又看到各地工作之需要我们,人民之期待,盼望我们,以及各地之热烈欢迎招待我们。尤其是我们到达乡村时,观到乡间民众那种信任我们。这一切一切,都是我们深深忘掉我们的辛苦,觉得我们的那种喫苦算不得什么。因为我们已得到我们的代价,亦因这种代价及工作的成功,深深的得到安慰。在沿途上,我们作着防疫打针,壁报,扩大宣传,以及慰劳壮丁营,和壮丁家属调查兵役之事。同时在简阳,内江,自流井之劳军大会,军民大会亦作数次公演。在内江公演一次,卖得二百五十余元,完全作慰劳壮丁家属及壮丁营之用。看看壮丁家属之可怜,以其生活苦况,分别与以一元二元并更与以木牌,书有"抗战光荣"字样以资表彰,并示以敬意。所以此次的工作,因医药,及慰劳要较切实些,同时也来得受人欢迎些。事情就是这样。四十七位团员,一路行着,工作着。……这样工作一月余,于八月二十五日终于回到学校。①

金陵大学的同学们以国家建设、支援抗战为使命,深深感到"生于这种大时代中的我们,抗战建国的使命又紧紧压在我们的肩上。这样,怎能使我们轻易脱去我们的责任",因而充分利用假期时间,踊跃参加各种社会实践和服务活动,深入乡村、山区,开展宣传、考察、调研、实践等工作。② 同学们有时是步行,有时是包一两辆卡车,"持着各色各样的旗,佩着各种图案胸章,唱着宏壮的歌,

---

① 袁承文:《我们参加华西坝五大学乡村服务团的经过》,《齐大校友通讯》第 4 期,1939年 10 月,第 2—3 页。

② 袁承文:《我们参加华西坝五大学乡村服务团的经过》,《齐大校友通讯》第 4 期,1939年 10 月,第 2—3 页。

欢欢喜喜地去,又欢欢喜喜地回来",在实践服务中感受到发自内心的充实和快乐。①

第二节　时刻心系国家民族命运

一、炮火声、号角声、早操声

抗战时期,日军对重庆、成都等地频繁轰炸,金陵大学华西坝校园亦深受影响,"跑警报"成为师生日常生活的重要组成部分。

与重庆不同的是,成都平原"没有山洞或地道等防空设施","每逢敌机进犯,先敲打竹筒,作为飞机入川预防警报的信号",这时城里的人们需要立刻向附近的农村田野疏散。② 有学生回忆道:"当年在华西坝上求学生涯十分忙碌,除了上课,又要在空袭警报声中逃到田间躲避日本飞机轰炸。因为成都平原,不像重庆山城有防空洞可躲,所以警报一响,怕被炸坏房屋倒塌受伤或压死,大家只有向田间跑。永远记得日机飞得很低,不会超过五层楼高,亲眼看到日本空军头戴飞行帽和眼罩向下低飞,在我头上掠过。"③

1939 年 6 月,金陵大学校园在一次敌机轰炸中惨遭袭击,一枚炸弹落在新建教室后面的教职员宿舍内,炸毁数间房屋,两枚炸弹落于图书馆附近,幸均未爆炸,另有一枚落在陈裕光校长的宅邸附近,导致房屋震毁,陈裕光及其母亲、夫人、妹妹均在爆炸中受伤,

① 秦芷:《华西坝观感》,《通讯半月刊》第 2 卷第 1 期,1946 年 1 月,第 84 页。
② 徐国桢:《由南京到成都》,金陵大学南京校友会编:《金陵大学建校一百周年纪念册》,南京:南京大学出版社,1988 年,第 367 页。
③ 陆之琳:《追忆华西坝上生活点滴》,高澎主编:《永恒的魅力:校友回忆文集》,南京:南京大学出版社,2002 年,第 290 页。

金陵大学农学院植物病理组张益诚助教不幸身亡。[1] 陈裕光对此次空袭经过记录如下：

> 6月11日敌机首次轰炸成都市区，其掷弹地点设非繁华街道即居民聚集之处，母校在此，原僻处市区南郊，附近多为田地，目标既显，辨认极易，不意是日敌机竟在校内掷弹数枚：一弹落于本校新建课室之背面相去不过数丈，该课室虽未遭直接炸毁，然屋瓦楼板及玻璃等均蒙莫大损坏；二弹落于华西大学图书馆近旁，本校图书馆亦附设于此，幸均未爆炸，不然典籍及建筑之损失诚不堪设想，且本校图书皆系自南京携带而来，事前之选择，运输之困难，令人颇费周章，设过不幸，影响所及尤难形容；又一弹落于教职员家眷宿舍附近，与裕光住宅尤为靠近，因住屋震毁影响舍间，多人遂受微伤。此外，陈纳逊夫人亦为机枪射伤臂部。又本校植物病理系助教张益诚先生当空袭时在城内遇敌机掷弹，住屋震塌，伤重身死。张君为本校1938年毕业同学，其平时学业与服务精神素为同侪所器重，今日不幸云亡，在张君图为国牺牲，而母校亦失一有为之青年，曷胜惋惜！此次本校被炸情形大致如上述。事后承各地校友函电纷投，慰问有加，具见爱护母校、轸念同学之至意。裕光谨代表在校员生表示谢意！裕光家人虽告受伤，经医治后业经愈可。[2]

此事发生后，蒋介石及夫人宋美龄立即致电慰问，教育部部长陈立夫除致电慰问外，并派张道藩次长及秘书张廷休前往金大视

---

[1]《各方慰问本校志谢》，《金陵大学校刊》1939年9月25日，第1页。

[2] 陈裕光：《本校遭敌机轰炸》，《南大百年实录》编辑组编：《南大百年实录》（中卷），南京：南京大学出版社，2002年，第68页。

察慰问,社会各界亦纷纷发来慰问函电。[1]

频繁的空袭使华西坝五大学的学生自发地组织起来,成立了五大学救护队,各校轮流值班,每次空袭一结束,救护队的学生们就会第一时间赶到遇袭现场救助伤员。[2] 有同学回忆说:"1939年夏某天傍晚,敌机突然空袭成都,在浆洗街、新南门城墙脚和祠堂街一带投下了大量炸弹,瞬息间,城内一片火海。这次轰炸,伤亡惨重。我因参加救护队,在队长蔡昌銮的指挥下,立即投入新南门外茶馆地段抬架伤员工作,四个人一组,扛着一块门板,把伤员抬到华西坝教育学院医务室,作临时性敷药包扎,伤势严重的连夜送往城内医院治疗,也有来不及抢救而已经死去的,尸首堆放在楼梯转角处,为数不在少数。"[3]

金陵大学理学院的部分师生在重庆校区所经历的空袭情况更为严峻。随着战事的推进,日机对重庆的轰炸日益猛烈,"有段时间雾都重庆红日隐约升起之际,几乎就是预行警报"。金陵大学在重庆校园内努力维持教学工作,"直到空袭警报长鸣,敌机快临上空时,才暂行停课,有秩序地进入学校下面,嘉陵江边的花岗岩内所修筑的防空洞。洞有进出两口,比较宽敞深邃,洞顶岩石甚厚,备有蓄电瓶电灯,纵在市电切断后,洞内亦颇明亮,洞壁两侧,设长排座凳,躲空袭期中,仍可借助灯光自学"。[4] 然而,"有次'疲劳轰炸',校园内中弹多枚,正当防空洞口和顶部的炸弹爆破后所产生

---

[1]《本校遭敌机轰炸》,《金陵大学校刊》,1939年9月25日。

[2] 巨蕾:《齐鲁大学在华西坝》,《学生之友》第2卷第4期,1941年4月1日,第45页。

[3] 徐国桢:《由南京到成都》,金陵大学南京校友会编:《金陵大学建校一百周年纪念册》,南京:南京大学出版社,1988年,第367—368页。

[4] 李万钧:《抗战时期电机系的生活》,金陵大学南京校友会编:《金陵大学建校一百周年纪念册》,南京:南京大学出版社,1988年,第380页。

的气流压力,将洞内的人全部击倒,命中点下部的洞顶,有大片岩石崩坠,伤及数人,一时洞内哗然,秩序混乱,解除空袭后,第二天即校场口附近的大隧道内,因空袭时间过长和管理人员失职,发生窒息,造成震惊中外的死亡数达千人的惨案!"①

　　战时的金陵学子不仅埋首苦读,更心系家国天下。有位学生说道:"大后方物力虽然艰难,但一个个精神振奋。我们虽是文质彬彬的学子,每个人都有投笔从戎的准备。在当时的军校教育处长黄达云将军支助之下,我们成立了成都大学生骑射会,每周到比较场去练习骑马和打靶,由军校供给教官、马匹、械弹,参加的女同学也不少。"②

　　金陵大学也根据教育部军事管理办法,制定了《金陵大学军事管理办法》,将学校军事训练队编为三区队,每区队辖三分队,由校长兼任队长,教务长、军事主任、教官兼任副队长,各中队长由教官或助教兼任,区分队长由学生充任。规定"学生起居操课均以号音为准","每日清晨举行升旗典礼,由队长、副队长及本校行政各院处负责人员轮流出席主持"。训练及管理的目标是:"锻炼其心身,改进其生活,提高国民献身殉国之精神,以充实国防之实力","养成其服从命令之风气,具坚忍不挠之勇气","使其重视纪律,严守节制,崇尚合作诸美德","明爱身,爱团体,爱国家,爱民族诸观念"。③

---

① 李万钧:《抗战时期电机系的生活》,金陵大学南京校友会编:《金陵大学建校一百周年纪念册》,南京:南京大学出版社,1988 年,第 380 页。

② 叶延燊:《金陵之恋》,台北市金陵大学校友会:《金陵大学建校百周年纪念特刊》,1988年,第 395 页。

③《金陵大学军事管理办法》,《南大百年实录》编辑组编:《南大百年实录》(中卷),南京:南京大学出版社,2002 年,第 190—191 页。

每天清晨,华西坝都会响起嘹亮的号角声,五大学的学子们闻声而起、迅速集合,"在瑟瑟的清早的寒风中,呵着雾,作着每晨不曾间断的早操,全视着美丽伟大的国旗,在悠悠的号音中升上旗杆之颠"。①

战时的华西坝在沉重的炮火声中,有着声音嘹亮、令人振奋的号角声与早操声,金陵大学的师生们正在蓄势待发,为国家的未来而努力奋斗,无论条件怎样艰苦,环境怎样危险,教师们都在孜孜不倦地教学,学生们都在努力刻苦地钻研,他们在战火和硝烟中以爱国报国精神谱写着华西坝的绚丽篇章。

二、关心时政的校园氛围

抗战时期,金陵大学等华西坝教会大学不再是单纯的"象牙塔",战时的校园生活已然与时局政治交织在一起,与国家民族的命运绑定在一起。在课余生活中,金陵大学的师生踊跃参加抗战大后方的社会服务工作,在城市、乡村及偏远地区努力传播科学知识、开展社会调查、帮助解决民众的问题,同时积极宣传抗战,在华西坝校园和民众中广泛发起从军动员工作。并且,金陵大学的师生时时关心着时事动态,刻刻心系着国家民族,随着战局的发展而成长着、激动着、鼓舞着。

1941年12月7日,日军偷袭美国太平洋海军舰队基地珍珠港,太平洋战争爆发了。12月8日清晨,金陵大学接到无线电中传来的消息"日本已向英美宣战",师生奔走相告,"同学们感到极度的兴奋,奔走相告,议论纷纷,房间里,饭堂中,课室,洗脸房,随时随地,都在谈论着战争的新闻,走进了坝子,到处可以听见'打起来

---

① 巨蕾:《齐鲁大学在华西坝》,《学生之友》第2卷第4期,1941年4月1日,第47页。

了'的狂呼","西籍教授们的脸上,表情更加严肃,兴奋,紧张,芳卫廉(Dr. Fenn)骑着洋马,满处奔跑,见人便告,俨然是一位热情的新闻记者";"小学校门口,围满了人,争读自无线电中收听的战报,打字员的神经,已经过度得紧张,在一张暗色的土纸上,排满了上下凌乱的字体,战报一出,消息立刻传遍了各处,城里的号外,送到坝上"。[①] 金大学生们对于这一天的记忆深刻:

> 走进课室,黑板上写着两排大字"Japan Declared War on America and Great Britain",触目惊心,好像是普法战后的法国小学生,在上最后的一课,先生们热心时事,同学们更是万分紧张,大家都对于世界的大战,感到无上的兴趣,围着先生,要求讲述感想,讨论战局,好事者争相推断,一会见"日军占领某地",谣传随着战报,在人们的口中,互相播送,或谓某地危在旦夕,或谓华西坝空袭可虑,或谓明年可回南京,翻开地图,谈古道今,忘记了一切,只感到战争的刺激,说不出的一种莫名其妙的情绪,统治了整个的脑袋。

> 下午,本来有中英文化协会的朋友们,和四大学当局,要在坝子上,举行盛大的茶会,欢迎卡尔大使,许多好奇的人们,在事务所门前专候大使光临,一睹大使风采。最后终于大失所望,大使已为仓促的战报惊动,急急地飞向重庆,一群人自事务所回来,走过大操场,两队人马,搏斗正酣。原来是金陵与联队的足球大战爆发,短兵相接,勇猛异常,参战健儿,满场飞奔,直杀得天昏地暗,大获全胜,日落西山,鸣笛收兵,结束了华西坝上一场猛烈的战斗。总结果是五比一,金陵队凯旋而归。

---

① 小丁:《华西坝的一日》,《金陵大学校刊》1941 年 12 月 15 日,第 6—7 页。

　　回到宿舍,高谈阔论,还是离不了战争。全世界已经燃起了漫天的烽火。①

　　1943年1月11日,中英、中美订立平等新约。华西坝五所教会大学的师生欢欣鼓舞,于2月8日在赫斐院广场举行庆祝大会,到场师生约一万余人,气氛非常热烈。当天的活动安排及现场情况如下:

　　　XUVU教育电台于午前十一时起不断播送名贵音乐,五时起报告新闻,六时由金女大吴贻芳校长报告新约签订经过;六时十五分由华大张凌高校长演讲新约意义,并勉励五大学青年努力自强。六时半,露天电影在中美英三国国歌悠扬声中开幕。三国国旗及领袖肖像出现银幕时,观众掌声雷动。电影节目计有:《英王英后检阅爱尔兰美军》,《伦敦挺得住》,《飞机螺旋桨》,《美国农村生活》,《森林的故事》,《美军在所罗门登陆》等片。又特由美直接航寄来蓉之《美飞机生产》及《美空军司令安诺德对美空军演说》两片亦及时赶到,加入放映。观众极为兴奋。安氏演说一片之放映,适值该氏亲身来渝参与军事会议,尤其契合时机。八时半,金女大音乐系歌咏后,由大学之声教育广播电台XUVU转播大会电请旧金山电台KWID特为此庆祝会所播送之节目,该台以7.23百万周波之频率播送。先是XUVU不时接收该台播音,并于八时二十分开始转播,甫至八时半即闻女报告员操国语谓:"这一节播音是向中国的重庆成都播送的,尤其是为成都华西坝五大学正在开会庆祝新约的会众播送的。"当时听众一闻华西坝三字,

────────────

① 小丁:《华西坝的一日》,《金陵大学校刊》1941年12月15日,第6—7页。

群情为之鼓舞,快慰万分。报告完继谓:"美国全体军民向中国致敬。现在特别用音乐致敬意。"乃播送自由进行曲。末由前蒋委员长政治顾问现任美国情报局远东分局局长拉铁摩尔博士讲演,拉氏操流利之国语,从容不迫的阐述新约及民主政治之意义。九时后,继续播送世界名曲,至十时许尽欢而散。①

1943年11月,中、美、英三国首脑在埃及首都开罗举行首脑会议,会议发表了对中国、对世界具有重要意义的《开罗宣言》,要求日本无条件投降,归还一切已侵占的土地。金陵大学电化教育系将这部纪录片多次在华西坝广场放映,以期"让人们察觉到法西斯末日即将来临,抗战胜利的曙光依稀在望"。②

1944年,《侨声报》多次发文督促政府调用3亿美金改善士兵生活,《新华日报》亦刊载此项消息。金陵大学的学生立刻发文响应,学生自治会发表宣言《为响应参政会及侨声报敦促政府动用在美冻结之私人存款3亿美金》:

全国同胞们:

在举世执着于同盟胜利的今天,无可讳言的,我们自己的国家,正遭逢到最紧急最艰苦的命运。日寇垂死的挣扎,与法西斯强盗临刑的蛮横,使我们的同胞正在受尽宰割,受尽痛苦,我们的国家正陷入水深火热之中! 而目前要拯救祖国的危急,拯救那千千万万受难的人民,更迫切的需要全中国所有力量的大结合。

---

① 《华西坝五大学庆祝新约大会露天放映》,《电影与播音》第2卷第1期,1943年2月,第26页。

② 徐国桢:《由南京到成都》,金陵大学南京校友会编:《金陵大学建校一百周年纪念册》,南京:南京大学出版社,1988年,第368页。

　　然而今天的事实,使我们有了过多的悲痛与忧愤,黔桂路上扶老携幼的难民、颠沛流离傍徨无路,而后方繁华的都市,依然是灯火辉煌,歌舞升平。千百万饥寒病弱的战士在呻吟,而奸商豪富,却让大量存款冻结在外国银行!虽然今天政府也在计划着如何救济难民,如何改良士兵待遇,但一纸公文势难解决这火迫眉睫的需要!无家可归的难民,纵能受饥挨饿,任人施舍,但为国家守土抗战的兄弟们我们再不能让他们受冻受饿。

　　我们为国家经济困难,为政府财政支绌而忧心焦虑,但我们想到万里跋涉手僵足冻的前线兄弟,我们实不忍坐视,也不能坐视,因此我们对于参政会及重庆侨声报的提议,促请政府动用在美冻结之我国私人存款三亿美金,表示竭诚拥护!

　　据侨声报载电载:"该款以目前时价折算,共合国币2 100亿元,以国家银行工业放款利息为3分2厘计算,按月所得息金足供200师兵额分配,每人每月增加3 660元之收入,若照商业利率计算,则三倍于此数"。以此巨款废置不用,而陷前方将士于饥寒交迫之境,养生不足,何言杀敌?扪心自问,岂能无动于衷,所以我们向政府建议,请立即照会美政府,移用此项存款,提高士兵生活,改善士兵待遇。以振奋前线士气,增加反攻力量。而我们更向全国父老兄弟宣言,渴盼我们同声响应,共起促成!

　　朝着民主国家胜利的方向,我们要迎头赶上,把力量集中起来,贡献给祖国,贡献给人民,要打击那些反民主的法西斯强盗,要摧毁那些躲在抗战阵营里为非作歹者的迷梦,要揭穿所有高举抗战盾牌,而浪费抗战力量,危害抗战胜利的阴谋。

　　阅后请传给别人看,请讲给别人听,使大家知道,国家的事就是我们自己的事![1]

　　1945 年 5 月 8 日,德国在柏林正式签署投降书,宣布无条件投降。消息传至成都,华西坝大学区联合教会于 5 月 9 日下午在华西协合大学教育学院前广场举办感恩礼拜,与会各大学师生近千人,"于中美英苏四国国旗飘扬下",庆祝欧战胜利结束:

　　大学以唱诗歌及读经开始,由大会主席华大校长张凌高致辞,称欧战胜利结束,吾人莫大兴奋。张氏曾强调此后更应全力摧毁日本侵略主义。以谋世界之永久和平。继由沈子高主教讲道。沈主教称,基督教之博爱精神本无制限,而在纳粹国家中则利用宗教为达到政治目的之工具,纳粹主义为摧毁民主政治者,所以战后德国应改造为一民主国家。最后是祈祷,并为在北非及欧洲壮烈阵亡之盟国将士静默。[2]

　　战时金大师生的心弦时刻被战局时事所牵动,他们心系国家发展,关心战事走向,在抗战大后方默默学习、发展科研,努力将知识转化为国家发展的有生力量,用实际行动践行了爱国主义精神,为国家抗战、建设做出了重要贡献。

三、校园内的党团组织

　　金陵大学校园内的国民党组织主要是三民主义青年团,成立

---

[1]《金陵大学学生自治会宣言》,《南大百年实录》编辑组编:《南大百年实录》(中卷),南京:南京大学出版社,2002 年,第 451—452 页。

[2]《庆祝欧战胜利 华西坝大学区联合教会举办感恩礼拜热烈祝捷》,《燕京新闻》1945 年 5 月 16 日,第 1 版。

于 1939 年 11 月 12 日,是中央直属第十八支团部。①《三民主义青年团华西金陵光华朝阳四大学直属分团成立宣言》中称:

苦闷! 苦闷! 在两年前的成都,每一个有热血的大学青年都感觉到生活的平凡而受到苦闷的压抑,自从三民主义青年团成都直属区团部筹备处成立以后,一般青年开始活跃了。他们为着宣传而组成了剧社,他们为着强健体魄而组成了骑射会,他们更不愿安于都市而深入乡村去工作,去服务,直到一年后的今天在中央团部的命令下,成都市的四个大学中成立了分团筹备处;我们相信今后的大学青年必然是能在有组织有工作当中得到新的生活和力量!

团长曾说过:"青年为革命的先锋队,为国家的新生命",而大学青年又为青年的中心,在过去他们有许多为着革命而努力,为着国家而牺牲,成功成仁,创造了许多不朽的事业,诚然其中也不无少数人思想错谬,误入歧途,致使抗战建国力量分散,甚至抵消,这确使吾人痛惜! 但在强敌侵扰之今日,凡稍具爱国热忱与认识者,皆知此种现象绝不能任其存在,而实际在大众的要求上,也必然不能存在,所以为着抗战建国之力量集中起见,今日四大学青年团分团筹备处之成立实有其重要之意义在!

西南诸省是我们民族复兴的根据地,而四川之人力物力于西南诸省中尤称富庶,四大学为作育国家人才之学府,且处于四川首善之区,其地位之重要可想而知,每个大学青年当凛然于所处地位之重要,所负使命之重大,不要彷徨,更不要苦闷,大家集合在三民主义青年团的旗帜之下集中意志,集中力

––––––––––––––––––

① 《青年团近讯》,《金陵大学校刊》1940 年 5 月 10 日,第 5 页。

量,为着民族的复兴而奋斗!为着祖国的生存而奋斗!以期抗战建国之完成。大学的青年朋友们,我们竭诚欢迎大家快来共同努力!①

成立后一年左右,三民主义青年团的团员人数发展到数百人,配合政治局势,组织开展了一系列的学生活动。② 如1942年10月10日,为纪念辛亥革命,青年团组织了滑翔机表演,"中级及低级滑翔机在华西坝起飞,高级滑翔机在凤凰山起飞,齐集华西坝上空表演,并散五彩传单",同时在赫斐院安排了滑翔机模型展览,并发起金陵号滑翔机募捐活动。③ 1944年起,开始举办平民夜校,"每晚六时半于新课室中上课二小时,分国英算三班,各分甲乙二组",学生"均为本校工友及附近居民"。④ 并筹划动员学生服务新生活运动,开展识字运动;⑤"张贴大批标语,号召青年从军",播放宣传影片"以唤起国人同仇敌忾之情绪"等。⑥

金陵大学早在1930年初即成立了中共金陵大学党支部,陈景星担任党支部书记,另有党员石璞、李林泮等人。⑦ 然而,在支持"和记洋行"工人罢工的斗争中,陈景星、石璞等人不幸遭遇国民党

---

① 《三民主义青年团华西金陵光华朝阳四大学直属分团成立宣言(民国二十八年十一月十二日)》,《光华通信》第12期,1939年12月1日,第8—9页。

② 筱颢:《抗战中的金陵大学》,《民意》第153期,1940年11月16日,第13页。

③ 《金大青年团主办滑翔机表演双十节在华西坝举行》,《燕京新闻》1942年10月10日,第2版。

④ 《本校青年团动态》,《金陵大学校刊》1944年11月16日,第5页。

⑤ 《本校青年团筹办暑期乡村服务》,《金陵大学校刊》1944年6月1日,第5页。

⑥ 《青年从军风起云涌本校同学热烈响应》,《金陵大学校刊》1944年11月16日,第5—6页。

⑦ 华彬清、钱树柏主编《南京大学共产党人:1922年9月—1949年4月》,南京大学出版社,2002,第91页;姜伟:《陈景星烈士事迹》,《南大百年实录》编辑组编:《南大百年实录》(中卷),南京:南京大学出版社,2002年,第436页。

的逮捕,于 1930 年 9 月在雨花台牺牲了。而后很长一段时间里,金
陵大学校园中都没有中共的组织活动。直至 1936 年 8 月,金陵大
学学生李赓等 30 余名南京各大、中学校进步同学召开秘密会议,
成立了南京秘密学联。随后,金陵大学组织了公开的团体"体群
社","通过组织交谊会、旅行、露营等活动方式,邀请知名人士演
讲、开座谈会,以团结要求抗日进步的同学,影响逐渐扩大,社员发
展到五六十人,在当时 600 多人的学校里,是一支不小的力量"。
1937 年抗战全面爆发后,金陵大学教职员成立了"反日救国会",南
京各校的学生以秘密学联为基础,公开成立了"南京学生暑期抗敌
后援会",由金陵大学的学生祁式潜主持工作。金陵大学西迁华西
坝之后,校园里很快再次建立了中共秘密党支部,"进步同学组织
了各种社团,开展读书活动,出版刊物,讨论时事,号召抗战到底,
呼吁民主政治"。其中较为活跃的是活力社、狂狷社、敢社、时声
社、草原社和菲芷社,被称为金大"六社","六社联合华西坝燕京、
齐鲁、华西、金女大、金大五所大学的各进步社团,当时成为华西坝
抗日民主运动的核心力量"。① 例如,1944 年 9 月,"中国民主同
盟"联合其他民主党派,在四川华西坝召开"时事座谈会"。华西
坝五大学师生及成都各界爱国民主人士约 2 千人参加了会议,包
括金陵大学陈中凡、沈志远教授等,他们"公开讲演国际国内形
势,宣传抗日到底,要求国民党政府实行民主政治,开放言论、集
会、结社自由,停止反共、反人民,释放政治犯,反对贪官污吏等"。
金陵大学的"狂狷社"、《狂狷周刊》的负责人和华大、燕大的"新
生""星火""海燕""火种"等革命社团的部分成员,参与了会议宣

---

① 顾思:《金大师生爱国革命传统略记》,金陵大学南京校友会编:《金陵大学建校一百周
　年纪念册》,南京:南京大学出版社,1988 年,第 36—37 页。

传、会场布置、新闻采访、编写出版专刊等工作。1945年5月,华西坝五大学各革命社团联合举办"五四晚会",五大学教授及各界知名人士受邀参加了晚会,与会者约一千余人,会议号召"发扬'五四运动'反帝、反殖民主义、反封建的爱国传统,坚持对外抗日,对内实行民主与科学,为实现中国抗日战争胜利,实行民主政治而奋斗",晚会后举行了火炬游行,金大代表谢韬(谢道炉)等人领先宣誓"将抗日民主斗争进行到底"。金陵大学"狂狷社""时声社""现实文学社"等社团参与了晚会的筹备组织工作。1944年10月,成都市立中学学生遭到武装警察的袭击殴打,致使30余名学生受伤,并囚禁了40余人,激起成都人民的强烈愤慨。在金大"六社"的组织发动下,联合全市大中学校,于11月11日举行了上万人的大规模示威游行运动,并成立了以金大、燕大代表为主席的成都大中学校后援会。最终,成都市市长余中英、警察局长方超"引咎辞职","市中事件"这一民主革命斗争取得了胜利。1944年9月,金陵大学学生自治会在全校公开举行"湘桂战役形势座谈会",金大"六社"积极配合,以标语、壁报等形式展开宣传,参加座谈会的师生约有千余人,号召师生捐款支援抗战,呼吁"坚持抗战,挽救危亡,反对投降和谈",并建议发出通电,"请蒋介石派兵增援湘桂战场,实施宪政,以利全国团结"等。会后将通电寄往国民政府并印成传单在华西坝及成都各界散发,起到了一定的宣传效果,增强了人民抗战到底的决心。1945年12月,昆明发生了国民党血腥镇压革命青年的"一二·一"惨案,西南联大、云南大学有4名学生遇难身亡,十余名学生受伤。金大"六社"联合五大学进步社团在华西坝广场举行了声势浩大的追悼大会,有四千余名学生参加,并在会后举行了声援昆明"一二·一"惨案的示威游行,提出"惩办'一二·一'血案凶手""慰问受害、受伤革命学生，赔偿一切损失""要民主、要人权、要自由"等口号。① 金大"六社"在学生群体中发挥了重要的组织引领作用，在爱国主义和抗战精神的宣传方面起到了积极的效果。

第三节　苦中作乐的日常生活

一、餐馆、茶馆、麻草鞋

抗战西迁后，金陵大学学生多受战争影响，与家庭的联系受阻，经济来源断绝。为帮助学生维持学业，除了教育部的贷金和补助之外，学校采取奖学金、补助物品、勤工俭学等方式帮助解决学生的生活困难。

金陵大学于 1938 年开始施行《金陵大学奖励学行优良学生条例》，"设置荣誉奖给予学行成绩优良之学生以昭激励"，"以每学期各院学生学业及操行平均成绩最优者前三名当选"，"各院每学期成绩第一之学生准予免缴学费，以示优异(此项免费待遇不影响其他奖学金及贷金之请求)"，"各院学生一学年内连续二次获得第一名或总成绩最优者一人并得授予荣誉证书"。② 在校友及社会各界的支持下，金陵大学设有种类丰富的奖学金，据 1948 年秋统计，全校共有 20 种奖学金，惠及学生百余名。

---

①《本校师生积极投身于抗日救亡民主运动》，《南大百年实录》编辑组编：《南大百年实录》(中卷)，南京：南京大学出版社，2002 年，第 446—448 页。
②《金陵大学奖励学行优良学生条例》，中国第二历史档案馆藏，私立金陵大学档案，全宗号 649，案卷号1545。

表16　金陵大学奖学金获选情况统计表(1948年秋)

奖学金名称	获选人数	奖励金额(金圆)
麦克派克奖学金	6	50元/人
施氏奖学金	6	50元/人
奈尔逊奖学金	2	50元/人
魏廉氏奖学金	3	45元/人
伍德氏奖学金	3	40元/人
上海银行奖学金	3	40元/人
金城银行奖学金	3	40元/人
新华银行奖学金	3	40元/人
裕农奖学金	7	100元2名、40元5名
王太夫奖学金	5	60元1名、50元1名、45元1名、40元1名
敬慈奖学金	2	30元/人
景唐奖学金	3	40元/人
南京市(教育会、万忠会)奖学金	6	40元/人
临时奖学金	1	100元/人
金氏奖学金	2	100元/人
本校奖学金	35	40元/人
新生奖学金	18	60元1名、30元17名
影音奖学金	3	80元2名、11元1名
中国文化奖学金	4	100元/人
国懋奖学金	3	100元/人

　　资料来源:《金陵大学奖学金获选情况统计表》(1948年),中国第二历史档案馆藏,私立金陵大学档案,全宗号649,案卷号1545。

　　在校学生大多参加勤工俭学,以半工半读的方式维持生计和学业,学费伙食费都要靠努力解决。如学生在课余时间从事打字、整理数据、画图、处理图书、收发信件、接电话、抄写等,均能得到相应的报酬。① 另外,还有些学生在校外担任家庭教师、在中学兼课、在机关单位兼职等,从计件或计时工作中获取一些报酬。② 有学生回忆道:

> 八年离乱,对我们这一代负笈求学的青年来说,感受是极其深刻的。我们深知国家多难,民族遭殃,要珍惜来之不易的学习机会。我们在生活上艰苦朴素,在学习上孜孜不倦,特别是太平洋战争爆发后,与家庭失去了联系,经济来源中断,我们把生活费用压到最低限度,例如,领到"教育部贷金"就缴纳学费,获得"洛氏基金会奖学金"作为膳费,我还在农业专修科为吴绍癸教授当助理,假期内帮助教务处范益之老师誊写成绩,暑期协助高立民老师搞水稻试验田工作等,藉此攒积一点零用钱。③ 我们也很节约,买不起书就做读书摘记,从而锻炼笔头功夫。④

战时抗战大后方生活物资紧张、食米紧缺。尤其是 1940 年之后,"大学生的生活,随战争的持久,日益艰苦。配给伙食团的都是

---

① 沙兰芳:《金陵大学沿革》,金陵大学南京校友会编:《金陵大学建校一百周年纪念册》,南京:南京大学出版社,1988 年,第 30—31 页;张石城:《战时追忆》,金陵大学南京校友会编:《金陵大学建校一百周年纪念册》,南京:南京大学出版社,1988 年,第 376 页;富廷康:《华西坝之忆——当时只道是寻常》,台北市金陵大学校友会:《金陵大学建校百周年纪念特刊》,1988 年,第 418 页。

② 戴邦彦:《金大的学分制》,金陵大学南京校友会编:《金陵大学建校一百周年纪念册》,南京:南京大学出版社,1988 年,第 124 页。

③ 徐国桢:《由南京到成都》,金陵大学南京校友会编:《金陵大学建校一百周年纪念册》,南京:南京大学出版社,1988 年,第 369 页。

④ 徐国桢:《由南京到成都》,金陵大学南京校友会编:《金陵大学建校一百周年纪念册》,南京:南京大学出版社,1988 年,第 369 页。

些发霉糙米,夹有不少的沙石,菜蔬有盐没味"。^① 1941 年以后,通货膨胀愈加严重,"米价一直在涨,伙食费已到了三十,见到肉难,要求点油也不容易,同学们天天在喊,'养分不够',但是谁也没有法子,吃饭要'阵地战'配合着'游击战',吃早饭,情形才更紧张,稀饭有限,要人人都吃着根本办不到,所以也只好起着赶早,洗完脸,膳铃一响,立刻向粥桶出动"。^② 这一时期,华西坝贴有五花八门的呼吁标语——"实行精神总动员勒紧裤腰带""推行两碗饭运动,发扬颜回精神"等。学生们团结起来,本着"有力出力,有钱出钱"的原则,在互助精神中勉强解决了严重的吃饭问题。^③

金陵大学的新生一般早晚两餐在宿舍里解决,中午因教室距离宿舍较远,午餐只能在教室附近解决。有回忆道:"新生的午餐由伙夫将饭菜用人力挑到明德楼空地,因无桌椅,把箩筐倒放地上,筐底成为放置菜碗地方。同学们只有手捧饭碗站着吃饭,夹菜时须将全身蹲下来取菜。"^④"早晚二餐在宿舍里用膳,午餐就不能再步行回新生宿舍,就由厨房派人用竹筐挑到明德楼,一到中午,将竹筐翻倒过来,把筐底当作桌面,四盘菜就放在这样乡土味十足的桌面上,所有的包饭同学必须蹲着身子用膳,因为在那种情况下,谁也没有坐着凳子吃饭的福气或权利,真是一律平等,比之今日的自助餐或快餐店的舒适座位,自有显明之别。奇怪的是当时

① 李万钧:《抗战时期电机系的生活》,金陵大学南京校友会编:《金陵大学建校一百周年纪念册》,南京:南京大学出版社,1988 年,第 380 页。
② 巨蕾:《齐鲁大学在华西坝》,《学生之友》第 2 卷第 4 期,1941 年 4 月 1 日,第 44 页。
③ 颜学礼:《借地栽花的金陵大学》,《沙磁文化》第 1 卷第 3 期,1941 年 2 月 15 日,第 26 页。
④ 陆之琳:《追忆华西坝上生活点滴》,高澎主编:《永恒的魅力:校友回忆文集》,南京:南京大学出版社,2002 年,第 289 页。

做学生的我们并没有半点难色,因为当年是国难当头,大家都在克难,更何况在烽火连天的处境下,我们能有进入大学读书的机会,真是何等幸运,蹲着吃饭,靠无轨电车的双脚走路上学,就不算一回事了,反感到无比的幸运。"[1]

大学二年级以后,学生入住位于浆洗街的老生宿舍,才有带桌椅的餐厅。[2] 为更好地解决生计吃食问题,老生们组成了伙食团,有的伙食团甚至"自己饲养肥猪,每到年节,就宰猪打牙祭"。[3] 有的学生甚至合伙开办餐厅,供应餐点。例如,华西协合大学广东籍廖同学开的江湖餐厅(Tip Top),"供应简单西式餐点,地点在华大校门左侧,以俄国排闻名";金陵大学的南京籍叶同学则在其左边开了一家罗美餐厅(Rose Manie),室友全体入股,轮流管理——"以罗美饭最具吸引力,并备有川式小菜,以迎合川籍女同学口胃"——后发展壮大,迁往对面两层楼的新商店,"并且和当时成都颇有名气的上海菜饭馆合作,兼卖中式餐点"。[4]

华西坝的餐饮业发达,除了学生自己开办的餐厅之外,少城公园的邱佛子、皇城坝的叫花子鸡、东城根街的麻婆豆腐,以及姑姑筵、哥哥传、不醉无归等较有名气的川菜馆,都给华西坝学子们留下了深刻的印象。[5]

---

① 陆之琳:《四十五年前母校往事》,台北市金陵大学校友会:《金陵大学建校百周年纪念特刊》,1988 年,第 409—410 页。

② 陆之琳:《追忆华西坝上生活点滴》,高澎主编:《永恒的魅力:校友回忆文集》,南京:南京大学出版社,2002 年,第 289 页。

③ 陆之琳:《四十五年前母校往事》,台北市金陵大学校友会:《金陵大学建校百周年纪念特刊》,1988 年,第 410 页。

④ 叶延燊:《金陵之恋》,台北市金陵大学校友会:《金陵大学建校百周年纪念特刊》,1988 年,第 395 页。

⑤ [新]何明腾:《成都校园》,金陵大学南京校友会编:《金陵大学建校一百周年纪念册》,南京:南京大学出版社,1988 年,第 378 页;叶延燊:《金陵之恋》,台北市金陵大学校友会:《金陵大学建校百周年纪念特刊》,1988 年,第 394—395 页。

　　华西坝的黉门街是学生们课余时间最爱去的地方,"街北是齐鲁大学、街南是金大、华大、金女大三校"。黉门街"虽不大,房屋又矮小,但店铺林立,热闹非常",街上的茶馆特别多,没课的学生往往都聚集在那里。因为"在大学里上课,同学们是没有固定教室的","举例来说,第一课作物学是在这幢楼,第二课土壤学又到那幢楼,第三课轮空,第四课又要上农艺学,教室不固定,时间不连贯,空课时无处可去,到宿舍太远,到图书馆又挤又无座位,只好去茶馆或休息,或自习,或和同学们谈天说地,或品茶,或打打桥牌,确实是个自由自在的好去处"。① 黉门街的茶馆"设备简单,价格便宜,品种单一","所有的茶馆都是四把竹椅配小方桌,较大的茶馆有二、三十张方桌,较小的茶馆也有十来张方桌,每家茶馆都单纯卖茶,不卖任何小食糕点,所沏的茶都是四川沱茶,茶色淡黄,但清香可口,细细品尝还带有丝丝甘甜之味,泡一碗茶,你可以坐上一个上午或一个整天,也可以坐上三、五分钟就走"有毕业生回忆称:"我印象最深而又最喜欢去的,是一家有个叫胖墩的年青服务员的茶馆,这个'胖墩'他一手能托上十几只铜茶托和十几个茶碗、碗盖,放下时稳稳当当,完全不用另一只手帮忙。他还有一手绝活:能隔一张茶桌,将大铜壶一提,就能把壶里的开水一滴不漏冲在客人的茶碗里,而且不多不少,有时他还会来一个'凤凰三点头'(就是隔座提壶将开水连续三次冲在碗里)以逗你一乐! 我们都学着四川口音叫他 pongder!"②

　　抗战前京沪地区"小学生以吃五香豆为乐,中学生则以花生米

① 戴治龙:《忆华西坝一、二事》,高澎主编:《永恒的魅力:校友回忆文集》,南京:南京大学出版社,2002 年,第 300 页。
② 戴治龙:《忆华西坝一、二事》,高澎主编:《永恒的魅力:校友回忆文集》,南京:南京大学出版社,2002 年,第 300 页。

为享受,只有大学生才有资格吃巧克力糖为时髦",而在抗战时期的华西坝,能吃上巧克力糖的人屈指可数,对于大部分学生而言,最受欢迎的零食当数南门八号的红皮花生米。学生称其为"华西坝上重要享受之一"。图书馆寻领失物的奖赏,常有"八号花生一斤为酬"的习俗。有学生在毕业多年后仍念念不忘地说道:"如果今天再有八号红皮花生出售,相信仍会广受欢迎,因为它又香又脆,非常爽口,粒粒肥胖大小均匀,一粒连一粒,无法拒绝,其诱力之大,直到吃完为止,很少能在中途停止。只有吃过的人才有这种欲罢不能的经验。"①

战时的华西坝有着多元的风格,既有洋气十足的一面,也有艰苦朴素的一面。从当时的一些描述中可以想见当年的景象:"一簇簇建筑齐整巍峨壮丽的大洋房。来来往往有不少黄发碧眼儿,学生们闲自好哼几个洋歌,口头上好掉几句外国语,走起路来好吹着熟练的口哨","赤脚穿高跟,笔挺的西装,雪亮的皮鞋","各式各样的烫发,争奇斗艳的服装,也随处皆是","男同学在冬天喜欢穿Jacket 或西服,夏天则穿西式衫裤,至于穿长褂子的人,并非没有,但是为数甚少。女同学中不烫发不围花围巾的也属少数,生活情调带着欧化的气氛,但是他们亦有他们的长处:具着 Good mannar,和蔼而有礼,待人接物间都有着优美的表现",还有很多穷学生,穿着蓝布大褂和成都麻底纱帮的草鞋,"各校各有各的校风,走起路来,装饰起来各有各的风度,住久了,谁是哪校的学生,一目了然"。"短短的一段市街,西餐馆也有三四家,新的还在开,夜夜灯火辉煌,座满嘉宾,但是破草蓬搭成的小面馆,位在咖啡馆旁边,一样也

----

① 陆之琳:《四十五年前母校往事》,台北市金陵大学校友会:《金陵大学建校百周年纪念特刊》,1988 年,第 411 页。

是食客盈门,门庭若市,因为经济曲线的不同,人人一样,到处有挥金如土的哥儿,却也不乏靠贷金攻读的大学生。在其他地方,大家都是一袭制服,你穿的太挺,全身太'机械化'了,恐怕要吸引了所有过路人的目光,一步路都走不开,为了适应环境,只好把西装收起,不过在这里,穿起好服装,用不着不好意思"。[①]

　　抗战大后方物资十分紧张,连纸张都是稀缺资源。信封往往是重复利用的,涂去寄件人姓名住址等,再在自己名下注明寄件人,如此往返利用多次,至无法涂改时,再贴上一层纸,即可再次使用。印制名片的纸张更为难得,均为进口,因此每张名片均要多次重复使用,往往是彼此阅后则立即收回,并不用来交换。有学生回忆称:"记得那时候杭立武老师从海外归来,至我们店中用餐,笔者奉上名片一张,放置桌上,未即收回,老师阅后,微笑说,看过了,可以收回再用。可见老师已入境随俗,并且很欣赏此种节省美德。"[②]

　　1941年之后,华西坝的生活条件日益艰苦,热水供应有限,学生们只能以冷水沐浴。有学生回忆称:"常常有书本上指导,要锻炼体格,'冷水浴'有多么好,但是谁也难以实行,尤其在清晨浓雾,吐气如云的冬天,那么冰冷的水,真有点受不了。但是炭好比黄金,去年有热水洗,今年就办不到,冰冷的水,不洗也得洗,每当风和暖日,更会用一桶桶的水,从头至脚,一勺勺往下浇,淋浴过后,痛快可知。日子一久,饮食的养分不够,也许不免'菜色',但是冷

---

① 巨蕾:《齐鲁大学在华西坝》,《学生之友》第2卷第4期,1941年4月1日,第45—46页;徐国桢:《由南京到成都》,金陵大学南京校友会编:《金陵大学建校一百周年纪念册》,南京:南京大学出版社,1988年,第369页;秦芷:《华西坝观感》,《通讯半月刊》第2卷第1期,1946年1月,第83—84页。

② 叶延燊:《金陵之恋》,台北市金陵大学校友会:《金陵大学建校百周年纪念特刊》,1988年,第395页。

水浴大有其功,说不定能挽回一些肤色的红润。"①

　　长期的营养不良和简陋的生活条件使许多师生都患上了各种疾病,而医疗条件的匮乏则加剧了疾病带来的痛苦,部分师生甚至因病不幸去世。1941 年,华西坝五大学组建学生边疆服务团,体检时发现有 16 名学生患有肺结核病且"其中 11 人已极危殆"。1942 年华西坝大学生肺病患者激增。1943 年初,燕京大学学生体检时发现有 1/5 的学生患有肺病。著名教育家黄炎培的儿子、金陵大学研究西方哲学的黄方刚教授,亦不幸得了败血症,于 1944 年 1 月 17 日病逝,年仅 44 岁。陈裕光校长的女儿陈佩结在华西坝期间也曾患百日咳等病症。② 这种情况在西南联大等抗战大后方学校中都很常见,肺病患者尤为普遍,由于医疗条件不够,往往是病症非常明显了才被发现,部分患者因种种原因无法救治而不幸去世。

　　无论条件多么艰苦,金陵大学的师生都在默默坚持着、期盼着、憧憬着,因为大家都坚信抗战一定会胜利的。正如何兆武先生所说:在抗战大后方的时光,是"物质生活非常艰苦的一段时期",也是"一生最美好的时候",即使经常遭遇日本飞机轰炸,"士气却没有受什么影响,并没有失败主义的情绪流行","直觉地、模糊地,可是又非常肯定地认为,战争一定会胜利,胜利以后一定会是一个非常美好的世界,一定能过上非常美好的生活。那时候不只我一个人,我相信绝大多数青年都有这种模糊的感觉",因此"那时候虽然物质生活非常之困苦,可是又总觉得幸福并不遥远,是可望而又可及的"。③

---

① 巨蕾:《齐鲁大学在华西坝》,《学生之友》第 2 卷第 4 期,1941 年 4 月 1 日,第 44 页。

② 岱峻:《风过华西坝:战时教会五大学纪》,南京:江苏文艺出版社,2013 年,第 50、64 页。

③ 何兆武口述,文靖执笔:《上学记》,北京:生活・读书・新知三联书店,2013 年,第 101、127 页。

二、社团及文艺体育活动

饥饿与病痛也无法阻挡学生们火热的青春、蓬勃的活力和真诚的热情。在抗战大后方,金陵大学的学生们组织了学术研究、同乡聚会、戏剧文学等各类社团,不仅陶冶了情操、开阔了视野、提升了涵养,也增进了友谊、释放了压力、鼓舞了精神。"他们懂得怎样利用课余来玩,来创造一种美化的生活,但与国立大学同学的每一个玩的集会中多多少少都带着一种政治意味是不同的"。① 其中,学会的活动十分活跃,每个系都有,由学生自行组织,"偏重于学术研究","他们主办演讲会,请名人演讲其对某问题之心得,有时也有由同学主讲的。出壁报把各同学写作的成绩表露出。同时主办一切调查,参观等事"。② 同学会则是由来自各地域的同学自发组织而成,有的成员仅限于金陵大学某学院,有的则联合了华西坝其他高校的同乡。此外还有戏剧、文学、演讲辩论、宗教等学生社团。以 1939 年春为例,金陵大学的学生社团开设情况如下:

表 17　金陵大学学生社团一览表(1939 年春)

社团名称	负责人	备注
文学院学生自治会第十一届	(改选中)	
理学院学生自治会第十二届	汪积成	
农学院学生自治会第十二届	(改选中)	

---

① 秦芷:《华西坝观感》,《通讯半月刊》第 2 卷第 1 期,1946 年 1 月,第 84 页。
② 筱龢:《抗战中的金陵大学》,《民意》第 153 期,1940 年 11 月 16 日,第 12—13 页。

续表

社团名称	负责人	备注
农业专修科学生自治会	吕则民	
女生自治会	黄锦鸾	
中国文学会	黄谟熙	以中国文学主辅系及国专同学为组织主干
历史学会	（推选中）	以历史主辅系同学为组织主干
图书馆学会	张忠祥	为对图书馆学有兴趣之教职员同学所组织
物理学会	李宁	以物理主辅系同学为组织主干、编有壁报一种
电工学会	陈裕耀	以电机工程主辅系同学为组织主干、编有壁报一种
动物学会	蓝乾文	以动物学主辅系同学为组织主干、编有壁报一种
化学社	云人虎	以化学及工业化学系之主辅系同学为组织主干、编有壁报一种
植物学会	王焕如	以植物学暨植物病理组为主辅系同学为组织主干
园艺学会	汪菊渊	以园艺系主辅修同学为组织主干
作物育种研究社	伍子才	以农艺系主辅修同学为组织主干、该系教职员亦参加
农业经济学会	徐壮怀	农业经济系主辅修同学暨该系教职员共同组织
农专农业经济学会	吕则民	为农专同学所组织
林学会	王一桂	为森林系主辅修同学暨该系教职员共同组织
湖南同学会	左景郁	金陵、女大及农专之湘籍同学教职员所共同组织
湖北同学会	唐少铭	组织范围仅限于大学

续表

社团名称	负责人	备注
金陵赣社	董云鹏	金陵、女大、农专、附中四单位同学共同组织
金大黔社	陈横秋	组织范围仅限于大学部
广联社	郭兆涵	金陵、女大同学及教职员共同组织
川籍同学会	颜阁	大学部、农专共同组织
豫社	易乐康	新成立,组织范围仅限于大学部
南社	何和珉	组织范围仅限于大学部粤桂籍同学,社员 80 人
东社	(推选中)	京沪杭铁路线一带县区之同学组织,女大亦在内
金陵榕声社	林启森	福州一带属区之金陵、女大、附中同学共同组织
南开校友会	张本乾	学谊组织,现有会员 25 人
钟英同学会	邵传德	现有会员 15 人
浦东中学同学会	古兰村	现有会员 10 余人
南京女中同学会	刘鸣环	新成立,现有会员 21 人
扬中校友会	内昌祉	现有会员 18 人
皖中校友会	潘宗政	组织范围包括大学部农专
光华同学会	杜寿俊	现有会员 18 人
南中同学会	胡文华	现有会员 20 余人
1937级级会	伍子才	上季会员除外,现有会员 82 人
丙子社	王宜权	新成立,为附中1936级级会,会员 15 人
新闻学会	朱宝铮	志趣学合组织,无院系、学谊、地区等之界限、组织仅限大学编有新闻旬刊一种

续表

社团名称	负责人	备注
金陵艺社	俞蕴乾	研究书画、策划展览
同乐体育会	王宜权	现有会员30人,以大学部学为主体、附中同学附之
镁社	王祖寿	研究摄影、按期公开展览
演辩学会	刘马可	研究演辩技术
金陵体育社区	祖镒	新成立,增进课余生活为组织对象
正风社	董鹤龄	22年成立,现有社员40人
金陵文艺社	曾高举	阅中西文著名文艺作品并试写创作
光明文艺社	祁式潜	阅中西文著名文艺作品并试写创作,现有社员10余人
金大联谊社	程炳华	新成立,以增进课余生活为主旨,现有会员20余人
青年会	石咸坤	充实青年宗教生活,办理夜校及慈善事业,现有会员108人
四进社	刘铨	现有社员7人
新生社	邵学锟	以联络感情、增进课余生活为宗旨,现有社员40余人
扬州进社分社	张忠祥	为扬州进社之分社,现有社员10余人
学余联欢社	金道平	新成立,现有社员22人
群鬼剧社	杜涛俊	新成立,话剧组织
政论社	李焕启	新成立,现有社员10余人拟办月刊
中国新文学研究会	孙自强	现有会员21人
农社	何慈洪	新成立,组织范围仅农学院同学
金陵联谊社	苏恕诚	新成立,现有社员100余人
学生消费合作社	尹公毅	办有膳食零食等事业,现有社员60余人
砥柱文艺社	陈国瑞	

续表

社团名称	负责人	备注
晨日義社	（推选中）	
边疆问题研究会		

　　资料来源：《本季学生社团一览》（1939年春），《南大百年实录》编辑组编：《南大百年实录》（中卷），南京：南京大学出版社，2002年，第396—398页。

　　在这62个学生社团中，有5个学生自治会，17个研究性质的学会，20个同乡及校友会，14个文学演辩类型的协会，4个联谊会，1个实践性质的学生消费合作社，1个宗教性质的青年会及下设的各团契组织。在各类社团的组织下，金陵大学学生的文体生活十分丰富，不仅积极开展与学业相关的学习和实践活动，同时也注重文学及思辨能力的培养，积极参加课外座谈会、名人演讲、时事研究、学术讨论、读书会等，"每个同学都乐意参加一二项讨论的，都认为是不吃的补药似的"。① 华西坝各校师生之间同乡、校友的往来联络亦非常频繁。各社团组织活动种类丰富，在迎新送旧茶话会的布告上，常以"茶点FF（丰富）、节目CC（精彩）"，"有精彩节目，丰富茶点，更有某小姐的独唱演表助兴等字样以提高注意力"等字样吸引广大学生参加。② 金大师生也常以"吃茶点，吃油大"作为联络感情、交流学术的一种方式，学生们经常会在自己信箱里发现导师的邀请信，写着"略具茶点，或者谨备便饭"，"希台端于某日某时驾寓一叙"等，师生之间"气息相通，没有什么陌生和隔膜"，关

---

① 颜学礼：《借地栽花的金陵大学》，《沙磁文化》第1卷第3期，1941年2月15日，第25页。

② 张石城：《战时追忆》，金陵大学南京校友会编：《金陵大学建校一百周年纪念册》，南京：南京大学出版社，1988年，第376—377页；颜学礼：《借地栽花的金陵大学》，《沙磁文化》第1卷第3期，1941年2月15日，第25页。

系极为融洽欢乐,而"研究讨论竟是唯一重心"。① 每个周末学生们都会携带食物到郊外作野餐,或者到教授家里参加茶会(Tea Party)。②

抗战时期,华西坝最常见的休闲活动就是观看电影,这得益于金陵大学理学院在全国首屈一指的电化教育水平。每周五有一次名为"University show"的电影放映,免费给民众观看,"当开演之际,连城里的老百姓都纷纷赶来观看"。每周照例还有一两次专题教育电影,"供给专门研究各科的教授与学生看的,甚至在映演时,还有专学该科的教授对于这个问题作明晰的演讲","集会在五百人以上,可以架起扩音机,宏大的声浪,便可传入每个人的耳朵"。③太平洋战争爆发后,联合国新闻宣传部亦委托金陵大学,"利用电影、幻灯、图片,宣传盟军胜利消息",经常在华西坝广场以露天电影的形式免费公开放映,"每场观众常达数千人"。④ 金陵大学电影放映有多种形式:一是校内放映,多为科学教育影片,亦有新闻影片。如:美国农业部出品的《森林监护》(Forest Ranger)、英国邮政总局出品的《夜信》(Night Mail)、中美合作在印度训练军队、美国海军造舰影片等。⑤ 二是在华西坝赫斐院广场公开露天放映,重在增强对民众的科学教育,加强抗战宣传。例如放映《旋进中之地球》、各战场新闻影片等。⑥ 特别的节假日亦会放映相关的影片。

① 颜学礼:《借地栽花的金陵大学》,《沙磁文化》第1卷第3期,1941年2月15日,第25页。
② 秦芷:《华西坝观感》,《通讯半月刊》第2卷第1期,1946年1月,第84页。
③ 秦芷:《华西坝观感》,《通讯半月刊》第2卷第1期,1946年1月,第82页。
④ 张石城:《战时追忆》,金陵大学南京校友会编:《金陵大学建校一百周年纪念册》,南京:南京大学出版社,1988年,第376页。
⑤《华西坝放演消息》,《电影与播音》第2卷第2期,1943年3月,第15页。
⑥《华西坝大学放演"电影工程"》,《电影与播音》第2卷第4期,1943年4月,第17页。

例如儿童节放映的多为《玩具店》《儿童博物院及婴儿院》《美国小学生》《矮人》等儿童喜爱的影片。① 三是协助或与其他单位或学校合办的放映活动,一般需要配合宣传主题选择影片。例如,曾与华西协合大学合办每月大学放演,一般在华西大学体育馆举行,每个月的主题不同,放映有《电影工程》、华西坝五大学庆祝新约的新闻片等。② 当然,有时还会播放时下最流行的影片,如《出水芙蓉》《封面女郎》等,这类著名的影片一旦放映,"必然万人空巷","造成轰动"。③

　　体育运动则是另一种休闲娱乐方式。金陵大学自创办起一直鼓励学生参加体育运动,长期的熏陶下,学生均能够积极主动地参与体育活动。正如毕业生回忆所说:"金大的体育,只求其普遍,要每个人都有机会运动,并不是想养成少数杰出人才。"④每个学期都安排有各种类型的体育活动,有系际赛、院际赛、学生社团之间的比赛等,一般是"秋季比赛篮球、网球,春季比赛足球、排球"。而且华西坝各大学亦每年举办校际运动会和球赛。⑤ 金陵大学学生在历届运动会上的成绩皆列前茅。⑥ 以 1940 年华西坝校际运动会为例,赛事项目有:铁饼、百公尺、二百公尺、四百公尺、八百公尺、千五百公尺、万公尺、标枪、铁球、跳高、跳远、三级跳、撑竿跳、高栏、

---

① 《华西坝放演消息》,《电影与播音》第 2 卷第 2 期,1943 年 3 月,第 15 页。

② 《华西坝大学放演"电影工程"》,《电影与播音》第 2 卷第 4 期,1943 年 4 月,第 17 页。

③ 富廷康:《华西坝之忆——当时只道是寻常》,台北市金陵大学校友会:《金陵大学建校百周年纪念特刊》,1988 年,第 419 页。

④ 筱麟:《抗战中的金陵大学》,《民意》第 153 期,1940 年 11 月 16 日,第 13 页。

⑤ 筱麟:《抗战中的金陵大学》,《民意》第 153 期,1940 年 11 月 16 日,第 13 页。

⑥ 《五大学运动会闭幕 本校成绩极优良》,《金陵大学校刊》1940 年 5 月 25 日,第 2 页。

中栏、四百公尺接力、千六百公尺接力等。① 当时的体育活动有着既定的流程,如五大学运动会开幕式的第一项议程是升国旗、奏唱党歌,"每一人都对党国旗和总理遗像行最敬礼",而后校长致开幕词,运动会方才正式开始。② 这也是校园泛政治化的一种体现。金大校刊记载了 1942 年 5 月华西坝大学、中学举办联合运动会的盛况:"金大队伍一字长蛇阵,浩浩荡荡直奔运动场而来,机械化部队前导,杏黄色校旗高举,乐队之后,紧随着男女健儿,田径名将。歌声雄壮,步伐整齐,啦啦队各部门全体出动,大队人马,声威极盛……金陵健儿,名列前茅,各项冠军,非我莫属,锦标包办,早在意中。"③

　　同时,作为教会大学,金陵大学每周都有基督教礼拜及晚祷,学生自愿选择参加。华西坝五大学十分重视圣诞节等重大宗教节日的庆祝活动。其中以圣诞节最为热闹,"女同学们衣襟上都佩着自制的花,男同学们忙着筹备 Gift Xmas 的前后三天,体育馆里有百余人演唱的 Messiah Xmas,同学们忙各种游戏来等天亮,或者持着火把,蜂拥着化装的圣诞老人,唱着声澈寒夜的圣歌,到一家家人家去报佳音"。④ 以 1942 年的圣诞节为例,华西坝各校的庆祝安排如下:

　　　　12 月 18 日下午六时半,金陵大学教育电影部放映五彩幻灯《耶稣一生》。

　　　　12 月 19 日午后,金陵大学宗教委员会、金陵大学青年会

---

① 《五大学运动会开幕 本校参加项目排定》,《金陵大学校刊》1940 年 5 月 10 日,第 3—4 页。
② 《五大学运动会开幕 本校参加项目排定》,《金陵大学校刊》1940 年 5 月 10 日,第 4 页。
③ 《四大学联合运动会大会盛况》,《金陵大学校刊》1942 年 5 月 15 日,306 号,第 3 页。
④ 秦芷:《华西坝观感》,《通讯半月刊》第 2 卷第 1 期,1946 年 1 月,第 85 页。

在华西协合大学体育馆联合主办师生及家属圣诞庆祝会。内容包括大学师生及附中同学联合会演出之圣诞剧《圣钟响了》，五彩幻灯《耶稣一生》，并由教职员子女合唱圣歌，背诵圣经。

12月20日上午六时，华西协合大学基督教学生生活促进会在钟楼举行圣诞礼拜及圣餐。

同日九时，赫斐院联合礼拜，改在华大体育馆举行预祝圣诞；同时并有坝上同学多人受洗。

同日午后二时半至五时，成都联在赫斐院楼上举行圣诞礼拜及联欢会。

同日晚七时，特别礼拜在华大体育馆举行，由 Miss Warp 主领。

12月22日，华西协合大学女生在事务所礼堂举行圣诞庆祝会。

同日午后，华西协中在本校举行圣诞庆祝会，内容包括音乐节目及圣诞剧。

12月23日晚六时半，金陵大学女生自治会假赫斐礼堂举行圣诞庆祝会，同时举行交谊会，参加者化装入场，并须携带价值二元之礼物以资交换，同时并演出四幕圣诞庆祝剧。此外，参加盛会者，均被飨以汤元。

12月24日夜，金大同学环行全坝，并高唱圣诞歌曲。

同日晚九时，金大团契假学生公社举行圣诞礼拜及交谊会。①

---

① 《华西坝教会各大学庆祝圣诞》，《中华基督教卫理公会通讯》复刊第6期，1943年2月1日，第20页。

从这些文字记录中,大体可以看出活动的盛大隆重,体现了教会大学校园生活的独特之处。

尽管在战时,金陵大学仍坚持举办校庆、院庆等重大庆典活动。其中,最为盛大的当属金陵大学 55 周年校庆、农学院 30 周年院庆等几场较为隆重的庆祝大会。学校举办了展览会、营火晚会、提灯游行、聚餐、献旗、祝寿等活动,"陈校长站在教育学院办公室的楼台上,检阅游行队伍,招手致意,欢声雷动"。①

战时的华西坝有紧张的学习,也有愉快的休闲时光。战时大后方给大家提供了一块能够安心学习、健康成长的沃土。忙碌的学习生活之余,学生们踊跃参加歌咏团、国剧社、足球队、运动会等活动,既锻炼了体魄、陶冶了精神,同时这也是一项技能,学生们在课余时间通过戏剧歌唱等形式,深入乡村开展宣传教育。

抗战期间,金陵大学陆续成立了多个话剧社,如金陵话剧社、金戈剧社、壬午剧社、黎明剧社等。华西协合大学等校也成立了而立剧社等。各剧社经常在华西坝上演话剧,内容多关注时局、针砭时事。如金陵大学的金戈剧社将老舍著作《归去来兮》改编为话剧,该剧主旨在于"讽刺后方奸商之囤积居奇,醉生梦死等现象"。②华西协合大学的而立剧社公演的《金指环》,编剧是西南联大陈铨教授,讲述了抗战期间的国仇家恨与爱情交织的故事。金陵大学的壬午剧社和黎明剧社演出了话剧《女子公寓》《柳暗花明》《此恨绵绵》《国家至上》《李秀成之死》《蜕变》等。③

---

① 张石城:《战时追忆》,金陵大学南京校友会编:《金陵大学建校一百周年纪念册》,南京:南京大学出版社,1988 年,第 377 页。

②《华西坝剧坛动态》,《燕京新闻》第 9 卷第 3 期,1942 年 10 月 17 日,第 4 版。

③ 张石城:《战时追忆》,金陵大学南京校友会编:《金陵大学建校一百周年纪念册》,南京:南京大学出版社,1988 年,第 376—377 页。

　　华西坝的音乐氛围非常浓厚,"除了深夜,我们总可以听到钢琴的声音和女高音的音阶演唱的声调,那是金陵女大音乐系的同学们,在勤奋地练习"。① "走到坝子里随时都能听到钢琴声,尤其在华大图书馆的旁边,有金女大的音乐室,琴声一清早就响起,练歌的声音更时时飘荡在空气里,自然名歌咏家管喻宣萱夫人的歌唱,是更能吸引听众的了"。② 音乐教育是金女大独特的办学传统,在战时大后方艰苦的条件下仍努力延续,"用稀稀疏疏竹子编成的篱笆墙,把一间间狭小的钢琴室和一间面积不甚宽敞的体育馆圈起来,与校园中的人行小道隔开。每当人们走过时,总能听到叮叮咚咚的练琴声,咿咿啊啊的练嗓声和体育馆内教舞蹈发出的钢琴声"。③ 金女大的琴房旁边恰是养奶牛的地方,隔壁金陵大学赫斐院里植物病理系的学生们常常一边欣赏着音乐声,一边笑称这是名副其实的"对牛弹琴"。④ 每年五月,金女大照例会举行一次"五月竿会"(May Pole Dance),"草地中央竖起一根彩带飘舞的杆子,选举'五月皇后',高年级学生还会带头绕杆跳起宫廷华尔兹舞"。⑤

　　华西坝五大学的男女学生组成了"五大联歌咏团",各校也有自己的歌咏团。⑥ 歌咏团经常唱弥赛亚等宗教歌曲或大合唱,与五

① 秦芷:《华西坝观感》,《通讯半月刊》第2卷第1期,1946年1月,第85页。
② 巨蕾:《齐鲁大学在华西坝》,《学生之友》第2卷第4期,1941年4月1日,第45页。
③ 曾星华:《回首往事——忆抗战期间的华西坝》,《金陵女儿》,南京师范大学金陵女子学院主编,内部发行,第90—93页。转引自岱峻:《弦诵复骊歌:教会大学学人往事》,北京:商务印书馆,2017年,第334页。
④ 陆之琳:《追忆华西坝上生活点滴》,高澎主编:《永恒的魅力:校友回忆文集》,南京:南京大学出版社,2002年,第289页。
⑤ 曾星华:《回首往事——忆抗战期间的华西坝》,《金陵女儿》,南京师范大学金陵女子学院主编,内部发行,第90—93页。转引自岱峻:《弦诵复骊歌:教会大学学人往事》,北京:商务印书馆,2017年,第334页。
⑥ 巨蕾:《齐鲁大学在华西坝》,《学生之友》第2卷第4期,1941年4月1日,第45页。

大学的基督教活动联系紧密,文体活动非常活跃。① 每年圣诞节前,五大学都会排练著名圣乐《弥赛亚》。五大学师生合唱团有时还会应教育部邀请赴重庆演唱,并且《弥赛亚》还经常会在成都广播电台播放。有位金大学生听过《弥赛亚》后在当天的日记里写道:"我闭上眼,静静地让自己全副精神都注贯在音声的起伏里,我感到一种和谐,好像是由宇宙自然流出的声音。当我注视那些演员,我感到声音好像从他们身上迸发出来,而不是喉管发出来的。指挥大合唱的仍然是 Miss Greeve(格瑞芙小姐),她头发已是全银白,穿中国式青色旗袍,我很爱这种仁慈可亲的老太婆,我只有在这种和善仁慈的'老祖母'身上,才真正地感到了人类的慈爱。"②在残酷战争的威胁下,每个人心中都充满着巨大的压力和对未知的恐惧,宗教乐曲在战时一定程度上起到了缓解焦虑、帮助内心回归平静的积极作用。

　　战时五大学学生们还会组织抗日歌曲合唱,如《吕梁山上的呼声》《保卫黄河》《渡长江》《歌八百壮士》等,听者无不群情振奋,有力激发了师生及民众的抗战爱国情感。部分爱好国剧的同学,还组织了"华西坝国剧社"。③

　　抗战时期,华西坝五所教会大学的学生生活张弛有度,既有紧张的学习、丰富的社会实践,也有课外愉快的休闲时光。在和平年代这种状态无可厚非,非常健康活泼,但在抗战大背景下,有时就会引起非议。此时,体育文艺活动主要在大学里流行,还没有普及

---

① 张石城:《战时追忆》,金陵大学南京校友会编:《金陵大学建校一百周年纪念册》,南京:南京大学出版社,1988年,第376—377页。

② 谢韬:《1943一盆红红的火:谢韬日记选编》,北京:中国社会科学出版社,2011年,347页。

③ 巨蕾:《齐鲁大学在华西坝》,《学生之友》第2卷第4期,1941年4月1日,第45页。

到民众之中。华大外籍教师黄思礼(L. C. Walmsley)曾说过这样一个故事:"当年有两位身穿长袍马褂的老学究路过大学网球场,看见洋人精力充沛地来回奔忙,其中一位奇怪地对另一位说道:'如果必须把球从网的一边打到另一边去的话,这些洋人为什么不雇苦力来拍打呢?'"①由此可见,社会尚未形成崇尚体育运动的氛围。

1944年,著名历史学家陈寅恪受聘于燕京大学来到成都,因看不惯华西坝上"弥漫的绮靡之风",曾作诗《咏成都华西坝》,讽刺意味十分强烈:

> 浅草方场广陌通,小渠高柳思无穷。
>
> 雷奔乍过浮香雾,电笑微闻送远风,
>
> 酒醉不妨胡舞乱,花羞翻讶汉妆红。
>
> 谁知万国同欢地,却在山河破碎中。②

当时任教于金陵大学文学院的沈祖棻也曾填作一首《虞美人》:

> 东庠西序诸年少,飞毂穿驰道。广场比赛约同来,试看此回姿势最谁佳? 酒楼歌榭消长夜,休日还多暇。文书针线尽休攻,只恨鲜卑学语未能工。③

对于这种批评,五大学的学生并不认同,他们认为"饱受战争创伤,历尽生活磨难的中国人,懂得国难期间必须万事从简。然而,从简不等于办学可以马虎草率",仍应"始终保持着自己独特的

---

① Lews C. Walmsley: West China Union University, New York, 1974. 转引自岱峻:

《风过华西坝:战时教会五大学纪》,南京:江苏文艺出版社,2013年,第66页。

② 陈寅恪:《陈寅恪诗集》,北京:清华大学出版社,1993年,第37页。

③ 沈祖棻:《涉江诗词集》,石家庄:河北教育出版社,2000年,第74页。

办学传统"。正如金大的一位学生在毕业多年后所说:"这种'场面'(歌舞文娱活动),出现在山河半壁,生灵涂炭,敌机肆虐轰炸的后方高校中,也许会使许多人疑惑不解,正像今天许多人不明白为什么在90年代国家繁荣昌盛的大好形势下,还要向学生进行艰苦朴素的教育一样。但是,有远见卓识的教育家们认为,四周越是惊涛骇浪,越要坚定乐观;国家越是歌舞升平,越应具有居安思危的忧患意识。"①而且,也正如何兆武先生所说,歌咏戏剧等文艺体育活动在学生生活中并没有占非常大的比重,甚至并不一定是大多数人所热衷参与的,只是一部分喜欢这些活动的积极分子参与较多。②

抗战时期关于增强体质、开展体育运动的问题备受国家重视,在1940年10月11日召开全国体育会议上,蒋介石强调:"今后抗战建国的教育,就是要注重体育,重秩序,守纪律。"③华西坝五大学学生们的体育文艺活动正是增强体质、磨炼意志、激发活力的重要方式,同时他们的体育文艺特长在"五大学战时服务团"等社会实践活动中也发挥了重要作用,他们勤奋读书、刻苦学习,积极服务社会,以苦中作乐、坚定乐观的精神,为国家崛起与和平而努力奋斗。

三、务实求真、实干苦干的淳朴校风

金陵大学的学生在入学时会收到一个印有《学生仪节》的材

---

① 曾星华:《回首往事——忆抗战期间的华西坝》,《金陵女儿》,南京师范大学金陵女子学院主编,内部发行,第90—93页。转引自岱峻:《弦诵复骊歌:教会大学学人往事》,北京:商务印书馆,2017年,第334页。

② 何兆武口述,文靖执笔:《上学记》,北京:生活·读书·新知三联书店,2013年,第190—191页。

③ 沈致金、李占领主编:《中华民国实录第3卷上:抗日烽火(1937.7—1941)》,1997年,第2488页。

料,明确了个人卫生、公共卫生、交往礼仪等方面的标准,以帮助学生尽快养成良好的生活习惯,学会人际交往的仪节。规定十分详细,包含个人生活及称呼、交谈等礼仪:

> 此仪节系按西国之风俗人情而作,然其大意亦不外尊重他人之权利与思想耳。当兹社交公开之际,礼仪尤为必需。斯篇虽短,设想颇周。课余有兴翻阅一过亦可,以为交际之一助也。个人事项,个人清洁,乃君子之表。衣当净,发当短,面当常修,耳牙与指甲当洁净,切不可用生发油、香水、香粉等件。

> 卧室当清洁而有秩序,起时须铺床,睡时当关窗。

> 帽子除绒缎帽外均须进门时脱去。

> 公共地点切忌吐痰、咳嗽、唾涕、按骨、食杂食或抛弃废纸、废物等恶习。当常常用手帕作唾涕之用。咳嗽或伸欠如于不能忍时,须用手或手帕掩口或掉首他方作之。

> 不可于群众中撞挤,如大意碰人须即时谢罪;途窄或门狭当让他人先行。他人于失败或错误时,不可讥笑;向仆役切勿使气待之,当如尔所欲他人待你一样。

> 好奇心:对于他人私事,切勿动好奇心。他人耳语不可偷听,他人房间不可窥探,私信不能拆,他人读信或写信亦不能看。

> 非知己切勿询以衣值几何,帽值几何,年龄若干及其他私事。不可凝睛注视生客,须预备引导或帮助之,然不可由是而生好奇心。

> 公共聚会:于公共聚会时,无论坐立不可垂头,不可伸手,过头不可看书,不可开表,不可睡觉,不可猛力,放读美诗或圣经不可作怪声,因诸事均系示无礼于演讲者。

于礼堂或其他会集时，切不可回首窥后面声响，因此事，不但对于尔所窥探者为无礼，即对于演讲者亦不敬。

运动比赛：如尔系运动者之当竭诚竭力运动以至终结。

如尔系旁观者，当作汝队之后盾，胜勿骄败勿馁。

敌队失败切勿喝彩或鼓掌，敌队违法不可作声嗤之。

比赛中之精彩处须鼓掌，但不必拘于任何方面。

切勿与公正人争闹，当听其判断。

于母校常居人为客，于友校毋欺人为主。

尊重妇女：妇女须格外尊重，无论何事当与以选择权。与相识之妇女相遇，须脱帽以示敬。于拥挤之室内，当让座妇女，进门当起立，时时须存扶助的意念。

称呼：平时与友人相值，当呼其名，请早安或晚安，不然则鞠躬。

教员进课堂，当起立，非教员点头，不得坐下。

与人谈话，如不甚了解其所说，当请其解释。在课室答书，如不能答，可直说，切勿站立不言。

介绍：朋友相遇，如有不认识者，当为之介绍。介绍时，可说某某先生，我深情愿介绍某某先生。或说某先生，我很愿意你认识我的朋友某某先生，或简单说某某先生。年幼者须介绍与年长者，男子须介绍与女子，但必先得年长者或妇女之允许。

经介绍后，当说几句钦仰的话。如被介绍与妇女，须先俟其伸手，然后方可与之握手，不然只须鞠躬。

如戴呢帽，当于被介绍时脱去；如戴手套，当于握手前除去。

拜访：拜访有两种：一为公务拜访，一为酬酢拜访。

若因公而访教授,须先叩门或按铃,不奉召不得遽进,如无答复,非教员不在房内,即有事不欲召见,可即回,俟第二次之拜访。

晤面时,即将公务简单说明,事毕可即告辞,无需客套。拜访时,当站立,如请坐则坐,但坐时不可以身倚桌。

私人造访,当于午后4时至6时行之。造访时,亦须叩门或按铃,如仆役开门,即询以所欲拜访之人在家否。如在家,即将己之名片与之,或将己之姓名告之,随时将帽子、大衣、手套等件,放于前厅或甬道,即至仆役所指定之房间。无论何人进房时,当起立,接谈时,须竭力使谈话有趣。若敬茶,当将匙子放于碟内,须俟搅茶时,方能用之。饮茶须举杯就口,但不可作声。面包与饼干等等,须放手旁盘子内。

酬酢拜访,多不得过半点钟。如有事,亦不妨延长,出表看时刻之习惯须除去。于告辞时,当出自天然,不可露局促态。

宴会:入席即就主人所指定之地位而坐,不必客气。坐时不可以手扶桌,或坐椅边,或离桌太远,须加入群众谈话。

饮汤时,以右手持匙,不可有声,更不可以匙深探盘底。

割肉时,用左手持叉,右手持刀(吃肉,美人多用右手持叉,英人多用左手持叉)。割肉须碎,然后以叉送肉入口,食毕即将刀叉作平行线,放于盘内,刀叉柄须向右手。

手巾须放在膝上,只可用以揩口与手指。离席时将手巾置盘边。如于仪节有疑惑时,可仿主人而行之。①

_____

①《学生仪节》,《南大百年实录》编辑组编:《南大百年实录》(中卷),南京:南京大学出版社,2002年,第188—190页。

在这样的校园氛围下,金陵大学的学生养成了遵章守纪、礼貌自重的良好风尚。"校方从不安排什么训导课,但由于有一套严明制度和主其事者的正直秉公,任何事情都迎刃而解,从未出现扯皮拖拉的难题。同学们的日常生活也都循规蹈矩、自重自爱,从不随地吐痰,更不乱抛杂物。任凭课间调换教室的紧张,也是循着校园里的水泥走道快速行走,从没有人抄捷径由绿缛般的草坪上越过。因为校园里的一草一木是学校的财产,爱护校园,人人有责。进入图书馆、大礼堂、试验室、课堂等公共场所,一向是轻步慢行,从不喧哗。粗声争吵很少发现,打架斗殴向未有过。有时在自修时间或熄灯后,仍有大声讲话的,只要邻近同学轻轻敲弹门、壁,就会自觉地偃旗息鼓,从不会恶声相对,无理取闹。"[1]

金陵大学的教学与行政工作"素以高效,认真著称"。"当时金大的学费比国立大学高。但是许多家长们却都喜欢把子弟送入金陵就学,希望能实实在在读点书"。战时的华西坝,"读书风气极好,教授所指定的工作,很少不能如期完成者,上课时旷课的同学也不多"。[2] 学校管理十分严格,"据了解当时有一位达官的孩子在金大读书,由于语文成绩较差,连续留班四次,这位同学竟多读了两年。值得称颂的是,这位同学依然耐心地修完全部学程,获得学士学位。从这件事可以充分说明金陵教学工作的认真和严肃"。[3]

金陵大学的行政工作"具有一套高效率的管理方法,按章行事,从不拖泥带水"。学校对于开学、注册、考试、放假等都有明确

---

[1] 王古桂:《珍贵的"金陵传统"》,金陵大学南京校友会编:《金陵大学建校一百周年纪念册》,南京:南京大学出版社,1988年,第353页。

[2] 秦芷:《华西坝观感》,《通讯半月刊》第2卷第1期,1946年1月,第84页。

[3] 王古桂:《珍贵的"金陵传统"》,金陵大学南京校友会编:《金陵大学建校一百周年纪念册》,南京:南京大学出版社,1988年,第352页。

的日期，"逾期即不予办理，毫无通融余地"，并且"假日前后一天的缺课加倍算，缺课满 15 节的即扣去半个学分"，因此学校中不存在延迟注册、无故缺席等现象。① "教职员工配备较少，但对教学与后勤工作都是积极认真的。各院、系、科、部门办事人员都很精练，人员不多，职责分明，工作认真，效率较高。"校长陈裕光除全面主持校务外，还担任化学工业课教授。校长办公室工作人员仅有 2 人。校部教务处、训导处负责人，都由有教学任务的教授兼任，各处办事人员只有 3—4 人，总管全校千余师生员工的有关事项。教务处"负责招收新生，安排课程、考试等极为繁重的工作，由于使用科学的管理方法，保证了教学质量，取得较好的教学和科研效果"。总务处"办事人员亦仅 4—5 人，负责教学设施的建立和用品购置，校舍的维修、新建，办理师生的部分生活必须事项，对由同学们自行管理的学生食堂进行监督，并给予必要的协助"。② 传达室仅两三位员工，"负担司号、传达、分发师生五六百人的信件、汇款、书籍、杂志、报刊、校方公文等繁重工作"，"井井有条，很少出现差错"。"同学们接受严谨教学和紧张认真工作作风的长期熏陶，都养成实干苦干的作风。毕业后参加工作时也是如此。金陵同学所以获得社会上的赞许与欢迎，绝非偶然。"③

在金大良好校风的培养和熏陶下，学子们传承了金陵大学踏实奋进的优良传统，即使参军入伍也时刻展现着金大人的精神风

---

① 王古桂：《珍贵的"金陵传统"》，金陵大学南京校友会编：《金陵大学建校一百周年纪念册》，南京：南京大学出版社，1988 年，第 352 页。
②《抗战时期迁蓉之金陵大学（节录）》，《南大百年实录》编辑组编：《南大百年实录》（中卷），南京：南京大学出版社，2002 年，第 66 页。
③ 王古桂：《珍贵的"金陵传统"》，金陵大学南京校友会编：《金陵大学建校一百周年纪念册》，南京：南京大学出版社，1988 年，第 352 页。

采。有位金大学子给母校写信介绍入伍后在军营的训练及生活情况时说道:"入营以后,发现与自己的理想不相符合,意志不坚定,很容易发生动摇,因为凭一时的意气去做一件勇敢的事情容易,而长期地艰苦地去守着一个理想往往是相当困难的事情……我们可以向在校的师长与同学很郑重的保证,我们今后不论在任何艰难困苦的情形之下,我们一定以母校的名誉为前提,站在自己岗位上,决不泄气、动摇决心、逃避责任,而要使金大的一贯精神与作风发扬光大!"①亦有毕业生总结道:"母校的成就都是在默默中,不声也不响的平凡中耕耘,只问耕耘,不问收获可说是母校的办学特色。不论毕业校友在任何国家或时代或场合,都站在各人岗位上努力奉献心力,绝不狂,永不馁。集许多校友们的这股无形力量和风气,对国家民族社会,各行各业,实无法衡量其有形和无形的影响和贡献。这种平凡而有实质的熏陶,可谓是金大的校风和特质,应该是母校的创办前人贤者所乐见的成就之一。……以农学院的师长们研究成果而言,可说名目繁多,不及备载。其中至少有二件积年累月的非凡成就:(一)卜凯教授领衔完成的《中国土地利用调查》巨著,和(二)沈宗瀚教授主持的小麦二九〇五品种的育成,影响我国农业科学研究的现代化,非常深远,值得追记一提。"②

金陵大学的学风校风孕育了一代又一代的金大学子,有学生在毕业多年后这样说道:"在金大四年多的求学生涯,给我一生中留下了永不磨灭的美好回忆!尊敬的母校,她不但教育我增长知

---

① 《征鸿片页》,《金陵大学校刊》1945 年 5 月 16 日,第 5—6 页。

② 陆之琳:《四十五年前母校往事》,台北市金陵大学校友会:《金陵大学建校百周年纪念特刊》,1988 年,第 407—408 页。

识,更重要的是教育我今后怎样工作,怎样做人,以至怎样才能成为有益于社会的人。40 多年来,这种宝贵的传统精神,自始至终地鞭策和鼓励我在人生旅途中不断向前!"①

---

① 王古桂:《珍贵的"金陵传统"》,金陵大学南京校友会编:《金陵大学建校一百周年纪念册》,南京:南京大学出版社,1988 年,第 351 页。

第七章　抗战时期金陵大学与国家社会关系

　　抗日战争爆发后,国家处于生死存亡的紧要关头,服务国家建设、支援国家抗战是所有人心中的民族大义。金陵大学从其选择追随政府西迁的那一刻起,民族性已然超越了宗教性的影响,大学发展与国家命运紧密相连。抗战时期,为促进反法西斯战争的胜利,金陵大学在治校方略上秉持服务国家战略的大局观,更加注重教育科研的实用性以及实践性人才的培养,帮助政府及社会组织培养各类社会发展急需的紧缺专门人才,与国民政府及社会各界的关系日趋紧密。抗战时期,国民政府重视教育工作对抗战的促进作用,强调"教育是一切事业的基本,亦可以说教育是经济与武力相联系的总枢纽,所以须以发达经济,增强武力,为我们的教育方针",在政策上注重引导教育科研工作服务国家经济建设、社会发展和抗战事业。① 金陵大学积极响应国家号召,对四川省新县制实验县开展调查研究,帮助当地推进县制改革;大力开展边疆研究与社会服务,深入乡村开展科普教育、农业指导、医药卫生宣传等

---

① 《总裁出席第三次全国教育会议训词》(1939 年 3 月 4 日),江西省国民教育师资辅导
　　委员会:《江西国民教育业书(第一种):国民教育言论集》,1941 年,第 1 页。

工作；在四川各地开展经济调查研究并形成报告，向政府建言献策，为国家决策提供重要参考。同时，金陵大学配合国民党在校内开展党化教育、军事教育，对师生加强抗战精神的培养；以电化教育、广播演讲、宣言文章、救济募捐等形式，帮助政府在民众中开展抗战宣传和动员工作；太平洋战争爆发后，金陵大学持续为国家提供军队译员，号召知识青年踊跃从军，并积极加强国内外教育合作，借助与西方国家的天然联系，加强中西文化交流，促进国际关系发展。金陵大学对国家抗战、建设的倾力支持，赢得了政府及社会各界的认可与肯定，国民政府多次对金陵大学予以表彰，并通过经费支持和补助等形式表明对金陵大学的重视和肯定。战时政府拨款与国内外捐助逐渐成为金陵大学收入的重要来源，金陵大学与政府及社会各界密切交流并开展了大量合作，其"本土化"趋势进一步增强。

第一节　金陵大学对国家社会的贡献

一、为政府提供政策参考

抗日战争期间，金陵大学积极配合国家抗战和社会建设，发挥专业优势，积极开展社会调查、经济研究等工作，为政府提供政策参考。

金陵大学文学院政治经济系、社会学系等专业在社会调查、经济研究方面颇具盛名，积极响应政府号召，以专业特长服务国家建设，为政府分忧解难、建言献策。为集中资源以应对抗战需要，同时加强对地方的管控，1939 年 9 月，国民政府颁布《县各级组织纲要》，自此开始正式推行新县制。1940 年 4 月至 5 月，受四川省政府委托,金陵大学文学院政治经济系师生对宜宾、江安等新县制实验县开展调查研究,所提出的具体建议得到四川省政府的高度赞许。① 1942年初,在另一新县制实验县——彭县的皮达吾县长的邀请下,金大师生前往调查并草拟彭县社会福利与救济工作计划,帮助当地推进县制改革。② 为更好地了解国内外经济发展情况,文学院政治经济系于1940年创设了经济资料研究室,与各有关机关及学术团体合作,广泛搜集中西经济类书籍杂志,并编制分类目录,持续补充资料,对当地经济研究工作起到重要支持作用。③ 同时,该系师生将各类调研报告整理成书,出版有《四川省成渝两市自贡井乐山与内江经济状况》《四川省资中县经济状况》《四川省犍乐盐场产销概况》《四川省峨眉县白蜡产销概况》《温江县土地陈报》《宜宾县商业概况》等,为政府决策提供了重要参考。④

抗战时期,中华基督教会边疆服务部与金陵大学等教会大学开展了大量边疆工作。对此,政府层面持赞许和支持的态度,孔祥熙曾指出:"中华基督教会是中国基督教的教会。边疆服务部是基督教的服务运动。其目的在以宗教的精神和服务的事业促进国民的团结,是一个宗教的爱国运动。"⑤为更好地配合政府及中华基督教会,推进边疆研究与服务工作,金陵大学于1941年进一步增设

---

① 《文学院概况》,《南大百年实录》编辑组编:《南大百年实录》(中卷),南京:南京大学出版社,2002年,第219页。

② 《本校社会服务部最新动态》,《金陵大学校刊》1942年4月1日,第3—4页。

③ 《文学院概况》,《南大百年实录》编辑组编:《南大百年实录》(中卷),南京:南京大学出版社,2002年,第219页。

④ 《文学院概况》,《南大百年实录》编辑组编:《南大百年实录》(中卷),南京:南京大学出版社,2002年,第224页。

⑤ 《边疆服务部委员会第五届年会孔副院长致词》,《边疆服务》1944年第5期。

了边疆社会学组。① 自 1938 年起,金陵大学等华西坝五所教会大学合作组建学生暑期服务团,以推进边疆服务工作。1940 年,在四川省政府等部门的支持下,在华西坝成立了范围更大的"成都基督教学生边疆服务团",参加者有金陵大学等校,组织了多个边疆服务队伍。其中,雷马屏峨边区施教团由金大社会学系主任柯象峰及边疆学讲席教授徐益棠担任正副团长,参加者除四川省教育厅、建设厅、民政厅外,以金大学生为主,耗时一月余,主要在当地开展了抗战建国、兵役推广等宣传工作,以及抚恤出征军人家属,沿途放映影片、诊疗疾病,调查研究当地社会经济状况等。②

抗战后期,国家开始规划战后重建工作,提出战后中国的重建包含心理重建、道德重建、经济重建、政治重建和社会重建五个方面。金陵大学各学院立即响应,积极思考如何发挥自身作用,服务战后复兴计划。文学院表示院内有心理学系、哲学系、政治经济系和社会学系,对该五个方面重建工作的研究有不可推卸的责任,"希望通过工作人员和高年级学生的共同努力,将能够在国家战后重建工作中贡献自己的一份力量";③理学院则以电化教育技术为载体,大力推进民众科学文化教育,为抗战胜利后的国家民族复兴做好知识铺垫;农学院作为全国少数农业高水平科研教育机构之一,更是以国家重建为己任,指出"金陵大学农学院是中国少数农业先驱机构之一,一直积极致力于满足国家的需求,拥有较好的社会声誉。这是由于它实用的培训项目和毕业生的服务精神。当中

① 《文学院概况》,《南大百年实录》编辑组编:《南大百年实录》(中卷),南京:南京大学出版社,2002 年,第 212—213 页。

② 《学生暑期服务》,《金陵大学校刊》1940 年 10 月 25 日,第 4 页。

③ Report of the Work of the College of Arts, September, 1943—1944,中国第二历史档案馆藏,私立金陵大学档案,全宗号 649,案卷号2323。

国开始发起国家战后重建项目,将对我校农学院的毕业生有更大的需求量,因为中国是一个农业国家,它将需要成百上千的经过训练的农业专家去发展它的农业、改善乡村生活",因此,农学院"作为一个高层次的研究机构","应努力维持一个较高的学术水准",即:"在现在有限的资金条件下,不应该扩展过多类型的工作,而应该集中精力将现有工作做得更好"。[①] 农学院章之汶院长受政府委托,组织撰写了《我国战后农业建设计划纲要》,"计划全文,都数十万言,分前后二篇,前篇为战后建设计划纲领,分总论、建设方针、建设事项、建设机构、经费与金融及建设人才等六章。后篇为专业计划提要,内分粮食、衣被原料、畜产、水产、树林、蔬果、特产及其他八章。实施范围分土地、生产、加工运销、金融、文化等类。土地方面,作者认为应厉行土地本位制,实行耕者有其田,而其耕田之面积,应构成一经济单位,以期获取劳力最高之报酬。生产方面,应使经济农产与农家自用农产并筹兼顾。加工运销方面,应竭力提倡合作组织,以利进行。文化方面,应竭力提高文化水准,以增工作效率。"此计划纲要得到中央日报社论的高度赞扬,评价称:"理论确实,主张具体,考虑周到,为我国战后建设计划中之首次公诸社会,公开讨论者。"[②]

此外,金陵大学的教师心系民生福祉,关注国家建设,常常从自己的研究领域出发,主动为国家发展献言献策、贡献智慧。金陵大学文学院于 1939 年秋创办了现代问题座谈会,教授们聚集在一

---

① A plan for the Post-War Rehabilitation and work of the College of Agriculture and Forestry of the University of Nanking,June 20, 1944,中国第二历史档案馆藏,私立金陵大学档案,全宗号 649,案卷号2467。

②《农学院章院长拟定战后农业建设计划纲要中央社论逐章美评》,《金陵大学校刊》1943 年 10 月 15 日,第 3 页。

起,讨论战局前途、战后建设、国际关系以及教育文化事业等重要问题,促进交流、增进思考,每学期讨论约20次。① 文学院蔡乐生教授草拟了《扫除文盲计划》,指出:首先要确定最常用字符的词汇量,然后选择最常用的词汇,按照文字的相对使用频率,对文字进行排序,根据汉字的形、音、义、源、根和笔画,分析最常用汉字的词汇量,最后根据学习、记忆、识别、书写和使用上的相对难度,以单字法、句子结构法、卡片法、字符—图片配对联想法等教学方法进行文字教学。并且,蔡乐生教授利用心理学知识,通过两年来对各航空单位的调研,创设了一套飞行员的选拔训练方法,对飞行员的选择、分工、教育培训、士气、纪律、抗战心理构建等方面均提出建议,以期提高国家航空实力。②

二、协助政府支援抗战

(一) 抗战宣传与动员

抗战时期,金陵大学在师生及民众中积极开展抗战动员,宣传抗战精神,服务国家战略大局。主要采取以下形式:

一是加强抗战精神培养,配合国民党党支部及三民主义青年团的发展部署,校内开展党化教育,推进新生活运动等。1939年金大组织成立了三民主义青年团直属第十八支团部,并在校内广泛招募团员。③ 1939年底,宋美龄在成都召集组织四川新运妇女工作委员会,金大各教职员的夫人及女教员均积极参与,陈裕光校长

---

① 《文学院概况》,《南大百年实录》编辑组编:《南大百年实录》(中卷),南京:南京大学出版社,2002年,第226页。

② Report of the Work of the College of Arts to the Board of Directors, September, 1943—1944,中国第二历史档案馆藏,私立金陵大学档案,全宗号649,案卷号2323。

③ 《青年团近讯》,《金陵大学校刊》1940年5月10日,第5页。

的夫人被选为队长,并有多名教员的夫人及女职员被选为区队长,负责组织推进新生活运动。① 自 1939 年起,根据教育部要求,陈裕光校长将教育及学生思想情况定期上报。② 1940 年初,制定《金陵大学军事管理办法》,明确指出"以国家民族为前提,使学生切实遵守国家至上、民族至上之原则","使学生本自觉自动自治之精神,切实了解三民主义之真谛,统一信仰,以贯彻中华民国教育之宗旨"。③ 1940 年 12 月 8 日,中国国民党直属金陵大学党部正式成立。④ 1942 年 11 月,教育部训令指出:"本部为增进中等以上学校学生为学与做人之认识起见,特选辑《国父遗教》《总裁言论》《革命文献》及有关青年修养之训示冠名为《青年必读文选》,以供研读。该书系按初中、高中及专科以上学校之等级分为第一第二第三辑,各辑卷首订有研究办法"。金陵大学立即奉令在校内发布通知,要求学生前往训导处签领《青年必读文选》,进行研读。⑤

二是加强抗战宣传动员。抗战时期,金陵大学借助电化教育等方式,公开放映与抗战有关的宣传片、新闻片,转播国家重要演说,并在社会调查、服务的过程中积极开展抗战、兵役等宣传教育。例如,在华西坝广场"每月举行 1—2 次晚间露天放映,每次观众十分踊跃,其中最多的一次观众达20 000多人"。⑥ 并且,曾与成都蓉

①《本校新运妇女工作队成立》,《金陵大学校刊》1939 年 12 月 10 日,第 2 页。

②《陈裕光给蒋介石的信及与孔祥熙、蒋经国等来往信件》,中国第二历史档案馆藏,私立金陵大学档案,全宗号 649,案卷号 357。

③《金陵大学军事管理办法》,《金陵大学校刊》1940 年 4 月 10 日,第 4 页。

④《中国国民党直属本校区党部成立》,《金陵大学校刊》1940 年 12 月 25 日,第 2 页。

⑤《金陵大学校长室总务处通知布告的底稿及有关文书》,中国第二历史档案馆藏,私立金陵大学档案,全宗号 649,案卷号 14。

⑥ 姜赠璜:《金陵大学与中国的教育电影事业》,金陵大学南京校友会编:《金陵大学建校一百周年纪念册》,南京:南京大学出版社,1988 年,第 114 页。

光电影院合作，以售票形式放映教育影片，"举办了一整天，每场均告客满"，"这是利用16毫米教育电影在电影院正式售票如此大规模放映，在中国来说是第一次"。① 同时，经常邀请军政要人到校发表演讲，内容涉及抗战精神、国家建设、教育方针等。如1940年11月10日，国防最高会议秘书长张岳军演讲《三民主义抗战建国与精神动员之连锁》，宣传抗战时期"民族至上，国家至上，军事第一，胜利第一，意志集中，力量集中"的国策方针。② 1940年11月25日，贵州省主席吴鼎昌演讲《民生主义之演进》。③ 1940年12月10日，教育部视察员王凤喈演讲《今后之教育方针》等。④ 1944年，日军进犯湘桂，"造成我国抗战以来空前未有之严重状态"，金陵大学等成都各校教授联合发表宣言，号召所有教师参加战时服务，为国家贡献力量。宣言称："吾人鉴于欧美各国大学教授在战事发生以后，捐弃一切研究与教学之职务，从事各项战时工作，或以全部精力或以部分时间，贡献国家……返顾我国教界同人，抗战以来，虽犹能固守岗位，然若国家确有特殊需要之时，急须争取最高效率之际，似应各以其所长贡献国家，俾政府得尽量调用，藉以充实国力，庶可缩短抗战期限，而促进胜利早日来临。爰有发起志愿参加战

---

① 姜赠璜：《金陵大学与中国的教育电影事业》，金陵大学南京校友会编：《金陵大学建校一百周年纪念册》，南京：南京大学出版社，1988年，第114页。

②《三民主义抗战建国与精神动员之连锁》，《金陵大学校刊》1940年11月10日，第1—2页。

③《黔主席吴鼎昌先生讲民生主义之演进》，《金陵大学校刊》1940年11月25日，第1页。

④《教部视察员王凤喈先生讲今后教育的方针》，《金陵大学校刊》1940年12月10日，第1—2页。

时服务工作之举,盼我同人踊跃参加,抗战前途实利赖之。"①为更好的宣传和支援抗战,金陵大学每两周在广场举办一次开放式的电影展播,播放各类战争新闻,同时也向民众普及现代科学知识,为抗战做好思想和文化准备。②

三是号召知识青年从军。1942年初,金陵大学、齐鲁大学、华西协合大学利用寒假联合组织发起兵役宣传。金陵大学陈裕光校长"对兵役要政,极为关怀"。金大主任教官参加了三大学联合训导军训会,会议对兵役宣传工作做了详细部署。③ 1942年底,国民党军事委员会改革兵役制度,要求:"凡达兵役适当年龄之学生自三十二年一月份起,一律照抽签程序征召,依其程度,配务服役,不得规避。"金陵大学立即在校刊上发布通告,并立即着手制定相应政策。④ 金陵大学教职员工和学生都积极响应政府的号召,大量知识青年报名应征。1944年11月13日成立征集委员会,截至16日报名从军的同学已有120名,并另有66名同学报名参加空军军官选拔。⑤ 18日晚,金大在广场公开放映《中国为何而战》有声影片,"此片系美国空军士气片之一,属于'我们为何飞行'丛片(Why We Fly Series)",片中描写了"自九一八事变以至太平洋战事发生之前因后果,中有国父演讲,日阁会议,溥仪登基,南京屠杀以及长沙大

① 《金陵大学教职员抗战时期爱国行动事项的文书》,中国第二历史档案馆藏,私立金陵大学档案,全宗号649,案卷号196。
② C. W. Chang: A University in Exile, December 24, 1944,中国第二历史档案馆藏私立金陵大学档案,全宗号649,案卷号2467。
③ 《本校学生利用寒假期间深入乡村作兵役宣传》,《金陵大学校刊》1942年3月1日,第4页。
④ 《大学生服务兵役订自本年一月实施》,《金陵大学校刊》1943年1月1日,第4—5页。
⑤ 《从军热潮汹涌迈进本校师生奋起应征》,《金陵大学校刊》1944年12月16日,第1页。

捷,重庆轰炸等名贵镜头,是日寇侵略屠杀的实录,是中华英勇抗
战的史迹","以唤起国人同仇敌忾之情绪,响应青年从军运动之号
召"。① 该片在华西坝多次放映,"知识青年观之无不涕泪交流,热
血沸腾,大增从军之志"。② 在金大学生的宣传动员下,华西坝从军
运动热烈开展,最终该批金大报名参军的学生共录取 158 名,占全
校学生数的 1/7。③ 并且,有 22 名师生前往接受空军训练,23 名师
生前往印度加入远征军,40 名师生响应"一寸山河一寸血,十万青
年十万军"的口号志愿加入青年远征军。④

　　金大学子们"积极的在从军潮中起了模范作用,一批一批的从
被人誉为天堂的华西坝走向教二团的营房,都先先后后的穿上棉
军服",有的参加了驻印军,有的参加了国内青年军,担任步兵、空
军、驾驶兵或是宪兵。一名在印度参加远征军的金大学生说道:
"大后方的学生,都不能忍耐时局的沉闷,虽然金大自南京迁到成
都,但学校的一切设施管教,并不简陋而且在万分困难中保持着原
有的校誉,但是为了抗战建国,便不得不毅然地抛弃我们所学习的
而成为一个军人。在印度,我们这一批被编入当时的驻印宪兵队,
受了两个月的宪兵训练,才开始在刚打过的史迪威公路上服务,后
来我们编成了一独立营,我们的地区是从印北的阿萨密省的丁苏
加、雷多、新平洋、南地,直到缅北的密支那,除了丁苏加比较不荒

---

① 《青年从军风起云涌本校同学热烈响应》,《金陵大学校刊》1944 年 11 月 16 日,第 5—
　　6 页。
② 《从军运动上银幕——〈中国为何而战〉》,《电影与播音》第 3 卷第 7—8 期,1944 年 10
　　月,第 39 页。
③ 《从军热潮汹涌迈进本校师生奋起应征》,《金陵大学校刊》1944 年 12 月 16 日,第
　　1 页。
④ C. W. Chang：A University in Exile, December 24, 1944,中国第二历史档案馆藏私
　　立金陵大学档案,全宗号 649,案卷号2467。

凉之外,其他全是蔽天的丛林,白昼听见的只有各式各样车辆的声音,晚上则只有凄凉的猿呜呜。我们的责任是管理在印国军的军纪和史迪威路上国军车辆的秩序,我们这项工作在国军中却奠下了相当的信誉。在军中我们仍然保持着金大活跃的传统作风,凡是本营一切军中文化事项大家都热烈参加,举凡演剧、运动、电影放映,编撰刊物等,金大同学都处于领导地位,一般来说金大同学在军中的表现是优良的,可以告慰母校及一切校友的,尤其是与美军相处一谈起我们是来自美国式教育的学府,更得到盟友的好评。"①

四是加强军队译员选派。太平洋战争爆发后,军队需要大量翻译人才,因金大学生英文素质较高,国民政府军事委员会多次发函,向金陵大学征调学生担任军队译员。② 金陵大学积极配合,在校内广泛征召选拔通译人员,学生报名踊跃。③ 1943 年初,根据教育部通知,在全校学生中为史迪威将军选拔招募通译人员。④ 金大推选应征的姚洪庆、江汉藻、杨实泰等 10 名同学均被选用。⑤ 1944年 4 月,为规范译员选派,华西坝五大学联合讨论制定了《毕业生应征译员办法》,主要内容为:"(一) 各校四年级下学期(即本年暑假应届毕业)男生一律呈报,至于四年级上学期(即三十三年度春

---

① 《金大同学在军中》,《金陵大学校刊》1945 年 12 月 16 日,第 5—6 页。

② 《军事委员会征调金陵大学学员担任军队译员的文书》(1942 年 3 月—1945 年 10月),中国第二历史档案馆藏,私立金陵大学档案,全宗号 649,案卷号1515。

③ 《金大应教育部要求为军事急需征召通译人员》(1943 年 6 月 24 日),中国第二历史档案馆藏,私立金陵大学档案,全宗号 649,案卷号 14。

④ 《金大发布教育部为史迪威征选通译人员的函》(1943 年 1 月 21 日),中国第二历史档案馆藏,私立金陵大学档案,全宗号 649,案卷号 14。

⑤ 《应征通译同学远行本校热烈欢送陈校长出席训勉》,《金陵大学校刊》1943 年 4 月 1日,第 1—2 页。

季应届毕业)男生,因学分问题,暂不呈报。(二)毕业论文必须于调训前完成,始准毕业,俾各生对其主修科目得有完整之造诣,唯因时间仓促赶做不及者,可将论文内容写成简篇呈缴。(三)五大学决联合具文向军委会外事局请求在蓉设立译员训练班,以利各生毕业论文之写作及课程之辅修。"①1944 年 12 月,外事局再次向金大招募高级翻译官多名,金大倪青源教授等多名教员报名参加。② 担任译员之后的生活十分忙碌,"课程中英文占大半,一周有十九小时的英文,九小时的学术讲演,音乐,军训,体育各占三小时,此外还有特约讲演,英文讲演,小组讨论及一些临时的工作","伙食每日三餐,早餐稀饭,中晚干饭,每饭四菜一汤,其中二菜略带肉味,虽然不好,但在非常时期亦不算坏了",从金陵大学选拔的师生质量都很高,一般都在测试中名列前茅。③

（二）以人财物支援抗战

1937 年抗战全面爆发,国内外局势愈加紧张,金陵大学师生、校友满怀爱国热忱,从人、财、物等方面积极为国家做贡献,奋勇投身到祖国抗战事业之中。

淞沪战事之时,金陵大学师生在南京已然深刻感受到了战争的惨烈,一名学生这样说道:

> 上海抗战时的后方,无疑是首都,上海的炮火,虽然在那儿听不见,可是抗战的景象是能够看见的。敌机空袭不过是表现了一部分,而且不是个重要的部分,重要的是前线退下来的伤兵救济问题。伤兵是每天络绎不断的退到南京,到了下

---

① 《毕业应征译员办法教务会议议决公布》,《金陵大学校刊》1944 年 5 月 1 日,第 1 页。
② 《从军简讯》,《金陵大学校刊》1944 年 12 月 16 日,第 6 页。
③ 《译员生活近况》,《金陵大学校刊》1945 年 5 月 16 日,第 5 页。

关车站是需要大批人把他们从车上抬下,再抬到站内暂时医院去。那些成千成万的荣誉军人,在前线,也许已经几天没有东西吃,没有水喝,衣服上也许充满屎尿和满爬虫子,像这种人遇着了谁也要掩鼻而过,可是,谁使得他们如此,为什么他们弄成这个样子? 还不是为了祖国的存亡吗?①

于是,金大学生自发组织起来,"负起了救护的责任,每天晚上分组着到车站去工作一夜,虽然一夜的不睡,使他们次晨间来时,都很疲倦,可是仍然去上课";②并且每星期多次"利用课余时间到鼓楼医院去慰问作战负伤的战士,代他们书写家信"。③

9月中下旬,日军为早日结束沪战,大举空袭首都南京,"中央党部、首都电厂、自来水厂、无线电厂、卫生署、中央医院、中央通讯社、中央大学等非军事机构及民房多处先后被炸,民众死伤甚多",鼓楼医院里挤满了受伤的民众,金陵大学的部分宿舍也被充作临时病房,金陵大学在校学生全部参加到救护工作之中。④

不久后,淞沪战事失利,上海失守,南京一片混乱。此时,"所有机关搬迁一空,连'卫生署'都跑到汉口去了","伤员工作无人过问,而前线负伤的战士却络绎不绝地送往南京,都被放置在下关火车站的水泥地上,从站内到站外密密麻麻、横七竖八地躺在那里,死了的就暂且盖上几片麻布袋。战士们饥寒交迫,疮口溃疡,却无人照料、无人医治"。由此可见战事的惨况,金大学生愤

---

① 筱嬴:《抗战中的金陵大学》,《民意》第153期,1940年11月16日,第10页。
② 筱嬴:《抗战中的金陵大学》,《民意》第153期,1940年11月16日,第10页。
③ 徐国桢:《由南京到成都》,金陵大学南京校友会编:《金陵大学建校一百周年纪念册》,南京:南京大学出版社,1988年,第365—366页。
④ 李佛续:《母校西迁记》,台北市金陵大学校友会:《金陵大学建校百周年纪念特刊》,1988年,第374页。

慨道："国难临头，将士效命，睹此情景，令人痛心！"继而，"在慨叹统治者无能、愤恨日寇猖狂之余，同学们毅然停课，召开学生大会，推选临时主席，在会上做出了两项决议。一是把没有到校学习同学的房间全部打开，将棉被、棉褥统统运往下关，发给伤员御寒；二是组织同学分批前往车站，为伤病员端水送粥和清洁卫生服务。"①

1937年11月，为支援政府抗战，金陵大学全体教职员一致主张"以半月以上之薪资为购缴救国公债之数"，共约12 000元。时人赞叹道："金陵大学，对于爱国捐款，向不后人……该校为私立学校，经费素不丰裕，教职员待遇原较其他学校为低，且现时薪给亦仿中央机关，按照国难薪饷发给，故今有此成绩，殊属不易。"②

1938年7月，中央大学校长罗家伦、金陵大学校长陈裕光等全国各大学校长联合致电欧美文化界，控诉日军暴虐行径，并请求帮助阻止各国继续向日本出售军火，电文称："哥伦比亚大学校长白脱流转美国各大学校长教授及各文化机关、各报馆、国联同志会会长薛西尔，转欧洲各大学及国联同志会各分会、国际和平运动会与各报馆，谨请注意日本飞机故意扫射中山大学、岭南大学，恣意轰炸中国不设防城市，特别是广州，并残杀众多非武装人员及妇孺之暴行，吾人对于外籍商人，以飞机军用品继续不断供给日本军阀，藉以鼓励国际间极凶恶之盗贼行为，提出严重之抗议。殷望迅即采取有效步骤，阻止军火商即制造飞机商人以在中国逞残暴之工具继续供给日本。"③

---

① 徐国桢：《由南京到成都》，金陵大学南京校友会编：《金陵大学建校一百周年纪念册》，南京：南京大学出版社，1988年，第365—366页。

②《金陵大学购缴救国公债一万二千元》，《申报》1937年11月5日，第10版。

③《各大学校长电欧美文化界请阻止供给敌军火》，《申报》1938年7月13日，第2版。

金陵大学的孟广信、徐绍杰、陈镇和、余勉初、周竹君、冷培基、林坚学、彭仁怀等师生直接投身抗战事业,在战场上奋勇抵御日寇,为国捐躯。①

另有一些金大师生、校友尽管没有站在抗战的第一线,但以科学知识在关键岗位支援抗战,对中国战局发挥了重要作用。有校友回忆称:

> 1938年春,母校部分化学、化工系毕业同学出于爱国热忱,先后参加开始在武汉、衡阳,以后在重庆,规划筹备成立军用燃料补给系统有关科学技术工作。这个燃料补给系统开始时,是以购买,储运,分配为主。当时沿海省市相继弃守,广大的西南山区仅赖以公路运输为主的现实环境里,为了适应各种不同的军事需要,燃料补给库是采用点面结合网状分布型的。在地点、储量和油料种类上又要随战争需要作机动性调整布局。日军对我封锁很严,库存有限。用油单位须按规定申请核准,凭电报电话发给,紧急时期通宵值班,工作十分忙碌。为了节省一点油料,工作人员不厌其详地反复核算,他们一边打算盘,一边草拟电文。有一位校友就是这方面的能手,对雪片飞来的要油急电,每天不到几个小时就处理完毕。"油贵似血",只有身历其境者才能体会出真正意义。他们曾亲历敌机对重庆狂轰滥炸全市一片火海,敌机200多架次对重庆作地毯式的轮翻轰炸,弹头从自己头上飞过,炸弹落地起火的情景,他们都身历其境。

> 武汉失陷后,原从广州、河内等地进口少量油料的路线也

---

① 徐绍武:《旧事二三》,金陵大学南京校友会编:《金陵大学建校一百周年纪念册》,南京:南京大学出版社,1988年,第315页。

被日军截断,油源益绌,将面临枯竭之虞,也曾向苏联洽购,未获结果。于是筹办军用燃料厂,生产代用品和开展人造汽油的科研工作应运而起。先后在四川、贵州、广西、陕西等省筹建燃料厂10多个,其中还利用精炼植物油代替柴油。成立燃料研究所,利用煤裂化干馏制取汽油,同时筹建综合汽油厂。研究提高现有汽油质量和寻找新的汽油代用品等研究的课题。为了取得应用酒精汽油的科学依据,有的校友还驾驶汽车沿成渝公路试车,试用可能代替的比例,冲力测验和机械磨损率,消耗量等。有的奔驰在川黔公路上丛山峻岭之间,试验代用品的爬山性能,并在滇缅公路上测定进口汽车的行车耗油定额,他们都置危险于不顾,餐风露宿更是家常便饭。在当时油源枯竭,进口被封锁的情况下,对开源节能起了积极作用,在战时科学技术领域是有一定的重要性的。先后参加此项工作的校友,当时分散到各部门的,据粗略估计约有20—30人。大家都是报国心切,不辞艰辛,在各个工作岗位上,发扬"求效率、讲实际",贯彻了金陵传统校风,深得上级的信任。特别还有刚从美国、德国回来参加抗战的几位校友,在艰苦条件下,都干劲十足,为大家所敬佩。

抗战后期,油料进口只有绕道缅甸仰光,经云南遮放唯一进口线路。滇缅公路是当时陆地国际通道。中外军用物资交流在这里频繁运输。为了充分利用这一路线,提高运输效率,从重庆经贵阳到达昆明,然后沿滇缅公路到遮放,沿途设置军车加油站,减少军车携带本身耗油所占吨位。滇缅公路西南终端遮放,距缅甸边界仅50公里,为云南省白彝族土司所管辖,十分落后,生活非常艰苦。这一国际通道的内地东西两段在贵阳和昆明各设总站,从事管理调度,分别由两位校友担任,出色完成了任务。①

同时,金陵大学根据国家抗战需要,积极组织师生开展抗战募捐。如1939年10月,响应四川省征募寒衣运动分会的号召,在校内发起"捐募寒衣"活动,师生共捐款845.25元,用以购置寒衣563件。② 1940年3月,金大响应伤兵之友社运动,师生踊跃捐款,共募集600余元。③ 1940年6月,金大再次响应伤兵之友社运动,师生共捐款近1 000元。④ 1945年上半年,金陵大学等校组织的"成都学生基督教联合会"为士兵、难民组织募捐,共募集捐款354 400元。⑤

三、以教育合作促进抗战、建设

(一)国内合作与交流

金陵大学一直非常注重贯彻科学精神和发扬社会服务使命,陈裕光校长上任后积极推行教学、研究、推广的"三一制"办学理念,强调学以致用、学用一致,主张"研究高深学术,养成专门人才,适应社会需要"。⑥ 战时内迁期间,陈裕光进一步将教育工作与国

---

① 颜闵:《在抗战岁月中校友奉献一例》,金陵大学南京校友会编:《金陵大学建校一百周年纪念册》,南京:南京大学出版社,1988年,第301—303页。

②《全国征衣运动川委员会函本校征募寒衣》,《金陵大学校刊》1939年10月25日,第2页。

③《响应伤兵之友社本校员生捐助六百余元》,《金陵大学校刊》1940年3月25日,第2页。

④《青年团近讯二则》,《金陵大学校刊》1940年6月10日,第6页。

⑤《校际活动简要补充报告》,中国第二历史档案馆藏,私立金陵大学档案,全宗号649,案卷号2315。

⑥ 陈裕光:《回忆金陵大学》,金陵大学南京校友会编:《金陵大学建校一百周年纪念册》,南京:南京大学出版社,1988年,第14—15页。

家抗战和社会建设联系在一起,强调:"教育非仅求知,乃所以加强服务意志:锻炼耐劳刻苦精神,教育本身,并非仅以增加知识为己足,而在作育人才,济世惠民……本校办学以来,除沟通文化外,亦常勉以为学问而致力,为修养而淬励,为和平而奋斗,为服务而尽力。"①在此思想指导下,抗战期间,金陵大学以突出的教育科研能力,与国内外各界广泛合作,在实现自身科教进步的同时,有效促进国家抗战、建设,同时借助与西方国家的天然联系,帮助推进中西文化沟通,促进国际关系发展。

　　抗战爆发后,金陵大学、金陵女子文理学院、齐鲁大学、燕京大学先后从华东华北等地迁到四川成都,连同当地的华西协合大学,在华西坝形成五校并立的格局。"为应付当前之局势,深觉各方面有互相合作之必要,尤其近年来物价波动甚剧,而各校以限于预算,经济均感拮据,为维持目前局面,勉强渡过难关,不得不加强合作,以避免重复,节省耗费",于是五校在招生、教学、文体、社团等方面不断加强合作。② 尽管"各校组织,编制,教学,管理以及传统习惯于作风,每有不同,纵令均感合作为必要,但欲一时间即能做到糅合无间,恐实际无此易事",华西坝五校当局不断研讨合作方法,虽始终未能实现彻底全面的合作,然"各校理学院以实际需要,已渐走上圆满合作阶段"。③

---

①《陈裕光校长在金大举行 60 周年庆祝大会上的讲话(节录)》,《南大百年实录》编辑组编:《南大百年实录》(中卷),南京:南京大学出版社,2002 年,第 85 页。

②《成都华西坝五大学商讨加强合作问题》,《金陵大学校刊》1944 年 5 月 5 日,第 1 页。

③《蓉基督教五大学商加强合作问题教务行政当局分别研讨中》,《燕京新闻》1944 年 5 月 13 日,第 1 版。

华西坝五校①自 1939 年起在四川、上海、香港等地联合招生，改变了战前单独招考的传统。② 并且，为了优化资源配置，节约人力物力财力，五校在各项活动中展开了密切合作，如：联合举办毕业典礼、运动会等。③ 校长例会每周至少一次，"协商关于行政、财政、教职员待遇及有关公共事宜，以故虽分四校，实合作为一，迄无冲突摩擦之虞。每月有四校教务协会，由校教务长、注册主任会商关于授课时间规律招生考试各问题。同时亦有训导长协会，磋商关于学生训导事宜"，④并开展课程合作、教师互聘、科研合作等。⑤为适应战时需要，训练学生文字与口头翻译能力，华西坝五校共同开设翻译课程，"选修学生，甚为踊跃"。⑥ 金大与华西、齐鲁合作编印了研究专刊《中国文化研究汇刊》，共同推进中国传统文化研究。⑦ 并且，华西坝教会大学还联合开办暑期学校，开设有英文、国文应用文、中国通史、西洋通史、社会学、会计学、统计学、近代哲学、经济地理及微分方程等课程，深受华西坝各校学生的欢迎。⑧

---

① 起初是华西坝四校：华西协合大学、金陵大学、金陵女子大学、齐鲁大学；1942 年燕京大学西迁后，成为华西坝五校。

② 《四大学省外联合招生》，《金陵大学校刊》1940 年 5 月 10 日，第 1 页。

③ 《本届毕业典礼四大学联合举行》，《金陵大学校刊》1940 年 6 月 10 日，第 1 页；《五大学运动会开幕本校参加项目排定》，《金陵大学校刊》1940 年 5 月 10 日，第 3 页。

④ 王光媛：《抗战时期的华西协合大学》，《成都文史资料选辑》（总第 9 辑），1985 年，第 140 页。转引自虞宁宁：《中国近代教会大学招生考试研究》，武汉：华中师范大学出版社，2016 年，第 72 页。

⑤ 《友校合作之一华大聘请蔡院长担任导师》，《金陵大学校刊》1943 年 12 月 15 日，第 2 页。

⑥ 《外文系增设战时课程》，《金陵大学校刊》1945 年 1 月 16 日，第 5 页。

⑦ 《中国文化研究所汇刊第二卷出版》，《金陵大学校刊》1944 年 4 月 1 日，第 4 页。

⑧ 《四大学暑期学校开课》，《金陵大学校刊》1945 年 7 月 16 日，第 3 页。

此外,金大还多次帮助友校从美国运送仪器设备、医疗用品等。①自1939年起,华西坝五大学的同学及一部分教职员联合组织五大学救护队,"其目的在救护空袭后之伤民","成都前后几经空袭,救护队队员均极热心工作,深得社会上一般人士之好评"。② 1939年11月,华西坝五大学各派两名学生代表,共赴机场,向空军将士致敬,并合赠"壮志凌云"锦旗。③ 1943年1月,中英、中美分别在重庆、华盛顿签订了《中英新约》和《中美新约》,宣布废除英美两国在中国的领事裁判权等治外法权。华西坝五大学联合举行庆祝中美中英新约成立大会。④ 1944年3月,华西坝五大学在金陵大学外文系主任芳卫廉的领导下,"每校出席师生代表各一人,筹备组织盟军之友社",决定组织四部:"(一)体育游戏部:负责球类及游戏。(二)音乐戏剧部:负责歌咏,乐队及戏剧。(三)通译服务部:负责向导翻译。(四)教育文化部:负责系统讲演及教授中文,组织目的在服务来华助战之盟军,沟通中美文化之交流,打破种族之歧视观念,介绍中国之艺术文化。"⑤

全国各教会大学之间亦加强了联络往来,多次组织召开会议,对战时学校财政、战后教育建设、教会大学与国际间文化联系、课程及训育等问题等深入交流探讨,共同维持基督教育事业的战时发展。⑥

---

① 《各院近讯》,《金陵大学校刊》1945年10月16日,第2—3页。

② 《五大学救护队重整队容》,《金陵大学校刊》1940年10月10日,第3页。

③ 《五大学联合慰劳空军》,《金陵大学校刊》1939年11月25日,第3页。

④ 《五大学联合庆祝新约》,《金陵大学校刊》1943年3月1日,第9页。

⑤ 《华西坝五大学组织盟军之友社》,《金陵大学校刊》1944年3月15日,第3页。

⑥ 《全国基督教大学在蓉举行教育讨论会》,《金陵大学校刊》1943年6月1日,第3—4页。

　　同时,金陵大学以服务社会为使命,与各级政府、社会组织、各类企业展开紧密合作。金大农学院积极帮助政府培训农业推广人员;①森林系与中央林业实验所合作研究燃料问题;②化学工程系与中国肥料公司,合作改进国家化学肥料工业;③化学工程系服务部,因"国营或私营企业机关来函请托代为化验原料或物品者日多",特设化验组,以"承受各种请托代为化验工作";④鉴于"我国烟草之种种,悉于墨守成法,一般农民既不知烟种之改良,亦不明烟草之病理与栽培,更不讲究制烟之方法,以致纸烟一项,每年外货入口者凡数千万元,损失不可谓不巨",财政部与金陵大学合作,"特于四川设立烟叶示范场数处,藉谋改良方法","办理烟草研究改进及人才培养事业"。⑤ 并且,金大教授经常受邀以专业学识协助开展工作。1940 年 4 月,为提高职员应用学识和办事效率,中国合作工业协会在成都举办工业合作讲习会,特邀请金陵大学文学院政经系主任许哲士和倪惠元教授,负责讲授成本会计与工商管理课程,并帮助对应用经济技术加以训练。⑥ 鉴于金陵大学"历年对工合事业尤其在教育训练方面协助甚力,同人感佩良多",且陈裕光"今后负责主持研究所工作对于工合运动必更有无限之裨益",中

---

① 《胡适谈金大农学院的贡献》,《南大百年实录》编辑组编:《南大百年实录》(中卷),南京:南京大学出版社,2002 年,第 280 页。

② 《森林系简讯》,《金陵大学校刊》1943 年 1 月 1 日,第 6 页。

③ 《化学工程系与中国肥料公司合作研究》,《金陵大学校刊》1942 年 11 月 15 日,第 4 页。

④ 《本校化工系服务部承受委托化验原料或成品》,《金陵大学校刊》1941 年 12 月 15 日,第 4 页。

⑤ 《本校与财政部四川烟业示范场合作研究烟草改进及人才培养事业》,《金陵大学校刊》1940 年 4 月 25 日,第 2 页。

⑥ 《政治经济系襄助中国工业合作协会开设课程》,《金陵大学校刊》1940 年 4 月 25 日,第 1 页。

国合作工业协会在与金陵大学讨论工合研究所组织时,"决议组织一董事会",并推选陈裕光为董事会主席。① 此外,金陵大学教师还经常接到广播电台等单位的邀请,公开发表演说,向民众宣传国际形势或传播科学知识等。1945 年 6 月,陈裕光由美归国后就曾在成都广播电台的邀请下前往演讲,"俾增民众对国际现势之认识"。②

（二）国际合作与交流

作为一所外国人创办的教会大学,金陵大学自创立之初即"以沟通中西文化,介绍西方之新进科学,为其自然的特点"。抗日战争时期,金陵大学的办学方针更是"以沟通中西文化为职志",积极致力于"沟通中西文化,交换学术研究,使本校的学术标准有所提高"。③ 陈裕光校长认为"对于东方文化,本国文化,尤常有深刻的认识与批判,不但发扬自己的民族精神,同时也可把它介绍给世界别的民族"④,"此盖东西之文化,各有所长,如能互相发明,则世界上文化,更见灿烂光辉"⑤。因此,陈裕光多次出访美国,一方面,"以一个公民的资格,出外宣传,以促进中美文化,消除国际误会";另一方面,"与本校创办人,及在美中外人士,有所接洽",促进学校建设发展,加强国际合作与交流。⑥ 陈裕光曾于 1943 年 6 月在成

①《陈裕光给蒋介石的信及与孔祥熙、蒋经国等来往信件》,中国第二历史档案馆藏,私立金陵大学档案,全宗号 649,案卷号 357。

②《金陵大学为派员广播讲演一事与成都广播电台的来往文书》,中国第二历史档案馆藏,私立金陵大学档案,全宗号 649,案卷号 10。

③《陈裕光校长在金大举行 60 周年庆祝大会上的讲话》,《南大百年实录》编辑组编:《南大百年实录》(中卷),南京:南京大学出版社,2002 年,第 85 页。

④《陈校长讲教育的整个性》,《金陵大学校刊》1940 年 3 月 10 日,第 1—2 页。

⑤《陈裕光校长在金大举行 60 周年庆祝大会上的讲话》,《南大百年实录》编辑组编:《南大百年实录》(中卷),南京:南京大学出版社,2002 年,第 85 页。

⑥《陈校长报告游美观感并述建校精神》,《金陵大学校刊》1945 年 9 月 16 日,第 1—2 页。

都华西坝五大学举行毕业典礼时指出："五大学之共同职志,乃在
沟通中西文化,取人之长,补己之短,使吾国固有之文化,更臻完
备"。1945 年 1 月,陈裕光在美国与《纽约时报》记者谈话时,也明
确指出"沟通中西文化"是金陵大学的办学方针。①

    抗战期间,金陵大学仍保持着较多的国际交流活动,其中尤以
农学院的交流成果最为丰硕。据 1942 年统计,"目前中国 270 名留
学归国的农业专家中有一半都是我校的毕业生,大约有 30 多名与
我校有合作关系。这使我校农学院与中国许多农业发展机构都有
联系。……我校与各种政府机构和银行之间在农业发展和重建工
作方面也有了越来越多的联系"。② 在国家农林部考选出国实习的
学生中,金陵大学应试考生被录取得最多。③ 并且金大也接收外国
留学生,如:印度留学生 Chandra Ehan 在金大农科研究所园艺部
研究蔬菜育种学。④ 1943 年,鉴于"留美习农者,日渐减少,不满五
十人,将来战后农业建设,定感人才缺乏",原金大教授、中华农学
会理事长邹秉文"特向美国洛氏基金委员会,申请拨款补助,并建
议政府,遴派专门人才,赴美研究",结果得到洛氏基金会的支持,
于1944、1945 年"各准派五十名来美研究",并得到福特汽车公司的

---

① 《陈裕光校长在金大举行 60 周年庆祝大会上的讲话》,《南大百年实录》编辑组编:《南
    大百年实录》(中卷),南京:南京大学出版社,2002 年,第 85 页。
② Annual Report, the College of Agriculture & Forestry, July 1941 to April 1942,《金
    陵大学校董会会议记录》,中国第二历史档案馆藏,私立金陵大学档案,全宗号 649,
    案卷号2311。
③ 《农林部考选出国实习 本校应试同学录取最多》,《金陵大学校刊》1945 年 1 月 16 日,
    第 1 页。
④ 《中印两国文化合作印度派生来校研究》,《金陵大学校刊》1943 年 10 月 15 日,第
    4 页。

支持,"准派二十名来美,专习农具"。①

  同时,由于金陵大学农林专业发展较为突出,来华外国农林专家皆前往交流。1943 年 4—5 月,印度农业研究所英国皇家真菌学专家博德威在成都各处演讲《农业研究之联系》《印度农业问题》等,并在金陵大学系统演讲了《植物抗病育种》《镰刀菌属之研究》《果树病害之防治》《真菌分类学中之种之观念》《真菌学上之专题》等,对金陵大学的植病研究、真菌采集深加赞许。5 月下旬,金大农科研究所农业经济部主任孙文郁教授,与美籍畜牧专家蒋森教授,中大徐木兮、陈之长教授等,前往西康调查,作为将来改进畜牧事业的参考。② 1943 年下半年,继美国先后派遣水土保持专家罗德民、畜牧专家蒋森、费立波诸教授之后,美国又派遣畜牧专家童律克立夫(Dr. E. A. Tonnicliff)来华考察指导。③ 1943—1944 年,美国农业部马铃薯专家戴克斯脱(Dr. T. Dykstra)教授应国民政府的邀请,来华考察四川省的马铃薯病害情况,多次在金陵大学发表演讲。④ 鉴于中国的马铃薯受卷叶病与晚疫病所侵害,损失颇重,戴克斯脱教授"由美带来抗病品种五十二种,送经试验,中有四种,成绩最佳,现仍分兰州、成都、贵阳三区,继续试验。俾于最近期间,育成品种,大势推广。"⑤1944 年 5 月,金陵大学农学院美籍教授卜凯,受聘为财政部顾问,前往重庆协助设计中国农业机械化

---

① 《政府明年派员留美》,《金陵大学校刊》1943 年 12 月 1 日,第 7 页。

② 《外籍农业专家纷纷莅校罗德民蒋森两氏出发考察》,《金陵大学校刊》1943 年 6 月 1 日,第 4 页。

③ 《中美两国农业技术合作》,《金陵大学校刊》1943 年 11 月 1 日,第 4 页。

④ 《美国专家戴氏返校发表西北马铃薯考察谈话》,《金陵大学校刊》1943 年 11 月 1 日,第 4—5 页。

⑤ 《戴克斯脱教授畅谈马铃薯育种与推广》,《金陵大学校刊》1944 年 5 月 5 日,第 4—5 页。

问题。① 1944 年 11 月,金陵大学接到农林部拟选派赴美农业实习人员 160 名的消息,农学院立即推荐各系讲师助教 30 名,"实习科目为农艺、园艺、植病、森林等十五种","该项人员经初选及格后,尚须赴渝复试,一经录取,年底即可出国"。② 1944 年 11 月,哥伦比亚大学图书馆学学院院长兼图书馆馆长怀特博士(Carl M. White)来华考察,亦前往金陵大学考察交流。③ 1945 年,中国劳动协会拟在贵阳筹办美国陆军供应处中国工人服务站,特请金陵大学帮助遴选"有志工人运动并长于英语"的应届毕业生数名。④

第二节　政府及社会各界对金大的支持

一、政府肯定与表彰

早在 20 世纪 20 年代,金陵大学通过率先更换华人校长、向政府注册立案等举措,赢得了社会各界的好感,一定程度上扭转了民众对教会大学的偏见。1937 年抗日战争全面爆发,当燕京大学等教会大学在西方国家庇护下仍继续在东部办学的情况下,金陵大学选择与国民政府共进退,举校西迁至四川,在抗战大后方努力为国家抗战、建设服务,并在国际上为中国抗战争取支持

① 《中华农学会学术讲演:卜凯教授讲〈农民问题〉》,《金陵大学校刊》1944 年 5 月 5 日,第 5 页。
② 《本校农学院保送赴美实习人员》,《金陵大学校刊》1944 年 11 月 16 日,第 4 页。
③ 《金陵大学接待外国学者和学术团体的有关文书》,中国第二历史档案馆藏,私立金陵大学档案,全宗号 649,案卷号 5。
④ 《金大受邀为筹办中的美国陆军供应处中国工人服务站征选应届毕业生》(1945 年 7 月 3 日),中国第二历史档案馆藏,私立金陵大学档案,全宗号 649,案卷号 14。

力量。同时,金陵大学留守在南京校园的贝德士、史迈士、威尔逊、陈嵘、齐兆昌等中外籍教员,不顾日军的威胁恐吓,充分发扬人道主义精神和宗教救世情怀,对难民开展了大量的救助与教育工作,保护了数以万计的难民,做出了不朽的历史功绩。蒋介石、宋美龄等多次在公开场合赞扬基督教人士救援难民、以及对中国抗战的支持。通过对国家抗战、建设的支持与奉献,金陵大学得到了政府及社会各界的广泛认同,其高水平的科学研究、人才培养、社会服务能力备受关注,与政府相关部门及社会组织的合作交流愈加频繁。

1937 年 8 月,国民政府提出"战时须作平时看"的教育方针,在《总动员时督导教育工作办法纲领》中明确指出"一切仍以维持正常教育",在采取战时教育应急措施的同时,强调要维持正常的教育与管理秩序。1938 年 4 月,中国国民党临时全国代表大会通过了《中国国民党抗战建国纲领》及《战时各级教育实施方案纲要》,强调:"教育为立国之本,整个国力之构成,有赖于教育,在平时然,在战时亦然。国家教育在平时若健全充实,在战时即立著其功能;其有缺点,则一至战时,此等缺点则全部显露,而有待于急速之补救与改正,所贵乎战时教育之设施者,即针对教育上之缺点,以谋根本之挽救而已,非战时教育之必大有异于平时也。"明确四大应对举措:"一、改订教育制度,及教材,推行战时教程,注重于国民道德之修养,提高科学的研究,与扩充其设备;二、训练各科专门技术人员,与以适当之分配,以应抗战需要;三、训练青年,俾能服务于战区及农村;四、训练妇女,俾能服务于社会事业以增加抗战力量。"并提出九大教育方针:"一曰,三育并进;二曰,文武合一;三曰,农村需要与工业需要并重;四曰,教育目的与政治目的一贯;五曰,家庭教育与学校教育密切联系;六曰,对于吾国固有文化精粹所寄之文史哲艺,以科学方法整理发扬,以立民族之自信;七曰,对于自然科学,依据需要,迎头赶上,以应国防生产之急需;八曰,对于社会科学,取人之长,补己之短,对其原则整理,对于制度应谋创造,以求一切适合于国情;九曰,对于各级学校教育,力求目标之明显,并谋各地平均之发展,对于义务教育,依照原定期限,以达普及,对于社会教育与家庭教育,力求有计划之实施。"①

　　1939年3月,第三次全国教育会议再次明确教育对国家的重要性以及教育与经济发展等方面的重要联系,强调"要以革命救国的三民主义为我国教育的最高基准",指出:"现代国家的生命力,由教育,经济,武力三个要素所构成,教育是一切事业的基本,亦可以说教育是经济与武力相联系的总枢纽,所以须以发达经济,增强武力,为我们的教育方针","尤其是这个抗战建国时期,我们必须发展经济,以充实战时的国力,以奠立战后建国的基础,更必须增强武力,以期一方面克敌制胜,一方面建国救民。我们要由战时种种艰苦困难的当中,造成我们中国为富有活力富有前途的现代国家","平时要当战时看,战时要当平时看","我们为适应抗战需要,符合抗战环境,我们应该以非常时期的方法,来达成教育本来的目的,运用非常的精神,来扩大教育的效果","切勿为应急之故,而就丢却了基本,我们这一战,一方面是争取民族生存,一方面就要于此时期中改造我们的民族,复兴我们的国家,所以我们教育上的着眼点不仅在战时,还应当看到战后,我们要估计到我们国家要成为一个时代的国家,那么我们国民的知识能力应该提高到怎样的水准,我们要建造我们国家成一个现代国家,我们在各部门中需要若

---

①《教育研究》(广州)第84期,1938年,第69页。转引自袁佳红、王志昆、曾妍主编:《中国战时首都档案文献:战时文化》,重庆:西南师范大学出版社,2017年,第2—3页。

干万的专门学者,几十万乃至几百万技工和技师,更需要几百万的教师和民众训练的干部,这些都要由我们教育界来供给的,这些问题都要由我们教育界来解决的。"并且,此次会议还强调了抗战精神的重要性,指出:要"坚定我们全国抗战的意志,建立我国积极建国的精神,尤其要时时刻刻提高我们民族固有的道德","若不是以精神胜过物质,就不能求得抗战的胜利,若不是运用我们民族固有的道德和革命精神,若不由此精神产生出力量,创造出物质,就没有法子达到建国的成功","必须发扬我们民族固有的精神道德,激起全民族的独立自尊性,唤起全民族对侵略我们灭亡我们的暴敌有同仇敌忾的牺牲性,树立起全民族对革命前途和国家的将来有深切的自信心,从而鼓励起向前进取,积极奋斗的决心,而后我们这一个广大悠久的民族才能从千辛万苦中孕育出光明灿烂的新生命。"①

为确保国家教育方针贯彻落实,教育部"例于每学年将终或开始时,分别派员至各校视察"。② 金陵大学多次接受教育部的视察:1940 年 5 月 29 日视察后,教育部指出:金陵大学"校务管理,极有条理,校舍宿舍,均整齐清洁,教员亦多尽忠职务","该校功课繁重、学生多潜心学业,但青年团及党部均已成立。惟当成都抢米风潮发生后,有农学院植物病理系四年级某女生自动请假离校,并请保留学籍。至今该生尚未到校。其余思想,多属纯正","该校经费,因外汇关系,尚属裕余。理农两学院,特别优异各教授,对于学科之研究,尤著成绩,殊堪嘉尚。惟校舍课堂,多系借用华大者,管

---

① 《总裁出席第三次全国教育会议训词》(1939 年 3 月 4 日),江西省国民教育师资辅导委员会:《江西国民教育业书(第一种):国民教育言论集》,1941 年,第 1—6 页。

② 《教育部视察员即将来校》,《金陵大学校刊》1940 年 5 月 10 日,第 1 页。

理上似感不便。各系学生,有殊嫌太少之处,如历史系四年级只一
人,二三年级均无学生,即一年级只有学生四人。社会系一年级六
人,二三四年级均无。中国文学系只一年级三人,二三四年级均无
人。其他各系亦有年级中断无人者,殊不经济,以后招收学生时,
似应通筹计及之。"1941 年 8 月 2 日,教育部训令指出:"该校理学
院在渝部分,前经本部派员视察,据报该部分办理情形大致尚可。
电化教育专修科对于制片、制电池等颇有成绩,汽车专修科能与有
关各事业机关充分合作。惟该部分并无专任训导人员之设置,为
谋对于学生思想性行予以积极之训导,亟应依照规定切实施行导
师制。对降旗及国民月会,均应依照规定办法分别举行。"①1942
年 3 月 3 日,教育部训令指出:"该校近经本部派员视察,据报该校
对于学术研究尚著成绩,训育与管理亦大致尚可,惟军事管理尚未
严格施行,应即按照规定认真办理。学生生活情形尚欠朴实,应予
注意矫正。"②1943 年 3 月 4 日,教育部训令指出:"该校理学院重庆
部分上年经本部派员视察,拟送视察报告,该院教学认真,学生学
业考核极为严格,教员研究工作颇著成绩,与校外事业机关合作,
成绩颇佳,附设工厂,对于战时工业颇有贡献,职员人数不多,工作
效率较高,惟该院各项设备,仍感不敷应用,应筹款增置,导师忙于
教学,对于学生思想言行,未能多予注意,厨房膳食,亦欠整洁,均
应设法改进。"③1944 年 7 月,教育部在视察私立金陵大学理学院

---

① 《教育部派员视察私立金陵大学金陵女子文理学院校务的有关文件》,中国第二历史
　 档案馆藏,国民政府教育部档案,全宗号 5,案卷号1997。
② 《教育部派员视察私立金陵大学金陵女子文理学院校务的有关文件》,中国第二历史
　 档案馆藏,国民政府教育部档案,全宗号 5,案卷号1997。
③ 《教育部训令(高字10138号)》(1943 年 3 月 4 日),中国第二历史档案馆藏,私立金陵
　 大学档案,全宗号 649,案卷号 68。

的报告中称赞道:"院长魏学仁学问优长、精神饱满,对于推进院务甚为积极,不因物资缺乏感觉困难,与校外事业机关合作成绩甚好,计合作机关有本部社会教育司、中等教育司、四川省教育厅、中央无线电器材厂、交通部、财政部贸易委员会及运输统制局等,合作事项为人才训练、技术合作、委托制造及合办工厂等。该院现有电影制片厂、电机厂、电池厂等业务均能发展,对于战时工业颇有贡献,教授多数业经审查合格,职员人数甚少,工作效能甚高,此点殆为国立学校所不及。"①1944 年 12 月 1 日,教育部训令指出:"该校理学院前经本部派员视察,兹据报告,该院院长在经济困难情形下苦心支持,并与政府机关取得技术及物力上之合作,院务顺利进行,学风纯良,学生亦肯潜心学业,甚属难得,惟内务尚欠整饬,应注意改善,又该院无军训教官且不升旗,皆有未合,应遵章办理,合行令仰,遵照办理具报,此令。"②

从教育部的一系列视察报告中可以看出,尽管教育部对金大在军事管理和思想教育方面的表现不甚满意,但对金大在教学科研、社会服务等方面的表现十分认可,认为与国家"建教合作"的政策相符,因此对金陵大学多次予以褒奖。1943 年 1 月 21 日,教育部部长陈立夫在给陈裕光校长的信中称赞道:"该校农学院创立三十年,成绩卓著,教学辛勤,观成不易,深盼今后益宏,国父地尽其利之遗教,以赞经济建设之宏规。讲明农学,作育人才,以裕民生,

---

① 《教育部派员视察私立金陵大学金陵女子文理学院校务的有关文件》,中国第二历史档案馆藏,国民政府教育部档案,全宗号 5,案卷号 1997。

② 《教育部派员视察金陵大学的训令及有关文书》,中国第二历史档案馆藏,私立金陵大学档案,全宗号 649,案卷号 4。

而扬校誉,本部长有厚望焉。"①1 月 25 日,教育部训令称:"查该校农学院在国内高等农业教育机关中,历史最为悠久。历来培养农业人才,倡导农业改进,增加农业生产,裨益民生,功效昭著"。② 11 月 13 日,教育部再次对金大的电化教育成果予以表彰:"查该校年来办理电化教育著有成绩,应予嘉奖。"③并且,在金大成立 55 周年之际,教育部部长陈立夫在给金陵大学的训词中称赞道:

> 基督教会之创立学校于吾华,本其教义之爱人以德,数十年来,所成就人才,盖不为少。私立金陵大学之创设于南京,于今已 55 年,其历史盖不为不久,而文、理、农三学院亦皆卓有成绩。国民政府成立,立案最早。抗战军兴,迁校成都,勤实之学风未坠,其于中美文化之交流,良多贡献。本部顷于其农学院创设 30 周年纪念,即曾特予褒奖,作育人才,固其校史之为世所称道者矣。

> 抑过去以不平等条约之存在,宗教事业与教会所创设之学校往往为人疑虑,以其享有特殊权利也,遂或以文化侵略为之病,今者平等条约亦已订定,教会学校之素能恪遵功令而为国育才者,将以此障碍之排除,而益励其已立立人之志愿,造就愈宏,其平昔之成绩,亦将愈为世所乐得而称美,是则金陵大学之纪念校庆于不平等条约废除之始,尤足为学校庆幸者也。其悠久之历史将由此而弥补其可久,其作人之事业,将由

---

① 《陈立夫给金陵大学陈裕光等人的信》(1943 年 1 月 21 日),中国第二历史档案馆藏,私立金陵大学档案,全宗号 649,案卷号 68。

② 《教育部训令》(1943 年 1 月 25 日),中国第二历史档案馆藏,私立金陵大学档案,全宗号 649,案卷号 68。

③ 《教育部训令(社 15 字第55268号)》(1943 年 11 月 13 日),中国第二历史档案馆藏,私立金陵大学档案,全宗号 649,案卷号 68。

此而益求其可大,必为当世所共信共祝也无疑。

　　昔人有言,不忘在莒,他日抗战成功以后,金陵大学自将随国府而俱还首都,且将庆其复校,而此数年来播迁西蜀,师生辛勤奋斗之壮迹,以无坠其崇实之学风,当永远为其校史中不磨之一页,而以发扬民族精神,吸收西方文化,为全校师生之职责,以奠校基于永固,谋使命之达成,此则余所以于其纪念立校 55 周年之日,愿为预祝者也。①

教育部的褒奖之词既是对金陵大学办学成就的认可,也是一种带有方向性的管理与引导。这种指向性在经费方面的表现则更加明显,凸显了国民政府对国家抗战、建设的规划及对大学教育科研与社会服务发展方面的导向。

二、经费支持与导向

　　抗日战争爆发前,金陵大学的经费收入主要来源于西方差会、学生的学杂费和国外捐款,大约"三分之二自行筹措,三分之一由国外资助"。② 抗战爆发后,西方差会的拨款与学生学杂费收入占比大幅降低,至抗战后期,两项总和且不到总收入的 10%。如表 18 所示,差会拨款始终较为稳定,是金大长期发展的重要保障,然而,抗日战争时期,在多方面因素的影响下,差会资金的支持逐步失去主导地位,至抗战后期,已经降至总收入的 3% 以下。经济方面的支持直接关系学校管理中的话语权,抗战期间,西方差会对金大发

① 陈立夫:《金陵大学 55 周年纪念训词》,《南大百年实录》编辑组编:《南大百年实录》（中卷）,南京:南京大学出版社,2002 年,第 75—76 页。
② 车济炎:《我对母校的认识》,金陵大学南京校友会编:《金陵大学建校一百周年纪念册》,南京:南京大学出版社,1988 年,第 320 页。

展的影响力呈逐步减弱的态势。如表 19 所示，"学生学杂费收入
在办学初期是金大最大的一笔收入，和差会拨款共同支撑经费基
本盘"。[①] 然而，抗战期间，学杂费收入逐年递减，内迁之后招生规
模变小，学费收入更是骤减。

表 18　金陵大学历年收入中的差会拨款及基本金利息　　单位：元

时间	基本金利息	差会拨款	差会薪水	差会总拨款	差会总拨款占总收入百分比(%)	总收入
1912	0	—	—	17 863.78	42.81	41 729.39
1913	0	22 519.68	3 732.32	26 252.00	38.54	68 109.79
1914	0	—	—	15 166.64	10.26	147 856.98
1915	0	—	—	55 083.55	28.51	193 199.87
1916	0	—	—	72 508.07	30.81	235 349.74
1917	0	—	—	62 765.29	15.62	401 830.34
1918	0	—	—	35 410.25	10.15	348 791.55
1919	0	—	—	85 078.18	22.87	371 954.84
1920	11 243.77	65 767.69		77 011.46	13.94	552 311.34
1921	56 729.34	54 690.25		111 419.59	22.66	491 797.62
1922/1—6	12 673.23	7 236.00	24 950.00	44 859.23	23.97	187 171.07
1923/1—6	10 375.00	12 000.00	29 095.00	51 470.00	27.46	187 411.25
1923—1924	18 099.68	27 000.00	61 826.90	106 926.58	34.91	306 308.12
1924—1925	19 030.88	27 000.00	64 719.80	110 750.68	36.29	305 209.96
1925—1926	21 364.52	27 000.00	64 621.09	112 985.61	30.44	371 213.76

① 蒋宝麟：《金陵大学大学治理结构述论》，博士后出站报告，南京大学，2016 年，第 46 页。

续表

时间	基本金利息	差会拨款	差会薪水	差会总拨款	差会总拨款占总收入百分比(%)	总收入
1927—1928	19 000.00	9 000.00	40 040.00	68 040.00	27.63	246 293.00
1928—1929	32 400.00	69 980.00		102 380.00	57.45	178 179.00
1929—1930	46 457.20	13 460.00		59 917.20		—
1931—1932	18 900.00	36 395.00	42 133.00	97 428.00	31.15	312 798.54
1932—1933	50 857.55	16 142.45	47 607.30	114 607.30	12.39	932 857.04
1933—1934	35 561.79	14 808.13	46 370.16	96 740.08	9.94	973 339.35
1935—1936	31 862.65	48 879.80		80 742.45	8.39	962 545.59
1941—1942	357 479.05	180 637.38	42 999.99	581 116.42	9.72	5 979 720.93
1942—1943	1 265 904.24	211 508.70	45 333.30	1 522 746.24	14.47	10 525 261.86
1943—1944	298 509.60	268 499.93		567 009.53	2.24	25 282 513.66
1944—1945	6 755 529.00	1 099 999.96	2 129 062.5	3 229 062.46	2.91	111 122 736.79
1946—1947	333 876 900.00	125 097 000.00	69 412 000.00	528 385 900.00	18.20	2 903 139 646.37
1947—1948	4 183 734 800.00	5 004 216 000.00	4 032 000 000.00	13 219 950 800.00	19.60	67 432 649 654.73

　　注:1933—1934 年度前为墨洋(Mex.),1933—1934 年度起用银圆,1936—1937 年度起用法币。内迁时期金陵大学总收入不含南京方面的收入。

　　资料来源:蒋宝麟:《金陵大学的经费来源与运作研究(1910—1949)》,《中国经济史研究》2018 年第 4 期。

表 19　金陵大学历年收入中的学生学杂费　　　　单位:元

年度	学生学杂费	学杂费占总收入百分比(%)	总收入
1912	8 945.18	21.44	41 729.39
1913	14 818.85	21.78	68 109.79
1914	18 832.96	12.74	147 856.98
1915	22 028.90	11.40	193 199.87
1916	38 727.41	16.46	235 349.74
1917	57 882.03	14.40	401 830.34

年度	学生学杂费	学杂费占总收入百分比(%)	总收入
1918	42 596.54	12.21	348 791.55
1919	71 797.33	19.30	371 954.84
1920	86 523.79	15.67	552 311.34
1921	126 741.14	25.77	491 797.62
1922/1—6	52 288.60	27.94	187 171.07
1923/1—6	43 920.00	23.44	187 411.25
1923—1924	174 166.60	56.84	306 308.12
1924—1925	143 280.15	46.94	305 209.96
1925—1926	145 895.23	39.30	371 213.76
1927—1928	43 516.00	17.67	246 293.00
1928—1929	70 099.00	39.34	178 179.00
1931—1932	63 732.16	20.37	312 798.54
1932—1933	188 104.22	20.16	932 857.04
1933—1934	117 530.40	12.07	973 339.35
1935—1936	223 069.36	23.17	962 545.59
1941—1942	163 417.69	2.73	5 979 720.93
1942—1943	492 313.16	4.68	10 525 261.86
1943—1944	1 232 452.26	4.87	25 282 513.66
1944—1945	1 551 577.40	1.40	111 122 736.79
1945—1946	15 253 093.00	5.08	300 406 798.00
1946—1947	523 504 095.00	18.03	2 903 139 646.37
1947—1948	5 926 828 570.00	8.79	67 432 649 654.73

注:1933—1934年度前为墨洋(Mex.),1933—1934年度起用银圆,1936—1937年度起用法币。

资料来源:蒋宝麟:《金陵大学大学治理结构述论》,博士后出站报告,南京大学,2016年,第47页。

　　抗战时期,政府拨款与国内外捐助逐渐成为金大收入的重要来源,且在与各级政府及地方组织合作中,金大不仅获得了经济支持,同时也通过合作,进一步拓展了学校的教学科研事业。

　　金大收到的国外援助主要有美国对华赈济基金(American Committee for China Famine Fund)、洛克菲勒基金会(Rockefeller Foundation)、霍尔基金(Hall Fund)、哈佛燕京学社(Harvard-Yenching Institute)、中英庚款等,多项援助一直持续到战后。其中,洛克菲勒基金会20世纪20年代即开始资助金大农学院开展土地调查等研究工作;并曾资助农学院林传光等人前往美国康奈尔大学进修植物病理学,补助金大植物病理研究室研究设备费1 000美元;①抗战后期,甚至增加了援助力度,从1944—1945年度起,对金大农业经济系的研究补助,由4 000美元增加至1.5万美元。② 中英庚款董事会自1938年起在金大设置讲座四席并予以资助,抗战中后期"因受战事影响,该会息金骤减,致原定补助数额无力继续",但"在经费困难中,每年仍津贴万元"。③ 此外,抗战大后方物资贫乏、资源短缺,国际救援委员会、美国红十字会等组织还多次开展日用费津贴、维生素、布匹捐赠等各种形式的援助活动,一定程度上改善了金大师生战时物资缺乏的困境。④

---

① 《本校植物病理研究室得洛氏基金补助》,《金陵大学校刊》1941年12月1日,第1页。
② 《农学院消息》,《金陵大学校刊》1944年5月5日,第4页。
③ 《补助费汇志》,《金陵大学校刊》1942年10月1日,第2页。
④ 《美国"罗斯福"白布到校》,《金陵大学校刊》1943年11月1日,第2页;《本校教职员福音》,《金陵大学校刊》1944年10月16日,第2页。

表 20　金陵大学历年收入中的国民政府教育部补助经费(经常、临时)

单位:元

年度	教育部补助预算	教育部补助实收	教育部补助占总收入比(%)	总收入
1934—1935	30 000.00	—	—	—
1935—1936	26 737.00	34 237.00	3.56	962 545.59
1936—1937	30 000.00	30 000.00	2.16	138 6 751.20
1937—1938	35 000.00 (26 350.00)	26 249.00	2.86	916 708.47
1938—1939	26 950.00	20 000.00	—	—
1939—1940	33 000.00	—	—	—
1940—1941	54 500.00	—	—	—
1941—1942	79 500.00	527 113.05	8.82	5 979 720.93
1942—1943	332 000.00	310 336.53	2.95	10 525 261.86
1943—1944	290 000.00	444 942.00	1.76	25 282 513.66
1944—1945	—	3 899 980.00	3.51	111 122 736.79
1945—1946	—	2 300 000.00	0.77	300 406 798.00
1946—1947	54 000 000.00	22 500 000.00	0.78	2 903 139 646.37
1947/7—12	460 000 000.00	760 000 000.00	1.13	67 432 649 654.73

　　注:本表所列教育部补助费不包含合作研究、委托办学经费及学生贷金。1933—1934 年度前为墨洋(Mex.),1933—1934 年度起用银圆,1936—1937 年度起用法币。

　　资料来源:蒋宝麟:《金陵大学的经费来源与运作研究(1910—1949)》,《中国经济史研究》2018 年第 4 期。

　　教育部对私立大学(含教会大学)的补助主要分为三类,第一类是经常费,"主要用于设置教席、购置设备及图书等用途";第二类是临时费,"主要用于校园建筑或补贴教职员生活";第三类是教育部与高校开展合作研究或委托办学的专项经费。①

————————

① 蒋宝麟:《金陵大学的经费来源与运作研究(1910—1949)》,《中国经济史研究》2018 年第 4 期。

抗战时期,教育部补助金大的经常费和临时费情况如表 20 所示,占金大总收入的比重并不高,且抗战后期因通货膨胀严重,收入占比更少。然而,其时效性和针对性强,有力缓解了金大办学困境。

以教职工津贴的临时费补助为例,1940 年 11 月,因物资匮乏、通货膨胀严重,华西坝各校教职员生活十分困难,"大都罄全月所获之薪金,尚不足购一月之食米"。此时,教育部对国立大学教职员已有津贴办法,且四川省政府已经对公私立学校采取一致态度。于是,金陵大学、齐鲁大学、金陵女子大学、华西协合大学四校向教育部致函,请求"钧部迅赐救济","准予与国立学校教职员,同样由钧部津贴"。因粮价持续飞涨增高,1941 年 2 月 18 日,四校再次致函教育部,请求予以救济。2 月 25 日,四校再次向教育部致函,详细陈述所遇困难及经费收支情况,"联合请求增给本年度补助费及续给临时补助以资维持",并推由金大校长陈裕光、金女大校长吴贻芳面呈。[1] 3 月 10 日,金大等校的申请终于得到回应,国民政府行政院"鉴于迁川私立各校,员生生活艰苦","特饬财部拨发国币一百万元以资救济",根据各校实际情况及员生人数比例制定分配标准,其中,金大分配到此项救济费 8 万元,附属中学得 2 万元。[2] 在此办学困境之时,国民政府的紧急补助对金大发展起到了重要的缓解和过渡作用。1942 年度教育部对省私立专科以上学校补助费中明确部分款项用于改善教职工生活,指示:金大获得的 20 万

---

[1]《教育部关于齐鲁大学、金陵大学、金陵女子文理学院等各高等院校临时补助费事与财政部往来函》(1939 年 8 月—1941 年 4 月),中国第二历史档案馆藏,国民政府教育部档案,全宗号 5,案卷号 2960。

[2]《政府拨款救济迁川私校 本校及附中共得十万元》,《金陵大学校刊》1941 年 3 月 10 日,第 1 页。

元,"经指定以三分之一至二分之一之款项用为提高教职员待遇,或给予生活津贴,其他部分作为充实设备或设置特种教席之用"。①1943年初,"鉴于各省市私立专科以上学校,因物价高涨,经费不敷",教育部再次拨发省市私立专科以上学校临时补助费,规定"该项补助费之一半,作为充实教学设备,一半作为改善教职员生活之用",其中,金大获得补助13.2万元。②

除经常费和临时费补助之外,国民政府在金大经济收入中发挥的作用,还有学生贷金、进口税收减免以及与金大合作研究、委托办学工作中予以的资金补助、战事引发的救济等。

抗战初期,教育部仅允许公立学校学生申请贷金。1938年2月,为进一步救济资助战区学生,教育部颁布了《公立专科以上学校战区学生贷金暂行办法》,规定:"凡公立专科以上学校学生,其家在战区,费用来源断绝,确切证明必需救济者,得向所在学校申请贷金","贷金分全额及半额两种",贷金数目"视学校所在地生活费用及学生实际需要情形定之","学生所领贷金,其偿还期间不得超过战事终了三年"。③ 直至1943年8月,教育部颁布了《非常时期国立中等以上学校及省私立专科以上学校规定公费生办法》,规定自1943年起,改贷金制度为公费制度,"以科系之分别,定公费之比例"。④ 由此,金大等私立专科以上学校的学生也可申请公费

---

① 《教育部三十一年度省私立专科以上学校补助费》,《金陵大学校刊》1942年5月15日,第1页。

② 《教育部拨发本校临时补助费》,《金陵大学校刊》1943年3月15日,第2页。

③ 《教育部第三四四号训令》(1938年2月5日),《教育法令汇编》(第4辑),1939年,第66页。

④ 国民政府教育部教育年鉴编纂委员会:《第二次中国教育年鉴》(第2编),上海:商务印书馆,1948年,第25页。

教育。抗战期间,金陵大学获得教育部该项补助费用,计为1942—
1943 年度778 710.58元,1943—1944 年度2 156 010.45元,1944—
1945 年度9 250 833.92元。① 此项补助远超教育部经常费、临时费
补助额度,对金大办学支持更甚。并且,抗战后期,教育部多次对
各校连续服务满十年、十五年及二十年以上的教员,分别授予服务
奖状,并特拨专款"作为发给专科以上学校久任教员奖金,以资激
励"。② 金大陈裕光校长及李小缘、魏学仁、孙文郁、唐美森等教员
均获此殊荣。③

　　政府部门及国内各类组织在金大的合作研究和委托办学等工
作中予以大量补助和奖金,多为指定的专门用途,强调国家重要科
研、生产领域的发展及紧缺人才的培养。

　　为加强专门人才培养,在 1941 年度教育部对省私立专科以上
学校补助费中,金大获得61 000元,其用途"除经指定边疆史地,经
济学,化学工程,机械工程,植病等教席俸给外,其余额作为普通补
助设施费,及空袭损失救济费";④1942 年教育部委托代办各科系
补助费分别为:"电机工程系公费生两班,开办费六万元,每月经常
费八千元,汽车专修科每月四千一百六十元,电化教育专修科每学
期五千元,园艺职业师资组每年一万五千元,农业指导人员训练班

① 蒋宝麟:《金陵大学的经费来源与运作研究(1910—1949)》,《中国经济史研究》2018
　　年第 4 期。
② 《教育部奖励久任教员本校三十余人受奖》,《金陵大学校刊》1943 年 3 月 1 日,第 9
　　页;《教部奖励久任教员本校复有十九人受奖》,《金陵大学校刊》1943 年 6 月 1 日,第
　　1 页。
③ 《陈校长等获教部奖状》,《金陵大学校刊》1945 年 12 月 16 日,第 1 页。
④ 《教育部三十年度省私立专科以上学校补助费》,《金陵大学校刊》1941 年 4 月 10 日,
　　第 1 页。

每期二万五千元";①1943年4月,鉴于"专门技术人才之重要,各项师资之缺乏",教育部委托金大"代为招收学员,加以训练,以济国用",所发放各项补助费分别为:电机工程系90 000元,汽车专修科90 000元,电化专修科71 250元,园艺师资班28 750元,四大学合办英语专修科90 000元。②

　　为促进农业发展,1941年度农林部补助金大农科研究所农业经济部经费4.5万元;③1942年,中华文化基金会与金大农艺系合作研究农事改进,并补助研究经费,在其资助下,黄瑞采教授负责研究《土壤物理性状影响四川黄壤与紫棕土冲蚀现象》,庄巧生先生负责研究《小麦之细胞遗传》,该系陈绍龄同学亦在其资助下,赴清华农业研究所继续开展遗传研究;④1942年,上海商业储蓄银行捐款10万元,供金大农业经济系作研究之用;⑤1943年12月,鉴于金大在陕西棉花改良实验的成功实践,重庆财政部花纱布管制局特拨款10万元,补助金大陕西泾阳西北农事试验场,作为加强研究与推广业务之用;⑥1943年,鉴于金大"成绩卓著,于我国农学教育,贡献甚大",中华教育文化基金董事会特补助金大农学院2万元,"用作植物病理研究经费或其他用途亦可";⑦中华农学会为"奖助清寒优秀之农学研究生,鼓励学术研究",特制定《中华农学会奖

---

①《补助费汇志》,《金陵大学校刊》1942年10月1日,第2页。

②《教育部核定本校各项补助费》,《金陵大学校刊》1943年4月15日,第3页。

③《补助费汇志》,《金陵大学校刊》1942年10月1日,第2页。

④《中华文化基金会研究补助》,《金陵大学校刊》1942年10月1日,第5页。

⑤《上海银行捐款十万元补助本校农业经济系》,《金陵大学校刊》1942年12月1日,第5页。

⑥《财部花纱布局拨款补助本校西北农事试验场》,《金陵大学校刊》1943年12月1日,第6页。

⑦《中华教育基金会奖励本校植病研究》,《金陵大学校刊》1943年4月1日,第4页。

助农学研究生暂行办法》,1943 年金大有 4 名同学获此资助;①
1943 年初,金大农科研究所发起募捐奖学金,以期设立讲学基金
30 万元,取息奖学。各方纷纷响应,截至 4 月 1 日,已有农学院部
分教职员认捐一个月的薪金,部分校友捐助数万元,并有"四川省
政府捐助十万元,中国农民银行孔董事长捐助五万元,财政部贸易
委员会捐助一万元,川省闻人谢德堪师长捐助一万元"等。②

为推进科研进步、促进工业发展,1939 年 10 月,教育部教育播
音委员会与金大理学院在重庆合办干电池厂,教育部负责资本,先
行出资 5 万元,理学院负责技术;③1943 年,教育部举办学术奖评
选,金大理学院李方训教授所著《离子半径与其在水溶液中之物理
化学性质》获二等奖,农学院章伯雨副教授、汪荫元讲师合著的《中
国农佃问题》获三等奖,植物系李扬汉讲师编写的《植物学》大学教
材,"为大学植物学课程中最完善之教本,自出版问世,人争购置",
获甲等奖励金 4 100 元;④同时,在教育部举办的"第二届著作、发
明、美术请奖作品"评选中,金大国文系罗倬汉教授所著《诗乐论》
获"古代经籍类"二等奖。又罗教授在上届曾以所著《史记十二诸
侯年表考证》一书获得一等奖;⑤1943 年 11 月,为感谢金大的支持
与协助,四川省科学仪器制造所捐赠金大生物模型标本一套,"计

---

① 《奖助农学研究生本校分配四名》,《金陵大学校刊》1943 年 3 月 15 日,第 5 页。
② 《筹募农科研究所奖学金川省府中农行等慨捐巨款》,《金陵大学校刊》1943 年 4 月 1
日,第 3 页。
③ 《适应抗战电器需要教部与本校合办干电池厂》,《金陵大学校刊》1939 年 10 月 25 日,
第 2 页。
④ 《学术之光》,《金陵大学校刊》1944 年 5 月 5 日,第 2 页。
⑤ 《奖励优良著作本校罗倬汉教授两度获奖》,《金陵大学校刊》1943 年 6 月 1 日,第
1 页。

模型二十七种,解剖示范标本四十余件,价值约二万余元";①1943年12月,教育部拨款5万元,用作金大研究所设备费用支出。②

为发展社会教育与社会福利事业,1939年9月,教育部颁发1 000元奖励金,作为金大社会教育之用;③1940年8月,鉴于金大"二十八学年度兼办社会教育成绩,经本部考核结果,尚属优秀",教育部特拨款1 000元,以资奖励,"此款专充该校扩充社会教育事业之用";④1941年度社会部为培植社会福利工作人才,补助金大1万元,赈济委员会补助金大社会服务部经费5万元;⑤1943年10月,鉴于金陵大学"兼办社教工作计划,尚属周翔,电影与播音月刊,亦称充实",教育部特补助金大1.5万元,其中"万元专作补助电音用,其余五千元,可自由支配"。⑥

战时特殊背景下,教育部对金大还有一些紧急救济。西迁之后,金陵大学"校舍、设备均不敷用,经费拮据",于是成立学校复兴委员会,筹募资金,1939年先后获得"教育部补助费493 000元,美国庚款董事会补助15 000元,上海银行补助10 000元,成都厚生毛织厂补助10 000元,美国洛氏基金委员会拨助美金7 000元"。⑦1940年8月及9月,金大理学院重庆校舍两次中弹,建筑及设备等

---

① 《四川省科学仪器制造所捐赠本校生物模型整套》,《金陵大学校刊》1943年11月1日,第4页。

② 《教育部经费到校》,《金陵大学校刊》1944年1月15日,第6页。

③ 《教育部奖励本校社教工作》,《金陵大学校刊》1939年9月25日,第2页。

④ 《教育部训令(社15字第28025号)》,1940年8月28日,中国第二历史档案馆藏,私立金陵大学档案,全宗号649,案卷号68。

⑤ 《补助费汇志》,《金陵大学校刊》1942年10月1日,第2页。

⑥ 《教部补助社教事业〈电影与播音〉万元》,《金陵大学校刊》1943年10月1日,第4页。

⑦ 沙兰芳:《金陵大学沿革》,金陵大学南京校友会编:《金陵大学建校一百周年纪念册》,南京:南京大学出版社,1988年,第30页。

均遭遇严重损毁,特向教育部请求救济,然而教育部因"上年度救济专款业经分配无余"而未予以完全救济,仅补助设备费1万元,理学院只能设法自行筹措经费12万元用以修建校舍、购置器材。1941年8月,金大理学院重庆校舍再次遭遇空袭,遭遇损毁更加严重,"电机工程系之电讯实验室,电机实验制造厂,电化教育专修科之电影摄制室,冲洗室,放映室,及一部分教职员宿舍,均被炸毁;其他器材储藏室,金木工实验室,汽车工程实验室,俱遭波及,损失亦重。经清查估价,校舍及器材设备等全部损失,共计国币二十七万二千四百六十三元七角五分整",因此,再次向教育部请求拨款救济。① 同时,金陵大学领先的教育科研水平亦是因为有大量进口的先进设备、高质量仪器及最新的影片、图书等资料,为此金大多次向教育部致函,请求教育部"转咨财政部核发免税护照,以便进口"。②

可以说,抗战时期金陵大学办学质量的提升与规模的扩张既有赖于其自身办学方针的适时调整,亦离不开国民政府相关部门的大力支持,以及广大民众和社会各界的广泛认可;而金陵大学亦在科学研究、人才培养、工业发展、社会服务、抗战动员、国际关系等方面对国家抗战及社会发展提供了重要的支持与助力。金陵大学与国家及社会各界的关系空前紧密,校园内充满了爱国主义的深厚情怀与矢志奋斗的精神风貌,师生的个人发展与国家民族的

---

① 《私立金陵大学呈请增加生活补助费及各项补助经费分配计划的文书和表册》(1939年1月—1946年11月),中国第二历史档案馆藏,国民政府教育部档案,全宗号5,案卷号4003(1)。

② 《金陵大学关于呈请转咨财政部发给免税护照的函》,1938年6月3日;《私立金陵大学购运教学用品申请免税事项文书》,中国第二历史档案馆藏,国民政府教育部档案,全宗号5,案卷号5493(1)。

生存紧密联系在一起,教会大学的宗教特性在战时背景下已经不再备受关注,重要的是教会大学的每一位师生都在为反法西斯战争而努力,无论是何种国籍,无论是否有宗教信仰,无论是何党派,他们都是中国全民抗战的坚实力量。

结　语

　　中国教会大学是西方教育制度相对完整移植的产物,在时局变迁中,不断根据国家社会环境和自身发展需要进行主动或被动地调适与转变。中国的国立或地方大学则是在承继中国传统教育文化和借鉴学习西方教育制度之中不断成长起来的。而无论是西方教育制度的"本土化",还是中国传统教育理念的现代化,最终都发展成为了适应中国当时发展阶段的大学教育,为国家各领域源源不断地培养和输送着人才。正如许小青教授所说:"中国近代大学从产生的那一天起,就是作为国家建设的一部分而存在","无论是地方大学的国立化运动,还是教会大学的中国化运动,以及私立大学的存废论争,均是现代国家建设的重要组成部分"。① 无论何种性质的大学,事实上都是中国近代化建设的重要推动力。

　　"20 世纪 30 年代至 40 年代,中国教会大学曾经具有较高的成就与国际地位……在医学、农林、法学、商学、社会学、新闻学、图书馆等学科领域,都具有无可置疑的优势","教会大学虽有宗教背

---

① 许小青:《政局与学府:从东南大学到中央大学》,北京:中国社会科学出版社,2009年,第 328—329 页。

景,但毕业生从事神职与其他专职宗教工作者人数并非甚多。大多数毕业生都是服务于世俗社会各个层面,或从事较高层次的教学与研究工作。"①金陵大学等教会大学虽然以宗教传播为初衷,但是客观上促进了中国对西方先进教育理念和科学知识的学习与借鉴,不仅为中国培养了大量优秀的近代新式人才,促使西方先进科学文化知识进一步在中国传播、发展,同时也加速了中国近代高等教育体系的构建过程,并逐渐形成了适合中国国情、适应中国社会特点的高等教育模式,对近代中国的大学教育和社会进步产生了积极而深远的影响。1947 年,胡适曾感慨道:"假如国立大学不努力,在学术上没有成就,很可能是几个教会大学取而代之。"②由此可见,经过抗战时期的迁变、调适与发展,教会大学的发展水平和社会影响力已得到普遍认可。

一、抗战西迁的转折性意义

1937 年 7 月,抗日战争全面爆发,金陵大学面临发展史上最重要的一次抉择——是否西迁以及迁往哪里。这不只是应对战事的临时性调整,某种程度上也是一次发展道路的抉择。对公立大学而言,追随政府西迁是唯一的生存之道;而对教会大学性质的金大来说,却存在诸多选择:可就近迁入西方租界,在西方国家的庇护下继续办学;或竖起美国国旗,凭借国际背景留在战区继续办学;或随政府西迁,但这需要花费大量资金,并要舍弃原校址、附属机构及一些无法带走的珍贵标本、图书、设备等。

---

① 章开沅:《总序》,[美]芳卫廉著,刘家峰译:《基督教高等教育在变革中的中国(1880—1950)》,珠海:珠海出版社,2005 年 9 月。
②《胡适向蒋主席建议十年教育计划》,《申报》1947 年 9 月 6 日,第 6 版。

　　此时，没有人能够准确预判这场战争将会持续多长时间、影响多大范围。金陵大学部分外籍校董"对迁校抱无所谓态度"，认为"一旦南京失守，有美国大使馆保护，不怕日本人干扰"。[①] 陈裕光校长为保持金陵大学办学的连续性，自1937年8月上海战事爆发，即开始考虑并部署西迁事宜，安排金大农业经济系主任乔启明前往武汉布置安排，并同时联系华西协合大学寻求合作。鉴于西迁所需花费过高，战事前途尚不可知，且西方差会对西迁一事始终未有明确指令，陈裕光一直未能下定决心。10月，金大坚持在南京继续办学，空袭的威胁却令教学工作很难正常开展。然而，战事发展远远超出所有人的预想，11月14日，中国军队从上海撤退，南京处于极度危险之中。11月15日，国民政府教育部指示，各校上课持续到19日，而后开始安排把师生送到汉口。[②] 11月18日，在来不及征求其他校董会成员意见的情况下，陈裕光校长召开行政委员会，决议："立即做好西迁准备并迅速采取行动"。[③] 随后陈裕光校长率领师生于11月25日、11月29日、12月3日分三批前往武汉，继而辗转到达四川，途中历经险滩、土匪、敌机扫射、食物短缺等困境，路途十分艰辛。

　　得知金大西迁的消息后，外籍校董福开森公开表示反对，认为

① 陈裕光：《西迁与复校》，《南大百年实录》编辑组编：《南大百年实录》（中卷），南京：南京大学出版社，2002年，第63—64页。

② Y. G. Chen to the Members of the Board of Directors, December 28, 1937，《金陵大学校董会年一九三六至一九三七年会议记录》，中国第二历史档案馆藏，私立金陵大学档案，全宗号649，案卷号2309。

③ 沙兰芳：《金陵大学沿革》，金陵大学南京校友会编：《金陵大学建校一百周年纪念册》，南京：南京大学出版社，1988年，第30—32页；Y. G. Chen to the Members of the Board of Directors, December 28, 1937，《金陵大学校董会年一九三六至一九三七年会议记录》，中国第二历史档案馆藏，私立金陵大学档案，全宗号649，案卷号2309。

西迁中断了正常的办学秩序,金陵大学应当坚持在南京继续办学;
并指责陈裕光校长做出西迁决定时未曾尽力联系其他董事会成员
征求意见,该决策并不符合法定程序,因此陈裕光"并没有权利在
未经创始人会同意的情况下将大学及其设备转移到另一个地
点"。① 对此,留在上海的董事会成员于 1938 年 1 月 13 日召开特
别会议,专门讨论此事,决议任命贝德士为金陵大学副校长,负责
处理校长离开南京期间的南京方面的学校事务,同时,表示支持金
陵大学紧急迁校到成都的决策,并同时声明"这是紧急情况下的临
时措施,希望在董事会认为条件允许的情况下,金陵大学能回到南
京长期发展"。② 贝德士亦表示对西迁后教育发展缺乏信心,指出:
"我不能乐观地看到在非正常条件下西方少数职员、学生和设备有效
工作的前景,并且期望我们尽早设法恢复南京的工作,无论是否在日
本控制之下。"③最终,经过多次讨论,创始人会及校董会成员基本认
同了西迁决策,认为"这一行动是当时紧急情况下做出的最佳判
断"。④ 但仍有个别成员坚决反对西迁,如"福开森在 1939 年仍反
对金大西迁,认为金大应尽早返回南京,和伪政府合作办学"。⑤ 显

---

① John C. Ferguson to Speer, January 25, 1938, UBCHEA Archives, Microfilm, Reel
　11. Box 213. Folder 3616.

② Emergency Meeting of Members of the Board and Executive Committee of the
　University of Nanking, January 13, 1938, UBCHEA Archives, Microfilm, Reel 11.
　Box 194. Folder 3361.

③ M. S. Bates to Friends Abroad, November 24, 1937, UBCHEA Archives,
　Microfilm, Reel 11. Box 204. Folder 3485.

④ Minutes of Meeting, Executive Committee, University of Nanking, March 16, 1938,
　UBCHEA Archives, Microfilm, Reel 11. Box 191. Folder 3327.

⑤ Summary of Remarks Made by Dr. John C. Ferguson at the Luncheon Meeting of the
　Founders of University of Nanking, January 9, 1939, RG11‐28‐698. 转引自刘家峰、刘
　天路:《抗日战争时期的基督教大学》,福州:福建教育出版社,2003 年,第 83 页。

而易见,陈裕光校长在金陵大学西迁决策中起到了关键决定作用,在战事前景难以预料、校董会没有明确指示的情况下肩负了巨大的压力,而其作为校长对全局发展的判断及其自身的民族责任感均不同程度地影响了这一重要决策。

抗战西迁是金陵大学发展史上的重要转折点,在时局战局的压力下,金陵大学紧急踏上西迁征程,开启了新的迁变与调适之路。金陵大学作为最早西迁的教会大学之一,以艰苦卓绝的精神历经艰险举校迁至西部抗战大后方,淡化了自身宗教性的问题,以积极支持抗战、建设的举动成功获得了政府及社会各界的情感认同;金陵大学贝德士、史迈士、林查理等外籍教师在南京大屠杀期间救助保护难民、开展难民教育的行为,备受瞩目、广受称赞,成为不朽的历史功绩。从迁蓉伊始,金陵大学的前途命运进一步与国家生死存亡紧密联系在一起,民族主义、爱国主义在校园内的影响超越了宗教性的束缚,金陵大学师生的教学、科研、社会实践及日常生活均深深融入以抗战为主旋律的社会氛围之中。

二、宗教、政治与民族主义

作为一所西方差会创办和支持的教会大学,金陵大学从其创建伊始,就有着培养学生"基督化人格"的办学初衷和使命,旨在培养学生"牺牲与服务精神",以"造就健全国民,发展博爱精神,养成职业知能的根本",即"推行基督化教育"。[①] 早期金陵大学宗教氛围非常浓厚,自其前身汇文书院时起几任校长(院长)均为虔诚的基督徒,宗教课程为必修课,且在校内开展了大量宗教活动。这一

---

① 陈裕光:《回忆金陵大学》,金陵大学南京校友会编:《金陵大学建校一百周年纪念册》,南京:南京大学出版社,1988年,第10页。

时期,与其他教会大学一样,金陵大学处于相对自由的发展阶段,无论是清政府还是北洋政府均未对其办学活动加以干涉。一方面,此时西式教育刚刚传入中国,政府尚缺乏管理和应对的经验。另一方面,清末民初,随着西学东渐之风,中国已认识到"教育为富强之基",应"振兴学务,各省地方筹建学堂",中国各地也开始陆续创办新式学堂。[①] 在兴学救国的发展思路下,政府对自筹经费并以现代化科学教育为主要内容的教会大学似乎颇为乐见其成。这一时期,金陵大学校内宗教氛围浓厚,"本土化"进程相对缓慢,大学规模不断充实扩张,重点关注学校自身的建设发展,与政府及社会的联系较少。

时至1920年代,五四新文化运动促使国人进一步解放思想、打破桎梏,矛头直指帝国主义和封建主义。而此时恰逢西方正兴起反宗教批判,当时在中国巡回演讲并在知识分子中间产生重要影响的美国学者杜威和英国学者罗素都对宗教持否定态度。于是,基督教逐渐成为国人批判的对象,并且在民族主义的发酵下,1922年掀起非基督教运动,教会教育被视为"文化侵略阵营"。[②] 这场长达数年的运动从"非基督教"的宣言到"收回教育权"的问题,一直处于较为理性的思想运动和政治运动的范畴,直至1927年,北伐军进城之后,政治管束的暂时性缺失,给动乱的爆发创造了条件,反帝情绪在"南京事件"中彻底爆发。这一事件成为金陵大学发展史上的重要转折点。事件发生后,金大外籍教员全部撤离,原美籍校长包文主动请辞,校园内形成了暂时的权力真空,给

---

① 朱有瓛、高时良主编:《中国近代学制史料》(第4辑),上海:华东师范大学出版社,1993年,第26页。

② 章开沅、马敏主编:《贝德士中国基督教史著述选译》,上海:上海社会科学院出版社,2017年,第105页。

管理权的过渡和转移创造了条件。在新成立的国民政府的进一步施压下,陈裕光当选为金陵大学首任华人校长,且金陵大学成为第一个向教育部申请立案注册并获批的教会大学。由此,金陵大学告别了西方主导下的发展阶段,从体制上被纳入中国高等教育体系,实现了形式上的"本土化"。有学者指出,从这时起,"基督教大学在中国传教使命的结束,基督教学校将被迫向其教育主业回归,并被正式导入中国的国民教育体系"。① 此时的金陵大学尚未获得政府及社会各界的真正认同,情感及事实上均处于一种相对疏离的状态;金大宗教活动的发展遭遇非基督教运动的长期压制和"南京事件"的巨大冲击,陷入发展低谷,部分基督徒学生发起组织金大基督徒团契,以秘密不公开的形式继续开展宗教活动。

　　1937 年抗战全面爆发,金陵大学宗教活动的发展进入了新的阶段。一方面,国内民族主义矛头集中指向日本,对西方势力不再强烈敌视,并且,抗战期间基督教人士在南京大屠杀期间救助难民等对中国战事做出的贡献,得到蒋介石的公开赞扬,社会宗教氛围逐渐宽松起来,金陵大学宗教活动全部转为公开。另一方面,在战事影响下,金陵大学原有的与教会中学之间的生源关系被阻断,失去了稳定的基督徒生源,学生中基督徒比例明显下降。并且,抗日战争时期国家处于生死存亡的关头,民族主义、爱国主义情感超越了校园内基督教活动产生的影响,"世俗化"发展趋势已然势不可挡。为维持办学的宗教属性,金陵大学调整了宗教活动的形式,从直接传播基督教义转变为将基督教精神融入办学及社会服务工作之中,以支持国家抗战和社会建设的诸多努力

① 孙崇文:《学生生活图景:世俗内外的教育冲突》,北京:教育科学出版社,2008 年,第56 页。

不断增强基督教的社会影响。并且,在这一时期,金陵大学非常
注重合作交流,与华西坝各教会大学及全国各基督教组织加强联
络,共同举办宗教活动,不断扩大宗教的影响力。丰富的宗教活
动既活跃了战时师生的校园生活,也满足了基督教信徒的精神需
要,并在一定程度上缓解了战时师生的精神压力。时至抗战后
期,随着党派力量的介入,金陵大学的宗教发展又有了新的特点,
党派份子不断渗入金大校内各宗教组织之中,以宗教的组织形式
和活动安排为掩护,开展了大量学习、宣传及组织活动,大力发展
革命事业,金陵大学的宗教属性进一步受到挑战。

　　总的来说,战时金陵大学的宗教发展呈现“世俗化”趋势,“宗教
性”被民族主义所冲淡,宗教生活与社会及政治生活交织在一起。这
既与战时社会发展需求有关,也受到神学思想的变迁以及近代科学
教育发展的影响。抗战时期,国家对大学的重视更多的是强调文化
上的传承、各类急需人才的输送以及科学研究的实际应用。金陵大
学结合国家抗战及社会建设需求,积极开展社会福利、成人教育、社
会服务等工作,并借此进一步扩大了基督教的社会辐射范围。与此
同时,宗教思潮也在发生变化,神学自由主义悄然兴起,“与保守的福
音主义不同,自由主义反对虔敬的宗教神秘主义,主张一种实践的宗
教观,强调上帝的内在性,认为每一种宗教形式或派别都以一种共
同的普遍的宗教感情为基础,因此,不应以信仰上帝的外在形式决
定一切,历史和文化是铸造各种宗教形式的决定性因素”。[1]　在神

----

[1] William R. Hutchison, "Modernism and Missionary: The Liberal Search for an Exportable Christianity 1875—1935", in John K. Fairbank edited, *The Missionary Enterprise in China and America*. (Cambridge: Harvard University Press, 1974) pp. 110—112. 转引自胡卫清:《近代来华传教士的科学观》,章开沅、马敏主编:《基督教与中国文化丛刊》(第3辑),武汉:湖北教育出版社,1999年,第219页。

学自由主义思想的影响下,相当部分传教士认为传播科学给中国人是上帝赋予他们的使命。① 部分宗教人士主张"通过社会工作来解释福音,通过提高人民的生活条件来使他们基督教化"。② 此外,金陵大学的"世俗化"发展趋势也是近代科学教育发展的必然结果,与同时期西方教会大学呈现的"世俗化"态势相同,教育功能日渐凸显,并逐渐超越了宗教传播功能,"不由自主地经历了从宣教机构到教育机构的转变"。③ 这其实也体现了教会大学的宗教使命与社会需求之间的矛盾关系。正如一位早期来华的传教士所说:"只要我们仅仅是为我们自己设置的职位教育和训练人才,那么,我们的工作对现存的世俗学校就不可能有什么影响。"④随着国际局势的发展,中国教会大学无法再像初创时期那样着力培养引导毕业生从事宗教工作,战时的生存压力使教会大学进一步深入参与国家的建设发展事业。有学者认为,"1920 年代以来,基督教会已在中国社会取得了立足之地,作为传教媒介的教会大学的使命已经基本完成,从那时起无论对中国本色教会还是西方差会,

① William R. Hutchison, "Modernism and Missionary: The Liberal Search for an Exportable Christianity 1875—1935", in John K. Fairbank edited, *The Missionary Enterprise in China and America*. (Cambridge: Harvard University Press, 1974) pp. 110—112. 转引自胡卫清:《近代来华传教士的科学观》,章开沅、马敏主编:《基督教与中国文化丛刊》(第 3 辑),武汉:湖北教育出版社,1999 年,第 247 页。

② 福克斯·巴特菲尔德著,鲁娜译:《传教士对中国共产党的看法(1936—1939)》,章开沅、马敏主编:《基督教与中国文化丛刊》(第 3 辑),武汉:湖北教育出版社,1999 年,第 373 页。

③ 徐以骅:《教育与宗教:作为传教媒介的圣约翰大学》,珠海:珠海出版社,1999 年,第 303 页。

④ 库思非:《工业与商业教育》,《中华教育会年会记录》,1896 年,第 89 页。转引自[美]杰西·格·卢茨著,曾钜生译:《中国教会大学(1850—1950)》,杭州:浙江教育出版社,1987 年,第 469 页。

尾大不掉的教会大学与其说是财富不如说是负担"。① 1951 年 6
月,美国全国基督教协进会海外布道部在纽约召开的会议中也曾
指出:"传教士在开展教育、医疗和社会服务事工时迷失了方向,
他们本应固守福音和基督教人格的培养。"②从宗教发展的角度
来说,正如杰西·格·卢茨所评价的:"他们对中国的贡献是持久
而重大的,而对中国基督教化或使基督教中国化的贡献则是有
限的。"③

　　战时受到中美关系的影响,西方差会与金陵大学保持着较为
稳定的联系,其教会大学的宗教属性不容动摇。直至中华人民共
和国成立后,彻底切断了与西方的联系,才使金陵大学真正完成了
"本土化"历程。这一发展结局正如马敏教授所说:"教会大学从中
国大陆的消失,乃是 20 世纪以来共产主义革命运动与基督教普世
运动正面冲突的结果,是中国民族主义与西方殖民主义反复较量
的结果,也是二次世界大战以来世界政治格局重新调整组合的结
果。因此,教会教育的失败主要的不是一种教育制度或宗教信仰
的失败,而是一种政治的失败,是美国和其他西方国家在中国大陆
政策失败的附属品。"④

---

① 徐以骅:《教育与宗教:作为传教媒介的圣约翰大学》,珠海:珠海出版社,1999 年,第
　306—307 页。

② G. Thompson Brown, *Christianity in the People's Republic of China* (Atlanta, John
　Knox Press,1986), pp. 96 -98. 转引自徐以骅:《教育与宗教:作为传教媒介的圣约翰
　大学》,珠海:珠海出版社,1999 年,第 307 页。

③ [美]杰西·格·卢茨著,曾钜生译:《中国教会大学(1850—1950)》,杭州:浙江教育出
　版社,1987 年,第 500 页。

④ 马敏:《近年来大陆中国教会大学史研究综述》,《世界宗教研究》1996 年第 4 期,第
　146 页。

三、双重管理下的战时办学调适

作为教会大学,金陵大学的发展必须建立在教会支持和国民政府认同的基础上。"为了得到教会的支持,它必须证明这类学校对于传播宗教的价值;为了在中国办下去,它又要证明对于中国社会的价值。"①正如有学者所指出的,"基督教大学在试图影响中国社会的进程时,反过来也受到中国社会的深刻影响。这些学校的政策既包含了西方人的设想,也体现了中国社会的需要,并且随着中国社会的觉醒和进步,中国因素在基督教大学中的影响愈益增强。至于具体到各所大学的演进速度,很大程度上受到学校的外部环境和内部基础的制约"。② 金陵女子大学的校长吴贻芳也曾在《教会学校的出路》一文中指出教会大学办学的两难之处:"学校必须服从政府的指示,否则不能生存。……倘若教会学校关闭停办,孩童又往哪里去? 她们会毫无选择地落在非基督教世界的光景;相反,学生在基督教学校学习,虽然对'宗教教育'只字不提,但这里的气氛鼓励思想自由,让学生健康地成长。"③

从金陵大学前身汇文书院时期起,历任校长(院长)就在宗教与教育特性之间不断寻求平衡,以期在双重管理下寻找到最优发展路径。福开森指出:汇文书院(金陵大学前身)创设的目的是"在

---

① 陶飞亚、吴梓明:《基督教大学与国学研究》,福州:福建教育出版社,1988 年,第 331 页。

② 陶飞亚、吴梓明:《基督教大学与国学研究》,福州:福建教育出版社,1988 年,第 334—335 页。

③ Wu Yi Fang, "A Possible Way Ahead for Our Christian Schools", ER, Vo. 22 (1930), P. 362. 转引自岱峻:《弦诵复骊歌:教会大学学人往事》,北京:商务印书馆,2017 年,第 322 页。

基督教的影响下建立一所好学校,而不是传教机构",对耶稣基督和其教会最好的服务就是"忠实地做好我们所做的事","忠实地完成学校的工作",侍奉上帝最好的方式就是"在教育事业上毫不懈怠、精神勤勉"。① 包文也曾明确表示:"吾人深信教育之首要作用在养成高尚的品格,而宗教确为培植智仁勇公民之要素。本校虽为教会设立,但不强迫任何学生皈依教门,但愿尽吾人义务,使学生明了各种教谛,应将来作自由的选择。"②陈裕光则进一步指出:"教育二字,包括二种意思,一为教导学识,一为陶养品格。二者并重,不可或缺。若仅有学问,而无人格,则于事于人,无所裨益。故本校除启发知识外,亦常以琢磨品性,阐明宗教伦理为职志。"③正是在这一办学思路的指导下,金陵大学的科学教育与宗教教育并进,在政局与时局的影响下,各历史阶段呈现出不同的发展特征。

抗战时期,国家处于生死存亡的关头,一切为了抗战,一切服务抗战,民族主义的压力、爱国主义的号召、举国上下对实用性的重视以及太平洋战争爆发后中美两国的共同利益促使金陵大学进一步调整办学策略,积极服务国家抗战与社会建设。金陵大学积极响应国民政府提出的"建教合作"方针,努力发展"配合政治进程,适应国防与生产建设等需要之教育"。④ 在国内近代化科学教育尚不发达的情况下,金陵大学的教育科研优势不断凸显,办学成

---

① Graduation Address,1909,UBCHEA Archives,Microfilm,Reel 62. Box 198. Folder 3405.

② 包文:《金陵大学之近况》,《南大百年实录》编辑组编:《南大百年实录》(中卷),南京:南京大学出版社,2002 年,第 37 页。

③《陈裕光校长在金大举行 60 周年庆祝大会上的讲话》,《南大百年实录》编辑组编:《南大百年实录》(中卷),南京:南京大学出版社,2002 年,第 85 页。

④ 中央建教合作委员会编纂:《三年来之建教合作》,1941 年,第 9 页。

绩十分突出。根据战时国家发展需求,增设相关科系和专修班,为国家培养了大量可以立即投身于社会实践的专业人才;加强科学研究的应用性,帮助生产战时国家急需物资。以电化教育技术向民众传播科学文化知识,宣传抗战精神,取得了较好的成效;大力推进农业研究,在小麦、棉花、水稻、柑桔、蔬菜等农作物改良方面取得显著成效,有效提升抗战大后方的农业产量,缓解战时食物紧缺的困境;大力开展边疆及社会经济研究,为政府献言建策,为国家发展提供决策参考;开展社会教育、举办学术演讲,提高民众智识,唤起抗战民族意识。在陈裕光校长的努力下,金陵大学与国民政府和社会各界展开了较好的合作,不仅使金大的教育科研优势获得了政府及社会的广泛认同,也使金大获得了更多的办学支持、发展机遇和拓展空间。时至 1945 年,金陵大学被称为"可以与任何一个国立大学相提并论而毫无愧色"。[①] 时人赞叹道:"金大虽然只有文理农三个院,可是,每个都有她自己的特长,文学院里,社会学系和外文系是早就闻名遐迩,理学院里的电影教育专修科是全国仅有的一个高等电化教育机关,至于说到农学院,那才用不到我来介绍哪!她的几十年来辛苦培植成功的稻种蚕种,尤其她培植的二九〇五麦种在全国各地都正普遍的栽植,至于她的几十年来努力出的人才,更是遍布全国,雄视东亚,譬如说,去年里举行的农科留学生考试,及格者的名单中,金大就几乎占去了一半。"[②]

　　与此同时,金陵大学遵从国民党及三民主义青年团的发展部署,定期举行总理纪念仪式,在校内开展党化教育、军事教育课程等。一方面,制定了《金陵大学军事管理办法》,明确指出"以国家

---

① 《私立金陵大学(华西坝)》,《新世纪》第 2 期,1945 年 6 月,第 29 页。
② 《私立金陵大学(华西坝)》,《新世纪》第 2 期,1945 年 6 月,第 29 页。

民族为前提,使学生切实遵守国家至上、民族至上之原则","使学生本自觉自动自治之精神,切实了解三民主义之真谛,统一信仰,以贯彻中华民国教育之宗旨";①组织学生开展军事训练,将党义、军事训练纳入所有学生的必修科目,并邀请军政要人到校发表演讲,内容涉及抗战精神、国家建设、教育方针等。另一方面,积极配合国民政府开展的军队译员选派工作,遴选英文程度佳的师生前往助力,在社会调查和社会服务的过程中积极开展抗战精神、兵役宣传等工作,并在校内号召知识青年从军,组织学生发起兵役宣传,收效显著。抗战后期战事危急之时,在爱国主义、民族主义的鼓舞下,金陵大学师生更是挺身而出、踊跃参军,以血肉之躯捍卫国家主权。

　　抗日战争时期,鉴于金陵大学在农业、林业、电化教育等方面国内领先的教育科研优势,社会各界与金陵大学在各相关领域展开了密切深入的合作,国民政府亦通过经费补助、表彰奖励、巡察训令等方式,不断加强对金陵大学的领导与管理。而战时西迁带来的办学地理位置的变化和战事对交通与通信的阻碍,使金陵大学与西方差会的联系受到一定程度的影响。为适应战时办学环境,金陵大学适时调整了治校方略,以更积极的姿态参与到全民抗战之中,与国民政府及社会各界的联系空前紧密,在科学研究、人才培养、社会服务、抗战动员等方面都取得了突出的成绩,为国家抗战、建设发挥了重要作用,赢得了社会各界的广泛认可。漫长无期的战事和日益艰苦的生活条件给金大师生的身心带来巨大压力,食物和物资紧缺、患病却无药可医的情况比比皆是。但这些都没有打垮乐观坚强的金大人,抗战大后方的金大校园里充满了生

①《金陵大学军事管理办法》,《金陵大学校刊》1940年4月10日,第4页。

机和朝气,到处都是勤奋学习、刻苦钻研、团结协作、自律坚韧的景象。抗日战争积大地激发了金大师生的民族情感,所有人都坚信一定会抗战胜利、恢复和平。在这种强烈情感的支撑下,金大教师带领学生们研制国家急需的工业品及日用品,指导农业生产、开展边疆服务等,以各种形式努力支持着抗战和大后方建设。太平洋战争爆发后,共同的敌人和利益进一步淡化了双重管理下的冲突和矛盾,在中美双方的共同支持下,金陵大学在战时艰难环境中取得了斐然的成绩,对国家抗战与社会建设做出了重要贡献。战后复校时,农学院院长章之汶曾指出:"金陵大学必须参与到国家教育计划之中。幸运的是,金陵大学与教育部的关系非常好。同时,金陵大学必须继续作为教会大学为西方差会服务。并且,由于身处首都,金陵大学必须保持较高的教育水准。"[1]抗战胜利,国际关系发展进入新的历史阶段,回到南京的金陵大学面临新一轮的挑战和机遇。

---

[1] Statement by Dr. Chi-Wen Chang, May 14, 1946, UBCHEA Archives, Microfilm, Reel 11. Box 191. Folder 3330.

参考文献

一、馆藏档案

1. 耶鲁大学神学院图书馆藏亚洲基督高等教育联合董事会档案（Archives of the United Board for Christian Higher Education in Asia，简称UBCHEA Archives）第四系列"中国教会大学资料"（Series IV China College Files）私立金陵大学档案，缩微胶卷。

2. 中国第二历史档案馆藏国民政府档案，全宗号 1。

3. 中国第二历史档案馆藏国民政府行政院档案，全宗号 2。

4. 中国第二历史档案馆藏国民政府教育部档案，全宗号 5。

5. 中国第二历史档案馆藏私立金陵大学档案，全宗号 649。

6. 重庆市档案馆藏私立金陵大学档案。

7.「南京陥落に際しての声明」,「近衛首相演述集」（その二）（JACAR），外務省外交史料館，B 02030031600。

8.「御署名原本・昭和二十年・詔書九月二日・大東亜戦争終結二関スル関係文書調印二関スル件」（JACAR），国立公文書館，A 04017701000。

9.「御署名原木・昭和二十年・詔書八月十四日・大東亜戦争終結二関スル詔書」（JACAR），国立公文書館，A 04017702300。

二、史料汇编、文集

1.《教育法令汇编》(第四辑),1939 年。

2.《南大百年实录》编辑组编:《南大百年实录》(上卷),南京:南京大学出版社,2002 年。

3.《南大百年实录》编辑组编:《南大百年实录》(下卷),南京:南京大学出版社,2002 年。

4.《南大百年实录》编辑组编:《南大百年实录》(中卷),南京:南京大学出版社,2002 年。

5.《五十五年来之金陵大学》,1943 年。

6. 陈谦平等编:《南京大屠杀史料集 30:德国使领馆文书》,南京:江苏人民出版社,2007 年。

7. 杜元载主编:《革命文献(第 58 辑):抗战时期教育》,台北:中国国民党党史史料编辑委员会,1972 年。

8. 高澎主编:《永恒的魅力:校友回忆文集》,南京:南京大学出版社,2002 年。

9. 龚放、王运来、袁李来编著:《南大逸事》,沈阳:辽海出版社,2000 年。

10. 顾树新、张士朗主编:《南京大学校友英华》,南京:南京大学出版社,1992 年。

11. 国民政府教育部教育年鉴编纂委员会:《第二次中国教育年鉴》(第二编),上海:商务印书馆,1948 年。

12. 华彬清、钱树柏:《南京大学共产党人:1922 年 9 月—1949 年 4 月》,南京:南京大学出版社,2002 年。

13. 姜良芹、郭必强编:《南京大屠杀史料集 15:前期人口伤亡和财产损失调查》,南京:江苏人民出版社,2006 年。

14. 蒋中正:《中国之命运》,三民主义青年团平津支团部印行,1946 年。

15. 金陵大学秘书处编辑:《私立金陵大学一览》,1933 年。

16. 金陵大学南京校友会编:《金陵大学建校一百廿周年纪念文集》,南京:南京大学出版社,2008年。

17. 金陵大学南京校友会编:《金陵大学建校一百周年纪念册》,南京:南京大学出版社,1988年。

18. 金陵大学青年会编印:《金陵手册》(1920—1921),第1版。

19. 李楚材:《帝国主义侵华教育史资料:教会教育》,北京:教育科学出版社,1987年。

20. 南京大学高教研究所编:《南京大学大事记》,南京:南京大学出版社,1989年。

21. 南京大学高教研究所校史编写组编:《金陵大学史料集》,南京:南京大学出版社,1989年。

22. 南京大学校庆办公室校史资料编辑组、南京大学学报编辑部编辑:《南京大学校史资料选辑》,1982年。

23. 潘懋元、刘海峰编:《中国近代教育史资料汇编·高等教育》,上海:上海教育出版社,2007年。

24. 舒新城:《近代中国教育史料》,北京:中国人民大学出版社,2012年。

25. 孙宅巍编:《南京大屠杀史料集5:遇难者的尸体掩埋》,南京:江苏人民出版社,2005年。

26. 台北金陵大学校友会编印:《金陵大学创立七十周年纪念特刊》,1958年。

27. 台北市金陵大学校友会编:《金陵大学》,1982年。

28. 台北市金陵大学校友会编:《金陵大学建校一百周年纪念特刊》,1988年。

29. 台北市金陵大学校友会编:《金陵校友通讯》,1991年。

30. 唐晓峰、王帅编:《民国时期非基督教运动重要文献选编》,北京:社会科学文献出版社,2015年。

31. 杨夏鸣编:《南京大屠杀史料集7:东京审判》,南京:江苏人民出版社,2005年。

32. 杨夏鸣等编译:《南京大屠杀史料集29:国际检察局文书·美国报刊报道》,南京:江苏人民出版社,2007年。

33. 张连红、杨夏鸣、王卫星等编译：《南京大屠杀史料集 14：魏特琳日记》，南京：江苏人民出版社，2006 年。

34. 张生等编：《南京大屠杀史料集 12：英美文书·安全区文书·自治委员会文书》，南京：江苏人民出版社，2006 年。

35. 张宪文、吕晶编：《南京大屠杀真相》（上），南京：江苏人民出版社，2007 年。

36. 张宪文、吕晶编：《南京大屠杀真相》（下），南京：江苏人民出版社，2007 年。

37. 章开沅、马敏主编：《贝德士中国基督教史著述选译》，上海：上海社会科学院出版社，2017 年。

38. 章开沅编译：《南京大屠杀史料集 4：美国传教士的日记与书信》，南京：江苏人民出版社，2005 年。

39. 中共川大宣传部编印：《华西坝风云录》，2004 年。

40. 中共南京市委党史工作办公室等编：《南京革命事典》，南京：南京出版社，2004 年。

41. 中共南京市委党史资料征集编研委员会办公室、南京雨花台烈士陵园：《南京英烈》（第 1 辑），南京：南京工学院出版社，1987 年。

42. 中国第二历史档案馆编：《中华民国史档案资料汇编》（第 3 辑），南京：凤凰出版社，1991 年。

43. 中国第二历史档案馆编：《中华民国史档案资料汇编》（第 5 辑），南京：江苏古籍出版社，1997 年。

44. 中国人民政治协商会议辽宁省海城市委员会文史资料工作委员会编：《海城文史资料》（第 2 辑），1988 年。

45. 中华续行委办会调查特委会编，蔡詠春等译：《中国基督教调查资料（1901—1920 年）》（上册），北京：中国社会科学出版社，2007 年。

46. 中华续行委办会调查特委会编，蔡詠春等译：《中国基督教调查资料（1901—1920 年）》（下册），北京：中国社会科学出版社，2007 年。

47. 中央建教合作委员会编纂：《三年来之建教合作》，1941 年。

48. 重庆市政协文史资料研究委员会、中共重庆市委党校编:《国民参政会纪实:1938—1948武汉·重庆·南京》,重庆:重庆出版社,2016 年。

49. 朱有瓛、高时良主编:《中国近代学制史料》(第 4 辑),上海:华东师范大学出版社,1993 年。

50. 朱有瓛等编:《中国近代教育史资料汇编——教育行政机构及教育团体》,上海:上海教育出版社,1993 年。

51. 朱有瓛主编:《中国近代学制史料》(第 3 辑上册),上海:华东师范大学出版社,1990 年。

52. 朱有瓛主编:《中国近代学制史料》(第 3 辑下册),上海:华东师范大学出版社,1992 年。

53. *Christian Education and the National Consciousness in China* , New York: E. P. Dutton, 1923.

54. *Records of China Centenary Missionary Conference Held at Shanghai* , *April* 25 *to May* 8, 1907, Printed in Shanghai under the Direction of the Conference Committee.

55. *Records of the Fourth Triennial Meeting of the Educational Association of China held at Shanghai* , *May* 21—24, 1902.

三、报刊

1.《边疆服务》

2.《边疆研究通讯》

3.《晨报》

4.《大公报》

5.《电影与播音》

6.《东方杂志》

7.《光华通信》

8.《教育季刊》

9.《教育通讯周刊》

10.《金大青年》

11.《金陵大学校刊》

12.《金陵光》

13.《金陵神学志》

14.《金陵学报》

15.《金陵周刊》

16.《民意》

17.《齐大校友通讯》

18.《沙磁文化》

19.《申报》

20.《通讯半月刊》

21.《西北工合》

22.《消息》

23.《新世纪》

24.《兴华》

25.《学生之友》

26.《燕京新闻》

27.《月报》

28.《中华教育界》

29.《中华基督教教育季刊》

30.《中华基督教卫理公会通讯》

31.《中央日报》

32. The Chinese Recorder

33. The University of Nanking Magazine

四、专著

（一）中文著作

1. 陈平原:《中国大学十讲》,上海:复旦大学出版社,2002 年。

2. 陈谦平：《民国对外关系史论(1927—1949)》，北京：生活·读书·新知三联书店，2013 年。

3. 陈寅恪：《陈寅恪诗集》，北京：清华大学出版社，1993 年。

4. 程斯辉：《中国近代大学校长研究》，北京：人民教育出版社，2010 年。

5. 岱峻：《风过华西坝：战时教会五大学纪》，南京：江苏文艺出版社，2013 年。

6. 岱峻：《弦诵复骊歌：教会大学学人往事》，北京：商务印书馆，2017 年。

7. 董黎：《中国教会大学建筑研究——中西建筑文化的交汇与建筑形态的构成》，珠海：珠海出版社，1998 年。

8. 董黎：《中国近代教会大学建筑史研究》，北京：科学出版社，2010 年。

9. 段琦：《奋进的历程——中国基督教的本色化》，北京：商务印书馆，2004 年。

10. 高时良主编：《中国教会学校史》，长沙：湖南教育出版社，1994 年。

11. 高维进：《中国新闻纪录电影史》，北京：世界图书北京出版公司，2013 年。

12. 高伟强、余启咏、何卓恩编著：《民国著名大学校长(1912—1949)》，武汉：湖北人民出版社，2007 年。

13. 何晓夏、史静寰：《教会学校与中国教育近代化》，广州：广东教育出版社，1996 年。

14. 胡卫清：《普遍主义的挑战：近代中国基督教教育研究(1877—1927)》，上海：上海人民出版社，2000 年。

15. 华彬清、钱树柏主编：《南京大学共产党人(1922 年 9 月—1949 年 4 月)》，南京：南京大学出版社，2002 年。

16. 黄建伟、曹露主编：《知识界的抗争》，南京：江苏人民出版社，2015 年。

17. 黄新宪：《基督教教育与中国社会变迁》，福州：福建教育出版社，1996 年。

18. 何兆武口述、文靖执笔：《上学记》，北京：生活·读书·新知三联书店，2013 年。

19. 谢韬：《1943—盆红红的火：谢韬日记选编》，北京：中国社会科学出版社，2011年。

20. 姜良芹：《罗伯特·威尔逊》，南京：南京出版社，2016年。

21. 蒋宝麟：《民国时期中央大学的学术与政治（1927—1949）》，南京：南京大学出版社，2016年。

22. 金以林：《近代中国大学研究（1895—1949）》，北京：中央文献出版社，2000年。

23. 李伶伶：《平民建筑师：齐康传》，南京：江苏人民出版社，2012年。

24. 李瑛：《民国时期大学农业推广研究》，合肥：合肥工业大学出版社，2012年。

25. 刘家峰、刘天路：《抗日战争时期的基督教大学》，福州：福建教育出版社，2003年。

26. 刘家峰：《中国基督教乡村建设运动研究（1907—1950）》，天津：天津人民出版社，2008年。

27. 刘小磊：《中国早期沪外地区电影业的形成：1896—1949》，北京：中国电影出版社，2009年。

28. 罗志田：《乱世潜流：民族主义与民国政治》，上海：上海古籍出版社，2001年。

29. 冒荣、王运来主编：《南京大学办学理念与治校方略》，南京：南京大学出版社，2002年。

30. 倪蛟：《抗战时期国立中央大学的学生生活》，南京：南京大学出版社，2017年。

31. 牛力：《罗家伦与国立中央大学》，南京：南京大学出版社，2015年。

32. 潘懋元：《新编高等教育学》，北京：北京师范大学出版社，2009年。

33. 潘懋元：《中国高等教育百年》，广州：广东高等教育出版社，2003年。

34. 沈致金、李占领主编：《中华民国实录第3卷上：抗日烽火（1937.7—1941）》，1997年。

35. 沈祖棻：《涉江诗词集》，石家庄：河北教育出版社，2000年。

36. 盛邦跃:《卜凯视野中的中国近代农业》,北京:社会科学文献出版社,2010年。

37. 史静寰、王立新:《基督教教育与中国知识分子》,福州:福建教育出版社,2000年。

38. 舒新城:《收回教育权运动》,中华书局,1927年。

39. 宋秋蓉《近代中国私立大学发展史》,西安:陕西人民教育出版社,2006年。

40. 孙崇文:《学生生活图景:世俗内外的教育冲突》,北京:教育科学出版社,2008年。

41. 孙江:《作为他者的宗教——近代中国的政治与宗教》,台北:博扬文化出版,2016年。

42. 谭双泉:《教会大学在近现代中国》,长沙:湖南教育出版社,1995年。

43. 陶飞亚、吴梓明:《基督教大学与国学研究》,福州:福建教育出版社,1988年。

44. 陶飞亚:《边缘的历史:基督教与近代中国》,上海:上海古籍出版社,2005年。

45. 王觉非:《逝者如斯》,北京:中国青年出版社,2001年。

46. 王立诚:《美国文化渗透与近代中国教育:沪江大学的历史》,上海:复旦大学出版社,2001年。

47. 王立新:《美国传教士与晚清中国现代化:近代基督新教传教士在华社会文化和教育活动研究》,天津人民出版社,1997年。

48. 王奇生:《革命与反革命:社会文化视野下的民国政治》,北京:社会科学文献出版社,2010年。

49. 王运来:《诚真勤仁 光裕金陵——金陵大学校长陈裕光》,济南:山东教育出版社,2004年。

50. 王治心:《中国基督教史纲》,上海:上海古籍出版社,2004年。

51. 吴梓明:《基督宗教与中国大学教育》,北京:中国社会科学出版社,2003年。

52. 肖会平:《合作与共进:基督教高等教育合作组织对华活动研究(1922—1951)》,济南:山东教育出版社,2009 年。

53. 谢泳、智晓民等著:《逝去的大学》,北京:同心出版社,2005 年。

54. 徐保安:《教会大学与民族主义——以齐鲁大学学生群体为中心(1864—1937)》,南京:南京大学出版社,2015 年。

55. 徐以骅、张庆熊主编:《基督教学术》(第 13 辑),上海:上海三联书店,2015 年。

56. 徐以骅:《教会大学与神学教育》,福州:福建教育出版社,2000 年。

57. 徐以骅:《教育与宗教:作为传教媒介的圣约翰大学》,珠海:珠海出版社,1999 年。

58. 许小青:《政局与学府:从东南大学到中央大学》,北京:中国社会科学出版社,2009 年。

59. 许志伟主编:《基督教思想评论》(第 3 辑),上海:人民出版社,2006 年。

60. 杨力、高广元、朱建中:《中国科教电影发展史》,上海:复旦大学出版社,2010 年。

61. 杨天宏:《基督教与近代中国》,成都:四川人民出版社,1994 年。

62. 杨天宏:《基督教与民国知识分子:1922 年—1927 年中国非基督教运动》,北京:人民出版社,2005 年。

63. 杨天宏:《救赎与自救:中华基督教会边疆服务研究》,北京:生活·读书·新知三联书店,2010 年。

64. 虞宁宁:《中国近代教会大学招生考试研究》,武汉:华中师范大学出版社,2016 年。

65. 张连红、孙宅巍主编:《南京大屠杀研究:历史与言说》,南京:江苏人民出版社,2014 年。

66. 张连红:《金陵女子大学校史》,南京:江苏人民出版社,2005 年。

67. 张连红:《明妮·魏特琳》,南京:南京出版社,2016 年。

68. 张钦士:《国内近十年来之宗教思潮》,北京:燕京华文学校,1927 年。

69. 张生、董芙蓉:《米纳·舍尔·贝德士》,南京:南京出版社,2016年。

70. 张生等著:《南京大屠杀史研究(增订版)》(下),南京:凤凰出版社,2015年。

71. 张同道主编:《真实的风景:世界纪录电影导演研究》,北京:同心出版社,2009年。

72. 张宪文等著:《中华民国史》,南京:南京大学出版社,2005年。

73. 张宪文主编:《金陵大学史》,南京:南京大学出版社,2002年。

74. 张志刚、唐晓峰主编:《基督教中国化研究》(第4辑),北京:宗教文化出版社,2017年。

75. 章博:《近代中国社会变迁与基督教大学的发展——以华中大学为中心的研究》,武汉:华中师范大学出版社,2010年。

76. 章开沅、马敏主编:《基督教与中国文化丛刊》(第3辑),武汉:湖北教育出版社,1999年。

77. 章开沅:《传播与根植:基督教与中西文化交流论集》,广州:广东人民出版社,2005年。

78. 章开沅:《章开沅文集》(第6卷),武汉:华中师范大学出版社,2015年。

79. 章开沅主编:《社会转型与教会大学》,武汉:湖北教育出版社,1998年。

80. 赵晓阳、郭荣刚主编:《近现代基督教的中国化》,北京:中国社会科学出版社,2015年。

81. 赵晓阳:《基督教青年会在中国:本土和现代的探索》,北京:社会科学文献出版社,2008年。

82. 中国社会科学院近代史研究所编:《民国人物与民国政治》,北京:社会科学文献出版社,2009年。

83. 朱庆葆等著:《中华民国专题史》(第10卷),南京:南京大学出版社,2015年。

84. 朱庆葆主编:《太平天国及晚清社会研究》,北京:社会科学文献出版社,2019 年。

85. 朱庆葆主编:《我的大学》,南京:南京大学出版社,2012 年。

（二）译著

1. ［德］约翰·拉贝著,刘海宁、郑寿康、杨建明等译:《拉贝日记》,南京:江苏人民出版社,2006 年。

2. ［法］乔治·萨杜尔著,徐昭、胡承伟译:《世界电影史》,北京:中国电影出版社,1982 年。

3. ［加］许美德著,许洁英译:《中国大学:一个文化冲突的世纪（1895—1995）》,北京:教育科学出版社,2000 年。

4. ［美］德本康夫人、蔡路得著,杨天宏译:《金陵女子大学》,珠海:珠海出版社,1999 年。

5. ［美］芳卫廉著,刘家峰译:《基督教高等教育在变革中的中国（1880—1950）》珠海:珠海出版社,2005 年。

6. ［美］费正清、费维恺编,杨品泉等译:《剑桥中华民国史》,北京:中国社会科学出版社,1994 年。

7. ［美］杰西·格·卢茨著,曾钜生译:《中国教会大学史（1850—1950）》,杭州:浙江教育出版社,1987 年。

8. ［美］柯博文著,马俊亚译:《走向"最后关头":中国民族国家构建中的日本影响》,北京:社会科学文献出版社,2004 年。

9. ［美］欧文·V·约翰宁迈耶主编,方晓东等译:《当代教育史研究与教学的主要趋势》,北京:教育科学出版社,2001 年。

10. ［美］叶文心著,冯夏根等译:《民国时期大学校园文化:1919—1937》,北京:中国人民大学出版社,2012 年。

11. ［日］田中正俊著,罗福惠、刘大兰译:《战中战后:战争体验与日本的中国研究》,广州:广东人民出版社,2005 年。

12. 黄思礼著,秦和平、何启浩译:《华西协合大学》,珠海:珠海出版社,1999 年。

（三）外文著作

1. Daniel H. Bays and Ellen Widmer, *China's Christian Colleges : Cross-Cultural Connections*, 1900—1950, Stanford University Press, 2009.

2. Jessie G. Lutz, *China and the Christian Colleges*, 1850—1950, Ithaca, Cornell University Press, 1971.

3. Nancy Thomson Waller, *My Nanking Home*, 1918—1937, Willow Hill Publications, Boston, Massachusetts, 2010.

4. Paul A. Varg, *Missionaries, Chinese and Diplomats : American Missionary Movement in China*, 1890—1952, Princeton University Press, 1958.

5. Philip West, *Yenching University and Sino-Western Relations*, 1916—1952, Harvard University Press, 1976.

6. Rana Mitter, *Forgotten Ally : China's World War II*, 1937—1945, New York, Houghton Mifflin Harcourt, 2014.

7. *The Christian College in the New China*, Shanghai, 1926.

8. *The Christian Education in China*, Committee of Reference and Counsel of the Foreign Missions Conference of North America, 1922.

9. *The Christian Education in China : A Study Made by an Educational Commission Representing the Mission Boards and Societies Conducting Work in China*, 1922.

10. Wen-hsin Yeh, *The Alienated Academy : Culture and Poliltics in Republican China*, 1919—1937, Cambridge, Mass, and London: Harvard University Press, Council on East Asian Studies, 1990.

五、论文

（一）中文论文

1. 曹小晶、赵立诺:《回望金陵大学对中国科教电影之传播与贡献——以〈电影与播音〉杂志等为实证研究》,《西北大学学报(哲学社会科学版)》2010年第6期。

2. 查时杰:《私立基督教燕京大学历史系所初探(1919—1952)》,《台大历史学报》,1996 年 11 月。

3. 陈才俊:《华人掌校与教会大学的"中国化"——以陈裕光执治金陵大学为例》,《高等教育研究》2008 年第 7 期。

4. 陈谦平:《1927 年南京事件中外伤亡人数和财产损失考订》,《民国研究》第 13、14 合辑,中国社科文献出版社,2008 年。

5. 陈声玥:《1930 年金陵大学辱华影片事件评析》,《民国研究》2018 年秋季号。

6. 陈声玥:《从"育人"到"爱人":抗战时期金陵大学留宁教师群体研究》,《学海》2020 年第 4 期。

7. 董黎:《西方教会与金陵大学的创建过程及建筑艺术》,《广州大学学报(社会科学版)》2009 年第 11 期。

8. 杜敦科:《南京国民政府时期基督教大学立案探析》,《历史教学(下半月刊)》2011 年第 8 期。

9. 郭明璋:《非基运动前后的国家主义与教会大学1919—1927》,《基督书院学报》(台北),1995 年第 2 期。

10. 郭若平:《非基督教运动与民族主义的历史表述》,《东南学术》2007 年第 1 期。

11. 郭若平:《国共合作与非基督教运动的历史考察》,《中共党史研究》2008 年第 2 期。

12. 郭爽、梁晨:《留守还是西迁:抗战时期金陵大学的迁移抉择》,《民国研究》2019 年春季号。

13. 黄启兵:《院校设置中的教育主权:晚清教会大学立案考略》,《高等教育研究》2012 年第 2 期。

14. 黄小英:《中国早期电化教育专业课程创建的实践探索——以金陵大学电化教育专修科为例》,《电化教育研究》2012 年第 1 期。

15. 蒋宝麟:《20 世纪 20 年代金陵大学的立案与改组》,《近代史研究》2016 年第 4 期。

16. 蒋宝麟:《从"内外"到"中西":金陵大学顶层治理结构的转变》,《史学集刊》2020 年第 3 期。

17. 蒋宝麟:《金陵大学的经费来源与运作研究(1910—1949)》,《中国经济史研究》2018 年第 4 期。

18. 蒋宝麟:《抗战时期中央大学的内迁与重建》,《抗日战争研究》2012 年第 3 期。

19. 李瑛:《陈裕光的服务社会办学理念及其实践探析》,《高教探索》2012年第 1 期。

20. 梁尔铭:《中国早期电化教育师资训练工作的历史回顾》,《电化教育研究》2015 年第 1 期。

21. 刘保兄:《华人掌校与基督教大学办学性质的嬗变》,《教育评论》2010年第 2 期。

22. 刘波儿:《金陵大学宗教教育述略》,《南京晓庄学院学报》2010 年第1 期。

23. 刘家峰:《基督教与近代农业科技传播——以金陵大学农林科为中心的研究》,《近代史研究》2000 年第 2 期。

24. 刘家峰:《论抗战时期基督教大学与国民政府之关系》,《史林》2004 年第 3 期。

25. 刘天路:《抗日战争与基督教大学的中国化进程》,《山东社会科学》2004 年第 2 期。

26. 马敏:《近年来大陆中国教会大学史研究综述》,《世界宗教研究》1996年第 4 期。

27. 马敏:《抗战期间教会大学的西迁——以华中大学和湘雅医学院为例》,《华中师范大学学报(哲学社会科学版)》1996 年第 2 期。

28. 倪蛟:《"跑警报":抗战时期中央大学学生生活研究》,《民国研究》2016 年秋季号。

29. 倪蛟:《国民政府战时大学生救助制度及其绩效研究——以重庆时期中央大学为个案》,2015 年秋季号。

30. 倪蛟:《抗战时期大后方大学生的日常生活——以重庆时期国立中央大学为例》,《江苏社会科学》2016 年第 1 期。

31. 牛力:《从罗家伦看民国大学与国家的关系》,《学海》2012 年第 5 期。

32. 牛力:《国家需求与大学治理——论罗家伦的大学理念及其实践》,《江苏高教》2013 年第 2 期。

33. 牛力:《民国时期大学学术版图的演变——基于中央研究院首届院士选举候选人的分析》,《南京大学学报(哲学·人文科学·社会科学)》2020 年第 1 期。

34. 平欲晓、张生:《一个教会大学校长的生存状态——陈裕光治理金陵大学评述》,《江西社会科学》2006 年第 10 期。

35. 桑新民:《教育技术学专业的继往与开来——南京大学专业创建的理念与实践探索》,《中国电化教育》,2005 年第 1 期。

36. 桑新民:《开创影音教育中国之路的先行者——纪念中国电化教育创始人孙明经先生诞辰 100 周年》,《电化教育研究》,2011 年第 10 期。

37. 沈志忠:《近代中美农业科技交流与合作初探——以金陵大学农学院和中央大学农学院为中心》,《中国农史》2002 年第 4 期。

38. 孙明经:《试论电化教育的基本概念》,《外语电教》,1983 年第 2 期。

39. 孙秀玲:《国际化视域下中国大学模式的建构——教会大学移植美国大学模式的历史考察与当代启示》,《山东社会科学》2014 年第 9 期。

40. 陶飞亚:《从基督教界、知识界、政界三个视角看基督教中国化》,《中国民族报》2012 年 4 月 17 日,第 6 版。

41. 陶飞亚:《共产国际代表与中国非基督教运动》,《近代史研究》2003 年第 5 期。

42. 陶飞亚:《西方学者视域中的中国基督教史研究范式转移》,《中国民族报》2013 年 1 月 30 日,第 5 版。

43. 陶飞亚:《中国基督教史研究的新趋向》,《史林》2013 年第 2 期。

44. 田正平:《教会大学与中国教育现代化》,《文史哲》2007 年第 3 期。

45. 王立诚:《教育与社会:论近代美国对中韩两国的基督教高等教育》,

《韩国研究论丛》1998 年第 4 期。

46. 王勇忠:《南京大屠杀时期的金陵大学难民收容所》,《抗日战争研究》2008 年第 4 期。

47. 吴翎君:《燕京大学——高等教育现代化的一个考察》,台北:《"国史馆"馆刊》,1993 年 6 月。

48. 吴在扬:《中国电话教育的首次兴落(上)》,《电化教育研究》,1990 年第 3 期。

49. 夏泉、曾金莲:《教会大学学生民族意识的觉醒——以五四运动中的上海圣约翰大学学生运动为个案的考察》,《民国档案》2009 年第 3 期。

50. 肖朗、李斌:《近代中国大学与电化教育学的发展——以大夏大学、金陵大学和国立社会教育学院为考察中心》,《高等教育研究》2014 年第 5 期。

51. 徐保安:《故土中的"他乡":民族主义与教会大学学生的爱国情感表达》,《学海》2013 年第 3 期。

52. 徐以骅:《基督教在华高等教育初探》,《复旦学报(社会科学版)》1986 年第 5 期。

53. 杨天宏:《信教自由论战——二十年代一次重大的思想文化之争》,《四川师范大学学报》1994 年第 2 期。

54. 杨天宏:《战争与社会转型中的中国基督教会——中华基督教会全国总会边疆服务研究》,《近代史研究》2006 年第 6 期。

55. 杨天宏:《中国非基督教运动(1922—1927)》,《历史研究》,1993 年第 6 期。

56. 杨学新、任会来:《卜凯文献挖掘整理的现状与思考》,《中国农史》2013 年第 2 期。

57. 杨学新、任会来:《卜凯问题研究述评》,《中国农史》,2009 年第 2 期。

58. 杨学新、阴冬胜:《论卜凯在安徽宿州的农业改良与推广》2010 年第 2 期。

59. 杨雅丽:《南京大屠杀期间金陵大学附属中学难民收容所研究》,《日本侵华南京大屠杀研究》2020 年第 1 期。

60. 叶张瑜:《建国初期教会大学的历史考察》,《当代中国史研究》2001 年第 3 期。

61. 余子侠、乔金霞、余文都:《传教士与近代中国电化教育的兴起》,《华中师范大学学报(人文社会科学版)》2015 年第 1 期。

62. 余子侠:《抗战时期高校内迁及其历史意义》,《近代史研究》1995 年第 6 期。

63. 余子侠:《抗战时期教会高校的迁变》,《抗日战争研究》1998 年第 2 期。

64. 张炳林:《民国时期电影教育的起源与发展——兼论我国早期电化教育历史阶段划分》,《电化教育研究》2012 年第 11 期。

65. 张剑:《金陵大学农学院与中国农业近代化》,《史林》1998 年第 3 期。

66. 张丽萍:《中国基督教大学从外国式到"中国化"的转折及其启示——华西协合大学从异质到本土身份的递进》,《世界宗教研究》2013 年第 6 期。

67. 张生:《美国文本记录的南京大屠杀》,《历史研究》2012 年第 5 期。

68. 张振国:《基督教大学中国化的早期尝试》,《山东大学学报(哲学社会科学版)》2008 年第 1 期。

69. 章博:《基督化的努力:以华中大学为个案的考察》,《华中师范大学学报(人文社会科学版)》2011 年第 5 期。

70. 章博:《生存与信仰之间:教会大学的两难处境(1922—1951)——以华中大学为中心》,《江汉论坛》2013 年第 9 期。

71. 章开沅:《教会大学史研究的文化视野》,《华中师范大学学报》1997 年第 3 期。

72. 章潇、孙秀玲:《社会服务:近代中国基督教大学的本土化探索》,《河北师范大学学报》(教育科学版)2011 年第 7 期。

73. 赵飞飞、朱庆葆:《再论中央研究院第一届院士选举——以金陵大学农学院为中心的考察》,《历史教学》2015 年第 18 期。

74. 赵飞飞:《论民国时期基督教会大学立案中的校长人选问题》,《近代史学刊》第 14 辑,2015 年 10 月。

75. 赵飞飞:《全面抗战初期金陵大学内迁决策研究》,《史学月刊》2021年第2期。

76. 郑锦怀、顾烨青:《金陵大学图书馆学系(组)创办历程与成绩考察(1927—1941年)》,《大学图书馆学报》2020年第1期。

77. 郑锦怀、顾烨青:《金陵大学图书馆学专修科创办历程与成绩考察(1940—1946)》,《图书馆理论与实践》2019年第5期。

78. 朱敬、辛显铭、桑新民:《解读孙明经教授——中国电化教育的开拓者与奠基人》,《电化教育研究》2006年第11期。

79. 朱庆葆:《大学的文化使命》,《阅江学刊》2012年第4期。

80. 朱庆葆:《国家意志与近代中国的大学治理——以罗家伦时期中央大学的发展为例》,《学海》2012年第5期。

81. 朱庆葆:《现代大学的四个维度》,《社会科学报》2014年11月13日,第5版。

82. 朱庆葆:《一流大学建设路在何方》,《光明日报》2007年1月17日,第11版。

(二)英文论文

1. Arthur Lewis Rosenbaum, Yenching University and Sino-American Interactions, 1919-1952, *The Journal of American-East Asian Relations*, Vol. 14, Special Volume, Yenching University and Sino-American Interactions, 1919-1952 (2007), pp. 11 -60.

2. Gael Graham, Exercising Control: Sports and Physical Education in American Protestant Mission Schools in China, 1880-1930, *Signs*, Vol. 20, No. 1 (Autumn, 1994), pp. 23 -48.

3. Jessie G. Lutz, Chinese Nationalism and the Anti-Christian Campaigns of the 1920s, *Modern Asian Studies*, Vol. 10, No. 3, 1976, pp. 395 -416.

4. Jessie G. Lutz, December 9, 1935: Student Nationalism and the China Christian Colleges, *The Journal of Asian Studies*, Vol. 26, No. 4, 1967, pp. 627 -648.

5. Jessie G. Lutz，The Chinese Student Movement of 1945-1949，*The Journal of Asian Studies*，Vol. 31，No. 1，1971，pp. 89 -110.

6. Lewis Hodous，The Anti-Christian Movement in China，*The Journal of Religion*，Vol. 10，No. 4 (Oct. ，1930)，pp. 487 -494.

7. Paul B. Trescott，Institutional Economics in China：Yenching University，1917-1941，*Journal of Economic Issues*，Vol. 26，No. 4 (Dec. ，1992)，pp. 1221-1255.

8. Tatsuro Yamamoto and SumikoYamamoto，The Anti-christian Movement in China，1922-1927，*The Far Eastern Quarterly*，Vol. 12，No. 2，Feb. 1953，pp. 133 -147.

六、学位论文、研究报告

1. 崔恒秀：《民国教育部与大学关系研究(1912—1937)》，博士学位论文，苏州大学，2008 年。

2. 杜敦科：《齐鲁大学教育转型与发展研究》，博士学位论文，西北大学，2013 年。

3. 蒋宝麟：《金陵大学大学治理结构述论》，博士后出站报告，南京大学，2016 年。

4. 刘家峰：《中国基督教乡村建设运动研究(1907—1950)》，博士学位论文，华中师范大学，2001 年。

5. 乔金霞：《电化教育在中国的传入及其学科建构》，博士学位论文，华中师范大学，2015 年。

6. 时赟：《中国高等农业教育近代化研究(1897—1937)》，博士学位论文，河北大学，2007 年。

7. 王玮：《中国教会大学科学教育研究(1901—1936)》，博士学位论文，上海交通大学，2008 年。

8. 谢竹艳：《中国近代基督教大学外籍校长办学活动研究(1892—1947)》，博士学位论文，苏州大学，2013 年。

9. 杨习超:《近代中国教会大学中籍校长角色冲突研究》,博士学位论文,苏州大学,2016 年。

10. 章博:《近代中国社会变迁与基督教大学的发展——以华中大学为中心的研究》,博士学位论文,华中师范大学,2006 年。

11. 赵飞飞:《金陵大学宗教教育研究(1888—1952)》,博士学位论文,南京大学,2016 年。

附录:中英文名称对照表

中英文人名对照

A. C. Hutcheson	赫济生
Albert Newton Steward	史德蔚
Arthur John Bowen	包文
B. A. Garside	葛思德
Bishop Ralph A. Ward	沃德主教
C. A. Evans	埃文斯
C. H. Fowler	傅罗
C. Y. Gwoh	郭中一
Calvin W. Mateer	狄考文
Charles H. Riggs	林查理(亦译"里格斯")
Clifford S. Trimmer	崔姆(亦译"特里默")
Elsie M. Priest	毕律斯特
Francis Lister Hawks Pott	卜舫济
Frank E. Meigs	美在中
George A. Stuart	师图尔
Grace Bauer	鲍育

Guy W. Sarvis	夏伟师
H. R. Wei	魏学仁
Harry Clemons	克乃文(亦译"克莱门斯")
J. C. Thomson	唐美森
J. H. Reisner	芮思娄
John B. Griffing	郭仁风
John Calvin Ferguson	福开森
John Elias Williams	文怀恩
John H. D. Rabe	拉贝
John Leighton Stuart	司徒雷登
John Lossing Buck	卜凯
Joseph Baillie	裴义理
K. C. Liu	刘国钧
Lewis S. C. Smythe	史迈士(亦译"史密士")
Lincoln Dsang	张凌高
Miner Searle Bates	贝德士
Minnie Vautrin	魏特琳(亦译"华群")
R. F. Brady	白资德
Robert O. Wilson	威尔逊
Sam Mills	梅赞文
Swen Ming-ching	孙明经
Tsing-Yuan Ni	倪青源
W. P. Mills	米尔斯
W. Reginald Wheeler	惠勒
William Purviance Fenn	芳卫廉
Y. G. Chen	陈裕光
Yi-fang Wu	吴贻芳

中英文组织名称对照

American Committee for China Famine Fund	美国对华赈济基金
Board of Directors	董事会 （亦译"校董会"）
Board of Founders	创始人委员会 （简称"创始人会"）
Board of Managers	理事会
Board of Trustees	托事部 （亦译"托管会"或"托事会"）
Cheeloo University	齐鲁大学
Emergency Executive Committee	非常时期执行委员会
Executive Committee	执行委员会
Executive-Finance Committee	执行与经济委员会
Ginling College	金陵女子大学 （后更名为金陵女子文理学院）
Hall Fund	霍尔基金
Harvard-Yenching Institute	哈佛燕京学社
Methodist Episcopal Mission	美以美会
Nanking University	汇文书院
Rockefeller Foundation	洛克菲勒基金会
The American Church Mission	美国教会使团
The Christian College	基督书院
The Methodist Group at Chungking	重庆卫理公会
The Union Christian College	宏育书院
The United Board for Christian Colleges in China	中国基督教大学联合董事会
The University of Nanking	金陵大学
The University of Nanking Christian Association	金陵大学基督徒协会

University Administrative Committee	校务委员会
West China Union University	华西协合大学
Yenching University	燕京大学

索　引